삶의 마지막 순간
우리가 생각해야 하는 것들

서배스천 세풀베다
지니 그레이엄 스콧 지음
방진이 옮김

삶의 마지막 순간
우리가 생각해야 하는 것들

ㅎ현암사

옮긴이 **방진이**

연세대학교에서 정치외교학과를 졸업하고, 같은 대학교 국제학대학원에서 국제무역 및 국제금융을 공부했다. 공부하는 게 좋아 시간 가는 줄 모르고 살다가 인연이 닿아 번역의 길로 들어서게 되었다. 공부해서 남 주는 번역가를 목표로 현재 펍헙번역 그룹에서 전문 번역가로 활동하고 있다. 「인공지능 시대가 두려운 사람들에게」 「그림책 쓰기의 모든 것」 「소설 속 숨겨진 이야기」 등을 우리말로 옮겼다.

삶의 마지막 순간
우리가 생각해야 하는 것들

초판 1쇄 발행 ··· 2018년 3월 30일

지은이 ··· 서배스천 세풀베다 · 지니 그레이엄 스콧
옮긴이 ··· 방진이
펴낸이 ··· 조미현
편집 주간 ··· 김현림
책임 편집 ··· 구소연
디자인 ··· 씨디자인

펴낸곳 ··· (주)현암사
등록 ··· 1951년 12월 24일 · 제10-126호
주소 ··· 04029 서울시 마포구 동교로12안길 35
전화 ··· 02-365-5051 · 팩스 ··· 02-313-2729
전자우편 ··· editor@hyeonamsa.com
홈페이지 ··· www.hyeonamsa.com

ISBN 978-89-323-1907-0 03300

• 이 도서의 국립중앙도서관 출판예정도서목록(CIP)은 서지정보유통지원시스템 홈페이지(http://seoji.nl.go.kr)와 국가자료공동목록시스템(http://www.nl.go.kr/kolisnet)에서 이용하실 수 있습니다.(CIP제어번호 CIP2018006525)
• 책값은 뒤표지에 있습니다.

저는 개인 병원을 운영하면서 종합 병원에서도 입원 환자를 전문적으로 담당하는 의사Hospitalist로 일하는 동안 각기 다른 방식으로 임종을 대하는 많은 환자와 가족을 만났습니다. 환자가 마지막 순간에 어떤 치료를 받게 되는지는 심폐소생술 거부나 인공호흡기 거부 여부에 따라 달라집니다. 환자가 혼수상태에 빠지거나 중증 뇌졸중으로 쓰러지거나 정신 능력에 문제가 생겨서 논리적인 사고를 할 수 없거나 말을 못하는 등 스스로 결정할 수 없게 되는 상황도 발생합니다. 그런 경우에는 환자가 아닌 다른 누군가가 대신 결정을 해야 하기 때문에 가족의 견해가 말기 의료에 영향을 미칩니다. 때로는 환자가 자신의 마지막 순간에 원하는 치료 방향을 의사와 가족에게 명확하게 일러두기도 하지만 그런 경우는 드뭅니다. 따라서 어떻게 해야 할지 결정하는 과정이 복잡해질 수도 있습니다.

　말기 환자나 임종기 환자를 돌보는 의사로서 제가 할 수 있는 일은 오직 환자에게 조언하는 것뿐입니다. 환자가 의사 결정 능력이 없을 때는 가족, 때로는 환자의 주치의에게 조언을 합니다. 그러나 제가 접했던 주치의들은 환자가 임종기에 들어서면 전적으로 말기 의료 전문 병원에 맡겨 버리더군요. 그런 경우 저는 환자 또는 가족, 때로는 가족이 여전히 환자의 뜻을 고려하고 있다면 환자와 가족 모두의 결정 과정에 적극적으로 관여하게 되곤 합니다.

　어쨌든 말기 의료 전문의로 일하다 보면 이 분야에서만 맞닥뜨리게 되는 특수한 문제들이 있습니다. 무엇보다 오늘날은 현대 의학의 발달로 환자의 생명을 유지하고 연장하기 위해 동원할 수 있는 기술이 더 많아졌지요. 하지만 그런 기술을 이용한 치료 과정에서 환자의 통증이 심해질 뿐 아니라 심신도 약해지므로 환자와 가족 모두 이런 임종기의 어려움에 대한 우려가 커지고 있고 관련 사안도 점점 복잡해지고 있습니다.

　오랫동안 의사들이 지켜온 윤리적 사명은 최선을 다해 환자를 치료하고 생명을 유지하는 것이었습니다. 그런데 오늘날에는 가능한 한 통증을 최소화하거나, 환자의 생명을 연장하기보다 고통을 끝내는 약물을 처방하는 것에 대한 인식이 변하면서 이런 사명에 대한 확신이 흔들리고 있습니다. 현재 미국에서는 5개 주를 제외한 거의 모든 주에서 환자가 스스로 생명을 끊을 수 있도록 돕는 행위가 여전히 불법으로 규정되어 있습니다. 그러나 말기 환자의 경우 의사의 도움을 받아 목숨을 끊을 권리에 대해 사회적으로 점점 더 용인하는 분위기가 조성되고 있는 듯합니다. 브리타니 메이나드Brittany Maynard의 사례가 이런 분위기를 반영하고 있지요. 브리타니는 존엄사법Death with Diginity Law에 따라 의사의 도움으로 목숨을 끊는 행위를 허용하는 오리건주로 가서 2014년 11월 1일 의사가 처방한 치사량의 약물을 복용하고 스스로 자신의 고통을 끝냈습니다. 그녀는 "존엄사는 나와 우리 가족을 위한 최선의 선택"[1]이라고 선언했지요. 브리타니가 사망할 무렵에는 존엄사법을 통과시킨 주가 세 곳에 불과했지만 그 뒤로 7개 주가 해당 법을 상정했습니다. 캘리포니아주는 죽을 권리에 관한 법End of Life Option Act을 통과시켰으며 주지사 제리 브라운Jerry Brown이 서명함으로써 2015년 10월 5일부터 시행되고 있지요.[2]

그러나 이러한 법 제정과 대중의 인식 변화에도 불구하고 의사들은 여전히 되도록 오랫동안 생명을 유지하게 하는 사명을 충실히 실천하고 있습니다. 다만 고통을 덜어주기 위한 노력도 병행하면서요. 저는 말기 의료를 제공하면서 담당했던 환자와 마지막 순간까지 함께하려고 노력했습니다. 또한 마지막까지 환자 곁을 지키는 환자의 가족에게도 힘이 되고자 했습니다.

이 책『삶의 마지막 순간 우리가 생각해야 하는 것들』은 이런 관점에서 의사가 임종기 환자와 가족을 어떻게 대하는지 의료 현장의 현실을 전하기 위해 썼습니다. 말기 환자와 그 가족, 친척을 대하고 말기 환자를 돌보는 의료진과 함께 일하면서 겪었던 일상적인 경험들을 이야기하려 합니다. 때로는 이 과정에 목사, 신부, 랍비 등 종교인이 참여해서 환자가 힘겨운 마지막 시간을 견딜 수 있도록 위로하고 돕기도 하지요.

책에 나오듯이 환자들의 마지막은 저마다 다릅니다. 임종 과정에 들어서게 된 원인이 다르고 가족이나 친구가 의지가 되어주는 정도가 다르고 임종을 대하는 환자 본인의 태도도 다르죠. 어떤 환자는 분노하는가 하면 부정하는 환자도 있고 담담히 받아들이거나 심지어 유머 감각을 발휘하는 환자도 있습니다. 충분히 사랑받으면서 물리적·정서적·정신적·영적으로 더 평안한 마음으로 이 시기를 보내는 환자들이 있는가 하면 홀로 쓸쓸히 임종을 맞이하는 이도 있습니다. 그런 환자는 현실을 외면하고 부정하기 쉽지요. 제가 담당했던 환자 중에는 초고도 비만 환자가 있었는데 그에게는 면회 오는 가족이나 친구가 없었고 대신 스스로의 처지를 웃음거리로 삼아 자신에게 벌어지는 일을 두고 농담을 하곤 했습니다. 아마도 시종일관 유머 감각을 발휘함으로써 실제로는 고통스럽고 받아들이기 힘든 현실에서 거리를 두고 싶었던 것일 테죠. 그러나 결국 마지막 순간에 그는 자신의 죽음이 임박했다는 사실을 받아들였고 이틀 뒤 사망했습니다.

목차

일러두기

◖ 주석 중 각주는 모두 편집자 주이며 반달 모양으로 표기했고, 미주는 참고 문헌으로 숫자로 표기했다.

◖ 병원 시스템이나 연명 의료 관련 법 조항 등에서 우리나라 의료 체계와는 다른 부분이 있는데, 필요할 경우 주석으로 설명하였다.

OI

말기 환자를
돌보는 의료 체계

말기 환자를 돌볼 때 어떤 일이 벌어지는지 완벽하게 이해하려면 말기 의료를 제공하는 병원 체계와 이런 서비스를 제공하는 기타 기관에 대해 잘 알아야 한다. 현대에는 사람들이 더 건강하게, 더 오래 살기 때문에 말기 의료에 대한 관심도 커졌다. 또한 말기 환자를 돌보는 일을 전문으로 하는 의사와 새로운 의료직이 생겼고 종사자의 수도 늘었다. 나도 그런 의료 종사자의 한 사람이다. 다만 이 직종의 역사가 짧다 보니 대부분 사람들은 이 직종에 대해 들어본 적도 없을 것이다.

따라서 이 장에서는 점점 성장하고 있는 말기 의료 체계에 대해 짚고 넘어가려고 한다. 말기 의료 체계에 속한 사람들이 이 의료 행위에 적용되는 법 규정과 지침의 테두리 내에서 최선의 돌봄을 제공하기 위해 어떤 노력을 하는지 더 잘 이해할 수 있을 것이다.

미국 대다수 주에서는 의사의 도움으로 자신의 삶을 끝내고 싶어도 그렇게 할 수 없다. 다만 환자가 고통을 최소화하면서 그 어떤 소생술도 거부하고 삶을 마감하고 싶다면 완화 의료 종사자는 치료를 중단하고 환자의 통증을 없애거나 줄여주면서 위안과 돌봄을 제공할 수 있다. 임종을 앞당기는 적극적인 조력 없이 환자는 자연사하는 것이다.

입원 환자 전문의 : 병원에서 말기 의료를 담당하는 의사

지난 몇 년간 병원은 새로운 유형의 의사인 '입원 환자 전문의 hospitalist' 본부가 되었다. 이들은 입원 환자를 대상으로 하는 의료 행위를 전문적으로 담당한다. 여기에는 말기 환자를 돌보는 일도 포함된다. 입원 환자 전문의는 아직 공식적인 전문의 분야는 아니다. 입원 환자 전문의와 다른 유형의 전문의를 병행하는 이도 있다. 나도 그런 경우다.

다양한 연령층의 의사가 이 분야에 진출했지만 대체로 갓 의대를 졸업한 젊은 의사들이 많다. 이들은 의대를 졸업했지만 의사로서 막 발을 내디뎠기 때문에 개인 의원을 차리거나 환자와 오랫동안 관계를 이어온 경험이 없다. 입원 환자 한 명 한 명, 그리고 환자 가족과 정서적으로 교감하면서 효율적으로 일하고, 나아가 다른 의료진과 협력하는 데 필요한 지식과 기술을 갖춘 입원 환자 전문의도 있지만 이들에게 말기 의료는 대체로 그저 직업상 해야 하는 일일 뿐이다. 정기적으로 회진을 돌면서 환자, 환자 가족, 의료인과 교류하지만 환자와 그 가족이 한 사람의 생이 끝나가는 시점에서 직면해야 하는 많은 문제들에 잘 대처할 수 있도록 지원하는 데 필요한 경험을 반드시 갖췄다고는 할 수 없다.

그런 경험이 꼭 필요하지는 않다고 생각할 수도 있지만 환자의 상태에 따라 예후를 판단하고 그에 맞는 최선의 치료 계획을 세우려면 시간이 걸린다. 게다가 말기 환자는 살날이 며칠 또는 몇 주밖에 남지 않은 환자이다. 몇 개월 더 살기도 하지만 살날이 얼마 남지 않은 것은 마찬가지다. 죽음을 맞이하기까지 남은 시간이 얼마 되지 않으므로 이들을 어떻게 돌보는가는 매우 중요한 문제다. 또한 언제나 결과가 죽음인 것도 아니다. 적어도 입원 당시에는 아닐 수 있다. 이를테면 절대 회복 불가능한 말기 상태라는 것이 분명해서 몇 시간 내지 며칠 안에 사망할 것이라고 예상되는 환자가 있다. 급성 장기부전이 진행되어 회복 불가능한 환자가 그런 예다. 이런 환자의 예후는 쉽게 예측할 수 있다. 반면에 상태가 매우 안 좋고 희망이 전혀 없다고 생각한 환자가 병마와 싸우기도 한다. 그리고 마침내 기적처럼 의료진이 치명적인 질환의 진행을 막거나 되돌려서 환자가 살아남거나 예상보다 더 오래 살기도 한다.

　　말기 환자를 치료하는 의사는 환자가 자신의 예후와 회복 가능성이 어느 정도나 되는지 더 잘 이해하도록 도울 수 있다. 그다음에 벌어지는 일은 질병이나 부상과 싸우고자 하는 환자의 의지에 어느 정도 달려 있기도 하다. 그러나 환자의 신체가 이미 회복 불가능한 상태에 빠져서 극도로 쇠약해진 상태에서 기적이 일어나는 일은 드물다. 이는 환자의 의지나 행동과는 무관하다. 그러니 말기 의료를 제공하는 의사의 역할은 환자에게 조언하고 격려하는 것이다. 질병에 맞서 싸우도록 격려하거나 불가피한 죽음을 받아들여 최선의 말기 의료를 선택하도록 돕는다. 환자는 끝가지 소생시켜 달라고 하면서 불가피한 죽음의 순간까지 엄청난 고통에 시달리는 일이 없도록 가능한 빨리 통증이 적거나 없는 임종기 의료^{comfort and compassion option}를 선택하는 것이 좋다.

중환자실의 역할

집중 치료실, 즉 중환자실은 병원에서 제공하는 말기 의료에서 중요한 역할을 하는 핵심 요소 중 하나다. 중환자실은 사고로 심각한 외상을 입었거나 치명적인 질환에 걸렸지만 살 가능성이 있는 환자들을 돌보는 곳이지만 몇 시간, 며칠, 몇 주 내에 사망할 것으로 예상되는 환자에게 제공되는 말기 의료가 대부분 이루어지는 곳이기도 하다.

중환자실은 일반 병동에서는 하기 어려운 24시간 집중 돌봄을 제공하기 위해 만들어졌다. 필요하다면 개인 담당 간호사가 배정되기도 한다. 중환자실은 환자의 생명을 구하는 모든 소생 장비와 삽관 장비를 갖추고 있다. 환자의 상태가 변하면 즉시 대처할 수 있는 의료진이 상주하고 있어서 환자에게 심폐소생술이나 삽관, 호흡기 부착을 신속하게 실시할 수 있다. 환자의 상태를 분 단위로 기록하며 어떤 작은 변화도 놓치지 않는 모니터링 장비도 갖추고 있다. 그러나 이 치료실은 워낙 집중적이고 치열한 치료가 이루어지는 곳이다 보니 생명이 위중한 환자만을 다루며 환자의 상태가 안정되면 일반 병동의 일반 병실이나 중간 치료실, 즉 준중환자실로 보낸다. 준중환자실은 중환자실과 상당히 유사하게 운영되지만 전반적으로 상태가 조금 더 낫거나 위기는 벗어난 환자를 돌보는 중등도中等度 간호 병동이다.

병원과 의사의 관계

환자의 일차 진료의[•]와 말기 의료를 제공하는 병원의 관계는 임종 과정에 있는 환자를 치료하는 체계의 또 다른 구성 요소다. 때로는 일차 진료의가 병원과 관계를 맺고 있어서 환자가 병원에 입원한 뒤에도 계속 환자를 돌본다. 그러나 입원 환자를 돌보고 말기 의료를 제공하는 전문 병원 소속 의사가 환자의 치료를 넘겨받은 뒤에는 일차 진료의가 임종 과정에 있는 환자와 연락이 끊어지는 경우가 더 많다. 내가 병원에서 담당했던 입원 환자 대부분도 더는 자신의 일차 진료의의 정기적인 진료 대상이 아니었고, 가끔 들러서 환자의 상태를 살피고 가는 일차 진료의가 있었을 뿐이다. 일반적으로 말기 의료를 제공하고 병원 내 다른 의료진과 치료 과정을 조정하는 일을 맡은 의사가 이들 환자를 담당한다. 그러나 말기 의료 교육을 받은 의사들이 늘면서 앞으로는 일차 진료의가 자기 환자의

[•] 환자가 질병이 발생하여 진료를 받을 때 이를 처음 담당하는 의사를 말한다. 주로 일반의, 개업의, 초진의 등으로 불리는데 우리나라에서는 다소 생소한 개념인 가족의나 주치의도 이에 속한다. 이를테면 감기에 걸렸거나 배가 아플 때 자주 가는 개인 병원 의사를 생각하면 된다. 일차 진료의가 필요한 경우 환자를 전문의가 있는 병원, 즉 종합 병원이나 대학 병원으로 보내기도 하는데 이러한 전문 병원들을 이 책에서 일반적으로 말하는 '병원'으로 생각하면 이해하는 데 도움이 되겠다.

임종 과정과 돌봄에 참여하는 비율도 늘 것이다.

일차 진료의가 자신의 환자를 병원의 말기 의료 전문의에게 보내는 시점은 환자에 따라 달라질 수 있다. 일차 진료의가 한 환자와 10년, 20년 동안 관계를 맺는 경우도 있을 테지만 의사와 환자가 얼마나 오래 관계를 맺었든지 간에 환자가 병원에 입원해서 치료를 받아야 할 정도로 아픈 순간이 온다. 이때 환자는 회복되기도 하지만 그 뒤로 사망하는 경우가 더 많을 것이다.

환자가 나이가 들면 환자의 치료 주체가 일차 진료의에서 병원의로 바뀌기 마련이다. 환자가 나이가 들면 장기 손상을 일으키는 여러 질환이 동시에 나타나기 때문이다. 언젠가는 이렇게 문제가 생긴 장기를 더는 고칠 수 없는 순간이 온다. 혹은 회복을 위해서는 병원에 오랫동안 머물러야 할 수도 있다. 예를 들어 경미한 만성 빈혈이나 경미한 호흡 곤란 환자가 젊을 때는 치료가 금방 효과를 발휘하지만 시간이 지나면서 이런 증세가 더 심각해지고 심장마비나 중증 폐 질환 같은 합병증이 생긴다. 또는 처음에는 팔다리가 마비되고 찌릿찌릿하다고 느끼는 정도이던 것이 걸음걸이가 불안정하거나 걸을 때 통증을 느끼는 정도로까지 발전해서 환자의 자세가 나빠지면 통증이 심해지거나 관절과 팔다리의 운동 범위가 제한받게 된다. 더 나아가 노인은 교통사고 등으로 부상을 당하거나 일반 감기, 기관지염, 폐렴 등 어떤 질환에 걸리든지 치유되는

데 더 오래 걸리고 심지어 회복되지 못할 수도 있다.

따라서 환자가 나이가 들면 말기 환자가 될 가능성이 높아진다. 자동차가 오래 달릴수록 주행거리는 쌓이고 수명은 줄어드는 것에 비유할 수 있다. 고장 날 가능성이 점점 더 높아지는 것이다. 타이어가 닳고, 냉각 장치가 새거나 열을 받아 멈추는 횟수도 잦아진다. 엔진 오일도 새기 시작한다. 결국 손을 댈 수 없을 정도로 문제가 많아져서 고칠 수 없게 되면 폐차될 시기가 온 것이다.

가장 이상적인 형태는 일차 진료의가 말기 환자의 임종 과정에 관여해 돕는 것이다. 일차 진료의는 환자를 잘 알기 때문에 환자의 현재 상태를 치료하거나 임종 과정에서 맞닥뜨리는 문제에 대처하는 좋은 방법을 제안할 수 있다. 그러나 환자가 병원에 입원하면 '입원 환자 전문의'라고 불리는 새로운 의사가 환자의 치료를 맡는다. 그리고 이 입원 환자 전문의는 치료 방향을 결정하기 위해 추가로 검사를 요청하거나 진찰을 할 것이다. 또한 환자와 가족들이 앞으로 어떤 식으로 치료가 진행되며 자신들이 무엇을 해야 하는지 물을 때 이에 답해야 한다. 안타깝게도 추가 검사는 비용이 들며 환자를 불편하게 만든다. 게다가 환자를 잘 아는 일차 진료의라면 실시하지 않았을 불필요한 검사일 수도 있다. 또한 새로운 담당의는 환자가 입원 전에 이런저런 치료에 어떻게 반응했는지 모른다. 그런 정보는 환자의 진료 기록에는 나와 있지 않은 경우가 더 많다.

바로 몇 년 전까지만 해도 일차 진료의가 병원에 가서 환자의 곁을 지키고 환자가 퇴원하면 자신의 진료소에서 환자를 다시 만나 경과를 지켜보았다. 그러나 지금은 병원 소속 의사가 이런 말기 의료를 주도하면서 일차 진료의는 점점 이 과정에서 빠지고 있다. 이런 상황은 의사의 전공이 점점 더 세분화되면서 전문의가 더 많은 진료를 맡는 추세를 반영한다. 지금은 다양한 질병을 치료하는데 최첨단 의료 기술 장비를 사용하기 때문이다.

그런데 중태에 빠진 환자는 구체적인 정보의 유무에 따라 생사가 갈릴 수도 있다. 환자가 입원한 병원의 의사에게 주어진 진료 기록에는 일반적으로 환자의 병력이나 부상의 요점만 적혀 있지 이전에 실시한 치료의 상세한 내용이나 치료 효과가 낱낱이 기술되어 있지 않다. 다행히도 진료 기록을 저장하는 병원의 데이터 수집 체계가 점점 일원화되고 있으므로 앞으로는 이런 정보가 더 구체적으로 제공될 것이다. 다만 환자가 다른 병원에서 진료를 받았다면 그 병원에 공식적으로 특정 진료 기록을 요청해야 한다.

안타깝게도 현재 의학계에서는 이 일차 진료의와 병원 간 교류와 소통이 사라지고 있다. 의료 기술의 변화로 일차 진료의가 병원에 있는 환자를 만나지 않는 편이 경제적으로 더 효율적이기 때문이다. 일차 진료의는 자신의 진료소에서 많은 환자들을 만날 수 있으므로 병원에 있는 한두 명의 환자를 만나러 가는 것은 비효율적이다. 그 결과, 임종 과정에 있는 입원 환자를 돌보던 일차 진료의의 역할을 병원의가 전담하는 경우가 늘고 있다.

동시에 병원의가 되려는 일차 진료의의 수 자체가 줄어들고 있다. 일차 진료의가 병원의를 병행하면 환자는 자신의 예후와 최선의 치료법에 대해 또 다른 소견을 얻을 수 있다. 병원에서 다른 환자도 정기적으로 진료하는 일차 진료의의 소견 외에 병원의의 소견도 들을 수 있기 때문이다. 예방 의료를 제공하고 외래 환자인 동안에 걸린 병을 치료해주는 일차 진료의를 두고 있다는 점에서 이런 환자는 기본적으로 이중 환자가 된다. 만성 폐쇄성 폐질환chronic obstructive pulmonary disease, COPD 환자처럼 상태가 악화되면 병원에 입원했다가 호전되면 퇴원하는 질환을 앓는 환자가 이런 환자가 되곤 한다. 환자가 퇴원하면 일차 진료의가 돌보다가 환자가 아파서 입원하면 병원의가 담당의가 된다. 이는 말기 의료의 진화형으로 환자에게 어느 정도는 개인 맞춤형 돌봄을 제공하는 의사가 두 명 생긴다는 장점이 있다. 일차 진료의는 환자와 오랜 기간 교류했기 때문에 환자를 잘 이해한다면 병원의는 위중하거나 갑자기 또는 결국 다가온 마지막 순간에 환자와 가족들이 직면하게 되는 문제들에 어떻게 대처해야 하는지, 그리고 말기 의료에 관여하는 다른 의료인과 어떻게 협력해야 하는지를 안다. 때로는 나처럼 의사 한 명이 두 가지 역할을 모두 하기도 한다.

이중 환자 시스템의 유일한 단점은 한 환자가 매번 같은 의사에게 진료 받는 것이 거의 불가능하다는 점이다. 병원에서 제공하는 입원 환자 서비스에서는 대부분 다수의 입원 환자 전문의가 모든 입원 환자를 돌아가면서 담당하기 때문이다. 따라서 일반적으로 이런 이중 환자 시스템은 결국 일차 진료의 한 명이 병원 밖에서 외래 환자를 돌보고 비교적 많은 수의 입원 환자 전문의가 병원에 입원한 환자를 돌보는 식으로 운영된다. 매번 다른 입원 환자 전문의가 환자를 맡기 때문에 그때마다 의사와 환자 관계를 처음부터 다시 구축해야 하는 셈이다. 이 문제를 해결하는 유일한 방법은 환자가 필요할 때마다 달려올 수 있는 개별 입원 환자 전담 전문의를 두는 것이지만 이런 경우는 매우 드물다. 입원 환자 전문의는 대부분 격주로 근무하기 때문이다.

현재의 입원 환자 전문의 운영 체계에는 더 심각한 문제점이 있다. 바로 이들 입원 환자 전문의가 갓 의대를 졸업한 사람들이라서 임종 과정에 있는 환자와 가족들을 대하는 데 필요한 구체적인 교육을 받거나 경험을 쌓지 못한 경우가 많다는 점이다. 그래서 환자와의 경험이 많은 의사와는 다른 방향으로 의료진을 이끌거나 결정을 내리곤 한다. 예를 들어 입원 환자 전문의는 환자가 이미 공격적인 치료나 소생술을 거부한다는 의사를 명확히 표시했고 그에 필요한 적절한 절차를 밟았는데도 적극적인 집중 치료 프로그램 실시에 동의를 구하려고 들 수도 있다. 이렇게 공격적인 치료를 종용하는 이유는 그것이 의사가 하는 일이기 때문이다. 의사는 환자를 치료하는 사람이다. 그러나 적극적인 치료를 중단하고 임종기 의료만을 제공해 달라는 환자의 요청을 무시한 채 그런 치료를 실시하면 오히려 환자의 고통을 조금 더 연장하는 결과만을 낳을 수도 있다.

반대로 이들 입원 환자 전문의는 환자 본인이 회복 가능하다고 믿는데도 임종기 의료만을 제공하고 적극적으로 돌보지 않을 수도 있다. 실제로 의사가 환자가 치료 불가능한 말기 상태에 있다고 판단하고서 힘겨운 시간을 보내는 환자와 함께 싸우는 대신 그 환자에게 신경을 덜 썼지만, 그 환자가 후에 적절한 보살핌과 지원을 받아서 상태가 호전되어 다시 일상으로 돌아간 경우도 있었다.

완화 의료팀과 일하기

고령화 등으로 말기 의료 분야의 규모가 커지면서 완화 의료팀도 늘어났다. 완화 의료팀은 임종 과정에 어떻게 대처해야 하는지 잘 아는 말기 의료 전문의가 이끄는 의료인들로 구성된다. 이 팀은 환자가 근거 없는 희망을 품지 않도록 주의하며, 말기 환자의 통증을 덜어주는 마약성 진통제와 진정제에 대한 지식도 풍부하다. 완화 의료팀 구성원 중 일부는 병원의 의사와 간호사가 세심한 돌봄을 제공할 시간이 없을 때 환자 및 가족들과 시간을 보내면서 임종 과 정에서 벌어지는 상황에서 마음의 안정을 찾고 적응할 수 있도록 돕는다. 일반적으로 환자의 주 담당 의료진이 완화 의료팀에게 환 자와 가족을 만나 환자의 상태가 말기에 해당하는지 이차 의견을 달라고 부탁하는데 만약 말기라는 데 동의한다면 임종기 환자의 마지막 순간이 평안하도록 어떤 자원과 통증 완화 조치를 제공해 야 하는지 조언을 구한다. 대개 공격적인 치료를 해도 차도가 없을 가능성이 큰 환자를 완화 의료팀에 맡긴다. 그런 환자는 치료를 계 속하더라도 죽음을 피할 수 없는 심각한 상태이고 그로 인해 환자 가 통증에 시달리는 기간만 늘게 되므로 치료가 무익하기 때문 이다.

완화 의료팀은 크게 완화 의료 전문의가 구성원인 팀과 그렇 지 않은 팀의 두 가지 유형으로 나뉜다. 첫 번째 유형은, 간호사, 종교인, 사회 복지사 등, 환자와 가족들이 임종 과정에서 직면하게 되는 문제에 잘 대처하도록 적극적으로 돕는 사람들로 구성되며 일차 진료의가 지휘한다. 이 유형은 말기 의료를 어떻게 진행할지 를 두고 환자와 가족들 간 이견이 있거나 가족 내부에 의견 충돌이 있는 경우에 특히 잘 대처할 수 있다. 가족의 입장과 환자의 입장각각의 이야기에 귀 기울이고 이해할 시간과 경험이 있기 때문이다. 이 팀의 구성원은 가족들에게 왜 환자가 특정 말기 의료 관련 선택을 했는지를 잘 설명해서 가족들이 한마음으로 환자를 지지할 수 있게 설득할 수 있다. 마지막 순간에 어떤 의료 행위나 시술을 받을지를 결정하는 최종 권한은 환자에게 있기 때문이다.

가족들 중 한 명 이상이 환자가 어떻게 임종을 맞이해야 하는지에 대해 선입견을 가지고 자기주장만을 내세울 때에도 완화 의료팀이 개입해야 한다. 환자의 입장을 가족이나 친지에게 설명해서 설득할 수 있기 때문이다. 아니면 적어도 가족이나 친지가 환자의 입장에 동의하지는 않더라도 받아들이게 도울 수 있다. 그래서 환자가 가정의 평화를 위해 자신의 뜻을 굽히고 원하지 않는 선택을 하는 일을 막는다.

두 번째 유형은 구성적인 측면에서 첫 번째 유형과 유사하지만 병원에서 말기 의료를 담당하는 완화 의료 전문의가 의사라는 직함에 따르는 권위와 특권을 근거로 완화 의료팀을 관리하고 최종 결정을 한다. 안타깝게도 이런 유형에서는 병원의가 지휘하는 완화 의료팀을 중심으로 말기 의료가 진행되기 때문에 환자와 오랫동안 관계를 유지해온 일차 진료의가 소외되거나 배제된다.

이 유형의 문제점은 지휘권을 쥔 의사가 대개 단기 과정 수강 외에는 공식적인 말기 의료 교육을 받은 적이 없다는 것이다. 실제로 공식적인 말기 의료 연구 과정 자체가 별로 없다. 이 과정을 밟으면 최소한 1년 동안 정해진 분야에서 전일제로 일해야 하며 대부분 도제식 훈련을 2~3년간 받게 된다. 그러므로 마지막 시간을 보내는 환자를 병원의 완화 의료 전문 의사가 헌신적인 일차 진료의나 관심을 가져주는 입원 환자 전문의보다 더 잘 도울 수 있다고 생각하기 어렵다. 다만 일반적인 입원 환자 전문의는 자신이 임종기 환자를 돌볼 시간이 없다고 주장하기는 할 것이다. 임종기 환자를 돌보는 일은 노동집약적이기 때문이다.

두 번째 유형의 또 다른 문제는 이들이 일차 진료의가 적은 메모와 진료 기록부에서 정보를 얻는다는 점이다. 이들도 환자나 그 가족들과 이야기를 나누지만 아주 짧은 대화에 그친다. 오랜 기간에 걸쳐 교류한 일차 진료의나, 환자를 장기적으로 담당하는 말기 의료 경험이 풍부한 입원 환자 전문의가 환자와 나누는 대화에 비할 바가 못 된다. 어떻게 죽음을 맞느냐 하는 질문에 대해서는 과학적으로 뒷받침할 수 있는 정답 따위는 없기 때문에 나는 이런 대화를 중요하게 생각한다. 죽음의 선택지에는 정답이 없으며 그저 더 인간적이고 존엄한 방식이 있을 뿐이다. 게다가 갓 의대를 졸업해서 이 새로운 분야에 뛰어든 의사들은 말기 의료 전문의가 임종기 환자의 의료 계획과 지시 사항을 적고 나면 '환자가 말기이며 적극적으로 개입하든 안 하든 죽을 것'이라는 사실만으로도 스트레스를 느낄 수도 있다. 말기 상태에 있다는 것은 특정 시점을 전후로 나뉘는 것이 아니라 일정 시간에 걸쳐 전개되거나 진행되는 과정이라는 사실을 제대로 이해하지 못해서 이런 혼란이 생긴다. 즉, 말기 의료에서는 대개 중간중간 여러 차례에 걸쳐 평가하는 시점들이 필요하며 이런 평가는 짧은 상담과 즉각적인 권고만으로 끝낼 수 있는 것이 아니다.

요컨대 나는 병원의 완화 의료 담당 의사가 완화 의료팀의 구성원이 아니어야 완화 의료팀이 임종 과정에 있는 환자를 가장 잘 돌볼 수 있다고 믿는다. 나 같은 의사가 필요한 지시를 충분히 할 수 있기 때문이다. 젊고 경험이 적은 입원 환자 전문의가 날마다 이루어지는 통증 완화, 돌봄, 안정에 관한 더 기술적인 세부 사항을 처리할 완화 의료팀의 보조를 받는 방식으로 운영해도 좋을 것이다. 이와 달리 완화 의료팀이 일차 진료의나 병원의 만성 질환 환자 간병인의 설명과 권유에 따라 환자가 미리 결정한 사항에 근거해 환자를 돌보고 있는데, 환자를 잘 모르는 젊은 입원 환자 전문의가 개입해서 다른 지시를 내린다면 문제가 된다. 어느 유형의 완화 의료팀이든 기본 목표와 주요 사명은 환자가 심폐소생술이나 인공호흡기 부착 등에 대해 결정한 사항과 현재의 상황에 비추어 임종기의 환자를 최선을 다해 돌보는 것이다.

의사들의 견해가 다를 때

때로는 말기 의료에 환자의 일차 진료의와 병원의가 모두 관여하기도 한다. 이때 모든 것이 아주 순조롭게 진행될 수도 있다. 회복을 기대하며 공격적으로 치료하기 또는 회복 불가능한 말기이므로 편안하게 돌보는 데 주력하기, 때로는 그 둘을 섞은 치료 계획 등 두 의사가 환자를 돌보는 최선의 방법에 대한 의견이 같을 때이다. 두 의사의 견해가 일치하므로 환자가 의사들의 권유를 따르기가 쉬워진다.

그러나 때로는 두 의사의 견해가 갈리기도 한다. 이럴 때는 무엇이 환자에게 최선인지 선택하는 일이 복잡해진다. 안 그래도 환자는 충분히 혼란을 겪고 있다. 여기에 가족들의 서로 다른 의견을 더하면 이런 상황에서 환자가 결정을 내리기란 더욱더 어려워진다. 여러 의견이 서로 다른 종교적·문화적·윤리적·사회적 배경에서 비롯된 것이라면 더 그렇다. 말기 환자의 수가 늘어나고 임종기에 대처하는 여러 접근 방법이 등장하면서 이를 둘러싼 분쟁의 가능성도 더 커졌다. 그러나 최종적으로는 환자(환자가 의사 결정 능력이 없을 때는 환자의 대리인)가 어떻게 할지를 정해야만 한다.

말기 의료에 관여하는 의사가 두 명일 때 주의할 점은 일차 진료의와 입원 환자 전문의 간에 소통이 잘 이루어져야 한다는 것이다. 두 의사가 사이좋게 지내길 무작정 바랄 수는 없다. 또 환자를 담당하는 병원 전문의가 환자의 말기 의료 계획의 실제 권고 사항에 관한 기록을 받지 못한 채로 소견을 제시할 때 문제가 생길 수 있다. 권고 사항과는 상충되는 소견을 제시하면 갈등의 소지가 되기 때문이다. 환자의 담당 전문 병원의가 환자를 제대로 돌보기 위해서는 환자를 담당했던 일차 진료의를 잘 알 필요가 있다. 일차 진료의의 철학과 가치관이 환자를 어떻게 돌볼지에 관한 계획에도 영향을 미치기 때문이다.

연명 의료 거부를 둘러싼 논란

말기 의료에서 가장 중요한 쟁점은 DNR/DNI, 즉 '심폐소생술 거부/인공호흡기 거부'를 둘러싼 논란이다. 일반적으로 환자에게 치명적인 응급 상황에서 환자를 대하는 구급 대원, 간호사, 의사 등 의료인은 환자를 살리기 위해 모든 조치를 취하도록 교육받는다. 생명을 보호한다는 이러한 사명은 히포크라테스 선서의 내용이다. 의료 교육 기관에서는 의료인이 환자를 대할 때 하는 모든 일에서 이를 거듭 강조하고 가르친다.

"나는 나의 능력과 판단에 따라 환자를 돕기 위해 섭생법을 처방할 것이며, 환자들을 위해나 비행으로부터 보호하겠습니다." _히포크라테스 선서 중에서

예를 들어 환자가 교통사고를 당했거나 물에 빠졌다가 구조되는 등, 응급 상황에서는 심장 박동이나 호흡이 심각할 정도로 불규칙해지거나 멈추고 혈압이 급격히 떨어지거나 맥박이 극도로 약해진다. 이런 환자는 일반적으로 코드 블루^{Code 99} 로 분류된다. 병원에서 이런 상황이 벌어지면 해당 환자의 곁으로 올 수 있는 모든 의료인이 응급조치에 참여하도록 호출하는 버튼을 누군가 누른다. 경고음이 울린 지 몇 분 안에 환자의 병실에는 열다섯 명에서 스무 명 정도 되는 의료진이 몰려들어 환자의 심장과 호흡을 되살리기 위한 심폐소생술을 실시한다.

심폐소생술의 기본적인 조치는 다음과 같다. 먼저 환자가 여전히 숨을 쉬는지 혹은 숨을 쉬려고 하는지 파악하고 기도를 확보한다. 그리고 환자의 맥박이 여전히 뛰는지, 혈압은 유지되는지 확인하기 위해 환자의 혈액 순환 상태를 살핀다. 그런 다음 의료진은 미리 정해진 역할(의료진 지휘, 기계 모니터링, CPR 실시, 가슴 압박 실시, 의식이 없는 환자에게 주사로 약물 주입 등 특정 기능 수행)에 따라 신속하게 위치를 잡는다. 환자의 호흡과 혈액 순환을 되살리는 데 주어지

는 시간은 몇 분이 채 되지 않기 때문이다. 각자의 역할을 수행하면서 의료진은 환자가 숨을 쉬는지, 맥박이 돌아왔는지 등 각자가 맡은 질문을 하기도 한다. 그런 다음 급박한 상황에 대처하면서 의료진을 지휘하는 의사는 누가 무엇을 할지 지시하고 의료진은 훈련받은 대로 자기가 있어야 할 자리를 찾아간다. 심폐소생술은 호흡과 혈액 순환을 되살리기 위해 모두들 각자 맡은 역할을 정확히 수행해야 하는 협동 작업이다. 따라서 각 구성원은 환자의 생명을 구하기 위해 자신이 어떤 행동을 해야 하는지 명확하게 안다.

주된 고려 사항은 여러 신체 작용이 서로에게 미치는 영향이다. 대표적인 예가 심장이 멈췄을 때 혈액 순환 중단이 가장 빨리, 가장 치명적인 효과를 낸다는 것이다. 심장이 멈춘 지 3분이 지나면 뇌 혈류가 부족해서 회복 불가능한 뇌 손상이 일어나고 그로 인해 다른 신체 기능이 중단된다. 이와 달리 호흡이 멈췄을 때는 심장이 멈춘 경우보다는 더 오래 살 수 있다. 회복 불가능한 손상이 일어나기까지는 3분 내지 4분까지도 걸린다. 그러나 실제로 이 두 계통은 서로 밀접한 관련이 있다. 예를 들어 혈액 순환이 멈추면 몇 초 안에 호흡 작용도 멈춘다. 그래서 의료진은 두 계통 모두에 필요한 조치를 취한다. 모닥불이 통제를 벗어나서 여기저기 한꺼번에 불이 붙었다고 생각하면 된다. 이런 상황에 대처하기 위해 상황의 전개에 따른 아주 표준적인 지침이 마련되어 있다.

물론 기도가 막혀서 호흡 곤란을 일으키는 환자도 있다. 음식을 먹다가 목에 걸리면 심장이 멈추기도 하고 심장 마비를 일으킨 사람이 호흡 곤란을 겪기도 한다. 그런 경우에 의사나 다른 사람이 재빨리 조치를 취해서 근본 문제를 해결해야 한다. 즉 기도에서 이물질을 제거하거나 환자의 혈액 순환과 혈압을 되살리기 위해 심폐소생술을 실시하고 심장을 마사지해서 기본적인 생존 상태로 돌아가게 해야 한다. 그러나 한 명이 혼자서 사람을 살리는 적극적인 조치를 실시하는 경우에는 다르다. 응급 상황에서 환자를 되살리는 일은 혼자 하기는 어렵기 때문이다.

상황이 어떻든 간에 의료진이 매일 실시하게 되는 이런 응급 처치에 성공하면 환자는 무사히 소생해 정해진 치유 기간을 보내고 나면 일상으로 돌아갈 수 있다. 다만 환자가 심정지를 일으켰다면 환자가 생존할 가능성은 상당히 낮다. 심정지의 사망률은 어떤 조치를 취했느냐와 관계없이 90퍼센트에 달한다.

그런데 응급 상황에서 환자가 회복하는 것은 이미 온갖 의학적인 문제와 싸우는 말기 환자가 지병 때문에 갑자기 심장이 멈추거나 호흡이 멈춘 뒤에 소생하는 것과는 다르다. 후자의 경우에는 일반적으로는 이런 응급조치로 환자를 살리는 것은 바람직하지 않다. 환자의 상태를 더 악화하고 통증과 고통을 연장할 뿐이기 때문이다. 그래서 연명 의료 거부 의사를 표시할 수 있는 사전 의료 의향서가 존재하는 것이다. 환자는 성공한다 해도 통증과 고통을 연장할 뿐인 심폐소생술이나 인공호흡기 적용 같은 응급 처치를 받지 않겠다고 결정할 수 있다. 그러면 의료진은 아무 처치도 하지 않을 것이고 환자는 몇 분 안에 편안하게 숨을 거둘 수 있다. 심장과 호흡이 멈췄을 때 당연히 경험해야 할 죽음을 자연스럽게 맞이하는 것이다.

말기 의료에서 가장 흔히 접하는 환자

누구든 교통사고, 총격, 스키 사고, 익사 위기 등 생과 사를 오가는 상황에 놓일 수 있는데 말기 의료는 일반적으로 회복 불가능한 말기로 진행한 특정 질환이나 이상이 있는 환자를 다룬다. 흔히 이런 질환은 알코올 의존증으로 인한 간경화나 흡연으로 인한 공기증空氣症 등 치료되지 않은 다른 신체 이상과 함께 나타난다. 다른 신체 이상과는 무관하게 질환 자체가 회복 불가능한 말기로 진행되어 환자는 살날이 며칠, 몇 주, 몇 달밖에 남지 않게 된다. 그런데 이런 질환들이 만성인 경우가 많아서 최종적으로는 환자의 사망 원인이 될 가능성이 높지만 병세가 몇 년간 지속될 수도 있다.

이런 질환 중 가장 대표적인 세 가지는 호흡을 방해하는 호흡기 및 폐 질환, 심장을 정지시키는 심혈관 질환, 뇌 기능 장애를 일으켜 환자의 호흡이나 심장이 멈추게 되는 중증 뇌졸중이다. 각각의 질환을 좀 더 자세히 살펴보겠다.

호흡기 및 폐 질환

일반적으로 호흡기 이상이 악화되기까지는 며칠이 걸린다. 그래서 각 환자의 상태를 진단하고 재확인하고 치료 계획을 세울 시간적 여유가 있다. 그러나 때로는 환자가 식사하면서 무엇인가가 목에 걸리거나 폐에 물이 차거나 염증이 생기는 등 호흡기가 막혀서 호흡 곤란이 생긴 경우처럼 경과가 빠르게 진행되기도 한다. 일반적으로는 혈액 검사와 X-선 촬영 등을 실시하면서 무엇이 문제인지 파악할 시간이 주어진다. 따라서 의료진은 환자와 이야기를 나누면서 치료 계획을 세울 수 있다. 이런 고충을 겪는 환자는 대부분 여전히 의식이 있기 때문에 이들을 돌보는 의사와 간호사는 환자와 가족들과 대화를 나누면서 가장 좋은 대처법을 선택하도록 도울 수 있다.

이런 환자에게 가장 흔히 실시하는 조치는 환자가 숨을 쉴 수 있게 돕는 것인데, 그중 하나가 비침습적 보조 조치로 벽에 설치된 산소 탱크에 연결된 코산소주입관을 통해 산소를 공급한다. 코산소주입관은 두 갈래로 갈라져서 양쪽 콧구멍에 삽입된다. 그래도 환자가 숨을 잘 못 쉬면 지속양압호흡 Continuous Positive Airway Pressure, CPAP 장치나 이중양압호흡 Bilevel Positive Airway Pressure, BiPAP 장치를 사용한다. 이때는 환자의 코와 입에 꼭 맞는 덮개 형태의 마스크를 통해 산소를 공급한다. 이 마스크는 공기의 흐름을 조절하는 컴퓨터 본체만 한 크기의 커다란 금속 상자에 연결된다. CPAP는 공기압을 한 가지 수준으로 고정한다. BiPAP는 환자의 필요에 따라 환자의 들숨과 날숨에 맞춰 두 가지 수준으로 설정할 수 있다. 또 다른 방법은 환자에게 기계 환기 장치인 인공호흡기를 적용하는 침습적 보조 조치를 실시하는 것이다. 이 경우에는 공기가 환자의 기도에 삽입한 관을 통해 폐로 들어간다. 인공호흡기는 환자의 폐로 공기가 3분 이상 흘러들어 가지 않았을 때 벌어질 일을 방지한다. 환자의 폐에 공기 유입이 3분 이상 멈추면 심정지를 일으켜서 심장이 멈춘다. 호흡과 혈액 순환이 몇 분 안에 되살아나지 않으면 환자는 사망한다.

의료진이 그 전에 호흡을 되살릴 수만 있다면 환자는 대개 다시 살아나므로 이런 시술을 앞으로 또 받을지 말지를 결정할 수 있다. 이 단계에서 많은 환자는 미래에 자신을 소생하는 시술을 거부하는 쪽을 선택한다. 특히 의사가 말기라는 판정을 내리면 환자는 심폐소생술 거부／인공호흡기 거부와 함께 치료 중단을 선택할 수 있다. 그러면 의료진은 환자를 되도록 편안하게 해주고 환자는 존엄성을 지키면서 자연스럽게 생을 마감할 수 있다. 환자에 따라서는 앞으로도 응급 상황에서 또 인공호흡기를 사용하기를 원할 수도 있다. 의사, 간호사, 의료진은 언제나 환자가 진정 원하는 것이 무엇인지 확인하기 위해 환자의 의사를 묻는다. 그러니 환자는 언제든 선택을 바꿀 수 있다. 이런 질문을 반복해서 받는 것이 싫은 환자들을 위해(꽤 언짢은 경험일 수 있다) 매사추세츠주는 일단 환자가 정해진 절차에 따라 서류를 작성해서 서명을 하면 매번 질문받는 일 없이 그 서류에 따라 조치하도록 하는 연명 의료 계획서 Medical Orders for Life-Sustaining Treatment, MOLST 양식을 마련했다. 이 서류를 작성해서 서명한 뒤에도 환자는 자신의 결정을 언제든 바꿀 수 있다.

환자는 대부분 이런 응급 상황을 처음 경험하기 때문에 현재의 위기를 넘기는 데 호흡 보조 조치가 필요하다면 그런 조치를 받고 싶어 한다. 그러나 시간이 흘러 문제가 계속 반복되면 환자는 앞으로는 인공호흡기를 거부하겠다는 결정을 하게 된다. 환자가 다른 질환도 앓고 있다면 그런 결정을 할 가능성이 더 높다.

호흡 보조 조치가 필요한 가장 흔한 질환은 만성 폐쇄성 폐질환이다. 만성 폐쇄성 폐질환 환자는 대부분 장기 흡연자다. 그래서 이미 오래전부터 호흡을 편안하게 해주는 산소 탱크를 사용해온 환자가 많다. 만성 폐쇄성 폐질환 환자는 대개 폐 질환을 전공한 폐 전문의를 정기적으로 만난다. 이 환자들은 일반적으로 매번 더 심해지는 호흡 곤란 삽화 episode '를 반복적으로 경험한다. 그러다 인공호흡기를 부착하고서 중환자실에서 지낸다. 한동안은 인공호흡기와 중환자실 입원을 요하는 급성 응급 상황에서 잠시 회복해서 퇴원하기도 한다. 그러나 대체로 그보다 더 위중한 호흡 곤란 증세를 더 빈번하게 겪다가 회복 불가능하다는 것이 분명한 말기 상태에 들어서게 된다.

따라서 환자의 상태가 점점 나빠지는 동안 폐 전문의가 환자와 말기 의료 계획에 대해 논의하는 것이 일반적이다. 또는 환자가 병원에 입원했는데 환자의 상태가 말기이고 회복 불가능하다는 것이 확실해지면 의사, 간호사, 의료진이 환자에게 말기 상태임을 설명하고 치료를 지속할지 중단할지에 대한 환자의 의사를 확인한다.

◀ 특정 증상이 발생한 구간으로 이해하면 된다. 이를테면 호흡 곤란 삽화는 숨을 쉬기가 불편했던 기간을 말하는데, 삽화 상태가 계속 이어지는 게 아니라 정상적인 상태 사이사이 호흡이 곤란한 특정 시점들이 발생하는 것이므로 삽화 시간은 짧을수록, 각 삽화끼리의 간격은 넓을수록 좋다.

심혈관 질환

심혈관 질환은 회복 불가능한 말기로 이어지는 또 다른 질환이다. 이 질환의 대표적인 원인은 울혈성 심장 기능 상실이다. 울혈성 심장 기능 상실은 심장 근육 이상 때문에 생기며 호흡 곤란, 전신 부종, 폐동맥 고혈압 등을 일으킨다. 폐동맥 고혈압은 심장이 폐로 혈액을 보내서 산소를 제공하는 폐동맥에서 혈류의 흐름에 대한 저항이 큰 것을 의미한다. 또 다른 원인은 관상동맥 질환이다. 심장 근육과 연결된 동맥의 혈액 순환이 잘 되지 않아서 진성 심장 마비를 일으킨다. 또 다른 원인은 심장 판막 손상이 상당히 진행되었을 때다. 심장 판막은 혈액이 심장을 통과하는 길을 여닫는 문 같은 역할을 하는데, 판막이 손상되면 혈류를 차단하거나 혈류가 역류하기도 한다. 어느 쪽이든 판막의 손상은 정상적인 혈액 순환을 방해한다. 더 나아가 심장 근육이 아주 두껍거나 얇으면 심장 펌프 작용에 문제가 생겨서 돌연사할 수 있다. 마지막으로 부정맥 유발성 이상이 심정지를 일으키기도 한다. 부정맥 유발성 이상은 뚜렷한 이유 없이 심장의 전기 계통이 갑자기 문제를 일으키는 것이다. 번개와 천둥이 쳐서 뜻하지 않게 전기가 과부화하여 주택의 전기 설비에 갑자기 문제를 일으키는 것과 같다.

어떤 이유로든 일단 환자가 심정지를 일으키면 의료진에게 주어진 시간은 3분이다. 그 안에 수동 자극, 가슴 압박, 전기 충격

등 심박 및 심장 펌프 작용을 되살리는 방법을 동원해서 심장이 다시 뛰게 해야 한다. 생존율이 희박하기는 해도 일단 되살아나면 환자는 이전보다 훨씬 상태가 악화된다. 산소 부족으로 신경이 크게 손상되고 종종 극심한 고통에 시달리기 때문이다. 어떤 신경학적 손상을 입을지는 심정지 중에 산소 부족으로 뇌의 어느 부위가 가장 큰 타격을 받았는지에 따라 달라진다. 따라서 심정지를 유발한 원질환으로 여전히 고통을 받을 뿐만 아니라 소생한 환자는 뇌 기능이 저하될 가능성이 매우 높다. 그래서 많은 환자가 심정지를 일으켰을 때 소생술을 거부하는 결정을 한다. 심폐소생술 거부 의사를 표시하는 것이다. 심장이 멈췄을 때 심폐소생술을 받지 않고 자연스럽게 숨을 거두겠다는 뜻이다.

심정지를 일으키는 요인에는 여러 가지가 있지만 큰 사고 등 응급 상황을 제외하면 대개 몇 가지 선행 요인이 관찰된다. 심장 마비 병력, 과다 흡연, 초고도 비만, 고혈압, 비정상적으로 높은 콜레스테롤 수치, 극심한 스트레스 등이다.

심장에 과도한 부담이 가해진 이유가 무엇이든 이런 상황에서 심장은 배의 키와도 같다. 배가 아주 강한 바람을 만나면 키는 갑자기 앞뒤로 흔들리기 시작한다. 그리고 바람이 계속 불거나 더 세지면 키가 갑자기 부서진다. 마찬가지로 심장이 감내할 수 있는 수준을 넘어선 압박을 받게 되면 심장도 부서진다. 따라서 심정지 이후에 소생되더라도 몸이 워낙 치명적인 손상을 입기 때문에 환자의 90퍼센트 내지 95퍼센트가 사망하게 되는 것이다.

뇌졸중

회복 불가능한 말기 상태로 이어지는 세 번째 주된 질환은 중증 뇌졸중이다. 뇌졸중을 겪는 환자는 매년 수천 명에 달하지만 대개 심각한 문제 없이 지나간다. 다만 그런 경미한 뇌졸중은 앞으로 더 치명적인 충격을 겪을 수 있다는 경고문 역할을 한다. 캘리포니아주같은 특정 지역에서 발생하는 약한 지진을 떠올리면 된다. 땅이 살짝 흔들리고 그런 흔들림을 느낀 사람들은 불안해한다. 그러나 그자체로는 심각한 피해를 입히지 않는다. 다만 그 지역이 지진이 잘발생하는 지역이라는 사실을 환기시키고 앞으로 큰 지진이 일어날가능성이 있다고 경고한다. 물론 통계학적으로는 그렇다고 해서아주 가까운 시일 내에 대지진이 일어나는 경우는 없다.

　뇌졸중은 기본적으로 뇌로 가는 혈류가 막혔거나 줄어서 뇌에 산소와 영양분이 충분히 공급되지 않았을 때 생긴다. 뇌는 우리몸에서 가장 예민한 장기여서 산소 부족에 타격을 입는 첫 부위가된다. 따라서 산소 공급 부족 상태가 오랫동안 지속되면 뇌는 회복불가능한 손상을 입는다. 뇌에 산소가 부족하면 몇 분 안에 산소를실은 혈액을 충분히 공급받지 못한 뇌 세포가 죽기 시작한다.

일반적으로 혈류가 어떤 식으로든 막히면 뇌에 혈액 순환이 제대로 이루어지지 않는다. 마찬가지 일이 심장에서 벌어지면 심장 마비를 일으키고 뇌에서는 뇌졸중이 생기는 것이다. 다른 원인으로는 색전증이나 뇌동맥 파열 등이 있다. 때로는 뇌동맥류가 혈액 순환 장애를 일으킨다. 뇌동맥류는 줄기에 열린 산딸기처럼 뇌의 혈관이 갑자기 튀어나오거나 풍선처럼 부풀어 오르는 것을 말한다. 그러다 고무나 플라스틱을 지나치게 늘렸을 때처럼 이 동맥류가 지나치게 늘어나면 새거나 터져서 뇌 속으로 출혈이 일어난다. 원인이 무엇이든 뇌졸중의 대표적인 증상은 갑작스런 언어 능력 상실, 신체 한 부분에서 힘이 쑥 빠지는 느낌, 마비 등이다. 뇌졸중이 생긴 환자는 논리적인 사고도 할 수 없다.

혈액이 다시 순환을 재개하고 뇌가 스스로 치유되면 이런 뇌졸중이 그저 일시적인 불편한 경험 정도로 끝날 수도 있지만 때로는 심각한 출혈이 있거나 혈액 순환 장애가 계속되면 치명적일 수 있다. 뇌세포가 너무 많이 죽어버리면 환자는 신체 기능을 잃는다. 심장이 뇌로 혈액을 보내는 경우 뇌혈관 밖으로 혈액이 흘러나와 원래는 뇌가 차지해야 할 공간을 채워서 두개골 내부의 뇌 조직을 과도하게 압박한다. 그러면 뇌는 호흡 등 신체 부위를 통제하는 데 필요한 신호를 내보낼 수 없게 된다. 신호를 받지 못하는 신체 부위는 기능을 상실하고 환자는 더는 숨을 쉴 수 없게 된다. 때로는 이성적 사고 등 고차원적인 기능을 수행하는 뇌의 피질이 과도한 압력을 받은 나머지 환자가 혼수상태에 빠지고 결국 사망하게 된다.

한때는 치명적인 뇌졸중으로 쓰러진 환자의 가족에게 이런 과정을 설명하기가 어려웠다. 사랑하는 가족들의 눈에 보이는 것은 겉으로 드러난 현상뿐이다. 환자는 갑자기 말을 하지 못하거나 숨을 못 쉬거나 비틀거리면서 걷거나 넘어지거나 혼수상태에 빠진다. 현재는 컴퓨터와 모니터로 가족들에게 뇌졸중이 환자의 뇌 조직에 어떤 손상을 입혔는지 보여줄 수 있다. 덕분에 가족들은 왜 환자의 죽음이 불가피한지를 이해하게 되고 뇌졸중 환자에 관해 더 나은 결정을 할 수 있다. 환자가 영구적인 혼수상태에서 깨어나서 회복하리라고 기대할 수 없는 경우라면 환자에게 심폐소생술과 인공호흡기 부착 같은 온갖 무의미한 처치를 하라고 요구하지 않는다.

나는 폐렴, 심장 마비, 감염증 등 매번 다른 이유로 반복해서 입원한 투석 환자를 담당한 적이 있는데 그녀는 입원할 때마다 병원에서 며칠 지낸 뒤 퇴원해서 집으로 돌아가서 회복했다. 한동안 상태가 호전되어서 동네 산책, 장보기, 일상적인 집안일 등을 직접 할 수 있게 되기도 했다. 그러나 몇 주가 지나면 또 다른 병에 걸렸고 다시 병원을 찾았다. 그 뒤 얼마 지나지 않은 어느 날 그녀는 집에서 의식을 잃었다. 딸이 발견해서 911에 연락했고 구급차에 실려 응급실로 급히 이송됐다. 나는 서둘러 응급실로 갔고 간호사가 그녀에게 인공호흡기를 막 연결한 참이었다. 그러나 컴퓨터 모니터를 보니 뇌졸중으로 회복 불가능한 뇌 손상을 입은 상태였다. 그리고 이번에는 다시 깨어나서 집에 돌아갈 수 없으리란 것이 확실했다. 그래서 나는 환자의 딸과 아들에게 설명했다.

"컴퓨터 모니터를 보면 아시겠지만 뇌졸중으로 뇌의 이 부분 전체가 기능을 잃었습니다. 댐이 터졌을 때처럼 혈관이 터져서 피가 뇌를 채워버렸죠. 이렇게 피가 뇌를 채우면 뇌의 주요 부위가 호흡이나 기타 신체 기능을 더는 조절할 수 없게 됩니다. 어머니의 신경학적 기능은 이제 사라졌다고 봐야 합니다."

컴퓨터 영상으로 나는 환자의 상태가 회복 불가능하며 회복을 기대할 수 없다는 것을 전달할 수 있었다. 그 결과 가족들은 망설임 없이 환자의 심장이 멈추는 경우에 심폐소생술과 인공호흡기를 거부하는 쪽을 선택했다. 그리고 며칠 뒤 환자의 심장이 멈췄다.

이 환자의 사례는 뇌졸중이 말기 상태를 유발하는 주요 원인이라는 사실을 보여주는 것 외에 환자와 가족들에게 어떤 일이 벌어지고 있는지를 설명하는 데 컴퓨터와 영상 프로그램이 얼마나 중요한지를 보여준다. 그래픽과 영상을 이용하면 환자와 가족들이 환자가 입었거나 입었을 수 있는 손상을 보여주기가 쉽다. 가장 적절한 말기 의료 계획을 세우고 연명 의료 조치를 선택하는 데 도움이 된다. 앞서 지적했듯이 환자와 가족들에게는 두 가지 선택지가 있다. 하나는 치유적 관점에서 볼 때 환자가 더 이상 회복 불가능한 상태로 진행한 뒤에는 연명 의료 거부 및 그에 따르는 비중재적 접근법(더 이상 치료를 중단하고 오직 임종기 의료만을 받겠다는 뜻)을 선택할 수 있다. 다른 하나는 환자가 회복 불가능한 말기 상태에 들어서서 불가피한 죽음의 순간까지 지속적인 통증과 고통에 시달리더라도 의료진이 환자를 되살리는 것을 목표로 모든 수단을 동원하는 쪽을 선택하는 것이다.

암

회복 불가능한 말기로 이어지는 네 번째 질환은 암이다. 실제로 암은 임종 과정을 단계적으로 보여주는 가장 대표적인 사망 원인이다. 종양은 주요 장기에 침투하고 파괴해서 기능을 못하게 만들기 때문이다. 예를 들어 종양이 장에 침습하면 장의 벽에 침투해서 그 일부도 종양으로 만들어 버린다. 영화 〈물방울 The Blob〉(1958)에서 영화 제목과 이름이 같은 악명 높은 블롭은 자신의 길에 놓인 모든 것을 집어삼켜서 스스로의 크기를 키우는데 종양도 이와 비슷하다. 종양이 죽음을 야기하는 또 다른 방식은 크기가 커지면서 주요 장기를 눌러서 장기가 정상적으로 기능할 수 없게 압박하는 것이다. 종양이 기도나 호흡기에 압박을 가해서 공기의 흐름을 막고 얼마 지나지 않아 환자는 목이 막힌 것 같은 느낌을 받는다. 실제로 누군가 목을 졸라서 숨을 쉴 수 없을 정도로 기도가 좁아져서 사망에 이르게 되는 것과 별반 다르지 않다.

종양이 뇌에 침습해도 환자는 사망한다. 두개골은 이미 뇌로 꽉 차 있다. 그런데 종양이 자라면서 뇌를 두개골 안에서 이리저리 밀고 심지어 두개골 밖으로 밀어내기도 한다. 그러면 환자는 발작, 뇌졸중, 뇌 기능 상실을 겪고 결국에는 사망한다. 종양이 점점 커지면서 뇌의 구조나 신경 연결망을 망가뜨리기 때문에 환자는 사고 능력과 신체 기능 전반에 대한 통제력을 상실하게 되는 것이다.

기타 말기 의료 기관 및 임종 장소

내가 주로 접하는 임종 과정은 병원에서 진행된다. 임종기 환자 대부분이 병원의 중환자실이나 병실에서 숨을 거두기 때문이다. 그런데 말기 의료를 제공하는 시설은 그 외에도 몇 가지가 더 있다. 마지막 시간을 병원에서 보내는 환자도 있지만 다른 곳에서 생을 마감하는 선택을 하는 환자도 많다. 환자 본인의 요청이나 가족 또는 대리인의 요청으로 병원과 다른 시설을 오가기도 한다. 환자가 삶의 마지막 순간을 보내는 기타 장소로는 환자 본인의 집, 호스피스 시설, 생활 보조 시설, 요양원이 있다. 또한 환자가 머무는 장소가 어디이든 임종기 환자를 방문해서 말기 의료와 상담을 제공하는 완화 의료팀과 호스피스팀이 있다.

가정 임종

드물기는 하지만 본인의 집으로 돌아가서 생을 마감하는 환자도 있다. 마지막 날들을 인공호흡기에 연결된 채 보내고 싶지 않고 심장이 멈췄을 때 심폐소생술을 받고 싶지 않아서다. 또한 집에서는 환자가 생을 마감하기 전에 사랑하는 이들과 더 많은 시간을 보낼 수 있다. 힐러리 스웽크 Hilary Swank, 에미 로섬 Emmy Rossum, 조쉬 더하멜 Josh Duhamel 이 출연한 영화 〈유아 낫 유 You're Not You〉(2014)에서 가정 임종을 선택하는 사례를 잘 그리고 있다. 영화의 주인공은 한때 피아니스트였으나 루게릭병에 걸린 부유층 여성이다. 그녀는 파티에서 피아노 연주를 하던 중 첫 증상을 느낀다. 그로부터 1년 반이 지난 뒤 주인공은 휠체어에 의지하며 생활한다. 침대에서 몸을 일으키고 화장실에서 볼일을 보는 등 지극히 사적이고 일상적인 행위를 할 때에도 간병인의 도움을 받아야 한다. 그녀는 자살을 시도하지만 휠체어가 계단 밑으로 굴러 떨어지기 전에 휠체어에서 벗어나는 바람에 실패한다. 주인공의 간병인은 자유로운 영혼을 지닌 히피족으로 이 사실을 알게 되자 주인공을 데리고 나온다. 변호사 남편의 과잉보호로 그동안 새장에 갇힌 병든 새처럼 지내던 주인공은 덕분에 자유를 느끼며 즐거운 몇 주를 보낸다. 그러나 움직이고 말하는 기능이 점점 떨어지면서 호흡 정지를 일으켜 병원에서 인공호흡기를 달게 된다. 한동안 연락을 끊고 지냈던 주인공의 엄마는 갑자기 나타나서 딸에게 인공호흡기를 부착해 되도록 오랫동안 살려두어야 한다고 주장한다. 그러나 주인공이 새로 작성한 유언장에서 대리인으로 임명된 간병인은 주인공을 퇴원시키고 그녀가 인공호흡기 없이 집에서 숨을 거두게 돕는다. 가족들도 마지막 순간에 주인공 곁을 지킨다. 결국 주인공은 호흡이 정지되면서 자신의 소원대로 평화롭게 세상을 떠난다.

호스피스 시설

일반적으로는 호스피스 시설에서 호스피스 서비스가 제공된다. 호스피스 시설에서는 건강 관리 전문가와 자원봉사자로 구성된 호스피스팀이 환자가 존엄성을 지키면서 평안하게 임종할 수 있도록 의학적·심리학적·정서적 지지를 제공한다. 호스피스 체계는 가정 방문 호스피스 서비스와 병원에서의 호스피스 서비스를 포함하며 이 체계가 적용되려면 환자의 여생이 6개월 미만이어야 한다. 또한 호스피스 시설은 2~3주 내에 사망할 것으로 예상되는 환자만을 받는다.

환자가 호스피스 체계로 편입되면 간병인은 환자의 통증 및 기타 증상을 관리하는 데 집중한다. 따라서 환자는 되도록 맑은 정신으로 편안하게 지낸다. 또한 환자의 가족과 친구가 환자의 임종을 받아들일 수 있도록 도와준다. 호스피스 시설의 1인실 또는 다인실에 들어가는 환자도 있지만 가족과 함께 환자 본인의 집에서 지내는 환자나 말기 의료를 제공하는 요양원에서 거주하는 환자, 입원 환자를 돕는 호스피스팀도 있다. 호스피스팀과 유사한 서비스를 제공하는 완화 의료팀이 상주하는 병원도 있다.

호스피스 체계의 주된 목적은 환자의 생명을 연장하기 위해 치료를 지속하기보다는 환자를 편안하게 해 주고 환자의 얼마 남지 않은 여생의 질을 높이는 것이다. 웹엠디 WebMD'에서 제공하는 호스피스 소개 글(http://www.webmd.com/balance/tc/hospice-care-topic-overview)에도 나오듯이 호스피스 서비스는 다음과 같은 요소로 구성된다.

《 통증과 증상 관리에 중점을 두는 기본적인 의료 조치
《 24시간, 일주일 내내 상주하는 호스피스팀
《 완화 의료에 필요한 의학 물품과 장비
《 환자와 가족이 심리학적·감정적·정서적 문제에 대처할 수 있도록 상담과 사회적 지지 제공

- 은행 계좌 해지, 임대 계약 해지, 신문이나 잡지 구독 중단 등 어렵지만 정상적이고 일상적인 생활을 마무리하고 정리하는 데 참고할 수 있는 지침 제공
- 간병인, 가족, 그리고 기타 환자를 주기적으로 돌보는 이들이 환자 간호에서 잠시 벗어나 휴식을 취할 수 있도록 이들을 대신하는 임시 간호 서비스
- 식사 준비와 심부름 등 자원봉사 활동
- 환자의 사망 후 환자의 가족과 지인에 대한 상담과 지지 제공

내 환자였던 엘리도 이런 호스피스 서비스를 선택했다. 엘리는 지적 장애인이었으며 호스피스팀이 보조하는 공동 시설에서 지냈다. 50대인 엘리는 공동 시설에서 머문 지 2년이 되었고 그전에는 낮은 지능 때문에 부모와 친척의 돌봄을 받았다. 엘리는 지능 수준이 5세 아이의 수준이어서 짧은 문장밖에 말하지 못했고 외출을 할 때면 길을 잃곤 했다. 부모님이 돌아가시기 전까지는 부모와 함께 지내다가 5년 전 가깝게 지내던 친척들이 하나둘씩 각자의 생일

에 세상을 떠났고 엘리의 어머니도 본인의 생일에 돌아가셨다. 생일이 두 달밖에 남지 않은 엘리의 오빠는 이번에는 자기 차례일지도 모른다며 걱정하기 시작했다. 그래서 엘리를 공동 시설에 보냈다.

시설 관리팀은 엘리가 일상생활을 하는 데 필요한 돌봄을 제공했다. 이를테면 엘리에게 규칙적으로 식사를 제공하고 다른 거주자와 함께 즐겁게 할 수 있는 활동도 제공했다. 다른 거주자도 엘리처럼 지적 장애인이었고 이들이 하는 활동은 운동, 체력 단련, 게임, 영화 감상 등이었다. 그러다 독감 시즌에 독감에 걸린 엘리는 좀처럼 회복하지 못하고 갑자기 다발성 장기부전 상태에 빠졌다. 여러 계통이 한꺼번에 기능을 중단한 것이다. 아마도 지독한 독감으로 인한 기침과 쌕쌕거림 wheezing이 원인인 듯했다. 갑자기 엘리의 폐, 간, 신장이 기능을 상실했다.

공동 시설의 접수원이 응급실에 전화를 걸었고 엘리는 구급차에 실려 병원에 왔다. 곧 심장 전문의, 응급 의학 전문의, 일차 진료의, 간호사로 구성된 다학제 통합 진료¹팀이 구성되었다. 통합 진료팀은 즉시 엘리를 중환자실에 입원시키고 진단을 시작했다. 정상이라면 100이어야 할 혈압이 70에 불과했으므로 엘리의 상태는 위중했다. 게다가 엘리는 신부전으로 며칠 동안 배뇨를 하지 않았다. 그리고 울혈성 심장 기능 상실로 심장의 펌프 작용이 약했으므로 심장과 전신에 혈액 순환 속도가 느렸다. 그 결과 엘리의 심장은 신체에서 필요로 하는 산소를 충분히 공급할 수 없었고 이에 대한 반응으로 신장은 몸에 수분과 염분을 축적했다. 엘리의 팔, 다리, 발목, 발, 폐, 기타 장기에 혈액이 정체되고 있었다.

"엘리의 상태가 말기인 것 같습니다"라고 통합 진료팀의 의사한 명이 내게 말했다. "이제 어떻게 할까요?"

지적 장애인인 엘리는 의사 결정 능력이 없었다. 그래서 엘리의 오빠에게 연락했다. 엘리의 오빠는 엘리가 머물던 공동 시설에서 엘리가 병원으로 이송된 사실을 이미 전달받았다.

"어떻게 해야 할까요? 선생님이라면 어떻게 하시겠어요?"

엘리의 오빠는 이렇게 질문하면서 자신의 죽음에 대한 두려움도 털어놓았다. "가족의 전통 같아요. 우리 엄마도 생일에 돌아가셨고, 이모랑 삼촌도 그랬어요. 제 생일도 두 달밖에 안 남았고요."

"우연일 겁니다. 그런 일도 있는 거죠. 뭔가 연관성이 있다고 생각하시겠지만 그렇지 않습니다"

내가 안심시키자 그는 차분해졌고 엘리에게 집중했다.

◀ 여러 분야의 의사가 모여 동시에 환자의 상태를 살피고 치료 과정을 논의하는 방식

"엘리에게 임종기 의료(의료인에게 이는 공식적으로 치료 중단을 의미한다)를 제공하는 것이 가장 인간다운 조치겠죠. 그러면 엘리가 약 5년 전에 당신 생일에 돌아가신 엄마 곁으로 갈 수 있고요. 엘리 생일은 2주 정도 남았거든요."

우리는 엘리에게 임종기 의료를 행하는 데 동의했다. 병원에서는 모르핀 수액을 매 시간당 2mg씩 투여했다. 환자의 고통을 줄이기 위해 필요하다고 판단되면 투여량을 증가했다. 그리고 일단은 자가 호흡을 하도록 했다. 그러나 4~5일이 지난 뒤에도 엘리는 더 이상 쇠약해지지 않았다. 혈압은 계속 낮았고 배뇨를 한 번도 하지 않았지만 호흡은 멈추지 않았다. 말을 하지 못했지만 지적 장애와 뇌 기능 상실 때문에 의미 없는 소리를 냈다.

"이제 어떻게 할까요?" 통합 진료팀이 물었다.

나는 엘리의 오빠에게 전화를 걸었고 엘리의 오빠는 다음과 같이 제안했다.

"엘리를 공동 시설로 돌려보내면 어떨까요? 그러면 엘리가 자기 방에서 편안하게 눈을 감을 수 있지 않을까요?"

"그렇겠네요."

간호사와 의료진은 엘리의 오빠가 구급차로 엘리를 이송할 수 있도록 준비했다. 엘리가 병원에 가지고 왔던 옷과 세면도구가 든 작은 가방도 챙겼다. 엘리가 공동 시설로 돌아간 뒤에는 호스피스팀에게 완화 의료를 받을 수 있게 조치를 취해 두었다.

엘리가 퇴원한 지 5일이 지났을 때 나는 공동 시설에 전화를 걸어 엘리의 상태를 확인했다. "여전히 숨을 쉬고 있어요. 모르핀 수액을 투여하고 있고 의식은 오락가락해요. 엘리와 엘리의 오빠가 어머니가 당신 생일에 돌아가셨다는 이야기를 한 적이 있는데, 그래서 엘리도 자기 생일에 죽지 않을까 생각하고 있어요. 이번 주 토요일이 엘리의 생일인데, 그날 숨을 거둘지도 모르겠어요"라고 간호사는 전했다.

"그럼 그날 연락할게요."

아주 기이한 우연이라고 생각했지만 나는 그런 약속을 했다. 엘리는 의식이 거의 없었고, 오늘 내일 하는 상태였으므로 아무 관련이 없다고 볼 수도 있었다. 게다가 그런 상태에서 엘리가 오늘이 무슨 날인지, 언제가 자신의 생일인지 과연 알 수 있을까? 그런데 내가 엘리의 생일날 아침에 전화를 걸자 간호사가 소식을 전했다.

"엘리가 막 사망했어요. 숨을 거두면서 '엄마를 만나요'라고 말하는 것 같았어요."

나는 결국 뭔가 연관이 있었던 걸지도 모른다는 생각을 하지 않을 수 없었다. 어쨌거나 엘리가 마침내 평안하게 생을 마감해서 다행이었다.

생활 보조 시설

생활 보조 시설은 대부분 일정 수준의 돌봄과 보조가 필요한, 자택에서 거주하면서 요양사를 고용하는 쪽을 선택하지 않은 65세 이상 노인들을 대상으로 한다. 이들 시설은 아파트, 주택 단지, 콘도 등의 형태를 띠며 시설에 따라서는 죽기 전 한 달 내지 몇 주 동안 잠시 머물 장소를 제공하기도 한다. 물론 이런 시설에서 몇 년씩 머무는 장기 거주자도 있다. 장기 거주자는 환자가 아닌 임차인이나 세입자로 취급된다. 화장실을 오갈 때 보조하는 등 특수한 돌봄을 제공하기는 하지만 거주자들이 참여할 수 있는 다양한 활동(게임, 영화 감상)도 운영한다.

생활 보조 시설에서는 대개 말기 환자가 머무는 장소를 별도로 마련하고 있지만 말기 환자라도 힘이 닿는 한 이런 활동에 참여하기도 한다. 또한 말기 환자의 호출에 24시간 응답할 직원이 상주한다. 더 나아가 이런 시설은 호흡기에 이상이 있는 환자를 위한 설비도 갖추고 있다. 호스피스 등 다른 돌봄 서비스에 관한 교육을 받은 직원도 있다.

요양원

요양원은 일반적으로 특정 증세 때문에 지속적인 의학적 치료가 필요한 만성 질환 환자를 수용한다. 일부 요양원은 생활 보조 시설처럼 말기 의료 시설을 갖추고 있다. 요양원은 임종기에 필요한 치료와 지지를 제공하는 생활 보조 시설 및 호스피스와 유사하다. 환자에 따라서는 병원에서 지내다가 이런 시설로 옮겨오기도 하고, 만성 질환 외에 갑작스러운 심장 마비나 호흡 곤란을 일으켜 상태가 급격히 악화되면 일반 요양원에서 말기 의료 전문 요양원으로 옮기기도 한다. 대개 이런 말기 의료 전문 시설로의 이동은 미리 선택한 연명 의료 거부 및 돌봄 계획에 따른 지시 사항에 따라서 이루어진다.

누가 결정하는가?

환자가 회복 불가능한 말기에 이르렀을 때의 치료 계획과 치료를 중단하는 시기는 원칙적으로 환자 자신이 결정해야만 한다. 따라서 일반적으로 연명 의료 실시 또는 연명 의료 거부 중 한 가지를 선택해야 하는 응급 상황이 발생했을 때나 그전에 미리 어느 쪽을 선택하는가에 관한 주요 의료 관련 결정은 환자가 한다. 그래야 이런 선택이 필요한 의학적 응급 상황이 발생했는데 환자가 더는 결정할 수 없는 상태일 때 환자가 미리 선택한 대로 의료진이 연명 의료를 실시하거나 실시하지 않을 수 있다.

그러나 이런 의사 결정 과정이 복잡해지는 때도 있다. 환자가 치료를 받는 동안 여러 의학 시술을 받거나 중증 질환이나 부상에서 회복하는 경우 자신의 선택을 바꿀 수 있다. 때로는 환자가 자신의 의사와는 다른 선택을 하도록 가족이 압력을 가하기도 한다. 뇌졸중이나 독성 대사성 질환으로 인한 혼란 등으로 환자가 더는 의사 결정을 할 능력이 없는 경우도 발생한다. 이런 때에는 누가 결정권을 가질지를 두고 가족들끼리 충돌하기도 한다. 또는 환자가 임종기라는 진단을 받아들이고 더 이상 의학적인 개입 없이 자연스럽고 편안하게 세상을 떠나도록 임종기 의료만을 실시할지 혹은 환자를 적극적으로 치료할지를 두고 가족 내부에 분쟁이 생기기도 한다.

내 환자였던 호세가 이런 의사 결정 과정의 복잡함을 잘 보여주는 사례다. 호세는 대가족을 둔 노인이었다. 결혼을 세 번 했고 딸이 열일곱 명에, 형제자매도 있었다. 한때는 잘나가는 건설업자로 아주 성공적인 사업체를 운영했다. 여러 나라에 집을 지었고 십여 명의 직원을 거느리고 일했다. 그러다 아주 심각한 폐렴에 걸렸다. 병원에 온 그는 연명 의료에 관한 상담을 받은 후 심장이나 호흡이 멈추면 심폐소생술을 받고 인공호흡기를 착용하는 쪽을 선택했다. 그 당시에는 합리적인 결정이었다. 호세는 여전히 꽤 튼튼하고 기력이 왕성했기 때문이다. 그는 심지어 그전 주말에 권투 시합에 참가해서 승리를 거두기도 했다. 그러나 그 뒤로 다시 한 번 심한 폐렴에 걸렸고 그다음에는 건설 현장에서 쓰러진 나무에 깔려 허리를 크게 다쳤다. 그래서 몸이 상당히 쇠약해졌다. 그런 와중에 트레드밀에서 운동을 하다가 뇌졸중으로 쓰러졌다.

호세의 의식이 돌아왔을 때 그는 입원한 상태였고 자기 얼굴을 들여다보는 간호사와 눈이 마주쳤다. 그러나 그는 무슨 일이 벌어지고 있는지, 그리고 병원에 오기 전에 어떤 일이 있었는지 알지 못했다. 그는 묻고 또 물었다.

"여기가 어디죠?"

간호사가 병원이라고 답한 후에도 똑같은 질문을 반복했다.

"여기가 어디죠? 당신은 누군가요? 제가 왜 여기 있는 겁니까?"

나는 환자가 더는 스스로 의사 결정을 할 수 없을 때 취하는 일반적인 조치를 따라 호세의 자녀와 친척에게 연락했다. 호세가 몇 년간 만나지 못 한 친척에게도 전화를 했다. 한동안 연락이 끊긴 친척이나 자녀가 의사 결정 과정에 더 적극적으로 참여하는 경우도 있기 때문이다. 때로는 환자가 자신의 재산 문제 및 기타 사안에 대해 누가 결정해야 할지 미리 지정하기도 한다. 그러나 호세의 경우 대리인을 지정하는 일은 상당히 복잡할 수밖에 없었다. 현재 부인과 전부인 두 명이 있었고 자녀도 많았으며 호세와 가깝게 지내던 가족은 다른 주에 있거나 당시에 출장이나 휴가 중이어서 연락이 닿지 않았다. 따라서 나는 되도록 많은 친척에게 호세의 상태를 알려서 올 수 있는 사람(혹은 관여하고 싶은 사람)은 모두 병원으로 불러야겠다고 생각했다.

결국 십여 명 정도가 병실에 모였다. 호세가 반혼수상태로 침상에 누워 있는 동안 병원에 온 가족들은 어떻게 해야 할지를 두고 회의실에서 논쟁을 벌였다. 나는 회의실로 가서 상황을 설명하고 서둘러 결정해 줄 것을 재촉했다. 호세는 스스로 결정을 할 기회가 없었고 당연히 자신의 의사를 기록으로 남기지도 않았다.

나는 가족들에게 호세가 숨을 거두기 전까지 치료는 중단하고 대신 편안하게 돌보는 것이 '가장 인간적인 대안'이라는 조언으로 설명을 마무리했다.

그러나 이런 상황에서는 가족 구성원들의 의견이 서로 달라 빠른 시일 안에 합의에 이를 수 없을 때도 있다. 환자가 회복할 가능성을 포기하지 말고 끝까지 싸워야 한다는 측과 더 빠르고 인간적인 죽음을 지지한다는 측, 두 편으로 나뉘기 때문이다.

따라서 한동안은 아무런 진전이 없었다. 터널 입구에서 두 기차가 마주쳤고 한 기차가 뒤로 물러나야만 다른 기차가 터널을 지나갈 수 있는 상황이었다. 논쟁이 계속되는 동안 의료진은 때가 되었을 때 무조건 호세를 되살릴 준비를 하고 있었다. 환자나 가족들이 아무런 선택을 하지 않으면 환자를 돌보는 병원이나 진료소는 환자의 생명을 연장하는 데 필요한 모든 조치를 취해야만 하기 때문이다. 그런 조치가 환자에게 고통을 유발하고 임종기를 오직 몇 시간 내지 며칠 늘리는 데 불과하더라도 말이다. 나는 호세가 그런 환자에 해당한다고 판단했고 내 의견을 가족들에게 다시 알리고 단호하게 말했다.

"제발 부탁드립니다. 이대로는 여러분이 사랑하는 환자에게 고통만 더할 뿐입니다. 앞으로 숨을 거두는 순간까지 이런 반혼수 상태에 빠져 있을 거예요. 뇌졸중으로 뇌 손상이 심했으니까요."

마침내 변화가 일어났다. 딸 중 한 명이 나섰다. "저는 아버지를 소생하지 말자는 쪽에 찬성합니다." 또 다른 딸도 마찬가지 결론에 도달했다. "아버지는 좋은 삶을 사셨어요. 지난 몇 년간 연락은 끊겼지만 그렇게 생각해요. 그러니까 저는 아버지가 원하셨으리라고 생각되는 그런 결정을 하고 싶어요."

마침내 연명 의료를 거부하자는 측의 수가 더 많아졌고 가족의 대변인은 선언했다. "좋습니다. 연명 의료를 중단해 주세요."

여전히 반대하는 가족들은 침묵을 지켰다. 자신들이 수적으로 밀린다는 사실을 인정한 것이다. 나는 환자가 인간적인 임종을 맞이할 수 있도록 가족들을 설득한 것에 안도했다. 오늘날에는 환자의 통증과 고통을 줄이기 위해 연명 의료를 거부하는 것이 의학적으로 권장된다. 나는 모든 환자가 되도록 일찍 연명 의료에 관한 결정을 했으면 한다. 아니면 적어도 자신이 결정하지 못할 경우를 대비해 자신을 대신해 결정을 할 대리인을 지정했으면 한다. 호세의 가족도 마지막에는 그렇게 했다.

　말기 환자의 경우에는 이런 의사 결정 과정을 거듭 경험하게 된다. 최악의 시나리오를 위한 계획을 세우는 작업이라고 생각하면 된다. 따라서 내가 임종 과정에 있는 환자와 그 가족을 담당하면서 하는 역할 중 하나는 이들이 연명 의료에 관한 사항을 아직 결정하지 못한 경우에 결정을 하도록 돕는 것이다. 다만 그런 결정을 할 때 고려되는 상황이나 시술은 환자마다 상당히 다르다.

02

말기 의료에 거는
기대와 오해

임종기 환자를 담당하는 의사라고 하면 사람들은 흔히 TV 드라마 〈ER〉이나 〈그레이 아나토미 Grey's Anatomy 〉 등을 떠올린다. 그래서 의사를 현대 기술의 도움을 받아 못 고치는 병이 거의 없는 기적의 치료사쯤으로 여기는 것 같다. 그러다 보니 심각한 질환과 치명적인 부상에서 회복하고 살아남을 확률에 대해 과도한 기대를 품는다. 병원에 너무 늦게 가지만 않으면 의사를 비롯한 의료진이 자신을 살릴 수 있다고 믿는 것이다.

그런데 이는 잘못된 기대다. 특히 심각한 질환이나 부상으로 심정지를 일으킨 경우에는 생존율이 매우 낮아서 대개 6퍼센트 내지 13퍼센트 정도밖에 안 된다. 심정지는 심장 박동이 정지된 상태를 가리킨다. 심장이 뛰지 않으면 뇌에 산소가 공급되지 않는다. 그래서 몇 분 뒤에 심박이 돌아와도 뇌에 산소가 부족한 동안 신경이 손상될 수 있다. 이런 신경 손상은 회복이 불가능하다. 치료와 재활로 뇌의 일부가 다른 뇌의 기능을 대신 수행할 수는 있다. 그러나 손상 범위가 너무 크면 이런 복구 및 대체 작용을 기대할 수 없고 환자는 뇌에 영구적 손상을 입는다. 그래서 신체 기능의 일부를 회복해도 환자는 혼수상태에 빠진 채, 혹은 식물인간 상태로 신체 기능을 유지하는 장치에 연결된 채 지낸다. 자히 맥매스Jahi McMath도 그런 사례다. 부모가 인공호흡기를 뗀 후에 동네 병원으로 옮겼고 의식 불명 상태로 계속 치료를 받고 있다. 부모는 자히가 여전히 살아 있다고 주장하면서 사망 선고를 무효화할 방법을 찾고 있다.[1]

바비 크리스티나 브라운Bobbi Kristina Brown도 비슷한 사례다. 바비는 욕조에서 물에 빠진 채 발견된 뒤로 의식을 회복하지 못했다. 바비 또한 자가 호흡을 했지만 회복될 가능성은 거의 없었다. 가족들은 바비가 회복하길 기대하며 희망의 끈을 놓지 않았지만 몇 달 뒤 바비는 사망했다.[2]

가족들이 뇌사 판정을 받은 환자를 떠나보내지 못하고 계속 돌보는 이유는 언젠가는 깨어날지도 모른다는 희망 때문이다. 의사가 사망한 거나 마찬가지라고 말한 환자가 수개월 또는 몇 년이 지난 뒤에 갑자기 깨어나는 매우 드문 사례들이 그런 희망의 불씨를 키운다. 한 달, 1년이 지날 때마다 희망의 불꽃이 점점 작아지기는 해도 꺼지지는 않는다. 이런 환자들이 정상적인 병원 절차에 따라 연명 의료 거부를 선택했다면 초인적인 노력으로 생명을 유지하는 대신 자연스러운 죽음을 맞이할 수 있었을 것이다. 만약 환자에게 의식이 있다면 무슨 수를 써서라도 자신의 생명을 연장하는 것을 원하지 않을 수도 있다. 제대로 된 삶이 아닌 단순한 생명 연장을 위해 더 오랫동안 어마어마한 통증과 고통에 시달려야 하는 데다 남은 가족이 과도한 의료비를 부담하게 되기 때문이다.

따라서 의료진이 실제로 무엇을 할 수 있고 말기 판정을 받은 환자가 치료를 통해 무엇을 얻을 수 있는지를 현실적으로 설명하고자 한다. 그래야 사람들이 의료진이 어떤 한계에 직면하고 어떤 부담을 느끼는지를 알 수 있고, 심각한 질환을 앓고 있거나 치명적인 부상을 입은 환자가 불치 판정을 받을 가능성이 매우 높으며 이런 환자의 치료가 통증과 고통을 줄이는 데 집중된다는 점을 이해할 수 있다.

이런 정보만으로도 환자와 가족, 친구들이 불치 상태인 환자가 보이는 여러 증세에 대해 갖는 오해를 상당수 풀 수 있다. 의료진은 기적의 치료사가 아니다. 의료진이 환자의 회복을 도울 수 있는 범위에는 한계가 있으며 그런 한계는 환자의 현재 증상과 병력 등의 영향을 받는다. 게다가 의료진은 시간(증세가 언제 시작되었는지, 심정지를 일으켰는지, 심장이 정지했다면 얼마나 오래 정지했는지)이라는 현실에 부딪힌다. 심정지를 일으키면 심장이 멈추고 혈류도 멈춘다. 심장이 너무 오래 정지했다면 다른 요인은 고려할 것도 없다. 일단 심장이 정지하면 뇌에 산소가 더 이상 공급되지 않아서 몇 분 내로 신체가 기능을 중단하기 시작한다. 일반적으로 심장이 정지한 지 12분이 지나면 신체의 모든 기능이 중단된다. 그 후에는 환자를 되살린다고 해도 뇌의 손상을 피할 수 없고 그 정도는 환자의 나이, 성별, 평상시의 건강 상태 등 다른 요인에 의해 결정된다.

말기 의료를 담당하는 의료진의 역할

말기 판정이 내려지는 이유 중에서 가장 중요한 항목은 암, 폐공기증, 알츠하이머병, 근육위축가쪽경화증 등이 속한 만성 질환이다. 근육위축가쪽경화증은 루게릭병이라고도 하며 이 병에 걸린 환자는 몇 개월 내지 몇 년에 걸쳐 신체 및 정신 기능을 서서히 상실한다. 이런 만성 질환이 말기에 다다른 것이 확실해지면 환자는 신변 및 유산 정리를 마무리할 뿐 아니라 치료에 관한 사항도 정한다. 여기에는 일반적으로 연명 의료 실시 여부가 포함된다. 연명 의료 거부를 선택하면 의료진은 그 환자를 살리기 위한 적극적인 시술은 실시하지 않는다. 회복 불가능한 상태에서는 그런 시술이 무의미한 통증과 고통만 유발하기 때문이다. 따라서 대개 환자가 아직 의사 결정 능력과 의사 표현 능력이 있을 때 연명 의료 거부를 선택하도록 권한다. 다만 환자에 따라서는 어떻게 해야 좋을지 마음을 못 정하거나 가족 간 이견이 있거나 환자가 말기 의료 관련 결정을 할 의사 능력이 있는지를 두고 다툼이 벌어지기도 한다.

말기 판정이 내려지는 또 다른 경우는 환자가 대형 사고를 당하거나 급성 질환에 걸렸거나 폭력 범죄의 피해자가 되는 등 치명적인 사건을 겪었을 때다. 이런 사고가 났을 때 환자는 목숨이 간신히 붙어 있는 상태로 병원에 온다. 따라서 앞으로의 의료 관련 결정을 스스로 할 수가 없고 얼마 남지 않은 날 동안 적어도 고통과 통증만이라도 줄이기 위해 어떤 조치를 취해야 할지에 관한 결정을 대신 해 줄 사람을 지정할 수도 없다. 나는 이런 환자를 많이 접했고 그런 경우 내 역할은 주로 가족과 친지에게 의료진이 최선을 다했지만 환자의 상태가 워낙 안 좋아서 더 이상 해 줄 것이 없다는 사실을 알리는 것이다.

의사와 의료진은 어떻게 환자와 가족을 돕는가?

환자가 어떤 이유로 말기 판정을 받았던지 간에 병원의 의료진은 환자에게 최고의 돌봄을 제공하기 위해 분주히 움직이며 말기 의료 전문의는 의료진과 병원에 온 환자의 가족 및 친구 사이에서 중재자 역할을 하고, 종종 치료 과정에도 관여한다. 이를테면 수술팀에 합류하거나 간호사에게 환자의 상태에 맞게 어떤 치료제나 진통제를 처방할지, 또는 어떤 처치를 해야 하는지 알리기도 한다.

또한 환자를 만나서 예후를 알리고 치료 계획을 세운다. 환자의 활력 징후*가 떨어지면서 죽음이 임박했다는 신호가 오면 끝까지 환자의 목숨만 연장하는 적극적인 치료에 매달리지 말아 달라고 지시하는 연명 의료 거부 의사를 서류로 작성할 것을 권한다.

일반인은 말기 환자를 담당하는 의료진이 환자나 가족에게 권하는 연명 의료 거부가 무엇을 의미하는지 잘 모른다. 아마도 이런 정보와 이해 부족은 죽음이나 임종에 대해 생각하기를 꺼리는 사회적 분위기 때문일 것이다. 미디어는 삶을 긍정하는 활동과 사건, 유쾌한 만남, 사랑스러운 동물에 집중한다. 죽음은 비극적인 사고, 폭력 범죄, 잔인한 구타 등과 연계되어서만 언급되고 가해자나 바보 같은 피해자가 그에 걸맞은 벌을 받아야 한다는 말만 반복한다. 또한 죽음은 우울하거나 끔찍한 무언가로 표현되어서 사람

◀ 맥박, 호흡, 체온, 혈압과 같이 생명이 있다는 것을 입증해주는 징후가 되는 요소로 환자를 진찰할 때 기본적으로 관찰하는 항목이다.

들은 죽음이 눈에 띄지 않길 바라며 무시하는 경향이 있다. 그래서 많은 사람들은 말기 의료라는 주제 자체를 불편하게 여긴다. 그러나 연명 의료 거부는 편안한 말기 의료에서 중요한 비중을 차지하므로 이를 잘 이해해야 이 책에서 소개하는 환자와 가족들의 이야기를 둘러싼 맥락을 제대로 파악할 수 있다.

연명 의료 거부를 권하는 이유는 임종기를 불필요하게 늘리는 일이 없도록 하기 위해서다. 연명 의료 거부 의사를 표시하지 않으면 의료진은 반복해서 환자에게 소생술을 실시해서 환자가 회복해서 의미 있고 생산적인 삶을 이어나갈 가망이 없는데도 자연스럽게 죽음을 맞이하는 것을 막으며, 환자는 삶의 마지막 순간을 며칠 또는 몇 주 동안 고통 속에서 보내다가 사망하게 된다. 즉 연명 의료를 거부하는 목적은 환자가 최소한의 통증 및 고통만 겪으면서 더 자연스럽게 죽음을 맞이할 수 있도록 임종 과정이 자연의 순리대로 진행되게끔 놔두기 위해서다.

임종기를 둘러싼 핵심 쟁점 이해하기

환자와 가족에게 연명 의료와 연명 의료 거부가 무엇인지 외에도 설명해야 할 쟁점들이 많이 있다. 환자와 가족들은 정보가 부족하거나 잘못된 정보를 가지고 있기도 하고 정보 때문에 혼란에 빠지기도 하므로 충분히 설명해서 혼란을 덜어주어야 한다. 안 그래도 환자와 환자 곁을 지키거나 병원에 올 수 없어서 전화로만 소식을 듣는 가족이나 지인은 임종기를 두려움과 불안 속에 보낸다. 따라서 나는 여러 환자와 가족 및 지인을 대했던 경험을 바탕으로 구체적인 설명을 곁들일 것이다. 다만 이 장에서는 핵심 쟁점과 주된 경험을 간략하게 정리해서 소개하겠다.

먼저 심정지를 일으킨 사람에게는 어떤 일이 일어날 수 있을까? 유의해야 할 점은 유명 TV 프로그램이나 소셜 미디어를 통해 잘못된 정보가 나돌고 있다는 사실이다. 그런 정보들은 병을 앓고 있거나 부상당한 환자에게 심정지가 일어났을 때 의사가 마법에 가까운 초인적인 능력을 발휘해 환자를 다시 살리고 건강한 삶으로 되돌려 보낼 수 있는 것처럼 묘사한다. 심정지 cardiac arrest 와 심장 마비 heart attack 를 동일시하는 것도 잘못된 상식이다. 누군가 심정지를 일으켰을 때 이에 대처하는 최선의 방법을 알려면 심정지와 심장 마비를 반드시 구별할 수 있어야한다. 심정지에 대처하는 방법은 심장 마비나 심근 경색증에 대처하는 방법과 완전히 다르기 때문이다. 따라서 우선 심정지를 일으킨 환자에게 어떤 일이 벌어지며 이런 상황에서 의료인이 어떤 조치를 취할 수 있는지 살펴보겠다.

심정지를 일으킨 환자에게 벌어지는 일

영화나 TV에 가장 많이 등장하는 장면 중 하나는 의료진이 환자를 들것에 싣고 병원 복도를 미끄러지듯 달려가는 장면이다. 사람들은 소리를 지르고, 사이렌이 시끄럽게 울어대고 의료진 중 한 명이 병원 안에 있는 사람들에게 지나가야 하니 얼른 비키라고 지시한다. '문자 그대로' 목숨이 걸린 문제이기 때문이다. 중증 질환, 사고, 주요 장기의 총상 등 심정지의 원인이 무엇이건 간에 처치를 위해 서두르는 이유는 환자가 심장 박동이 갑자기 멈춘 상태를 의미하는 '심정지'를 일으켰기 때문이다.

사람들은 이런 응급 상황을 심장 마비와 혼동하곤 한다. 심장 마비는 심장 근육으로 이어진 동맥의 혈류가 막혀서 일어나는데, 심근 경색증myocardial infarction이라고도 부른다. 때로는 동맥이 막혀서 심장이 수 초 정도 멈추는 등 일시적으로 심박이 불규칙해지거나 심정지라는 더 지속적인 증상을 야기하기도 한다. 심정지는 심장 근육벽으로 이어진 여러 동맥 중 하나라도 완전히 막혔을 때 일어날 수 있으며, 심장이 완전히 멈춘 상태를 가리킨다.

이러한 차이 때문에 심장 마비를 겪은 사람들이 '생존'하는 경우가 많다. 심장 마비를 일으킨 사람은 처음부터 죽은 상태가 아니었다. 진짜 심정지가 일어나도 구급 대원이 환자를 회생할 가능성은 있다. 심지어 심폐소생술을 할 줄 아는 일반인이 심정지를 일으킨 사람을 살리기도 한다. 이것은 어디까지나 심박을 되살릴 수 있을 정도로 신속하게 반응해서 제때 심장을 자극했다는 것을 전제로 한다. 그러나 일반적인 관점에서 누군가가 진짜 심정지를 일으켰다면 그 사람은 엄밀히 말해 죽은 것이다. 심정지 상태에서는 혈액 순환도 완전히 멈추기 때문에 아무리 일시적이라고 해도 사망한 상태이기 때문이다. 심장을 다시 뛰게 하려면 고도의 정교한 응급 의료 처치가 필요하다. 심정지를 일으킨 사람의 생존율은 언제나 매우 낮다. 심정지는 심장 마비보다 훨씬 더 심각한 증상이기 때문이다. 심장 마비의 생존율은 대개 79퍼센트 내지 89퍼센트다. 병원에 도착하기까지 시간이 얼마나 걸렸느냐에 따라 생존율이 조금씩 달라진다.[3] 전 세계로 범위를 넓히면 심정지의 생존율은 약 10퍼센트다.[4] 심장 마비의 대표적인 증상은 가슴 통증인데 심장 마비 외에는 심장 근육과 심장의 펌프 작용이 대체로 양호하다. 반면 심정지가 일어나면 환자는 의식을 잃고 곧 사망한다.

물에 빠져서 산소가 부족하거나 큰 사고를 당하거나 총상을 입는 등 갑작스러운 응급 상황으로 심정지를 일으키기도 하지만 이미 말기에 이른 다른 질환 때문에 말기 의료를 받고 있는 환자가 심정지를 일으키기도 한다. 내가 접하는 심정지 환자 대부분이 후자에 해당한다. 지병을 치료하느라 며칠 내지 몇 주씩 병원에서 지내는 말기 환자가 많기 때문이다. 그리고 전자의 경우엔 모든 일이 순식간에 벌어져서 의사가 관여할 기회가 거의 없다. 예외가 있다면 환자가 생사의 기로에서 살아남은 뒤에 치료를 받는 경우다.

심정지를 유발하는 원인

심정지를 유발하는 원인에 대한 오해와 심정지와 심장 마비의 차이에 대한 정보 부족을 고려해 이 두 가지를 더 자세히 설명해보겠다.

심장 마비는 동맥의 막힘이 원인인데 대체로 몇 년에 걸쳐서 형성된다. 치명적이거나 완전한 폐쇄가 급성으로 나타나기도 하고 다양한 이유로 경화반이 오랫동안 서서히 쌓이면서 혈관이 좁아져서 나타나기도 한다. 동맥이 막히는 가장 흔한 원인은 노화로 인한 경화반의 파열이다. 경화반은 심장동맥, 즉 관상동맥 내벽에 붙은 걸쭉한 물질이다. 경화반이 파열되면 평소에는 동맥벽에 붙어 있던 경화반이 떨어져 나가면서 관상동맥의 더 깊숙한 곳에 박힌다. 그래서 심장으로 가는 혈류와 산소가 그 지점을 지나갈 수 없게 된다. 더 나아가 경화반의 파열로 인해 동맥 막힘이 심해지면서 심장 근육벽으로 가는 혈류가 줄거나 차단된다. 이때 심장 마비가 발생한다. 경화반 파열보다는 드물지만 동맥의 다른 부위에 마개가 형성되기도 한다. 그리고 그런 마개가 심장벽으로 이동해서 혈액 순환을 물리적으로 막아서 심장 마비가 일어나기도 한다.

때로는 색전증처럼 더 단기적인 원인이 심장 마비나 심정지를 유발하기도 한다. 색전증은 혈류의 공기 방울이 심장이나 폐로 들어가면 생길 수 있다. 더 흔하게는 혈전이 폐 순환 계통으로 흘러 들어가서 생기기도 한다. 혈전은 보통 다리에서 생성되며 비행기처럼 좁은 공간에서 너무 오랫동안 같은 자세로 앉아 있을 때 생기기 쉽다. 오랫동안 움직이지 않고 있으면 정맥 순환이 정체되고 그렇게 생긴 혈전이 심장으로 흘러들어가 폐동맥을 막고 심장을 마비시키는 반사 작용을 일으킨다.

심정지를 일으키는 원인은 여러 가지지만 가장 흔하게는 심장 마비를 재빨리 치료해서 심장 순환을 즉시 복구하지 않았을 때 발생한다. 심장 마비가 생기면 순환 계통이 막혀서 혈액 속 산소가 심장벽에 도달하지 못할 뿐 아니라 심장의 전기 체계도 방해를 받는다. 심장은 엔진과도 같아서 전기 체계에 이상이 생기면 펌프 작용이 멈춘다. 따라서 심장이 정지하면 곧 혈압이 급격히 떨어져서 환자가 의식을 잃으며 2~3분 내에 심박을 되돌리지 않으면 곧바로 사망한다.

심정지로 이어질 수 있는 심장 마비의 유발 요인도 여러 가지다. 건강한 사람도 심장 마비를 일으킬 수 있다. 겉으로는 건강해 보여도 갑자기 심장 마비의 대표적인 징후가 나타난다. 먼저 가슴에 통증이 느껴져서 자기도 모르게 가슴에 손을 얹는다. 이 단계에서는 아직 심정지가 일어나지 않았다. 심장이 여전히 뛰고 있기 때문이다. 그러나 관상 혈류를 복구하는 조치를 재빨리 취하지 않으면 이 심장 마비가 심정지로 이어질 수 있다. 만약 심장 마비를 일으킨 사람이 아직 의식이 있다면 몇 초 지나지 않아 의식을 잃을 것이다. 혹은 이미 통증이나 저혈압으로 의식을 잃은 상태일 가능성이 높다.

심장 마비를 일으키는 원인에는 여러 가지가 있지만 주로 심장에 과도한 부담을 주는 무리한 활동을 해서 심박이 비정상적으로 뛰게 된 것이 원인이다. 대체로 건강한 사람도 마찬가지다. 또 다른 원인은 일상에서 스트레스를 지나치게 많이 받아서 정서적인 긴장감이 심장에 지나친 압박을 가할 때이다. 이를 상심 증후군이라고도 하는데, 알코올 중독에서처럼 이런 압박은 심장의 펌프 기능에 손상을 입힌다.

가장 무시무시한 악당은 높은 콜레스테롤과 고혈압이다. 둘다 심장 마비뿐 아니라 뇌졸중도 일으킬 수 있다. 혈액 속 콜레스테롤이 증가하면 동맥벽에 콜레스테롤 찌꺼기가 쌓여서 혈관이 좁아지고, 그러면 혈류가 줄어들면서 혈액이 이 좁아진 통로를 지나가기가 점점 어려워진다. 혈액이 심장을 통과하기도 어려워진다. 어떤 식으로든 무리를 하면 혈류가 통과하기가 더욱더 힘들어지는 것이다.[5)]

또한 심장 마비는 이미 심장 마비를 겪은 환자에게서 나타나기도 한다. 첫 심장 마비를 일으킨 질환이 여전히 남아 있어서 심장 마비에 더 취약하기 때문이다. 또 다시 심장 마비가 나타나면 과거 병력 때문에 회복력과 생존 능력이 떨어진다. 성벽이 거듭된 공격에 조금씩, 서서히 닳아서 무너지는 것과 같다. 연이은 심장 마비는 벽을 뚫어 버리고 그 내부에 치명적인 손상을 입힌다.

심장 마비의 원인이 무엇이든, 어떤 상황에서 발생했든 심장 마비는 몇몇 증상을 동반한다. 극심한 가슴 통증 외에도 호흡 곤란, 발한, 구역, 구토가 나타난다. 또한 갑자기 창백해지거나 핏기가 사라지기도 한다. 마치 무언가 끔찍한 일이 일어날 것 같은 불안감을 느끼는 경우도 흔하다.

저 중 어느 한 증상이라도 느끼면 서둘러 치료를 받아야 한다. 안 그러면 곧 심정지나 심장이 완전히 멈춰서 혈압이 급강하하는 급성 심장돌연사로 이어질 수 있다.

내가 말기 환자를 돌보면서 담당하는 역할에는 환자와 가족에게 이런 징후에 촉각을 세우도록 가르치는 것도 포함된다. 말기 환자가 병원에서 어느 정도 회복해서 퇴원해 집으로 돌아갈 때는 특별히 이런 점을 주의시킨다. 이를테면 살날이 얼마 남지 않은 암 환자가 회복기에 들어섰거나 사고를 당한 환자가 생사의 갈림길에서 살아난 경우에는 죽음을 한 번 피했다고 해도 재발할 가능성이 크므로 신체 계통의 기능이 떨어져서 심장 마비나 심정지를 일으키는 혈액 순환 장애를 야기하는 뚜렷한 징후를 경계해야 한다. 따라서 이렇게 임종이 유예된 말기 환자를 대할 때는 재발의 가능성과 재발의 징후를 반드시 주지시켜야 한다. 그래야 환자가 그런 징후가 나타났을 때 서둘러 병원에 올 수 있고 삶을 다시 한 번 연장해 볼 수도 있기 때문이다.

낮은 심정지 생존율

병원에서 말기 의료를 받고 있던 와중에, 혹은 심정지에서 회복해 치료나 완화 치료를 받으려고 병원에 머무는 동안 또다시 심정지를 일으킨 환자의 치료에 관여한 적이 있다. 그런데 일단 심정지를 겪은 환자의 생존율은 매우 낮다. 심장 질환 치료 기술이 발전했지만 심정지 생존율은 별로 나아지지 않았다. 대개 심정지를 일으킨 환자의 생존 가능성에 대해 오해하고 있는 경우가 많은데, 이는 TV 의학 프로그램과 뉴스가 기적적인 회생, 생사의 갈림길에서 살아서 돌아온 일화를 다루기 때문이다.

그러나 실제로는 심장이 정지한 사람이 성공적으로 회생하는 일은 드물다. 최근에 뉴스에서 보도된 몇몇 슬픈 사례가 심정지를 일으킨 사람에게 어떤 일이 벌어질 수 있는지를 보여준다. 심장이 멈추면 뇌에 산소가 부족해지고, 뉴런은 신체 조직 중에서 산소 부족에 가장 민감한 조직이다 보니 뇌세포가 죽어서 뇌가 상당한 손상을 입는다.

자히 맥매스와 바비 크리스티나 브라운의 사례는 심정지로 뇌사 판정을 받은 환자의 신체 기능이 계속 유지될 수는 있어도, 뇌 기능이 제대로 회복할 가능성은 매우 낮다는 것을 보여준다.

최근 통계를 보면 심정지 환자의 회복률이 전 세계적으로 낮다는 것을 알 수 있다. 미국에 한정해서 본다면 2012년에 병원 밖에서 심정지를 일으킨 환자 7만 명 중 8퍼센트만이 살아서 퇴원했다. 이는 2005년의 6퍼센트에 비하면 높은 수치이지만 여전히 매우 낮은 생존율이다.[6] 주에 따라, 도시에 따라 조금씩 다르므로 지역에 따라서는 수치가 상대적으로 조금 더 높은 곳도 있기는 하다. 예를 들어 시애틀에서는 지난 24년간 심정지로 치료받은 1만2천 명 중 16퍼센트가 살아서 병원 문을 나섰다.[7] 그러나 이것조차도 높다고 할 수 없다. 따라서 통계를 근거로 심정지를 일으킨 환자의 예후는 매우 나쁘다고 결론 내릴 수 있다. 산소 부족이 아주 잠깐, 약 3분만 지속되어도 사람은 뇌 기능을 상실하기 때문이다. 이런 뇌 기능 상실은 몇 분 안에 사망으로 이어진다.

그러나 심장 마비와 심정지가 나타날 확률을 높이는 요인, 심장이 정지한 뒤에 살아날 확률을 낮추는 요인들이 있으므로, 이미 심정지를 일으킨 환자는 어쩔 수 없지만 가족들은 사전에 이런 요인들을 예방하여 심장 마비나 심정지를 일으킬 확률을 줄일 수 있다.

심정지 확률을 높이는 요인으로는 구체적으로 노령, 뇌졸중, 암, 알츠하이머병, 심장 질환 병력 등과 고혈압, 당뇨병, 말기 신장 질환 등 만성 질환으로 허약해진 건강 상태, 그리고 울혈성 심장 기능 상실이나 심근 경색증 병력 등이 있다. 심근 경색증에 걸리면 심장 근육 세포나 조직이 죽는데 이를 다시 살릴 방도가 없다. 또한 패혈증도 환자의 생존율을 낮춘다.

심정지가 발생하는 이유도 여러 가지이며 생존율도 앞에서 설명했듯이 환자의 연령, 건강 상태, 병력 등 상황에 따라 달라진다. 어떤 상황에서도 다른 요인이 동일하다면 젊고 건강한 여성 환자의 생존율이 높은 편이다. 다만 인구 집단 간 생존율의 차이는 미미하다. 심장 질환 병력이 심장 마비 및 심장 마비에 이어서 일어난 심정지의 대다수를 설명하는 요인이지만 심정지의 3분의 1은 심장과는 무관한 원인으로 발생한다. 그중 주된 것이 큰 사고를 당해 입은 외상, 출혈, 중독, 익사 위기, 그리고 흡연, 장시간 유지한 부동 자세, 특정 약물, 유전 성향, 암 등 다양한 이유로 생긴 폐부종이다.

병원에서 심정지를 일으켰을 때

심정지를 일으키는 원인은 대부분 중증 질환, 치명적인 사고, 폭행 등 병원 밖에서 벌어진 일이지만 때로는 환자가 심장 관련 문제나 다른 이상으로 병원에 온 뒤에 병원 내에서 벌어진 일이 심정지를 일으키기도 한다. 그래서 의사가 이런 점을 환자와 가족에게 설명해야 할 때도 있다.

대표적인 예가 한 자세로 너무 오래 앉아 있거나 누워 있어서, 혹은 외상으로 다리에서 형성된 혈전이다. 일단 혈전이 생기면 언제든 폐로 이동해서 심장의 펌프 작용을 차단하는 마비 반응을 유발할 수 있다. 그 결과 혈액과 산소가 순환을 중단하고 곧 죽음이 뒤따른다. 그 외에 환자의 심장에 산소 공급이 부족할 때에도 병원 내에서 심정지가 발생할 수 있다. 또한 저혈압으로 정신 상태에 문제가 생길 수도 있으며, 그런 환자는 질식하기 쉬워서 심정지를 일으키기도 한다. 저혈압이 오는 이유는 대개 감염, 때로는 약물 과용 때문이다.

소생술의 효과

환자가 심정지를 일으키거나 기타 위중한 상태에 빠졌을 때 나는 늘 환자와 가족에게 심정지를 일으킨 환자를 소생하는 다양한 방법에 대해 설명한다. 그런 설명을 할 때면 나는 회복해서 일상으로 돌아가 생산적인 삶을 살 수 있는 환자를 소생하는 것과 목숨은 간신히 구해도 통증과 고통에 시달릴 가능성이 큰 말기 환자를 소생하는 것이 다르다는 점을 지적한다. 사람들이 소생술로 환자가 곧 완전히 치유될 것이라고 기대할 때가 많기 때문이다. 이는 물에 빠져 죽을 뻔한 건강한 사람이 해변에서 의식을 잃고 누워 있는 것을 성공적으로 살리는 장면만을 떠올리는 것이다. 그러나 건강한 사람을 소생하는 것은 병원에서 죽을 날만 기다리는 아픈 환자를 소생하는 것과 매우 다르다. 동일한 소생술을 실시하더라도 그 결과는 언제나 다를 수밖에 없다. 살날이 얼마 남지 않은 환자는 의식이 돌아와도 그 외에는 회복할 가능성이 없으므로 고통스러운 임종 과정이 연장될 뿐이다.

환자와 가족에게 설명하듯이 소생술의 가장 주된 방법은 CPR로 이는 '심폐소생술, cardiopulmonary resuscitation'의 약자다. 또한 의료인을 비롯해 누구나 현재 널리 보급된 도구인 AED, 즉 '자동 제세동기automated external defibrillator'를 사용해 CPR의 성공률을 높일 수 있다. CPR은 환자의 심장이 다시 뛰도록 일정 간격을 두고 환자의 가슴을 반복적으로 압박하는 것으로 구강 대 구강 인공호흡 같은 산소 공급 방식을 병행한다.

소생술의 또 다른 방법으로는 훈련을 받은 의료인과 더 정교한 장비가 일반적으로 동원되는데, 기관내삽관 같은 고도의 호흡 관리 체계나 제세동기로 산소를 공급한다. 이런 방법의 목적은 심정지를 일으킨 사람에게 치료 용량의 산소를 공급하고 심장에 전기 충격을 주는 것이다. 전기 충격은 규칙적인 심박 같은 심장의 생존 리듬을 되살리는 데 도움이 된다. 그래서 심정지가 야기한 전기 장애를 극복해서 혈액이 다시 규칙적으로 순환하도록 한다.

그러나 나는 이런 소생술의 성공률이 영화나 TV에서 그려지는 것과는 달리 매우 낮다는 점을 환자와 가족에게 강조한다. 예를 들어 CPR을 실시하면 생존율이 3퍼센트에서 16퍼센트로 올라간다. 북미 10개 지역에서 실시한 연구에 따르면 특정 인구 집단에서 제세동기는 생존율을 8퍼센트에서 40퍼센트로 올린다.[8] 응급 구조 대원이 현장에 도착한 경우라도 병원 밖에서 실시한 소생술의 성공률은 33퍼센트에 불과하다. 그렇게 살린 환자도 10퍼센트만이 최종적으로 병원에서 퇴원한다. 많은 환자가 신경 장애가 생기며 이는 심정지로 인해 회복 불가능한 뇌 손상을 입었다는 것을 뜻한다.[9] 나는 환자와 가족에게 이런 정보를 제공하면 연명 의료 거부를 권할 때 도움이 된다고 믿는다. CPR이나 제세동기로 소생한 환자가 기적적으로 완치되리라는 비현실적인 기대를 하지 않도록 하는 것이다. 환자가 불가피한 죽음을 맞이하기 전까지 지속적인 통증을 느끼면서 지내는 결과를 낳는 소생술을 원하지 않듯이 뇌가 회복 불가능한 손상을 입어서 오직 최소한의 기능만 수행하게 된다면 그런 소생술 또한 받고 싶어 하지 않을 것이다.

더 나아가 환자의 심정지 생존율과 회복률 모두를 높이는 가장 중요한 요인은 아마도 심정지에 대한 처치 속도일 것이다. 생존율에 영향을 미치고 뇌 손상 가능성을 줄이는 환자의 건강 상태, 나이, 성별, 기타 요인에 관계없이 생존율과 회복률 모두를 좌우하는 가장 중요한 요인은 환자가 소생하기까지 걸린 시간이다.

CPR이든 세동제거 defibrillation 든 어떤 소생 기법을 사용했는지와는 무관하게 환자를 살리기까지 걸린 시간이 큰 차이를 만든다. 환자가 얼마 만에 다시 자가 호흡을 하게 되었는지, 또 그로 인해 뇌의 산소 부족이 뇌 손상 범위에 얼마나 영향을 미쳤는지가 중요하기 때문이다. 뇌에 산소 공급이 부족해 일어난 뇌 손상을 '무산소 뇌병증 anoxic encephalopathy'이라고 하는데, 이에 관한 많은 연구에서 심정지 상태가 오래 지속될수록 환자가 소생할 가능성과 신경 손상으로 인한 뇌 손상을 피할 가능성이 낮아진다는 사실을 입증했다. 따라서 CPR이나 세동제거가 최종적으로 성공한다고 해도 소생 과정이 너무 오래 걸리면 뇌 손상이 일어날 수 있다. 소생 실시 시간이 1분 늘어날 때마다 뇌가 더 심각한 손상을 입고 생존율 또한 떨어지는 것이다.

CPR이나 세동제거 이후 생길 수 있는 뇌 손상에 대해 설명하기 위해 사람이 쇼핑몰, 마트, 식당 등 공공장소에서 심정지를 일으킬 때 어떤 일이 벌어지는지를 예로 들어보겠다. 어떤 사람이 심정지를 일으켜 바닥에 쓰러졌다. 첫 2~3분이 지난 뒤에는 소생술 실시가 1분 늦어질 때마다 생존율이 10퍼센트씩 떨어진다. 첫 2~3분 동안은 아직 뇌가 산소 부족으로 손상을 입기 전이므로 매우 중요한 시간이다. CPR이나 세동제거 같은 소생술을 실시하지 않은 채 12분이 지난 뒤에는 생존율이 2퍼센트 내지 5퍼센트에 불과하다. 의사들이 주로 인용하는 통계에 따르면 12분 안에 소생술을 실시하지 않았을 때 심정지의 사망률은 98퍼센트 내지 99퍼센트에 이른다. 환자가 생존한 경우에도 환자를 소생하기까지 걸린 시간이 1분 늘어날 때마다 신경 손상이 일어날 가능성이 높아진다.

때로는 어떤 사람이 심정지를 일으켰을 때 그 자리에 있던 또 다른 사람이 이를 목격하고 즉시 조치를 취하는 경우도 종종 있다. 응급 체계가 곧바로 작동해서 구급차나 소방대의 구급 대원 등 구급팀이 즉시 출동했다면 이런 환자는 뇌 손상을 최소한만 입고서 생존할 확률이 높다. 특히 즉시 조치를 취한 사람이 공공장소에 비치된 자동 제세동기를 사용할 수 있었다면 생존율은 더 높아질 것이다. 이때 생존할 가능성이 높은 환자는 대체로 건강한데 무리한 신체 활동이나 과도한 스트레스, 불안 등 일시적인 상황으로 인해 심정지를 일으킨 사람이다. 이와는 달리 아무도 없는 공공장소에서 심정지를 일으킨 사람은 흔히 사망한 뒤에 발견된다. 제때에 조치를 취하지 않았기 때문이다. 또한 외부에 있는 사람이 일으킨 심정지는 병원에 있는 환자가 일으킨 심정지와는 다르다. 병원 환자는 대개 이미 건강에 이상이 있는 사람들이다. 이미 심장 마비를 경험했거나 암 등 꽤 심각한 질환을 앓고 있는 경우도 있다. 따라서 환자가 이미 살날이 얼마 남지 않은 상태이므로 소생술을 실시해도 별로 도움이 되지 않는다.

마지막으로 나는 심정지를 일으킨 환자를 병원에서 치료하는데에도 한계가 있다는 점을 환자와 가족에게 이해시키려고 노력한다. 많은 사람들이 병원은 환자를 되살릴 온갖 현대적인 장비를 갖추고 있다고 믿는다. 그래서 병원에서 심정지를 일으킨 환자의 생존률이 더 높을 것이라고 생각할 수 있다. 환자를 서둘러 소생하는데 필요한 장비가 이미 마련되어 있으며 재빨리 소생술을 실시할 잘 훈련된 의료진도 상주하고 있으니 말이다. 그러나 현실은 다르다. 물론 병원에는 일반적으로 소생술에 필요한 장비와 그 장비를 사용하는 법을 교육받은 의료진이 있다. 하지만 병원에 있는 환자는 심각한 말기 질환이나 급성 중증 질환을 앓고 있다 보니 심정지는 환자의 죽음을 앞당기는 최후의 결정타가 된다.

병원일지라도 사람들이 생각하는 빠르고 성공적인 소생술은 대개 특수한 심장병학 실험실에서만 가능하다. 이 실험실에서는 조건이 통제된 상황에서 환자에게 심정지에서 흔히 나타나는 불규칙적인 심장 리듬을 의도적으로 일으킨다. 그런 다음 의료진은 제세동기를 써서 수 초 내에 환자의 심장이 그런 리듬에서 벗어나도록 전기 충격을 준다. 그러면 환자의 심장이 다시 정상적으로 뛰게 된다. 이와는 달리 일반 병원에서는 소생술이 생존을 보장하거나 뇌 손상을 완벽하게 차단할 정도로 신속하게 이루어지지 않는다. 무언가 이상이 있다는 것을 발견하고서 환자를 되살리기까지 주어지는 시간이 워낙 부족하기 때문이다.

모니터링 장비가 이미 환자에게 연결되어 있다고 가정하자. 환자가 심정지를 일으키자마자 정상적인 심장 리듬이나 호흡이 정지했다는 신호가 모니터에 뜬다. 의료진이 이에 반응해서 소생술을 제대로 실시할 수 있기까지는 적어도 2~3분이 걸린다. 그다음에 의료진이 아무리 서둘러 병실에 도착해도 CPR이나 세동제거를 위한 장비를 설치하기까지 또 아까운 몇 분이 흘러간다. 그 뒤에는 환자의 호흡을 되살리는 처치가 시작되기까지 또 1~2분이 걸린다. 이미 지적했듯이 소생술이 1분 늦어질 때마다 환자가 뇌에 손상을 입지 않은 채 살아날 가능성은 줄어든다. 즉 환자를 성공적으로 소생하고 신경 손상을 완벽하게 차단하기에는 시간이 부족한 것이다.

게다가 환자가 심장 모니터링이 실시되는 침상에 있지 않을 수도 있다. 간호사가 의식을 잃은 환자를 발견해서 의료진에게 알린다고 가정하면 환자가 처음 심정지를 일으킨 뒤 소생술이 실시될 때까지 5~10분, 혹은 그보다 시간이 더 걸릴 수도 있다. 환자를 성공적으로 소생하는 데 필요한 시간은 환자를 발견한 때가 아닌 심장이 멈춘 순간부터 시작하기 때문이다.

그래서 심정지의 생존율이 6퍼센트 내지 15퍼센트에 불과한 것이다. 435개 병원을 대상으로 한 대규모 연구를 예로 들어 보겠다. 이 연구에서는 병원에서 심정지를 일으켜서 표준 소생 기법인 CPR이나 세동제거를 실시한 환자들을 추적했다. 이 환자들 중 절반 정도가 실제로 소생되어 심장이 다시 뛰고 혈액이 다시 순환해서 맥박이 돌아왔다. 그런데 최종적으로는 이들 중 15퍼센트만이 살아서 퇴원했다.[10] 이렇게 생존율이 낮은 이유는 환자가 병원에 입원하게 된 원질환 때문이기도 하지만 환자가 심정지에서 완전히 회복되지 않았기 때문이기도 하다.

03

든든한 가족과
맑은 정신

환자에 따라서는 임종 과정이 당연한 단계로 받아들여져서 아주 차분하게 진행되기도 한다. 이 경우에는 환자가 되도록 오랫동안 결정권을 행사하면서 신변 정리를 하고 가족들은 환자의 지시에 따른다. 환자와 가족 모두 내려놓는 과정을 이해하고 받아들였기 때문이다. 또한 환자의 신체와 정신이 쇠약해지는 동안 불가피한 죽음을 수용한다. 충격을 받거나 현실을 부정하거나 자신의 처지에 분노하거나 신과 협상을 시도하거나 의료진을 시험하거나 우울증에 빠지는 일이 없다. 엘리자베스 퀴블러 로스^{Elisabeth Kübler Ross}가 제시한 죽음을 맞이하는 5단계를 적용하면 이런 환자와 가족은 다른 모든 단계를 건너뛰고 곧장 '수용' 단계에 들어선 셈이어서 삶의 마지막 순간에 어떤 일이 닥치더라도 이를 받아들일 마음의 준비가 되어 있다.

거트루드도 그런 환자였다. 다정하면서도 인내심이 많은 할머니였는데 20대 중반에 미국으로 이민을 왔던 터라 독일 억양이 아직 남아 있어서 뚝뚝 끊어지는 영어를 구사했다. 그동안 가게를 운영하면서 소규모 업소 관리와 장부 정리에 능숙해서 일을 꼼꼼하게 처리할 줄 알았다. 한창때는 기름진 고기와 감자, 빵을 즐겨 먹어서 체격이 다부진 편이었지만 암 때문에 입맛이 없었고 기력도 점차 소모되어 병원에 입원할 무렵에는 삐쩍 말라 있었다. 그래도 처음에 병원에 왔을 때는 여전히 정정했고 고집이 있었다.

병실에서 거트루드를 처음 만난 날 거트루드의 아들딸도 곁에 있었다. 거트루드는 단호하게 말했다.

"의사 선생님, 괜히 헛짓하고 싶지 않아요. 살 만큼 살았고 이제 얼마 남지 않았다는 느낌이 들어요. 가족과 의논도 했고 제 마음은 이미 정해졌답니다. 장사가 잘 되려면 어떻게 해야 되는지 확실히 알고 있었듯이 지금도 무엇을 해야 할지 확실히 알아요. 그래서 가족이랑 아주 분명한 계획을 세웠어요."

그녀는 투지에 불타오르고 있었고 되도록 오랫동안 자신의 삶을 스스로 통제하겠다는 강한 의지가 느껴졌다. 최근 몇 년간 암이 전이해서 쇠약해진 환자라는 것이 믿기지 않을 정도였다. 그녀는 그동안 자신의 삶을 관리했듯이 자신의 죽음도 관리하고 싶어 했고, 계속해서 자신의 계획을 설명했다. 나는 거트루드의 말을 메모했다.

"저는 더는 삶을 지속할 의미가 없다고 생각되면 평화롭게 이 세상을 떠날 거예요. 가족들에게도 이 점을 강조하고 또 강조했어요. 그러니 그때가 왔을 때 소생술을 하면 안 된다는 걸 잘 알고 있어요. 그때가 오면 목숨만 연장하는 관과 전선은 다 없애고, 제가 숨을 거둘 수 있도록 놔둬 주세요."

이날 거트루드는 아직 활동하는 데는 아무 문제가 없었고, 다만 암 때문에 시시때때로 통증에 시달렸으므로 통증을 완화해 줄 진통제만 처방했다.

자녀들에게는 어머니를 모시고 집에 가도 좋다고 하고 거트루드 씨에게는 이렇게 말해 두었다.

"움직이기가 힘들거나 통증이 심해지면 병원에 다시 오세요. 여기서 돌봐 드릴게요."

거트루드와 자녀들은 그렇게 하겠다고 답하고 돌아갔다. 몇 주 뒤 거트루드가 재입원했다. 거트루드와 자녀들이 전부 내 진찰실에 모였다. 거트루드의 딸은 거트루드가 경미한 뇌졸중을 몇 번 겪었으며 두 팔을 머리 위로 잘 들지 못하고 말이 어눌해졌다고 전했다. 내가 정신이 멀쩡한 사람이라면 누구나 알 만한 질문을 했을 때도 답변하는 속도가 느렸다. 예를 들어 "오늘이 며칠이죠?"나 "미국 대통령은 누구인가요?" 같은 질문을 했을 때 정답을 맞혔지만 그 답을 내놓기까지 거의 15초나 고민해야 했다. 그래서 다음과 같은 소견을 내놓았다.

"앞으로 뇌졸중으로 쓰러지는 일이 없도록 경동맥 수술을 받는 것이 좋겠어요. 뇌졸중을 겪을 가능성이 있고 큰 덩어리가 혈류를 막아서 뇌가 크게 손상될 가능성이 있을 때 하는 수술이에요. 수술을 하면 몇 년 더 살 수 있어요. 안 하면 아주 위험하겠죠."

"알았어요, 그렇게 하죠." 거트루드와 가족 모두 수술에 동의했다.

"수술에도 위험성은 있어요"라고 나는 강조했다. 수술이 실패할 가능성이 있다는 점을 환자와 가족이 확실히 알아야 하기 때문이다. 특히 거트루드는 나이도 있었고 이미 심신이 약해진 상태였다.

"하지만 수술을 안 하면 지금보다 더 심한 뇌졸중을 반복적으로 겪게 될 거예요."

거트루드와 가족에게 충분히 설명해서 이해시킨 다음날 혈관외과의가 거트루드를 카트에 실어 수술실로 옮겼고 다른 의사 한 명과 간호사 두 명이 수술을 보조했다. 여느 경동맥 수술에서와 마찬가지로 마취의가 전신 마취를 실시했고 거트루드는 긴장을 풀고 무의식 상태가 되었으므로 수술 과정을 느끼지 못했다. 국소 마취를 하면 환자가 깨어 있는 상태로 수술에 들어가지만 이런 복잡한 수술을 할 때는 환자가 무의식 상태인 편이 낫다.

처음에는 수술이 순조롭게 진행됐다. 수술의가 혈관을 막는 덩어리를 찾아서 흡인하자 피의 흐름이 좋아졌다. 그런데 가솔린이 갑자기 쏟아져 들어오면 멈춰버리는 자동차 엔진처럼 거트루드도 수술 중에 뇌졸중이 찾아왔다. 거트루드가 눈을 떴을 때 갑자기 근육이 약해지는 것을 보고 이 사실을 알 수 있었다. 그 후에 거트루드의 의식이 서서히 돌아오면서 언어 이해 능력과 주변 상황 인지 능력에 문제가 있다는 등 더 확실한 증거가 나타났다.

안타깝게도 수술 중에 뇌졸중이 일어나는 경우가 드물지만 없지는 않다. 그리고 그럴 때 환자가 어떤 영향을 받게 될지 미리 알 방법도 없다. 거트루드에게 실시한 경동맥 수술은 대체로 안전한 수술이며 뇌졸중을 예방하기 위해 권하는 수술이다. 그러나 잘못될 위험성도 미미하나마 존재한다. 백 명 중 한두 명이 뇌졸중을 겪는데, 안타깝게도 거트루드가 그 한두 명이 되었던 것이다.

거트루드는 더는 상황 파악이 불가능한 상태가 되었으므로 나는 어떤 일이 벌어졌으며 앞으로 어떻게 할지를 두고 그녀의 자녀들과 상의했다.

"안타깝게도 수술 중에 뇌졸중이 발생했어요. 그래서 이전과는 달리 인지 능력과 의사소통 능력이 거의 사라졌어요. 다만 수술 전부터 이미 상태가 안 좋으셨으니까 뇌졸중이 발생할 가능성은 언제나 있었던 거죠."

"괜찮습니다." 거트루드의 딸이 답했다. "의사 선생님 덕분에 수술을 해서 좀 더 사실 수 있지 않을까 하는 희망을 잠시나마 품을 수 있었어요. 이제는 할 수 있는 일이 아무것도 없다는 걸 알아요. 그저 어머니가 얼마 남지 않은 삶을 좀 더 편안하게 보내고 원했던 대로 죽음을 맞이하도록 돕는 수밖에요."

나는 가족들이 상황을 이해하고 수술의나 수술팀을 원망하지 않는다는 말에 안도했다. 이런 경우 수술의나 수술팀을 탓하는 환자 보호자들도 있기 때문이다. 하지만 의사가 현재 의료 수준에서 최선을 다했다면 그 이상을 기대할 수는 없다. 의사도 여전히 질병의 예측 불허한 경과에는 속수무책인 데다가 예후는 환자의 건강 상태, 유전, 생존 의지 등의 영향도 받기 때문이다.

수술이 끝난 직후에는 절개 부위가 잘 아물 수 있도록 거트루드를 중환자실에 보냈다. 가족이 거트루드를 면담 왔을 때 거트루드는 여전히 튜브에 연결되어 있었지만 일어나서 자녀들을 맞이했다. 가족들은 거트루드와 몇 분 동안 "엄마, 좀 어떠세요?"라며 질문도 하고 "괜찮아 보여서 다행이에요"라고 말하는 등 대화를 시도했다. 거트루드는 대답 대신 희미한 미소를 지으면서 자신이 말은 못해도 가족들을 알아보았으며 가족들의 말을 듣고 있다는 사실을 알렸다.

그 뒤로는 자녀들이 매일 잠시라도 들렀고 그런 식의 대화가 계속되었다. 가족들은 자신들의 관심과 애정을 전했고 거트루드는 미소로 가족을 알아본다는 것을 알렸다. 나는 거트루드의 희미한 미소에서 적어도 거트루드가 자신을 찾아오는 가족에게 고마워한다는 것을 느낄 수 있었다. 거트루드의 자녀들은 거트루드가 가족과 연결되어 있다고 느끼도록 도왔고 거트루드는 자신의 감정을 표현할 수는 없었지만 삶의 마지막 순간에 놓인 많은 환자처럼 가족을 여전히 사랑했다.

며칠 뒤 수술 상처가 아물었고 거트루드는 튜브를 떼고 일반 병실로 옮겨졌다. 다른 환자와 함께 쓰는 병실이어서 침상 주위에 커튼이 둘러져 있었고 낮에는 간호사가 거트루드를 비슷한 처지의 환자들이 머무는 휴게실에 데려다 주었다. 이 시기에 나는 거트루드를 매일 두 번 정도 찾아가 몇 분 동안 어떻게 지내는지 살폈다. 거트루드의 반사를 확인하고 심박을 듣고 통증을 줄이는 진통제를 처방했다. 그러나 휴게실 소파나 의자에 앉히거나 화장실로 데려가거나 식판에 담긴 식사를 배달하는 등 거트루드를 보살피는 일은 대부분 간호사가 담당했다.

안타깝게도 거트루드의 전반적인 상태는 여전히 나빴고 나아질 기미가 보이지 않았다. 거트루드는 대부분의 시간을 침상에 누워서, 또는 휴게실 의자에 앉아서 보냈고 의사인 나, 가족, 간호사가 다가와서 말을 걸 때를 제외하고는 허공만 멍하니 바라본 채 아무와도 말을 하지 않았다. 다만 나, 가족, 간호사에게는 희미한 미소를 지어보이면서 고개를 끄덕였다. 우리가 건네는 말을 마음으로 듣고 있으며 계속 돌봐줘서 고맙다는 표시를 하는 것 같았다. 그 짧은 시간 동안만큼은 행복해 보였다. 하지만 거트루드도 자신이 회복할 가능성이 없다는 것을 알고 있는 듯했고 그래서인지 그 외에는 내내 우울한 모습이었다.

가족이 다시 거트루드를 찾은 어느 날 휴게실 밖 복도에서 나는 앞으로 어떻게 하고 싶은지 물었다. 이 질문에 거트루드의 가족은 복도 끝으로 가 논의를 하더니 몇 분 후에 돌아왔다. 늘 그랬듯이 딸이 가족을 대변해서 말했다.

"함께 논의한 결과, 엄마가 바라신 대로 현재 엄마의 상태에 비추어 소극적인 치료만 하려고요. 엄마를 살리겠다고 적극적인 치료나 실험적인 치료를 하는 것은 원하지 않아요."

나도 그것이 최선이라는 데 동의했다. 우리 모두 거트루드를 빨리 놓아주고 싶어 한다는 점은 분명했다. 또한 이미 가족은 몇 달 전에 거트루드와 이런 이야기를 나누었기 때문에 이것이 거트루드가 원하는 바라고 생각했다. 따라서 자연의 순리에 따라 거트루드는 자연스럽게 숨을 거두게 될 것이다. 가족들도 그것을 바랐다. 그것을 진심으로 바랐기 때문에 망설이기는 했지만 이런 애매한 상황에서 무언가 매듭을 지어 줄 행동을 해달라고 부탁하는 것조차 고려하고 있었다. 예를 들면 거트루드에게 치사량의 진통제나 수면제를 처방하는 것 같은 행동 말이다.

그런 행위는 환자를 평화로운 죽음으로 밀어 넣는 일이어서 자살 방조처럼 보인다. 만약 누군가 거트루드의 침대 옆 탁자에 그런 약을 올려놓고 원하면 먹으라고 말한 경우라 해도 그렇다. 이론적으로, 그리고 법적으로 거트루드에게 적극적으로 약을 먹인 사람은 없으므로 단지 거트루드의 손이 닿는 곳에 약을 두는 행위가 자살 방조인지 아닌지 논란의 여지가 있다. 어쨌든 아직까지 '자살 방조'가 무엇인지는 법적인 관점에서 회색 영역에 해당한다. 거트루드의 경우 사안이 더 복잡해질 수 있는데 거트루드가 자신의 선택을 인지할 능력 자체가 없을 수도 있기 때문이다. 가족이나 내가 약을 먹으라고 했기 때문에 아무 생각 없이 그 말을 따른다면 문제가 된다.

또 다른 문제는, 가능성이 낮다고는 해도, 거트루드가 인지 능력을 다소 회복해서 당분간은 죽을 염려가 없을 정도로 신체가 그럭저럭 기능을 수행해 나갈 수도 있다는 점이다. 이런 경우 신체 기능이 온전하지 않으므로 지속적으로 고통을 받을 것이다. 혹시 통증이 없다 하더라도 제대로 움직이지도 못하고 다른 사람과 의사소통도 하지 못하기 때문에 자신의 몸에 갇혔다는 정서적·정신적 고통에 시달릴 수도 있다.

그렇게 가족과 내가 어떤 결론도 내리지 못한 채 기다리는 동안 완전히 회복되지 못한 환자의 퇴원 후 거취를 전문적으로 담당하는 간호 지속팀이 가족들을 도왔다. 이들은 8시간마다 교대로 거트루드를 집에서 보살필 간호 근무조를 짜주었는데, 거트루드가 침상에서 일어나 앉거나 휴게실에 나갈 수 있도록 도왔던 병원 간호사와 같은 역할을 한다. 다만 거트루드가 집에 머물면서 익숙한 환경에서 지낸다는 장점이 있고 가족의 경제적 부담도 덜하다. 가족과 나는 거트루드가 집으로 돌아가면서 이 돌봄을 제공할 일차 진료 간호사들을 만났다.

내가 할 일은 간호 근무조가 가족의 기대에 맞게 돌봄을 제공하도록 세부 사항을 논의하고 거트루드를 보살피는 동안 되도록 밝은 분위기를 유지하면서 그녀를 인간적으로 대하는지 확인하는 것이다. 가족들에게도 이 점을 설명했다.

"거트루드 씨의 소망대로 이 간호사들이 집에 와서 거트루드의 마지막 날들이 평화롭고 편안하도록 최선을 다할 겁니다. 거트루드의 생명을 연장하는 치료나 더 빨리 사망하도록 재촉하는 행위는 절대 하지 않습니다."

가족들도 이렇게 거트루드를 가정에서 돌보는 것이 가장 좋겠다고 수긍했다. 자연사가 아닌 '자살 방조'로 판단될 여지가 있는 그 어떤 적극적인 조치를 취하지 않아도 되기 때문이다. 또한 가정에서 거트루드를 돌보면 가족들은 거트루드의 지시 사항을 잘 따랐다는 생각에 마음이 한결 가벼워질 것이다. 거트루드는 의료진의 개입 없이 평화롭게 생을 마감하기를 원했다. 인위적인 영양 공급이나 연명 의료를 거부한다는 의사를 분명히 밝혔고, 우리는 그렇게 했다.

그 뒤로 몇 주 간 거트루드는 목숨이 겨우 붙어 있는 상태로 지냈다. 그러나 가족과 나는 거트루드가 평안하며 통증을 느끼지 않는다는 것에 만족했다. 거트루드는 하루의 대부분을 잠들어 있었고 깨어 있을 때는 침대에 있든 거실 의자에 앉아 있든 항상 앞만 멍하니 바라보고 있었다. 거트루드는 간호사가 물이나 주스를 가져다줄 때나 기저귀를 갈 때 동의를 표하는 약한 신음 소리를 내는 것 외에는 입을 열지 않았다. 그러나 여전히 행복한 미소를 띠고 있었다. 때때로 찾아와 자신의 손을 잡거나 이마에 입맞춤을 하는 것으로 자신들이 아직도 엄마 곁에 있다는 것을 알리는 아들딸에게 계속 돌봐줘서 고맙고 자신은 마음이 편하다고 말하는 것 같았다.

그로부터 2주 정도가 더 지난 뒤 마침내 장기가 하나둘씩 기능을 멈추면서 거트루드는 혼수상태에 빠졌고 임상적인 상태가 급격히 나빠졌다. 다만 혼수상태였으므로 무슨 일이 벌어지는지는 잘 몰랐다. 이런 상태에서 통증을 느끼는 경우는 거의 없지만 그래도 혹시나 거트루드가 통증을 느끼지 않도록 모르핀 수액을 투여하기 시작했다. 간호사가 거트루드에게 바늘을 꽂고 모르핀 수액에 관을 연결했다. 이제 뇌로 가는 통증 신호가 차단되었다. 의학적으로 회복 가능성이 없었기 때문에 나는 가족과 상의해서 동의를 구한 뒤 거트루드가 죽음으로 가는 길이 편하도록 '임종기 의료안 the care and comfort protocol'이라고 불리는 약물들을 처방했다.

간호가 모르핀 수액 투여 준비를 하는 동안 거트루드의 침대 옆에서 나는 이 약에 대해 가족에게 설명했다.

"모르핀 수액을 투여하면 편안한 느낌이 들고 통증을 느끼지 않게 됩니다. 현재 이미 반혼수상태이기는 하지만 이렇게 하면 통증 신호가 뇌로 가는 것을 차단하기 때문에 거트루드 씨가 불편이나 고통을 느끼는 일이 절대 없습니다."

간호사가 수액 연결을 마치고 물러나자 거트루드는 마치 조용히 잠든 것처럼 보였다. 나는 설명을 이어갔다.

"이 수액을 투여하면 환자는 아주 차분하고 평안해 보입니다. 거트루드 씨가 어떤 고통도 느끼고 있지 않다는 뜻이죠. 혹시라도 나중에 거트루드 씨의 근육이 긴장하거나 비명 소리가 들리면 간호사들은 거트루드 씨가 고통을 느끼고 있다고 판단하고 투여량을 늘립니다. 필요하다면 추가로 아티반Ativan 같은 진정제도 정맥 주사로 주입하거나 경구 투여할 것입니다. 거트루드 씨의 호흡이 거칠어지거나 입에 침이 고이면 레브신^{Levsin} 이라는 또 다른 약으로 침의 분비를 줄여서 마지막 순간을 좀 더 편안하게 보내도록 도울 것입니다. 이런 조치를 취하면 곁에 있는 가족도 덜 괴로울 것입니다."

설명을 마치자 자녀들은 담담하다고 할 정도로 아주 평안한 표정으로 거트루드의 임종을 기다렸다.

나는 거트루드처럼 편안하고 차분하게 자연스러운 죽음을 맞이하고 싶은 환자에게 대개 이 방법을 권한다. 이렇게 하면 임종 과정과 죽음이 환자와 가족 모두에게 훨씬 더 인간적인 경험이 된다. 특히 환자가 '심폐소생술 거부' 의사를 밝혔고 쉽지 않은 삶의 마지막 순간을 연장하는 적극적인 치료를 원하지 않는 경우에 적합하다.

04

고독한 환자의
현실 부정

임종 과정은 가족과 친구들이 환자의 임박한 죽음을 함께 슬퍼하면서 서로 가까워지는 계기가 되기도 한다. 죽어가는 사람에게 자신의 사랑을 전하기 위해 한자리에 모이며 환자는 그런 가족과 친구들 덕분에 죽음을 받아들이기 쉬워진다.

그러나 인생의 마지막 순간을 아주 고독하게 보내는 환자도 있다. 그들은 홀로 내버려지는 데에 대한 두려움과 외로움 때문에 끝이 얼마 남지 않았다는 사실을 인정하고 싶어 하지 않는다. 그래서 자신에게 벌어지는 일을 부정하느라 다른 사람과의 거리가 더 멀어진다.

빅토르가 그런 환자였다. 빅토르는 20대 후반의 히스패닉계 남성이었는데 푸에르토리코 출신으로 영어와 스페인어를 섞은 소위 스팽글리시를 썼다. 그는 평소 생활 방식 때문에 삶의 마지막 순간에 외톨이가 되었다. 빅토르는 단독 주택에서 자신과 아무 연고가 없는 캄보디아 출신 가족과 공동 주거 생활을 했다. 매춘부로 일하는 아내, 그리고 그 아내와의 사이에서 낳은 딸과는 인연을 끊고 지냈다. 수년간 아내나 딸을 한 번도 만난 적이 없었고 아내와 헤어진 뒤 동성애자 공동체의 일원이 되어 활발하게, 그리고 다소 무책임하게 살았다. 이런 생활 방식은 그를 사회에서 고립시켰다. 그는 누군가와 관계를 형성하기보다는 가벼운 만남을 즐겼고 자신과 같은 생활 방식을 고수하는 젊은이들로 이루어진 술집 순례 집단에서 만난 사람과 성관계를 가졌다. 이 집단의 다른 구성원과 마찬가지로 빅토르는 시끄러운 음악이 울려 퍼지는 파티에서 구할 수 있는 마약은 뭐든지 했다. 대마초, 각성제, 메스암페타민, 코카인, 심지어 헤로인에도 손을 댔다. 그가 해 보지 않은 마약은 없었다. 결국 문란한 생활로 인해 가족과도 점점 더 멀어졌다.

빅토르는 직장에서도 다른 사람과의 사적인 교류가 제한적이었다. 그는 증권 중개 회사에서 수습으로 일하면서 증권 중개인이 되려고 훈련을 받고 있었다. 이 업계에서는 주식 시장에서 얼마나 수익률이 높은가가 그 사람의 성공을 가늠하는 척도였고 더 큰 돈을 벌수록 지위도 높아졌다. 직원들은 서로를 경쟁자로 여겼으며 잘나가는 윗사람과 연줄이 닿을 수만 있다면 기꺼이 옆 동료를 밀쳐낼 준비가 되어 있었다.

그래서 빅토르는 가정과 일 어디서나 그 누구와도 관계를 맺지 못한 상태였다. 후천성 면역 결핍 증후군Acquired Immunnodeficiency Syndrome, AIDS 판정을 받은 뒤에는 더더욱 고립되었고 그것도 모자라 간염에도 걸렸다. 간염은 성관계, 또는 마약 중독자가 흔히 사용하는 오염된 바늘을 통해 전염되는 일이 많다. 빅토르는 팔과 다리에 이상한 파란 멍이 들어 동네 보건소에 갔다가 이 사실을 알았다. 이는 인간 헤르페스 바이러스Human Herpes Virus, HHV 8가 일으키는 카포시 육종이라는 종양의 징후다.

빅토르는 실제로 오랫동안 인간 면역 결핍 바이러스Human Immunodeficiency Virus, HIV에 감염된 상태였지만 그 사실을 모른 채 지냈다. 파란 멍이 첫 감염 징후였다. 인간 면역 결핍 바이러스 때문에 면역 체계가 약해진 그의 몸은 카포시 육종이 자라기에 좋은 환경이었던 것이다.

처음에 빅토르는 자신이 병에 걸렸다는 사실을 부정하면서 병 때문에 생긴 두통과 복통을 진정시키는 약만 먹었다. 그리고 여전히 파티에 다니면서 평소처럼 가벼운 성관계를 가졌다. 그러다 결국엔 점점 약해져 병원에 올 수밖에 없었다. 내가 빅토르를 처음 만난 것도 그때였다. 접수대의 간호사가 서류를 작성하고 다른 간호사가 그의 체중과 혈압을 잰 뒤에 나는 그가 누워 있는 진찰실로 들어갔다. 진료 기록부를 보니 빅토르는 지난 몇 주 간 체중이 줄은 상태였다. 그는 한눈에도 말라보였고 팔과 다리에는 선명한 멍 자국이 있었다. 베이지색 분으로 가리려고 애썼지만 소용없었다.

지난 몇 주간 몸은 어땠고 식사는 어떻게 했는지 물었다.

"계속 몸이 약해지고 있어요. 요즘은 배도 별로 고프지 않아요. 뭘 좀 먹으려고 하면 결국 토해요."

빅토르는 영양 섭취도 부족한 데다가 인간 면역 결핍 바이러스에 감염되었기 때문에 상태가 악화되고 있었다. 나는 이 바이러스가 금방 에이즈로 발전하리라는 것을 알았다. 빅토르의 면역 체계를 구성하는 백혈구의 일종인 T세포 수치가 200 미만으로 떨어지면 에이즈 환자가 된다. T세포의 정상 수치는 1000이다. 일단 에이즈로 발전하고 나면 폐렴, 에이즈 소모 증후군, 호흡기 감염을 비롯한 다른 합병증이 나타날 것이 걱정되었다.

나는 빅토르에게 앞으로 어떤 일이 벌어질지를 설명하고 간염과 알코올 남용으로 간 질환이 말기 판정을 받았으므로 호스피스 치료를 받을 정도로 악화되기 전에 신변을 정리하고 치료 프로그램을 시작하는 것이 좋겠다고 권했다. 그러나 그는 내 말을 전혀 들으려 하지 않았다. 대신 내가 그의 식욕을 돋우고 통증을 완화하려고 처방한 약만 먹으면 괜찮을 거라고 생각했다. 그렇게 빅토르는 병원 문을 나섰고 아마도 낮에는 증권 회사에 나가고 밤에는 술집과 파티를 돌면서 되도록 예전과 같은 삶을 유지하려고 애썼을 것이다.

그러나 몇 주 뒤 그는 더 이상 현실을 부정할 수 없었다. 몸이 너무 쇠약해져서 결근을 했고 파티에서 일찍 나와야 했으며 결국 파티 도중에 쓰러지기까지 했다. 파티에 왔던 사람 몇몇이 그를 병원에 두고 갔다. 빅토르가 다시 눈을 떴을 때 그는 병원 침상에 누워 있었고 그렇게 나는 빅토르를 다시 만났다.

그의 상태가 매우 심각해 보였다. 카포시 육종 병터가 늘어 목에도 나타났다. 그새 체중도 더 감소했다. 얼굴이 핼쑥했고 눈에는 눈물이 그렁그렁했다. 코에는 수액을 주입하는 관이 꽂혀 있었고 호흡기 감염 때문에 기침을 했다. 살은 빠졌지만 허리가 두꺼워지고 배는 볼록 튀어나와 있었다. 간경화 말기의 징후다. 간경화는 주로 알코올 남용이나 간염 때문에 생기는 병이다.

"평소에 술을 얼마나 마시나요?"

"파티에 가면 두세 잔 마시고 집에 가서 또 몇 잔 더 마셔요."

결국 나는 그가 매일 한 병은 마신다는 것을 알아냈다.

"마시면 기분이 좋아져요. 덜 아프거든요"라고 빅토르가 덧붙였다.

"그렇지만 몸에는 안 좋습니다."

나는 그에게 침대에서 일어날 수 있는지 물었다. "좀 걸어보시겠어요?"

그러나 빅토르는 바닥에 발을 내려놓자마자 어지러움을 느끼면서 곧바로 다리가 풀어졌다. 그래서 침대를 붙잡고 도로 앉았다.

"지금은 못 걷겠어요"라고 빅토르가 말했다.

나는 그가 이제 회복 불가능한 말기 환자라는 사실을 어떻게 전해야 할지 고민하기 시작했다. 카포시 육종, 간 질환, 복부 팽만, 전신 쇠약, 보행 불능 등 그의 증상으로 볼 때 살날이 몇 달 남지 않아 보였다. 게다가 에이즈가 이미 상당히 진행된 것이 분명했다. 이런 소식을 전하는 일은 언제나 어렵다. 그러나 지금은 더 곤란한 상황이었다. 빅토르가 또 현실을 부정할 것이 뻔했기 때문이다. 지금 그의 상태가 얼마나 심각한지 설명해도 귀 기울여 듣지 않을 것이다.

"유감입니다만 앞으로 상태가 나아질 것 같지 않습니다."

내 말에 빅토르는 성난 눈빛으로 나를 노려보았다. 진실과 싸움이라도 벌일 기세였다. 그러나 결국 침대에 몸을 뉘였다. 이미 점점 더 뚜렷해지고 있어서 더는 부정할 수 없는 현실과 맞서 싸우기에는 너무 지친 듯 보였다. 그렇게 빅토르의 현실 부정은 끝이 났다.

그다음으로는 앞으로 간병을 어떻게 할 것인가 하는 문제를 처리해야 했다. 그가 병원에 있는 동안 찾아온 사람은 아무도 없었다. 동거인도 없었고 그를 돌봐줄 친구나 친척도 없었다. 나는 빅토르에게 물었다.

"혹시 저희가 연락을 취할 사람은 없나요? 주변을 정리하는 걸 도와줄 사람은요?"

빅토르는 기가 확 꺾인 듯한 얼굴로 잘 모르겠다는 표정을 지었다. "어머니에게 연락해 보세요." 그는 망설이다가 말했다. 그가 소식을 전할 수 있는 유일한 사람이었다.

며칠 후 나는 빅토르의 어머니에게 전화를 걸어 빅토르의 상태를 알렸다. 빅토르의 어머니는 병원을 찾아와 빅토르의 침상 옆에 앉았다. 빅토르는 이미 정신을 거의 잃은 상태로 의식이 오락가락했다.

"아들과 별로 잘 지내지는 못했어요." 빅토르의 어머니가 말했다. "죽은 남편과 나는 빅토르의 생활 방식이 마음에 들지 않았어요. 그렇지만 아들을 설득할 수가 없었어요. 결국 빅토르를 있는 그대로 받아들이기로 했지만 아들이 대도시로 나간 뒤에는 거의 소식을 듣지 못했어요. 지금이라도 곁에 있어 줘야죠."

"와 주셔서 감사합니다." 나는 빅토르를 대신해서 말했다.

빅토르가 정신이 잠시 들었을 때 나는 그와 연명 의료에 관해 이야기를 나누었다.

"연명 의료 거부는 자가 호흡을 하지 못할 때 심폐소생술을 거부한다는 의사를 표시하는 것입니다."

그러나 빅토르는 연명 의료를 받고 싶어 했다.

"무슨 수를 써서라도 소생술을 받고 싶어요. 비용이 얼마나 들어도 좋아요. 고통스러워도 상관없어요. 절대 포기하지 않을 거예요."

"왜 그렇게까지 하려는 거니?" 빅토르의 어머니가 물었다.

"살아 있기만 하면 희망은 있는 거잖아요." 빅토르가 답했다.

빅토르는 어디선가 기적처럼 새로운 치료법이 나타나기를 기대하는 것 같았다. 그러나 그에게 남은 날은 2~3주밖에 되지 않았고 그 사이에 그런 획기적인 치료법이 개발될 가능성은 거의 없었다. 빅토르가 심폐소생술을 받는다 해도 최대 2주 정도 수명을 늘릴 뿐인 데다가 심신은 더 약해질 것이고 간 질환 때문에 착란에 빠졌다가 결국 의식 불명이 될 것이다. 조금이나마 편해지려면 약을 더 투여해야 하고, 그것은 의식이 거의 없는 쇠약한 상태로 더 오래 지내야 한다는 것을 의미한다. 무조건 심폐소생술을 받겠다는 그의 선택에 동의할 수는 없었지만 최종 선택은 환자의 몫이다. 어떻게 죽을지는 환자만이 결정할 수 있는 권리다.

빅토르가 마음을 정하고 난 뒤 나는 빅토르의 말기 의료를 담당할 간호팀과 상의했다. 간호팀은 8시간마다 교대로 근무하는 세명의 간호사로 구성되었다. 우리는 빅토르를 얼마나 공격적으로 치료할지를 논의했다. 간호사들은 빅토르에게 호흡 문제가 생기면 반드시 심폐소생술을 실시해야 한다는 점을 알고 있었다. 결국 우리는 어떻게 진행할지에 관해 조언을 구하기로 하고 완화 의료 전문 간호사에게 도움을 구했다. 말기 의료를 담당하는 간호팀이 구성되면 대개 이런 완화 의료 전문 간호사가 합류해서 임종기에 환자가 겪는 통증과 고통을 줄이고자 노력한다. 통증에는 신체적, 정서적, 정신적인 것이 포함된다. 완화 의료 전문 간호사는 자신이 어떤 것을 해 줄 수 있는지 설명했다.

"빅토르처럼 심신이 극도로 쇠약해졌고 통증에 시달리는 데도 되도록 죽음의 순간을 늦추려는 환자를 대할 때는 무엇보다 환자가 심폐소생술을 반복해서 받으면 어떤 일을 겪게 될지를 완벽하게 이해할 수 있도록 객관적이고 솔직하게 대화를 나누려고 합니다. 제3자에게 그런 내용을 다시 들으면 환자가 말기라는 것이 무엇을 뜻하는지를 마침내 깨닫는 경우가 많아요. 그러면 실제로 죽음이 임박했을 때 의료진이 어떻게 해 주길 바라는지에 대해 더 잘 생각해 보게 되지요."

그날 오후 완화 의료 전문 간호사가 빅토르와 이야기를 나눴다. 간호사는 빅토르의 침대 옆에 앉아 무슨 일이 벌어지든 그를 계속 돌보고 응원할 것이라는 의미로 이야기하는 내내 그의 손을 잡아 주었다.

간호사와 이야기를 나눈 후 빅토르는 마침내 상황을 제대로 이해했고 연명 의료 거부를 선택했다. 빅토르는 이틀 뒤 평안하게 숨을 거뒀다. 빅토르의 어머니에게 전화를 걸어 사망 소식을 알리자 곧장 달려왔고 빅토르의 시신을 동네 화장터로 보내는 서류에 서명을 했다. 빅토르가 자신이 죽으면 화장해서 바다로 나가 재를 뿌려달라고 부탁했기 때문이다.

이 경험으로 나는 앞으로 치료가 불가능한 심각한 질병을 앓고 있는 환자를 만나면 그 환자가 상황을 이해하고 받아들이도록 어떻게 배려하고 도와야 하는지를 배웠다. 그래야 환자가 현실을 부정하며 임종기를 늘려서 마지막 날들을 무의식과 통증을 오가며 보내는 대신 자신의 죽음을 맞이할 준비를 더 잘 할 수 있다. 의사, 간호사 기타 의료인은 임종을 앞당길 수는 없다. 대부분의 주에서 그런 행위는 불법이다. 그러나 임종을 군이 늦출 필요는 없다. 환자에게 심폐소생술 거부를 선택해서 임종 과정을 늘리는 일이 없도록 조언하면 된다. 대개 이런 일을 담당하도록 훈련받은 완화 의료 전문 간호사가 있다면 환자를 설득하기가 더 쉽다.

빅토르의 사례에서도 봤듯이 많은 의사와 간호사가 환자가 처한 상황이 얼마나 심각한지 알리려고 함께 노력하지만 안타깝게도 이런 사실을 받아들이기를 거부하는 환자도 있다. 이들은 의사나 간호사가 오진을 했다거나 자신들은 다른 말기 환자와는 다르다고 생각한다. 어떻게든 살아남을 거라고 믿는 것이다. 많은 경우

이전에도 죽을 뻔했지만 살아남은 경험에 근거해 이번에도 죽지 않을 거라고 착각한다. 그런 경험이 없는 데도 죽음이 임박했다는 사실을 부정하고 싶어 하기도 한다.

그래서 빅토르 같은 환자에게 현재의 의학 수준과 과거의 사례로 볼 때 죽음이 아주 가까워졌으며 이를 피할 길이 없다는 사실을 전달하기가 매우 어렵다. 어떤 환자는 이런 진단에 이의를 제기한다. 특히 금융이나 이공계 출신인 환자는 구체적인 증거를 요구하기도 한다. 그러나 의학은 정확하게 측정하거나 증명할 수 없다. 현재의 진단 도구를 동원해 환자의 상태를 가늠하고 현재 가능한 치료법을 근거로 예후를 판단하기 때문이다.

따라서 이런 정보를 환자에게 전달해서 마지막 순간을 어떻게 보낼지 결정하는 일을 돕는 완화 의료 전문 간호사 같은 전문가가 필요하다. 이런 전문가는 어떤 말을 해야 하고 어떻게 전해야 하는지에 대해 훈련을 받았기 때문에 때로는 어떤 의학 시술을 제공해야 하는지에 초점을 맞춘 교육을 받은 의사나 간호사에 비해 환자와 더 잘 소통하고 공감한다. 의사나 간호사는 의학적인 정보나 자료에 근거한 정보를 전달하는 데는 더 뛰어날지도 모르지만 임종에 어떻게 대처해야 할지에 관한 조언은 종교적인 관점이나 실용적인 관점에서 접근하는 사람이 하는 것이 환자에게 더 위로가 될 수도 있다.

따라서 이런 모든 관점과 견해를 통합하면 환자에 대한 최종적인 판정을 내리고 그런 내용을 환자에게 전달하는 과정에 도움이 되고, 환자는 그 내용을 더 잘 이해하고 받아들일 수 있다. 그리고 무조건 생명을 연장한다고 자신에게 좋을 것이 없다는 사실을 깨닫게 된다. 오히려 생명을 연장하면 신체적 고통을 심화하며, 회복할 가능성이 전혀 없는데 실시하는 생명 연장술은 '고문'이다. 그런 식으로 고통이 지속되면 약으로도 통증을 완벽하게 제거할 수 없을 뿐 아니라 회복의 가능성이 없으므로 아무 이유 없이 고통을 당하는 것이 된다.

　　때에 따라서는 환자와 오랫동안 관계를 유지하고 환자를 지켜본 일차 진료의가 이런 내용을 전달하는 것이 가장 좋을 수도 있다. 그동안 환자와 신뢰를 쌓아왔기 때문이다. 그러나 일차 진료의들이 이러한 조언을 제공하는 일이 점점 줄고 있다. 왜냐하면 환자가 병원에 입원하면, 특히 환자가 병원에서 생의 마지막 순간을 보내게 되면 일차 진료의가 환자의 진료에 거의 관여하지 않게 되기 때문이다. 따라서 병원이나 완화 의료 전문 간호사가 이런 내용을 잘 전달하기 위해 노력해야 한다.

05

끝까지
웃어넘기기

삶의 마지막 순간을 긍정적이고 낙관적인 태도로 맞이하는 환자도 있다. 대개 천성이 느긋하고 평소에도 유머를 즐기던 사람들이다. 가정이나 직장에서 늘 농담을 하거나 장난치기를 좋아하는 것으로 유명할 수도 있다. 이런 사람들은 인생에서 절망스러운 순간에 맞닥뜨려도 낙관적인 태도를 유지하며, 살날이 얼마 남지 않았다는 소식도 그런 절망스러운 순간에 해당한다. 그러나 곧 다가올 죽음을 농담이나 유머로 넘기려는 행동은 현실 부정의 일종일 수도 있다. 그래서 죽음이 임박했다는 의사의 이야기를 장난처럼 받아들인다. 그렇게 하면 기분이 나아질 것이라고 믿는 듯하다.

잭도 딱 그런 환자였다. 잭은 유머 감각이 뛰어난 거구의 남성으로 사람이 좋아 늘 웃음을 잃지 않았고 인생의 모든 면에서 재미를 찾았다. 누구와 함께 있어도 즐거운 유쾌한 사람이었고, 도심의 작은 투룸 아파트에서 잭과 같이 사는 룸메이트도 그를 좋아했다.

잭은 인생의 모든 면을 긍정적으로 바라봤고 음식이라면 종류를 가리지 않고 잘 먹었다. 그의 식탐과 큰 몸집은 영업 사원이라는 그의 직업과도 잘 맞아떨어졌다. 곰 인형 같은 둥글둥글한 인상에 재치 있는 말솜씨가 더해져 금세 사람들의 호감과 신뢰를 샀으므로 가구, 사무 용품, 인테리어 소품 등 못 파는 제품이 없었다. 그러나 세월이 흐르면서 체중이 과도하게 늘어났고 180킬로그램이나 나가는 고도 비만이 되었다. 사람들을 직접 만나기가 힘들어진 잭은 일도 그만둬야 했다. 병원에 오기 몇 년 전 체중 조절을 위해 위 절제술을 받았지만 그 효과는 오래가지 않아서 금세 도로 180킬로그램이 되었다. 그는 자신의 처지를 받아들이고 대신 텔레마케팅에 뛰어들었다. 이미 한 번 위 절제술을 받은 터라 재수술을 받는 것은 너무 위험해서 포기했다. 게다가 식욕을 줄이지 못하면 위 절제술을 다시 받는다고 해도 살이 도로 찔 가능성이 컸다.

나는 비만 합병증으로 병원을 찾은 잭을 만났다. 그를 보자마자 눈에 띈 합병증은 연조직염이었다. 연조직염은 특히 다리 같은 부위에서 피부가 늘어나다 결국 미세한 작은 구멍인 '소포'가 생기고, 그로 인해 피부의 방어막이 뚫려서 세균이 피부 보호막을 자유롭게 넘나들어 감염을 일으키는 것이다. 소포가 많고 그 둘레가 빨갛게 부풀어 오른 것이 연조직염의 대표적인 징후다.

"이 발진은 꽤 오래 전부터 있었어요"라고 잭은 무심히 말했다.

나는 잭에게 빨갛게 부은 발진이 무엇이고 왜 생기는지를 설명했다. 잭은 천성대로 자신의 발진을 가지고 우스갯소리를 했다.

"저는 '구멍투성이'* 인 셈이군요."

"그렇게도 말할 수 있겠네요. 하지만 이 소포는 매우 심각한 합병증이에요. 일단은 항생제로 세균을 제거해서 염증을 가라앉힐 수는 있어요. 그렇지만 이미 피부가 뚫려서 세균이 침입할 여지가 있는 이상 감염이 또 발생할 테고 혹시라도 무서운 세균이 들어오면 치명적인 감염을 일으킬 수도 있습니다."

그제야 잭은 진지해졌고 나는 또 다른 고도 비만 합병증은 없는지 살폈다. 흔한 합병증으로는 호흡 곤란도 있다. 이는 지방이 축적되면서 수분도 같이 몸에 과도하게 쌓여서 생긴다. 또한 지방이 조직을 흉강으로 밀어 넣어 정상적으로 호흡을 하는 데 필요한 공간이 부족해지면서 과다 환기 상태에 빠진다. 숨을 내쉴 때 이산화 탄소를 전부 배출하지 못한 채로 산소를 들이마시기 때문에 몸 밖으로 내보내야 하는 폐기물인 이산화 탄소가 폐에 쌓인다. 과다 환

◀ 원문은 "You mean I'm holy"로 잭은 피부에 생긴 작은 구멍에 대해, 구멍이 많다는 뜻인 'holey'와 신성하다, 성스럽다는 뜻인 'Holy'의 발음이 비슷하다는 점을 사용하여 말장난을 하고 있다.

기에 빠지면 자동차가 배연 기관이 막힌 채로 달리는 거나 마찬가지여서 신체 전체에 영향을 미친다.

잭도 호흡하는 것이 느리고 힘겨워 보였다. 숨이 막힌 사람처럼 길고 깊은 숨을 들이마시고 내쉬었다. 그래서 잭에게 숨 쉬기가 유독 힘들 때는 없는지 물었다.

"네, 있어요. 마치 산소가 부족한 것처럼 느껴질 때가 있어요. 일어서거나 움직일 때 특히 더 그래요."

"당연한 증상입니다. 고도 비만 때문에 호흡 곤란을 겪는 거예요. 체중이 흉강을 압박해서 허파가 늘어났다가 오므라들었다가 할 공간이 줄어들었거든요. 흉강이 받는 압력을 상쇄하려고 더 세게 호흡해야 하는 거죠"

잭은 분위기를 띄우려고 애썼다.

"마치 아령을 드는 거랑 같네요. 젊을 때는 운동을 좀 했는데, 무거운 아령을 들면 힘이 드니까 호흡이 거칠어졌거든요. 그렇지만 아령을 내려놓으면 다시 편하게 숨을 쉴 수 있었어요."

계속해서 심박 수와 맥박도 재면서 고혈압, 심방 된떨림', 부정맥 등은 없는지 살폈다. 이런 것들이 비만에 수반되는 심혈관계

___

◀ 심방 근육이 규칙적으로 수축하지만, 너무 잦은 수축 운동을 하는 병적인 상태

합병증이기 때문이다. 초고도 비만 환자는 혈압이 매우 높거나 심박이 불규칙적으로 뛰는 경우가 많다. 과도한 체중은 심장에 과한 부담을 주어서 심장이 무리하다 보면 뛸 차례를 놓치기도 한다.

"아, 심장이 잠깐씩 건너뛰는 걸 느낄 때가 있어요. 겁이 나기는 하죠. 심장이 멈춘 것 같으니까. 운전하고 다니던 시절에 몰고 다니던 차가 생각나더라고요. 시동 거는 데 애를 먹었거든요. 가속 페달을 여러 번 밟고 나서야 시동이 걸렸어요."

"좋은 비유군요. 그런데 자동차는 언제든 고칠 수 있고 엔진만 바꾸면 새 차나 다름없지만 심장은 달라요. 무리한 나머지 심장이 멈추면 몇 초, 아무리 길어도 1~2분 안에 꼭 다시 뛰게 해야 해요. 안 그러면 뇌에 피가 돌지 않아 산소가 충분히 공급되지 않아서 회복할 수 없을 정도로 뇌가 손상되거나 사망할 수도 있어요."

잭은 침울하게 고개를 끄덕였다. 그제야 자신의 상태가 얼마나 심각한지 이해한 것 같았다. "선생님 말이 맞아요. 이 넘치는 살들이 얼마나 나쁜지 깨닫지 못하고 있었어요."

또다시 진찰을 이어나가면서 잭의 몸이 얼마나 수분을 축적하고 있는지 알아보려고 다리에 부기나 부종은 없는지를 봤다. 부종은 신체 조직에 수분이 과도하게 잔류해서 붓는 것을 말한다. 비만이 있으면 대개 몸의 수분양도 많아지는데 그러면 다시 호흡 곤란을 야기하고 수분이 더 축적된다. 수분이 축적되면 낮 동안 중력에 의해 수분이 다리에 몰린다. 그리고 이 수분은 신체 전체를 순환하면서 결국 폐에 머물기 마련이다. 그래서 환자에 따라서는 몸 안이 물에 빠진 것 같은 느낌을 받기도 한다.

수분 축적은 고칼로리 식단이 신장을 포함해 전신에 지나친 부담을 주기 때문에 생긴다. 과체중인 신체는 일정 수준 이상의 음식은 잘 처리할 수가 없다. 인터넷 서버에 메시지가 한꺼번에 몰리는 것과 같다. 시스템 전체에 과부하가 걸리는 것이다. 그 결과 신장을 비롯한 장기들이 제 기능을 못하고 처리 속도가 느려지거나 멈춘다. 전신에 수분과 독소가 쌓이기 시작하고 신장의 부담은 더 커진다. 그러니 신장의 기능이 멈추는 일이 더 잦아지고 결국에는 신장 기능을 상실하게 된다. 단순히 처리 속도가 느려지거나 기능이 멈추는 데 그치지 않고 염증도 생긴다. 그래서 더 속도가 느려지거나 더 자주 멈춘다. 이런 과도한 부담은 다른 장기에도 마찬가지로 영향을 미친다. 폐나 심장 등에도 무리가 가서 환자의 상태가 악화되고 더 많은 수분이 몸에 축적된다.

그런데 잭의 몸에 어떤 이상이 있는지 정확하게 파악하기가 어려웠다. 비만 환자의 경우 생체 검사가 불가능해서 신장에 어떤 문제가 있는지 알 수 없다. 게다가 살들이 가로막고 있어서 통상적인 방법으로 신장을 살펴보기도 어려웠다.

"신장에도 문제가 있어보여요. 지금 몸에 수분이 축적되어 있어서 앞으로 부기가 더 심해질 수도 있어요. 그런데 정확하게 뭐가 문제인지는 말씀드릴 수가 없네요. 피부 지방층이 너무 두꺼워서 생체 검사를 실시할 수가 없어서요. 정확한 원인을 알려면 세포를 검사해야 하는 데 아무래도 샘플 채집이 어려우니까요."

그리고 더 나쁜 소식도 전해야 했다. 잭의 혈액을 채취해 맡긴 검사 결과가 나왔는데 당뇨병을 앓고 있었던 것이다.

"안타깝게도 당뇨로 인해 혈당이 매우 높아요. 인슐린을 곧장 투여해야겠어요. 일단은 경구약을 처방해 드릴 텐데 그래도 상태가 악화되거나 혈당이 내려가지 않으면 주사를 놔야할 거예요. 간호사가 매번 주사를 놓을 수도 있지만 스스로 할 수도 있으니 원하면 어떻게 해야 하는지 보여드릴 수 있습니다. 고혈압도 있으니 혈당을 잡지 못하면 뇌졸중으로 쓰러질 수도 있어요."

잭은 놀란 표정을 지었다.

"아, 지난주에 그런 비슷한 일이 있었어요. 소파에 앉아서 TV를 보고 있었는데 갑자기 사방이 깜깜해지더니 팔다리를 움직일 수가 없더라고요. 콘크리트에 처박힌 것 같았어요. 그러다 빠져나온 것처럼 다시 움직이고 볼 수 있게 되었어요."

"뇌졸중이었을 수도 있겠네요."

정말로 뇌졸중이었는지 확인하기 위해 CT 스캔을 실시했다. CT는 컴퓨터 단층 촬영computerized tomography scan 의 약자로 여러 각도에서 연속으로 X선 촬영을 한 다음 그 영상들을 합쳐 컴퓨터 프로그램으로 뼈, 혈관, 연조직 등의 단면 영상을 만든다. 그러면 단순 X선 촬영에 비해 더 많은 정보를 얻을 수 있다. 이런 스캔은 종류를 불문하고 모든 내상을 빨리 파악하기에 좋은 방법이다. 그래서 질병이나 부상을 진단할 때뿐 아니라 치료법, 수술법, 방사선 요법 등을 결정하고 치료 계획을 세울 때도 사용한다.

간호사 두 명이 병실에 와서 잭을 CT 장비가 있는 곳으로 데려갔다. 잭을 검사대에 눕힌 다음 X선 스크린을 잭의 몸 주위에 배치해 X선 영상을 연속으로 촬영했다. CT 스캔은 치과에서 찍는 X선과 비슷하다. 다만 잭의 뇌졸중이 영구 손상을 일으키지는 않았기 때문에 CT 영상에는 아무 특이점이 발견되지 않았다. MRI, 즉 자기 공명 영상magnetic resonance imaging을 찍었다면 더 나았을 것이다. MRI는 자기장, 전파, 컴퓨터로 뇌의 영상을 만들어낸다. 그러나 잭은 MRI 기계 속으로 들어가기에는 몸집이 너무 컸다.

잭에게 현재 그의 상태를 전부 알린 다음 "지금으로서는 더 해드릴 것이 없습니다"라고 설명하고 집으로 돌려보내야 했다.

대신 건강 관리에 신경 쓰고 하루에 섭취하는 칼로리를 제한해야 한다고 강조했다. "체중을 조금이라도 줄이면 혈압도 낮아지고 수분 축적도 덜하고 전신에 가해지는 부담이 줄어들 거예요. 단것을 줄이면 당뇨에 도움이 돼요. 2주 후에 다시 만나서 상태가 좀 나아지는지 봅시다."

2주 후에 잭을 만났지만 상황은 전혀 나아지지 않았다. 잭은 생활 습관을 전혀 바꾸지 않았고 자신의 처지를 가지고 농담만 할 뿐이었다. 상태의 심각성을 부정하는 것이 확실했다. 이를테면 식단 조절은 어떻게 돼 가냐고 묻자 잭은 씩 웃으면서 옆집에 사는 사람들에게 피자와 베이글을 사다 달라고 했다고 말했다.

생활 습관을 바꾸지 않고 계속 이런 식으로 나가다가는 일찍 죽게 될 것이라고 경고했지만 잭은 그런 가능성은 생각도 하고 싶지 않은 듯 보였다.

"사람은 누구나 죽어요. 죽을 때가 되면 죽어야죠. 그런데 전 아직 죽을 때가 되지는 않았어요."

잭이 이미 경험했던 뇌졸중이나 고혈압, 당뇨 등 의학적 문제들에 비추어 볼 때 그는 언제 죽어도 이상하지 않을 만큼 심각한 상태라는 내 말을 전혀 귀담아 듣지 않았다. 그래서 잭에게 곧 닥칠 말기 관련 선택 사항들에 대해서는 말도 꺼내지 못했고 심폐소생술을 받을지 말지 등의 질문은 다음번 진찰 때나 해야겠다고 생각했다. 잭은 내가 하는 모든 말을 비틀어서 어떻게든 주제를 돌리고 농담거리로 삼았다. 심지어 내가 진찰할 때 옆에서 대화를 기록하고 정리하는 직원에게도 우스갯소리를 했다. 이를테면 내가 심폐소생술에 대해 이야기하고 싶다고 말하자 그는 크게 웃고는 비슷한 말을 나열하기 시작했다.

"아, 네, 소상하게 말이죠. 저는 언제나 소상하게 술술 말하기를 좋아해요. 무엇을 소상하게 아뢸까요?"

그래서 심폐소생술에 대해 진지한 대화를 나눌 수 없었다. 마찬가지로 생활 습관을 바꾸지 않으면 머지않아 맞이하게 될 죽음에 대해 이야기할 때마다 분위기를 띄우려고만 했다.

다행히도 다음 진찰 때는 여동생과 함께 왔다. 잭의 여동생은 가족법을 전문으로 다루는 변호사였고 아마도 오빠의 상태가 점점 나빠지자 상황이 심각하다는 것을 눈치 챈 것 같았다. 그래서 나는 잭에게 앞으로 입원하게 되었을 때, 그리고 혹시라도 임종이 가까워졌을 때 어떻게 할지 계획을 세우는 것이 좋겠다고 제안했고 잭의 여동생도 동의했다.

"선생님 말씀을 흘려듣지 마. 앞으로 어떤 일이 생길지 모르니까 미리 대비해야지. 오빠뿐 아니라 가족 모두를 위해서!"

잭은 내키지 않은 기색이었지만 그러자고 했다.

그렇지만 잭을 설득하는 일은 여전히 쉽지 않았다. 그다음번 진찰 때에는 이제는 확실히 문제의 심각성을 깨달았다고 말하면서도 전혀 진지하지 않았고 농담만 쉴 새 없이 했다. 내가 잭에게 "심폐소생술을 받겠다고 체크하면 지불 능력이 있는 한 최대한의 의료 조치를 받게 됩니다"라고 설명하자 잭은 "좋아요. 제가 지불 능력이 있고 병원이 치료 능력이 있으면 저를 살리기 위해 모두가 능력을 최대한 발휘하겠군요"라며 웃었다.

나는 그럴 것이라고 답했다. 그러나 환자의 상태에 비추어 심폐소생술을 안 하는 것이 나은 상황인데도 심폐소생술을 하면 실제로 어떤 일이 벌어지는지 더 구체적으로 설명해야 할 것 같았다.

"잭, 당신은 고도 비만이라서 언제든 심정지를 일으킬 수 있어요. 그런데 심폐소생술을 하면 오히려 끔찍한 처지가 되기도 하니까 심폐소생술을 하지 않는 편이 나을 수도 있다는 것을 알아야 해요. 심폐소생술 자체도 쉽지는 않을 거예요. 일단 심장을 자극하려면 당신의 경우에는 더 센 압박을 가해야 하거든요. 심폐소생술을 실시하기 까다롭다 보니 뇌에 산소가 제대로 공급되지 않을 거예요. 물밑에 가라앉아서 숨이 막히는 것 같은 기분이 들 거예요."

잭은 비만 때문에 자신이 어떤 상황에 놓이게 되었는지를 마침내 깨달은 것 같았다. 일단 잭은 심정지를 겪을 확률이 높았다. 또한 잭에게 발생한 심정지는 젊거나 건강한 사람에게 발생한 심정지와는 다를 것이다. 건강한 사람은 심폐소생술로 얼른 다시 심장을 뛰게 할 수 있지만 잭은 그렇지 않다. 잭은 이제 농담을 하지 않았다. 조용히 생각에 잠긴 잭에게 나는 설명을 계속했다.

"심정지를 일으킨 사람 가운데 95퍼센트는 그 자리에서 사망한다는 것도 아셔야 해요. 비만뿐 아니라 당뇨나 신장병 등 합병증이 있는 사람이라면 거의 100퍼센트 사망하겠죠. 게다가 심폐소생술을 실시해서 심정지에서 되살아난 사람들도 대부분은 중환자실에서 끔찍한 시간을 보냅니다. 평생 인공호흡기에 연결된 채 튜브로 영양을 공급받으면서 생명만 간신히 유지해요. 정신 기능은 거의 없거나 아예 없을 테고요. 식물인간이 되는 거죠."

잭은 실제로 어떤 일이 벌어질 수 있는지를 마침내 깨달은 듯 충격을 받은 얼굴이었다. 그는 처음으로 할 말을 잃었다.

"무슨 말을 해야 될지 모르겠네요."

하지만 잭은 아직도 주변을 정리하고 죽음을 맞이할 마음의 준비가 되지 않은 듯했다. 당장 직면하기에는 너무나 무거운 현실이었던 것이다.

그런데 결국 잭은 임종 관련 결정을 내리지 않아도 되었다. 며칠 후 잭은 잠든 채로 세상을 떠났다. 외출하는 일은 거의 없으므로 집에 있어야 할 잭이 낮에 전화가 계속 울리는 데도 받지 않자 이상하게 여긴 이웃이 관리실에 연락을 했다. 관리실에서 온 사람이 문을 열고 들어가 침대에서 죽은 잭을 발견했다.

나는 새벽 3시에 검시관의 전화를 받고서야 잭의 사망 사실을 알게 되었다. 검시관은 잭의 전화번호부에서 의사라고 표시된 내 이름을 보고 궁금한 것이 있어서 연락을 한 것이었다.

"잭이 죽기 전에 어떤 상태였는지 혹시 아시나요? 잭이 자연사한 것이 아니라고 볼 근거가 있을까요?"

나는 검시관에게 "분명 자연사일 거예요. 잭은 비만이었고 여러 가지 병을 앓고 있었습니다. 언제 죽어도 이상하지 않을 정도로 심각한 상태였어요"라고 답했다.

나이가 들면 다양한 신체, 의학, 사생활 요인이 벌점이 되어 쌓인다. 고령, 비만, 당뇨, 고혈압, 흡연 등이 그런 요인이다. 안타깝게도 잭은 여기 나열한 거의 모든 요인을 지녔던 터라 벌점도 많았다. 그래서 그가 40대 초반이라는 이른 나이에 사망했다는 것이 놀랍지는 않다. 잭은 자신의 처지를 농담거리로 삼으면서 현실을 부정하려고 애썼을 뿐 체중을 줄이거나 생활 습관을 바꾸는 등 현실을 개선하려는 노력은 하지 않았다.

잭이 죽은 것은 정말 안타까운 일이다. 성격만큼은 정말 좋았고 인생에서 어떤 어려움을 만나도 유머 감각을 잃지 않고 긍정적인 태도를 유지하려고 했다. 다만 이미 죽음의 길에 들어선 뒤에는 아무 소용없는 일이었다. 농담만으로 수명을 늘릴 수는 없었다.

그래서 나는 환자들에게 더 오래 살고 싶다면 코앞에 닥친 현실을 거부하고 가볍게 여겨서는 안 된다고 말한다. 현실이 조금이라도 나아지려면 적극적으로 행동해야 한다. 건강에 해롭고 치명적일 수도 있는 요인을 파악해서 제거하거나 그런 요인에 해당하는 생활 습관을 바꾸어야 한다.

06

합병증

담배를 즐기는 사람은 때 이른 죽음을 맞이하기도 한다. 잰 콜린스
도 그런 경우다. 콜린스 부인은 60대 초반의 백인 여성이었다. 오늘
날 60대 여성 대다수는 수십 년 전의 40대 여성처럼 기운이 넘치며
사회 활동에도 활발하게 참여한다. 그러나 콜린스 부인은 20여 년
동안 흡연을 한 터라 각종 질병을 얻어 병원에 왔다. 게다가 임종기
에 이르러서는 콜린스 부인은 연명 의료 거부 의사를 표시해서 얼
른 고통에서 벗어나고 싶어 한 반면 가족들은 콜린스 부인을 되도
록 오랫동안 살려두고 싶어 했기 때문에 치료 과정이 더 복잡해졌
다. 콜린스 부인은 자신이 흡연을 즐긴 탓에 일찍 죽으리라는 것을
깨닫자마자 연명 의료를 거부하기로 마음먹었고, 앞서 콜린스 부
인이 입원했을 때 나는 콜린스 부인의 의사에 따라 심폐소생술을
거부한다는 내용의 연명 의료 계획서를 작성했었다.

콜린스 부인은 원래 시내에 있는 다른 일차 진료의의 환자였다. 그전에도 우리 병원으로 환자를 보낸 의사였고, 나와는 일적으로 알고 지내는 사이였는데도 콜린스 부인의 진료 기록을 넘겨받을 수가 없었다. HIPAA의 규제 때문이었다. HIPAA는 1996년 제정된 미국 의료 정보 보호법Health Insurance Portability and Accountability Act을 가리킨다. 이 법은 건강과 관련된 정보의 비밀과 안전을 보장하는 것을 주요 골자로 한 건강 보험과 보험 처리 규제 법안이다. 콜린스 부인은 자신의 진료 기록을 공개해도 좋다고 동의할 수도 없었다. 진료 기록이 다양한 장소에 흩어져 있어서 그런 식으로 직접 동의하고 기록을 모으려면 엄청난 시간이 소요될 것이다.

콜린스 부인이 병원에 도착했을 무렵에는 이미 기계의 도움을 받아 호흡을 하고 있었다. 만성 호흡 부전을 앓고 있었기 때문이다. 기계 없이는 산소를 충분히 들이마실 수 없어서 점점 더 피로해지다가 그 상태가 지속되면 의식을 잃을 것이다.

내가 콜린스 부인을 만나러 갔을 때 그녀는 응급실에 있었고 접수원이 병원 입원 수속 절차를 처리하는 중이었다. 콜린스 부인과 가깝게 지내는 여동생과 콜린스 부인의 두 딸도 와 있었다.

"세풀베다라고 합니다. 제가 담당의입니다."

"드디어 말이 통할만한 사람이 왔군요." 콜린스 부인의 여동생 프랜시스가 콜린스 부인을 대신해서 말했다. 나는 평소 환자가 말을 할 수 있는 상태라면 환자와 직접 이야기 하는 것을 선호하는 편이다. "얼른 이 기계를 떼어내고 언니가 스스로 숨을 쉴 수 있게 해 주세요."

"그래요. 우선 중환자실로 옮겨서 병실에 적응한 뒤에 환자의 상태를 보면서 천천히 떼면 됩니다. 중환자실은 전부 1인실입니다. 그곳에 상주하는 폐 질환 전담팀이 환자분을 돌볼 겁니다. 현재 환자는 폐가 손상된 상태라서요."

"그렇다면 언니를 어떻게 치료하는 것이 가장 좋을지 선택해야 하는 순간이 온다면 뭐라고 조언하시겠어요?" 프랜시스가 따지듯 물었다.

나는 갈등의 소지가 있을 수도 있겠다는 생각이 들었다. 프랜시스는 콜린스 부인의 치료 과정에 관한 결정권을 자신이 행사하고 싶어 하는 것 같았다. 가족은 환자를 대신해 의료 관련 결정을 할 아무런 법적 권리가 없다. 그 외에도 또 다른 문제가 생겼는데 콜린스 부인의 딸 중 한 명이 심폐소생술 거부에 절대 반대한다는 입장을 표시했다는 점이다. 심폐소생술을 실시하지 않는 것은 살인이나 마찬가지라고 주장했다. 그러나 딸의 의견과는 상관없이 나는 환자의 허락이 없으면 환자의 결정에 관해 가족에게 이야기할 수 없었다.

"그런 결정은 모두 콜린스 부인의 몫입니다. 여러분의 의견을 콜린스 부인에게 전달해드릴 수는 있지만 최종 결정은 콜린스 부인이 해야 합니다."

프랜시스는 얼굴을 찌푸렸다. 자기 마음대로 할 수 없다는 것이 불쾌하다는 표현이었다. 그러나 다른 말은 하지 않았다.

몇 분 뒤 콜린스 부인은 중환자실로 옮겼고 일반적인 절차에 따라 중환자실의 간호사와 의사가 콜린스 부인을 돌봤다. 나는 가끔씩 중환자실을 찾아가 콜린스 부인이 어떻게 지내는지 살피고 조언을 했다.

콜린스 부인은 처음에는 침대에 누워만 있었다. 한때는 등산을 즐기는 활기찬 여성이었지만 지금은 꼼짝도 할 수 없었다. 마스크에는 긴 관이 연결되어 있었고 이 관은 다시 커다란 BiPAP 기계에 연결되어 있었다. 환자가 이산화 탄소를 내보내면 기계가 압축된 산소를 공급했다.

그러다 다른 간호사가 지켜보는 가운데 호흡 요법사가 마스크를 떼고 콜린스 부인에게 자가 호흡을 해 보도록 했다. 이때 간호사는 보조 역할을 하고 특별 훈련을 받은 호흡 요법사가 담당의가 처방한 치료법에 따라 모든 호흡 관련 장비를 다룬다.

콜린스 부인은 몇 분간 자가 호흡을 시도했지만 곧 호흡이 가빠지면서 숨을 헐떡거리기 시작했다. 호흡 요법사는 얼른 마스크를 도로 씌웠다. 콜린스 부인은 다시 침대에 누웠다. 호흡 보조 장치, 즉 BiPAP 기계 없이 자가 호흡을 시도하느라 진이 빠져 버렸다.

"잠시 휴식을 취한 다음에 다시 시도해보죠." 간호사가 말했다.

몇 시간 뒤 간호사와 호흡 요법사가 콜린스 부인에게 자가 호흡을 다시 시도하게 했지만 이전처럼 몇 분도 채 지나지 않아서 콜린스 부인은 숨을 헐떡이고 있었다. 호흡 요법사는 다시 마스크를 씌우고 호흡 보조 장치를 연결했다.

자가 호흡 시도가 세 번이나 실패하자 간호사와 호흡 요법사는 중환자실 팀장인 폐 질환 전문의이자 집중 치료 전문의인 의사에게 이 사실을 보고했다. 의사는 콜린스 부인의 상태를 재점검했다. 콜린스 부인이 자가 호흡 시도를 할 때 피로감을 느끼는 것이 문제였다. 보통은 몇 분간 호흡기를 떼더라도 다시 호흡기를 연결하면 그렇게까지 심하게 피로해 하지 않는다. 호흡기를 다시 연결하면 숨을 쉬기가 쉬워질 테니 오히려 편안해져야 한다. 의사는 만성 폐 질환 외에도 다른 원인이 호흡 곤란 증상을 일으키고 있다는 결론을 내렸다. 다행히도 콜린스 부인의 상태는 꾸준히 호전되어서 중환자실에서 나와서 중앙 병동의 1인실로 옮기게 되었다. 내가 다시 콜린스 부인의 담당의가 되었으므로 중환자실의 전담팀이 내 의견을 구했다. 콜린스 부인은 자가 호흡을 잠시 시도한 뒤에 왜 그토록 심한 피로감을 느끼는 것일까? 내가 그들이 내린 결론에 동의할 수 있을까? 만성 폐 질환 외에 다른 문제가 있는 것일까? 울혈성 심장 기능 상실, 또는 만성 중독이나 치명적인 신경 질환 같은 더 심각한 문제가 있는 것은 아닐까?

중환자실 전담팀이 보낸 진료 기록에는 호흡 횟수, 산소 공급량, 혈압, 맥박, 체중 등이 나오는 콜린스 부인의 호흡 보조 장치에서 출력한 기록지가 첨부되어 있었다. 콜린스 부인의 가슴 X선 촬영 영상과 심장 기능 검사 결과에서는 피로감의 원인이 될 만한 심장 이상이나 심장 울혈을 발견할 수 없었다.

의학적으로 콜린스 부인의 상태는 여전히 수수께끼였고 정확한 진단을 내릴 수가 없었다. 나는 콜린스 부인의 침대 옆에 앉아 무엇이 문제인지 살펴보기로 했다. 콜린스 부인은 베개에 등을 기대고 앉아 있었다. 여전히 BiPAP 기계에 연결된 상태였다. 콜린스 부인과 대화를 나누면서 나는 작은 메모지에 기록을 했다. 콜린스 부인은 매우 쇠약한 상태였다. 팔다리는 물론이고 고개를 들거나 머리를 움직이는 것조차 힘겨워했다.

"영 기운이 없어요." 콜린스 부인도 동의했다. "예전에는 그렇게 기운이 넘쳤는데 말이죠. 등산도 가고 규칙적으로 동네를 산책하거나 자전거를 타고 한 바퀴 돌곤 했어요. 그런데 지난 2~3년간 점점 숨이 가빠졌고 언제부터인가 아주 피곤했어요. 그래서 의사가 이런 호흡기를 쓰라고 처방했죠. 그러다가 며칠 전에 이 병원으로 온 거고요."

"그렇군요. 먼저 쇠약도 검사를 실시할 거예요. 정확하게 어떤 상태인지 파악을 해야 하거든요. 콜린스 부인이 언제 피로를 느끼는지, 그렇게 느끼기 직전에 무엇을 했는지 꼼꼼히 살펴볼 생각입니다. 또 피로를 느낄 때 호흡 곤란 외에 다른 증상은 없는지도 보고요."

그다음에는 콜린스 부인의 거의 모든 장기를 대상으로 선별 검사와 진단 검사를 실시했다. 심지어 비소 같은 물질에 대한 만성 중독 검사도 신청했다.

며칠 뒤 검사 결과가 나왔다. 나는 결과를 두고 신경학 의료진과 상의했다. 신경학 전문의는 뇌, 척추, 신경, 근육 등 신경 체계의 이상을 진단하고, 치료하고, 관리하도록 교육 및 훈련을 받은 의사다.

신경학 전문의는 콜린스 부인이 쇠약해진 원인이 폐 질환으로 인한 근육의 산소 부족일 수도 있다고 지적했다. 나는 그것이 콜린스 부인이 현재 상태에 이르게 된 주된 원인이라는 것을 깨달았다. 근육이 약해진 사람은 편안하게 숨을 쉴 수가 없다. 그래서 스트레스를 받거나 신체 활동을 할 때 계속 호흡하려면 보조를 받아야 한다. 폐 질환은 주로 면역력이 떨어진 노인이 잘 걸리지만 누구나 걸릴 수 있는 병이다. 다만 콜린스 부인의 경우에는 지나친 흡연이 만성 폐쇄성 폐질환을 일으킨 주요 원인이라고 생각되었다. 담배 속 유해 물질은 폐에 쉽게 흉터를 낸다. 그래서 폐의 기능이 떨어지고 병에 걸리거나 스트레스를 받거나 짧은 산책 등 조금만 움직여도 호흡 곤란이 온다.

병원은 금연 구역이기 때문에 콜린스 부인은 점차 회복되었으며 체력도 점점 좋아졌다. 마침내 자가 호흡을 할 수 있게 되었고 다시 걷기 시작했다.

콜린스 부인의 상태를 확인하러 간 어느 날 아침 콜린스 부인은 의기양양하게 걸어 보였다. 더 이상 마스크를 쓰지 않아도 괜찮았다. 보통은 콜린스 부인과 같은 병에 걸린 환자는 폐에 산소를 공급하는 마스크를 늘 쓰고 있다. 콜린스 부인은 나를 보자마자 침대에서 벌떡 일어나 앉았다.

"의사 선생님, 보세요." 콜린스 부인은 자랑스럽게 말했다. "간호사들이 아침에 관을 제거했는데 혼자 숨을 쉴 수 있더라고요. 이것도 좀 보세요."

콜린스 부인은 침대에서 일어나 몇 걸음 걸었다. "다시 걸을 수도 있어요."

다만 아직은 금방 피로를 느꼈기 때문에 오래 걷지는 못했다. 그래서 재활 치료를 받도록 했다.

"규칙적으로 운동을 하면 체력을 기르는 데 도움이 될 겁니다.

매일 조금 더 오래 걷게 될 거고 호흡도 더 안정될 거예요."

콜린스 부인은 내가 처방한 운동 요법에 따라 재활 프로그램에 참여하기로 했다. 이어서 나는 추가 검사를 하고 싶다고 말했다. 콜린스 부인은 애연가였고 10년 이상 흡연을 한 사람은 폐에 화학 물질이 쌓여 있을 가능성이 높기 때문이다.

폐에 화학 물질이 쌓이면 어떤 일이 벌어지는지 설명하려고 종이를 한 장 꺼내 흉강과 그 안에 있는 심장을 그렸다. 심장 양 옆에는 주머니 같이 생긴 폐를 그려 넣었다. 두 폐가 연결된 부위는 긴 관이 되어 목과 비강으로 연결된다. 마지막으로 정상적인 공기 흐름을 보여주는 화살표를 그렸다.

"이게 보통 우리가 숨을 쉬는 경로입니다."

나는 잠시 말을 멈추고 염증이나 감염으로 생긴 폐쇄증으로 나타날 수 있는 막힘을 표시하는 점을 그려 넣었다.

"보시다시피 막힘이 있으면 무조건 호흡하기가 힘들어집니다. 게다가 호흡을 잘하지 못하면 심장이 압박을 받게 되죠. 폐렴으로 폐가 감염된 것과 유사한 상태입니다. 폐렴은 세균이 일으키는 심각한 질환입니다. 열이 나고 기침을 합니다. 기침에 피가 섞여 나오기도 하고 호흡 곤란도 겪을 수 있습니다. 장기 흡연은 폐에 염증을 일으킨다는 점에서 폐렴과 유사합니다. 그래서 심장이 혈액 순환 기능을 제대로 못할 수도 있고요."

"저도 그런 경우에 해당한다는 말씀이신가요?"

"가능성은 있습니다. 그래서 호흡 곤란의 근본 원인이 무엇인지 좀 더 검사를 하고 싶습니다."

침상 옆 탁자 위에 꾸깃꾸깃해진 담뱃갑이 보였다. 병원은 금연 구역인데도 콜린스 부인이 담배를 구해다가 핀 것 같았다. 무엇보다 호흡에 문제가 있는 환자는 절대 해서는 안 될 행동이었다.

"가장 걱정되는 것은 콜린스 부인이 담배를 많이 피운다는 점입니다. 담배에는 타르라는 성분이 들어있는데 10년도 넘게 흡연을 하셨으니 폐에 이 물질이 꽤 쌓였을 겁니다. 그러면 염증이 찌꺼기를 만들어 호흡 경로를 막기도 합니다. 심장도 압박을 받게 되죠. 그러다 보면 간호사와 함께 호흡 보조 장치를 제거하고 자가 호흡을 시도할 때 겪은 울혈성 심장 기능 상실이 올 수도 있어요."

"담배가 건강에 해롭다는 건 알아요." 콜린스 부인도 인정했다. "그래도 끊을 수가 없어요. 담배를 피우지 않으면 너무 괴로워요. 저 담뱃갑은 처음 병원에 왔을 때부터 가방에 있던 거예요. 조금 상태가 나아진 것 같아서 피웠어요."

"안 됩니다." 나는 단호하게 말한 뒤에 다시 설명을 이어나갔다.

"마지막으로 비소 수치를 확인하고 싶습니다."

콜린스 부인은 놀란 표정을 지었다. 사람들은 비소 중독을 언급하면 대개 쥐약을 떠올린다. 비소는 추리 소설에서 살인 도구로 쓰이기도 한다. 그러나 실제로는 음식이나 물에도 들어 있을 수 있는데 대부분은 음식이 문제다.

그래서 나는 콜린스 부인에게 이런 사실을 설명하면서 검사의 필요성을 알렸다. "비소는 쥐약처럼 농축된 상태로만 존재하지는 않습니다. 우리가 먹는 음식이나 마시는 물에 들어 있기도 합니다. 그러다 심장 이상을 일으키기도 하죠. 그래서 비소 검사를 하자는 겁니다."

며칠 뒤 검사 결과가 모두 음성으로 나왔으므로 콜린스 부인의 폐 이상은 의심했던 대로 흡연으로 인한 만성 폐쇄성 폐질환이라는 결론을 내릴 수 있었다. 그러니 폐의 막힘과 심장의 부담은 앞으로 더 심해질 것이 분명했다.

콜린스 부인은 자가 호흡을 하고 병실을 돌아다니거나 휴게실로 나가 다른 환자들과 이야기를 나눌 정도로 상태가 좋은 날도 있었지만 대체로 조금만 걸어도 금방 피곤해하며 얼른 병실로 돌아가고 싶어 했다. 즉 콜린스 부인의 상태는 경계에 있었다. 호흡기는 뗐지만 여전히 쇠약하고 위험한 상태였다. 언제든지 상태가 악화될 수 있었다. 그 뒤로 2주 간 상태가 좋은 날은 줄고 안 좋은 날이 많아졌다. 그리고 BiPAP 기계를 사용하는 횟수가 늘었다. 자가 호흡 능력이 점점 사라졌다.

이런 나쁜 예후를 전하는 일은 쉽지 않다. 그래서 우선 콜린스 부인과 개인적인 이야기를 조금 더 나눠보기로 했다. 그래야 그런 나쁜 소식을 알릴 때 콜린스 부인을 좀 더 잘 위로할 수 있을 것 같았다.

"병원에 오기 전에는 어떻게 지내셨나요? 그 이야기를 잠시 듣고 나서 검사 결과를 알려 드릴게요. 그런 다음에는 앞으로 어떻게 할지를 논의해 봅시다."

"아주 잘 지냈어요." 콜린스 부인이 입을 열었다. "몇 년 전까지만 해도 꽤 활동적이었죠. 등산과 긴 산책을 즐겼는데, 언제인가부터 생활 반경이 좁아졌어요. 걷거나 운전해서 동네에서 멀리 벗어날 수 없게 되었죠. 그러고 나니 알고 지내던 사람들과도 소원해졌어요. 모임이나 활동에 참여할 기운이 없었으니까요."

"지난 두세 달 동안 상황은 더 나빠졌어요. 집 안에서도 거의 움직일 못 했어요. 심지어 부엌에서 요리조차 할 수가 없었다니까요. 호흡 곤란이 왔거든요. 안정을 취하려고 잠시 앉거나 누워야 했어요. 그래야 다시 숨을 쉴 수가 있더라고요. 때로는 1~2분 간 목이 막힌 것 같은 느낌이 들기도 했어요. 하던 일을 멈추고 앉거나 누우면 다행히 그런 느낌은 잦아들었어요. 어쨌든 그래서 뭘 제대로 할 수가 없었어요. 결국 호흡 곤란이 심해져서 호흡기를 사서 달았어요. 그러지 않았으면 아마 질식사했겠죠."

"병원에 오기 전에 호흡기는 얼마나 달고 계셨나요?" 내가 물었다.

"한 달 정도요. 아주 지긋지긋해요."

콜린스 부인은 서글픈 표정으로 물었다. "의사 선생님, 어떤가요? 앞으로 좀 나아질까요? 검사 결과는 어떻게 나왔나요?"

나는 콜린스 부인에게 예후를 전하는 일을 어떻게든 피하고 싶다는 생각이 들었다. 콜린스 부인은 그동안 언젠가는 나을 거라는 기대 하나만으로 오랜 시간을 버텨왔다. 그래서 현재 자신의 삶에 확실히 불만을 품고 있었으며 호흡 곤란이 점점 심해지고 영원히 호흡기를 달고 살아야 한다면 이런 상태를 유지하고 싶지 않아 할 것이다. 무엇보다 평소보다 괜찮은 날이 더는 없을 테니까.

나는 마음을 굳게 먹고 차분하게 최악의 소식을 전했다.

"정말 유감입니다만 검사 결과 심장과 폐에 영구 손상과 흉터가 생겼습니다. 염증과 감염도 지속되고 있고요. 저희로서는 통증을 완화하고 고통을 줄이는 약을 처방하는 것이 최선입니다. 아마도 계속 상태가 나빠지다가 다시 호흡기를 다셔야 할 겁니다."

"어느 정도 예상은 했어요." 콜린스 부인이 답했다. "더는 이렇게 살고 싶지 않아요. 이런 삶은 제게 맞지 않아요. 이런 식으로는 계속 이 세상에서 살아가는 게 의미가 없어요."

나는 콜린스 부인을 위로하고 싶어서 그녀의 손을 꼭 잡았다. 그리고 심폐소생술에 대해 이야기했다. 임종기 환자에게 이런 이야기를 꺼내는 것은 언제나 어렵다.

나는 연명 의료 계획서 양식을 꺼내서 콜린스 부인에게 건넸다.

"이것은 연명 의료 관련 선택 사항을 표시하는 서류입니다. 부인이 처음 두 따님과 여동생분과 함께 병원에 왔을 때 가족분들은 연명 의료를 원한다고 말씀하셨어요. 그 말은 가능한 한 모든 의학적 수단을 동원해 콜린스 부인을 살렸으면 한다는 거예요."

"저는 그런 걸 원하지 않아요." 콜린스 부인은 기운이 없는 가운데서도 힘주어 말했다. "이렇게 살고 싶지 않아요."

"그렇다면 심폐소생술 거부 / 인공호흡기 거부를 선택하시면 됩니다." 내가 설명했다. "그러면 호흡을 못하거나 심장 기능 상실 같은 위중한 상태에 빠졌을 때 의료진이 연명 의료를 실시하지 않습니다. 연명 의료 거부 환자가 되는 거죠."

"제가 원하는 게 그거예요. 그런 환자가 되고 싶어요. 처음부터 그런 환자로 등록되었어야 해요. 왜 그렇게 등록이 안 된 거죠?"

"따님들과 여동생분이 콜린스 부인을 모시고 왔을 때 연명 의료 동의 환자로 등록하고 싶어 했어요. 그게 기본 원칙이기도 하고요. 환자만이 연명 의료 거부 의사를 표시할 수 있어요. 그런 의사 표시가 기록되어 있지 않으면 의사는 무조건 연명 의료를 실시하도록 되어 있습니다."

"그게 환자에게 오히려 안 좋더라도요?" 콜린스 부인이 물었다.

"그렇습니다. 환자에게 결코 좋은 것이 아니더라도요. 그러니 연명 의료를 원치 않으시면 이 서류에 동의하셔야 합니다."

동의만 하면 되는 간단한 절차였지만 콜린스 부인은 가족들이 무엇을 원하는지를 고민하기 시작했다. 물론 다른 가족들도 자신의 결정을 지지할 거라고 했다.

"가족들과 상의를 해야겠어요. 그래야 가족들도 이해를 하죠."

"그러세요"라고 답했지만 실은 콜린스 부인에게 시간이 별로 없다는 점이 마음에 걸렸다. 호흡기와 심장 상태가 악화되면 언제든 혼수상태에 빠지거나 판단 능력이 없어지거나 서류에 서명할 수 없을 정도로 쇠약해질 수도 있었다. 그런 경우 가장 가까운 가족, 콜린스 부인의 경우에는 딸들이 결정을 하게 되는데 딸들은 끝까지 연명 의료를 실시하기를 원했었다.

따라서 가족 간 대화가 원활하게 진행될 수 있도록 나는 완화 의료 전문 간호사인 줄리를 불러서 콜린스 부인의 가족을 만나서 콜린스 부인의 상태를 설명해 달라고 부탁하기로 했다. 또한 콜린스 부인의 가족 모임에 참석해서 가족들의 기분과 걱정을 받아줄 수도 있을 것이다.

진료실로 온 줄리에게 나는 현재 상황을 설명했다. 콜린스 부인이 호흡 곤란을 겪고 있으며 폐에 폐쇄증이 있고, 심장이 압박받고 있으며 심장 마비 가능성이 높고, 전신 쇠약과 피로감에 시달리고 있으며 장기 흡연자라는 등 콜린스 부인의 상태를 전달했다. 그리고 가족 간에 어떤 문제가 있는지도 설명했다. "연명 의료에 관해서 가족 간 이견이 있어요. 환자는 연명 의료를 거부하고 싶어 하는데 가족 중에는 이에 반대하는 사람도 있어요. 그래서 환자가 마음을 정하지 못하고 있어요."

설명을 마친 뒤 줄리와 함께 콜린스 부인의 병실을 찾았다. 콜린스 부인은 조용히 휴식을 취하고 있었다.

"제가 함께 일하는 간호사 줄리를 소개할게요. 좀 더 편안하게 지내시도록 도와줄 겁니다."

콜린스 부인은 곧장 기운을 차렸고 기분이 좋아 보였다. 새로 만난 사람에게 좋은 모습만 보이려고 온 힘을 쏟는 듯했다. 실제로는 환자였지만 마치 아프지 않은 사람인 양 연기하는 것처럼 보였다. 줄리는 몇 분 동안 콜린스 부인과 이런저런 대화를 나눴고, 콜린스 부인은 내내 밝은 모습을 유지했다. "몸이 거의 다 나은 것처럼 느껴져요"라고까지 말했다. 그러나 나는 이런 그녀의 말이 연기에 불과하다는 것을 알았다. 그렇다고 콜린스 부인의 좋은 기분을 망치거나 줄리에게 잘 보이고 싶은 그녀의 노력에 찬물을 끼얹고 싶지는 않았다.

콜린스 부인의 노력은 헛되지 않아서 몇 분 뒤 진료실로 돌아왔을 때 줄리는 콜린스 부인의 상태가 호전된 것 같다고 말했다.

"제가 개입하기에는 아직 이른 게 아닌가 해요. 환자가 62세로 비교적 젊은 편이고 상태가 그렇게까지 나빠 보이지 않았어요. 솔직히 완화 의료 대상자로 꼽으신 게 좀 놀랍네요."

"실제로 그 정도로 상태가 나쁘니까요. 방문객에게는 아파 보이고 싶지 않아서 마지막 기운을 다 써버린 게 아닌지 걱정이에요. 곧 기본 생존 상태로 되돌아갈 거고, 그러면 상태가 급속히 나빠지고 점점 더 약해지겠죠. 호흡에 문제가 있으니 심장이 언제 멈춰도 이상하지 않아요. 콜린스 부인이 이런 상황을 받아들이려면 완화 의료 프로그램에 들어가는 게 좋을 것 같아요. 그러면 심폐소생술을 둘러싼 가족과의 갈등을 해결하는 데도 도움이 될 거고요."

콜린스 부인이 완화 의료 프로그램에 반드시 들어가야 한다고 주장한 이유는 완화 의료를 받으면 임종기 환자의 삶의 질이 월등히 높아지기 때문이다. 심각한 질병의 증상 및 스트레스를 줄여줄 뿐 아니라 가족들의 삶의 질도 나아진다. 특별한 훈련을 받은 의사, 간호사, 기타 전문가로 이루어진 팀이 환자의 담당의와 협력하면서 완화 의료 서비스를 제공한다. 심각한 질병을 앓고 있다면 환자의 연령이나 병의 진행 정도에 관계없이 치료와 완화 의료를 병행하면 좋지만 임종기 환자의 경우 환자와 가족 모두가 임종 과정을 좀 더 편하게 보내기 위해서는 완화 의료가 특히 더 필요하다.

완화 의료는 다양한 증상에 대처하는 데 집중한다. 당시 콜린스 부인이 겪는 통증, 호흡 곤란, 피로감, 식욕 부진, 불면증, 우울증 등이 모두 그런 증상에 해당한다. 또한 환자가 매일을 살아가고 치료 과정을 견디고, 치료법을 선택하는 데 필요한 정보를 받아들일 수 있도록 기운을 북돋아 준다. 환자와 가족이 필요로 하면 언제든지 곁에서 자리를 지켜줄 동반자 역할을 한다. 완화 의료팀은 환자와 가족이 가능한 치료법과 치료의 목적을 이해하도록 돕는다.

따라서 나는 줄리에게 부탁하는 것으로 대화를 마무리했다. "당신이라면 콜린스 부인과 콜린스 부인의 가족에게 연명 의료 거부에 대해 잘 설명할 수 있을 거예요. 그리고 콜린스 부인의 일차 진료의에게도 연락해 보세요. 콜린스 부인에게 추천서를 써 준 의사 말이에요."

줄리는 그러겠다고 답했고 나는 다시 콜린스 부인을 만나 줄리가 어떤 역할을 하게 될지에 대해 이야기해 주었다.

"잘됐네요. 가족 모두가 내 뜻을 이해해 주면 훨씬 더 마음이 가벼울 거예요. 가족들은 제 예후가 더 좋을 거라고 기대하는 것 같더라고요."

"그렇겠죠. 아마도 1~2년 전의 당신 모습이 기억에 남아 있어서일 겁니다. 당신이 아직 활동적이고 건강할 때죠. 지금은 상황이 다르다는 것을 이해 못할 수도 있어요."

콜린스 부인은 생각에 잠겼다. 본인의 현재 상태를 곱씹으면서 이해와 수용의 시간을 가지는 듯했다. 그리고 그런 자신의 처지를 받아들였는지 편안해 보였다.

잠시 후 콜린스 부인은 덧붙였다. "다시 예전으로 돌아갈 수 없다는 것을 압니다. 그래도 그렇게까지 담배를 많이 피우지 않았더라면 좋았겠다 싶긴 해요."

나는 고개를 끄덕였고 콜린스 부인은 "여러모로 애써 주셔서 감사해요"라고 말했다.

그다음날 줄리가 나를 찾아와 콜린스 부인의 가족 모임이 어떻게 되었는지 알려주었다. 자신은 말기 의료를 어떻게 진행할지 논의하는 다른 환자와 가족을 도울 때처럼 똑같이 했다고 말했다.

"먼저 콜린스 부인을 만나서 정말로 연명 의료 거부를 원하는지 확인했어요. 그런 다음 가족과 상담을 했어요. 곧장 콜린스 부인의 딸들이 연명 의료 거부를 탐탁지 않게 여긴다는 것을 알 수 있었어요. 딸들은 콜린스 부인이 회복할 거라고 믿는 것 같았어요. 콜린스 부인은 62세밖에 안 됐고 1~2년 전까지만 해도 건강이 나쁘지 않았으니까요. 연명 의료를 받아야 치유될 기회도 얻을 수 있고 그러면 다시 예전처럼 살아갈 거라고 믿더군요."

"게다가 딸 중 한 명은 종교적인 신념 때문에도 망설이는 것 같았어요. 연명 의료 거부가 자살이나 마찬가지라고 생각하더라고요. 그래서 그 둘은 다르다고 설명했어요. 생명을 끊으려는 적극적인 행위가 전혀 없으니까요. 연명 의료 거부는 다만 자연스럽게 호흡이 멈춘 다음에, 즉 이미 죽은 다음에 특수한 소생술을 실시하지 않는 것을 의미한다고 말이죠. 그리고 콜린스 부인은 마지막 순간에 자신을 살리기 위한 소생술을 받고 싶지 않다고 분명히 말했다고 전했어요. 목숨을 부지하려고 튜브에 연결된 채 살아가고 싶어 하지 않는다고요. 콜린스 부인은 자신이 충만한 삶을 살았다고 만족하고 있으며 자연스럽게 죽음이 찾아오면 그 죽음을 인위적으로 늦추기보다는 기꺼이 맞이할 준비가 되었다고 설명했어요."

가족들이 심폐소생술 거부/인공호흡기 거부에 대해 더 이상 거부감을 갖지 않게 되었고 환자가 원하는 대로 연명 의료 거부에 동의하는 것으로 마무리되었다는 줄리의 말에 나는 안도했다. 콜린스 부인은 자신의 임종을 더 편안하게 받아들이게 되었고 가족들이 임종에 관한 자신의 선택에 기꺼이 동의했다는 사실에 안심했을 것이다. 완화 의료 전문가인 줄리가 개입한 덕분에 이토록 중요한 사항에 대해 콜린스 부인과 가족이 합의할 수 있었고 아주 명확한 연명 의료 거부 결정을 내릴 수 있었다고 생각한다.

이 사례는 또한 가족이 환자가 무엇을 원하는지는 고려하지 않고 자신의 신념과 견해만을 고집할 때 생기는 문제를 보여준다. 그래도 의사는 마지막에는 환자의 가족이 아닌 환자의 선택을 존중해야 한다. 물론 필요하다면 완화 의료 전문가의 도움을 받아서라도 가족의 합의를 이끌어내는 것이 가장 바람직하다. 환자가 무엇을 원하는지를 가족에게 잘 전달하고 그것이 가족 모두를 위한 것임을 이해시켜야 한다.

환자와 가족의 견해가 다른 경우에 유감스럽게도 때로는 가족이 의사를 바꾸기도 한다. 의사가 문제라고 여기는 것이다. 이런 일이 벌어지면 환자는 새로운 의사를 상대해야 한다. 새로운 의사는 전후 사정을 전혀 모를 수 있다. 요컨대 환자가 어떻게 살아왔고 환자가 어떻게 임종하기를 원하는지조차도 모를 수 있다. 만약 환자와 일차 진료의가 그동안 아주 가깝게 지냈다면 갑자기 자신에 대해 아무것도 모르는 의사를 대하는 것이 마음 아픈 일이 될 수도 있다. 또한 일차 진료의의 입장에서도 가족이 쓸데없이 끼어들어 환자가 더는 의사 결정 능력이 없을 때 상황을 통제하고 싶어 하는 바람에 환자와 헤어지게 되면 절망할 수밖에 없다. 다행히도 콜린스 부인의 경우에는 그런 일이 생기지 않았다. 완화 의료 전문 간호사가 개입한 덕분에 환자와 가족 모두가 만족하는 합의를 이끌어냈다. 임종기 환자에게는 최선의 결과다.

또한 나는 완화 의료팀이 개입한 덕분에 때로는 혼란과 우려를 낳기도 하는 부분이 잘 해결되었다는 사실도 기뻤다. 연명 의료 거부와 '치료 거부' 요청이 다르다는 점을 몰라서 문제가 생기기도 하기 때문이다. 환자나 가족이 연명 의료 거부가 곧 치료 거부라고 생각해 연명 의료 거부 선택을 망설이는 것이다. 환자와 가족들은 환자가 일단 입원한 이상 어떤 예외 없이, 신속하게 치료 받을 것이라는 점을 잊곤 한다. 환자가 연명 의료 거부 의사를 표시했건 안 했건 병원 의료진은 환자에게 적절하고 필수적인 치료와 조치를 모두 실시한다. 즉 연명 의료 거부를 선택했다고 해서 환자가 불리해지거나 무시당하는 일은 없다.

많은 환자와 가족들이 연명 의료 거부를 선택했을 때 그렇지 않은 환자보다 못한 대접을 받거나 의료진이 환자의 치료에 소홀히 임할 거라고 생각해서 연명 의료 거부를 선택하기를 주저하는 것일 수 있다. 하지만 그런 일은 없다. 간혹 살날이 며칠 내지 몇 주밖에 남지 않은 환자의 일차 진료의가 어떤 이유로든 환자를 돌볼 수 없을 때 그런 일이 벌어질 가능성이 조금이나마 있긴 하다. 임종기 환자를 처음 대한 의사가 연명 의료 거부를 자칫 소극적인 치료만 하라거나 연명 의료 거부를 선택하지 않은 환자보다 덜 보살펴 달라는 뜻으로 잘못 해석할 수 있기 때문이다. 그러나 그런 경우가 아니라면 연명 의료 거부를 선택한 환자는 그전과 마찬가지로 최선의 보살핌을 받는다. 그리고 나는 줄리가 콜린스 부인의 가족에게 이런 점을 잘 설명해 준 것이 고마웠다. 덕분에 콜린스 부인의 가족은 연명 의료 거부를 선택한다고 해서 콜린스 부인이 질이 떨어지는 치료나 보살핌을 받게 되는 것은 아니라는 점을 확실히 이해할 수 있었다.

　마지막으로 줄리가 콜린스 부인의 가족에게 설명했듯이 반드시 임종기 환자만이 연명 의료 거부 의사를 표시할 수 있는 것은 아니다. 연명 의료 거부를 선택한 환자 중에는 말기 상태라는 것이 확실하고 임종 과정에 들어선 환자도 있지만 때로는 현재는 건강하지만 미리 계획을 세우고 싶어서 훗날 자신의 죽음이 임박했을 때 의료진에게 연명 의료 거부 의사가 확실히 전달되도록 연명 의료 거부 의사를 표시한 사전 의료 의향서를 작성하기도 한다. 이런 준비는 죽기 훨씬 전에, 가령 죽기 몇 년 전에 유언장을 작성하는 것과 비슷하다. 그런 서류를 작성해 두면 예상치 못하게 죽음의 순간이 다가왔을 때 도움이 된다. 사고, 또는 지진이나 산사태 같은 자연재해 등 죽음이 어느 날 갑자기 찾아오기도 하기 때문이다. 콜린스 부인은 유언장이나 관련 서류 작성 등 미리 연명 의료 거부 의사를 표시하지 않아서 가족 간 의견 충돌이 있었다. 적어도 이 경우에는 줄리가 콜린스 부인의 가족과 상담을 통해 가족들의 우려를 덜수 있었기 때문에 문제를 빨리 해결할 수 있었다. 결국 콜린스 부인은 연명 의료 거부를 선택했다. 가족들도 그런 선택에 동의하는 데 거리낌이 없었기 때문이다.

07

단순할수록
좋다

서서히 진행되는 만성 질환처럼 그 질환 자체에는 복잡한 요인이 없고 환자와 가족들이 연명 의료 거부 결정에 미리 합의를 했다면 말기 의료는 별 문제 없이 순조롭게 진행된다. 킴벌과 오도넬이 그런 경우였다.

자연스러운 마지막을 맞이할 준비

킴벌은 70대 후반이었으며 내가 만난 많은 만성 폐쇄성 폐질환 환자 중 한 명이었다. 많은 애연가들이 폐 공기증에 걸려 항상 휴대용 호흡기를 달고 다니게 되는 것과 같은 이유로, 진행성이며 치명적인 이 질환은 대개 흡연자가 걸린다.

만성 폐쇄성 폐질환에 걸리면 기침이 멈추지 않아서 엄청난 점액이 배출되어 목을 막는 일이 잦고 쌕쌕거림, 호흡 곤란, 가슴 압박감 등의 증상이 나타난다. 흡연은 이 질환의 주요 원인인데다가 이 질환에 걸린 사람들은 대부분 과거에 담배를 피웠거나 현재도 담배를 피우는 사람들이다. 킴벌 부인도 애연가였다.

폐를 자극하는 물질에 오랫동안 노출되어도 이 질환에 걸리기 쉽다. 폐를 자극하는 물질에는 오염된 공기, 화학 연기, 먼지 등이 있다. 킴벌 부인은 이런 물질에도 노출되어 있었다. 집 근처에 산업 단지가 있었는데, 그 산업 단지에는 밤낮을 가리지 않고 연기를 뿜어대는 정유 공장이 있었다.

만성 폐쇄성 폐질환에 걸리면 폐의 공깃길인 기관지로 가는 공기의 흐름이 방해를 받는다. 기관지는 폐에 연결된 다음 수천 개의 아주 작은 공깃길로 가닥가닥 나누어져서 허파 꽈리라고 불리는 작고 동그란 공기주머니에 도착한다. 허파 꽈리는 아주 가느다란 혈관인 모세 혈관에 둘러 싸여 있다. 기관지가 실어 나른 산소는 공기주머니의 벽을 통과해서 모세 혈관으로 들어가고 폐기물인 이산화 탄소는 모세 혈관에서 나와서 공기주머니로 들어간다. 우리가 숨을 들이마시면 이 작은 공기주머니는 풍선처럼 부풀어 오른다. 숨을 내쉬면 공기주머니에서 바람이 빠지듯 공기가 빠져나간다.

그러나 킴벌 부인 같은 만성 폐쇄성 폐질환 환자는 폐를 드나드는 공기의 양이 정상인에 비해 적다. 여기에는 여러 가지 이유가 있다. 이를테면 공깃길과 공기주머니의 탄력이 저하되거나 공기주머니들 사이의 공간이 무너지거나 공깃길의 벽이 두꺼워지고 염증이 생기거나 공깃길에 평소보다 점액질이 더 많이 쌓여서 찌꺼기로 가득 찬 세면대의 배수관처럼 막혀 버리는 등이 복합적으로 작용할 수 있다.

게다가 만성 폐쇄성 폐질환은 진행성 질환이므로 이 질환에 걸린 환자는 그 상태로 한동안 살아간다. 그러다 기침이 더 잦아지고 숨이 차는 일도 더 많아져 환자의 삶은 점점 더 제한을 받는다. 모든 활동, 행동, 스트레스가 기침이나 호흡 곤란 같은 증상을 일으키기 때문이다. 시간이 흐르면 증상은 점점 더 심해져서 결국 환자는 움직일 수 없게 되고 침대에서 지내게 된다.

나는 이 마지막 단계에 있는 킴벌 부인을 만났다. 킴벌 부인은 진행성의 극심한 호흡 곤란 증세로 병원에 입원했다. 이런 호흡 곤란은 나아지지 않는 이상 근육 피로로 인한 호흡 중단으로 이어진다. 결국 환자는 피로가 축적되어 호흡을 멈추게 된다. 호흡이 멈추면 이산화 탄소 등 독성 가스를 배출하지 못해서 혼수 상태에 빠지고 호흡 작용이 점점 느려지다가 사망한다.

나는 내가 담당의라고 소개를 한 뒤 킴벌 부인의 상태를 물었다. "기분은 어떠세요? 어떤 증상을 겪고 계신가요?"

"엄청나게 아파요." 킴벌 부인이 띄엄띄엄 말했다. 한 단어, 한 단어를 내뱉을 때마다 잠시 쉬어야 했다. "숨을 못 쉬겠어요. 기침을 하도 해서 목이랑 가슴이 아파요."

"이 병 때문에 부인의 생활이 달라졌나요?"

킴벌 부인은 다른 환자와 비슷한 답을 했다. "기운이 영 없어요. 아주 간단한 일상생활도 하기가 힘들어요."

"구체적으로 어떤 걸 말씀하시는 거죠?"

"집 안을 돌아다니거나 약을 먹거나 끼니를 때우는 것도 힘들고 우편함도 확인을 못하고 있어요. 화장실에 다니기도 쉽지 않고 이런 관을 코에 낀 채로 있으니 뭘 할 수가 있어야죠. 덕분에 숨은 쉬지만 대신 무거운 탱크를 끌고 다녀야 하거든요."

킴벌 부인의 증상과 생활에 대해 들으니 작년에 만난 콜린스 부인이 떠올랐다. 둘 다 폐 질환 환자였고 흡연이 주요 발병 원인이었다. 다만 킴벌 부인은 자신의 의사를 관철시키는 데 아무런 문제가 없었다. 이의를 제기할 가족이 없었기 때문이다.

킴벌 부인에게 현재 상태를 전해들은 뒤 나는 부인의 진료 기록을 살펴보았다. 킴벌 부인의 증상이 확실히 악화되었으므로 그녀가 이미 말기에 이르렀다는 것은 분명했다. 진료 기록에는 킴벌 부인이 뭔가 문제가 생겨서 자신이 더 이상 자가 호흡을 하지 못하게 되더라도 기관내삽관과 인공호흡기 부착을 거부한다는 내용이 적혀 있었다. 이제는 회복되거나 질병의 진행을 막을 방법이 없었다. 마치 적군이 쳐들어와서 기관과 공기주머니를 딱딱하게 굳히고 호흡기벽에 염증을 일으키고 폐를 서서히 점액으로 채워서 쑥대밭으로 만들어 버린 것 같았다.

나는 킴벌 부인에게 무슨 일이 벌어지고 있는지 간략하게 설명했다. 이 질환의 심각성을 일반인도 알아들을 수 있게 풀어서 이야기했다. "정리하자면 환자분은 만성 폐쇄성 폐질환을 앓고 있어요. 대개 흡연이 주요 원인입니다. 유감스럽게도 더는 치료할 방법이 없고 앞으로 상태는 더 나빠질 것입니다."

킴벌 부인은 이미 예후가 나쁘리라는 것을 예상하고 있었다는 듯이 고개를 끄덕였다. "네, 알겠습니다."

"우리로서는 가능하면 킴벌 부인을 편안하게 돌보고 통증을 없애는 것이 최선입니다."

나는 간호사에게 들어오라고 손짓을 했고 간호사는 커다란 수액 주머니를 바늘이 달린 관에 연결해 킴벌 부인의 팔에 바늘을 꽂았다. 나는 약에 대해 설명했다.

"모르핀 수액이에요. 좀 더 편해지실 거예요. 몇 분이면 약효가 나타나 통증이 줄 겁니다. 몇 시간 정도 지나면 통증이 거의 없거나 사라질 테고 시간이 되면 간호사가 다시 와서 모르핀을 더 투여할 겁니다."

다행히도 킴벌 부인의 경우에는 다른 복잡한 문제가 생기지 않았다. 설득해야 할 가족도 없었고 환자 본인이 나이가 많았기 때문에 죽음이 다가왔음을 더 순순히 받아들였다. 젊은 시절에 알고 지내던 친구들도 대부분 이미 이 세상을 떠나버리고 없었기 때문에 현재 킴벌 부인이 연락을 하고 지내는 사람들이라고는 지역 노인 센터에서 만난 사람들뿐이었다. 이들은 친구라기보다는 센터에서 제공하는 프로그램에 참여할 때만 만나는 동료에 가까워서 친한 사이는 아니었다. 그래서 정서적으로도, 정신적으로도 삶을 정리하기가 더 쉬웠다. 젊은 시절을 충분히 만끽했으며 이미 살 만큼 살았다는 생각으로 마침내 죽음을 맞이할 준비가 된 것이었다. 물론 담배를 피우지 않았다면 5년 내지 10년 정도 더 살 수 있었겠지만 이 정도도 꽤 오래 산 셈이었다. 킴벌 부인은 자신의 삶이 이제 끝나간다는 사실을 받아들일 수 있었고 되도록 편안하고 통증 없이 끝내고 싶어 했다.

질병으로 인해 마지막 순간이 자연스럽게 찾아왔을 때는 편안하고 통증 없는 죽음이 목표여야 한다. 킴벌 부인이 경험한 것처럼 말이다. 생명을 연장하는 연명 치료의 신기술로 질질 끌어서는 안 된다. 그런 연장이 살아 있다고도 할 수 없는 사람을 기계에 연결한 채 돈만 허비하는 결과를 낳는다면 더욱 그렇다. 이 시점에서는 삶의 질이 너무나 낮아서 많은 환자들은 얼른 삶이 끝나기를 바란다. 그래서 나는 환자들에게 말하곤 한다. 더 단순한 방식으로 인간적인 죽음을 맞이하는 것이 더 이상적이고 권할 만하다고 말이다. 죽기 전에 고통과 통증의 기간을 늘리는 대신 환자의 마지막 시간은 되도록 온화해야 하고 사랑 속에서 보내야 한다.

그런 의미에서 나는 간호사에게 말했다. "킴벌 부인을 계속 주의 깊게 살펴보고 매 시간마다 모르핀 수액을 바꿔 주세요. 이미 죽음은 막을 수 없으니 가능하면 평안하고 고통 없이 갈 수 있게 도와줍시다." 그리고 덧붙였다. "킴벌 부인은 소생술은 원하지 않는다고 합니다. 이미 질병이 많이 진행된 상태라 회복 가능성이 없습니다."

어느 쪽도 결정할 수 없는 마음

때로는 '누가 결정하는가'가 아닌 '연명 의료 거부 결정'이 문제가 되기도 한다. 오도넬 부인이 이런 경우였다. 킴벌 부인처럼 오도넬 부인도 흡연이 발병 원인이자 악화 요인인 폐 질환을 앓고 있었다. 다만 오도넬 부인은 심장에도 이상이 있었고 70세로 나이가 많았으며 그동안 탄수화물, 지방, 설탕이 많이 든 음식을 즐겨 먹다 보니 몸무게가 140킬로그램에 육박했으므로 킴벌 부인보다 더 안 좋은 상태였다.

　오도넬 부인은 50대인 딸과 함께 병원을 찾았다. 딸도 몸무게가 거의 90킬로그램이나 나갔다. 그러나 아직은 엄마만큼 초고도 비만은 아니었다. 오도넬 부인과 오도넬 부인의 딸은 오도넬 부인이 그동안 어떻게 살아왔는지 이야기했다. 오도넬 부인의 가족은 포르투갈에서 이민을 왔다. 오도넬 부인의 부모, 오빠, 언니는 포르투갈에서 태어났지만 오도넬 부인은 미국에서 태어났다. 그녀는 학교에 들어간 이후 줄곧 폭식을 했고, 포르투갈 이민 가정 출신이다 보니 늘 외톨이였다. 친구를 사귀지 못해 혼자 지내는 시간이 많았고 음식에서 위안을 얻은 것이다. 무엇보다 오도넬 부인의 어머니가 칼로리가 높은 포르투갈 음식을 잘 만들었다고 한다. 그중에서도 단 페이스트리, 감자 수프, 소시지, 쌀 푸딩, 캐러멜 커스터드, 그리고 굽고 찌고 튀긴 생선 요리 등을 특히 잘 만들었다.

　오도넬 부인은 그런 어머니의 음식을 사랑하면서 자랐다. 10대 때 이미 체중이 꽤 나갔고 시간이 흐르면서 계속 늘어서 30대 후반에 딸을 낳았을 때는 비만으로 움직이기 어려울 정도였다. 마음대로 움직이지 못하다 보니 담배를 더 많이 피우기 시작했다. 집에 앉아서도 즐길 수 있는 몇 안 되는 취미였던 것이다. 결국 흡연은 폐질환으로 이어졌다. 오도넬 부인이 병원에 찾아왔을 때는 이미 병이 상당히 진행된 뒤였고 초고도 비만으로 병세는 더 악화되었다.

내가 오도넬 부인의 병실을 찾았을 때 오도넬 부인은 베개에 등을 기대고 앉아 있었다. 몸집이 크다 보니 똑바로 앉아 있기 힘든 듯했다. 딸인 이멜다는 옆에 앉아서 오도넬 부인의 손을 잡고 있었다. 진찰을 끝내고 평소처럼 혈압, 심박 수, 호흡, 기타 활력 징후를 쟀다. 초고도 비만인 데다가 폐 질환이 상당히 진행된 터라 이미 말기인 것을 알 수 있었다.

오도넬 부인은 담담하게 내 설명을 들었다. 딸도 마찬가지였다. "제 상태가 안 좋다는 것은 압니다. 그렇다면 이제 죽을 때가 되었나요?" 오도넬 부인이 물었다.

"뭘 해도 소용없는 건가요?" 딸도 물었다.

"네, 아마도요. 이미 여러 가지 요인이 복합적으로 작용하고 있습니다." 나는 오도넬 부인의 건강상 문제를 나열하기 시작했다. "이제는 병원의 방침상 연명 의료를 할지 아니면 거부할지를 결정하는 일만 남았습니다."

나는 이 방침이 환자에게 선택할 기회를 주기 위해 만들어졌다고 설명했다. 환자에게 아직 의식이 충분히 있고 판단 능력이 있고 의지가 있을 때 서둘러 선택을 하도록 말이다. 그러나 환자들에게 이것은 쉬운 결정이 아니다. 처음에 입원해서 진찰을 받을 때 대다수는 심한 압박감을 느낀다. 안전한 집에서 벗어나 낯설고 기계로 가득 찬 소독된 벽으로 둘러싸인 방에 하얀 가운을 입은 이상한 사람들이 드나든다. 낯선 세계에 온 외계인이 된 것 같다고 말하는 환자도 있다. 그런 가운데 자신이 죽어가고 있다고, 자신이 알고 사랑하는 모든 것을 두고 떠나야 한다고 의사는 말한다.

나는 오도넬 부인의 답을 기다렸다. 오도넬 부인은 앞만 보고 가만히 있었다. 생각에 잠긴 듯했다. 옆에 앉은 딸은 오도넬 부인의 손을 꼭 잡았다.

"지금 알려주셔야 합니다." 내가 입을 열었다. "어떤 이유로든 환자분의 심장이 멈췄을 때 병원에서는 환자분이 원하는 조치를 취할 겁니다. 선택을 하지 않으면 심장이 멈췄을 때 생명을 유지하기 위해 수많은 고통스러운 조치들을 실시하게 됩니다. 의사는 어쨌든 환자의 생명을 지키겠다고 맹세한 사람들이니까 오래도록 고통을 받으실 수도 있습니다. 그런데 상태가 계속 나빠지기만 할 것이 분명하다면 그런 조치를 거부하겠다고 결정하실 수도 있습니다. 그렇다면 지금 환자분이 어떤 것을 원하는지 알려주셔야 합니다. 그래야 저희가 그 선택을 존중할 수 있으니까요."

"아직은 잘 모르겠어요." 오도넬 부인이 마침내 답했다.

"엄마 상태를 좀 더 지켜본 다음에 정하면 안 될까요?" 딸이 물었다.

엄마도 딸도 마음을 정하지 못한 상태였으므로 나는 이 논의는 잠시 뒤로 미루기로 했다. 심장 전문의가 오도넬 부인의 심장 상태에 대한 소견서를 보내오면 얼마나 예후가 나쁜지 더 확실히 설명할 수 있을 거라고 생각했기 때문이다.

다음날 환자의 심박 세기와 심장 리듬을 측정하는 심장 모니터에 환자를 연결해서 심장의 상태를 알아보는 검사실에서 심장 전문의는 검사를 할 수가 없다고 했다. "이 기계 장치의 스트랩을 두를 수도 없고 장치를 대도 심장 소리가 들리지가 않네요."

오도넬 부인을 만나 심장 전문의의 말을 전하면서 내 진단 소견을 설명하자 오도넬 부인은 농담을 했다.

"뭐, 늘 이렇게 뚱뚱했지만 그래도 꽤 오래 살았잖요? 선생님이 생각하시는 것보다 훨씬 더 오래 살 수도 있지 않겠어요?"

나는 오도넬 부인에게 이제는 결정을 하는 것이 좋겠다고 재촉했다. "이번에는 다릅니다. 오도넬 부인의 상태로 보아 말기가 확실합니다."

그러나 오도넬 부인은 여전히 마음을 정하지 못했다.

"좀 더 시간을 주세요." 딸이 끼어들었다. "어머니는 뭐든 결정하기까지 시간이 좀 걸린답니다."

"알았습니다. 마음을 정하실 때까지 기다리겠습니다." 나는 오도넬 부인이 결국 결정을 하지 못할 수도 있겠다는 생각에 우울해졌다. 기회가 있을 때 연명 의료 거부를 선택하지 않으면 더 이상 결정할 수 없는 순간이 올 것이고 딸도 쉽게 결정을 내리지 못할 것이다. 그러면 의료진이 대신 선택하게 될 것이며, 오도넬 부인이 더 오랫동안 통증과 고통에 시달리게 되더라도 그녀를 살리고 치료할 것이다. 물론 그것이 환자가 원하는 것일 때도 있다. 다시 예전 같은 삶으로 돌아갈 수 있을 거라는 실낱같은 희망을 버리지 않는 것이다. 어쨌거나 나는 오도넬 부인이 가능한 한 빠른 시일 내에 마음을 정하길 바랐다. 일단 뇌졸중 같은 응급 상황이 발생하면 환자는 결정을 할 수 없는 상태가 된다. 딸이 가장 가까운 가족이니 대신 연명 의료 거부를 선택해서 오도넬 부인의 고통을 덜어줄 가능성은 있다. 어쨌든 현재로서는 오도넬 부인이 선택을 미루고 있었으므로 병원에 있는 동안 통증을 덜어줄 약에 대해 상의했다.

그나마 오도넬 부인이 결정을 미루는 동안에 간섭을 할 다른 가족이 없었다는 것이 다행이었다. 오도넬 부인의 딸은 어머니가 어떤 결정을 하든 따를 준비가 되어 있어 보였다. 이상적인 상황이었다. 때로는 환자가 가족들의 뜻에 굴복하기도 한다. 가족 간에 불화를 일으키고 싶지 않거나 권위적인 부모나 제멋대로인 아들딸 등 주도권을 쥔 가족 구성원의 뜻을 거스르지 않기 위해서다. 그러나 법에 따르면 가족의 의사와는 관계없이 환자가 판단 능력이 있는 한 의료진에게 중요한 것은 오로지 환자의 의사다.

다행히도 오도넬 부인의 경우에는 오도넬 부인의 의사 결정 과정에 끼어들어서 문제를 일으키는 가족은 없었다. 다만 환자인 오도넬 부인이 마음을 결정할 수 없었을 뿐이다. 아마도 그런 선택을 하고 나면 자신이 정말로 죽어간다는 것을 인정해야 하기 때문일 수도 있다. 환자들은 현실을 마주하고 싶어 하지 않기 마련이다. 오도넬 부인도 그런 것 같았다. 연명 의료 거부가 언제나 죽음이 임박한 환자만이 하는 선택은 아니며 말기에 이르기까지 아직 몇 년이나 남은 환자도 유언을 남기듯 할 수 있는 선택이라는 점을 설명했지만 소용이 없었다.

며칠 뒤 오도넬 부인을 진찰했을 때 상태는 전혀 나아지지 않았다. 오도넬 부인은 여전히 결정하기를 거부했다. "결정을 너무 서두르고 싶지 않아요. 자주 마음이 변하거든요. 이러면 중간에 바꿀 일 없이 확실하게 결정할 수 있잖아요."

그러나 며칠 뒤 오도넬 부인의 통증이 심해졌고 마침내 더 이상 나아질 수 없다는 것을 깨달은 듯 했다. 결국 오도넬 부인은 연명 의료 거부를 선택했다. 오도넬 부인의 경우 결정을 내리기까지 시간은 오래 걸렸지만 옳은 선택을 했다. 일단 심장이 멈춘 뒤 정말로 마지막 순간이 왔을 때 고통에 시달리는 시간이 연장되는 일은 없을 테니 말이다.

08

중환자실에서
맞이하는 임종

집중 치료실, 즉 중환자실에 오는 환자들은 아주 위중한 상태다. 여러 의료 조치로 생명만 간신히 유지하고 있으며 대개 의식이 없거나 거의 없다. 따라서 환자의 몸이 치료에 반응해서 자가 회복 과정을 시작할 때까지 생명을 유지해 주는 온갖 장치에 연결된 채 지낸다. 그리고 치료에 반응하지 않는다면 언제든 사망할 수 있는 상태다.

환자에게 연결된 생명 연장 장치에는 심장의 펌프 작용을 유지하는 기기, 호흡을 돕는 인공호흡기, 폐기물을 처리하는 신장 투석 기기, 그 외에도 혈압, 심박, 기타 활력 징후를 재는 장치 등이 있다. 중환자실 환자는 장기가 질병이나 부상으로 손상되어서 기능을 상실했거나 신경 체계에 이상이 생겨서 신체가 기능을 제대로 수행할 수 있도록 통제하는 능력을 상실했기 때문이다. 때로는 호흡처럼 아주 기초적인 기능조차 수행할 수 없어서 외부 호흡 보조 장치나 인공호흡기가 필요하다. 인공호흡기는 환자의 기도 깊숙한 곳까지 공기를 보내 환자의 호흡 작용을 대체한다.

의료진은 환자가 아직 살아 있는지, 그리고 살아 있다면 환자가 계속 살아 있는 상태를 유지하기 위해 어떤 조치가 필요한지 확인하려고 환자들의 상태를 꼼꼼하고 철저하게 감독한다. 상황에 따라서는 중환자실의 간호사가 환자의 고통을 줄이기 위해 모르핀이나 기타 진통제를 투여한다. 혼수상태에 빠지지 않은 환자는 때로 기계가 자신의 신체를 통제하는 것을 느끼면서 괴로워하거나 질병이나 부상으로 심한 통증에 시달리기 때문이다.

환자가 중환자실에 머무는 동안 가족은 보통 근처에서 환자의 소식을 듣기 위해 기다리면서 무사히 회복하기를 빈다.

앨버트도 중환자실에 입원한 환자였다. 그는 오토바이를 타고 가다가 트럭이 끼어드는 바람에 공중으로 날아올랐다가 고속도로 옆 덤불에 떨어지는 큰 사고를 당했다. 팔다리, 그리고 몸통 여러 곳이 골절되었고 헬멧을 쓰고 있지 않았기 때문에 뇌진탕을 일으켜 뇌에서 척수로 이어지는 신경 일부가 끊어졌다. 앨버트는 응급실에 실려온 뒤 중환자실로 이송될 때까지도 의식이 거의 없었다. 게다가 신경에도 문제가 있어 호흡을 제대로 하지 못했다. 의료진은 서둘러 생명 연명 장치를 달아 호흡을 유지하면서 앨버트가 다시 걸을 수 있을지 아니면 영영 하반신이 마비될지 판단하기 위해 그의 상태를 진찰했다. 또한 앨버트가 호흡, 소화, 배변 등 다른 신체 기능을 스스로 할 수 있게 될지를 파악하려고 애썼다.

이런 와중에 앨버트의 부모와 여동생이 대기실에서 초조하게 기다리며 앨버트의 상태가 어떤지 알고 싶어 했고 의료진을 최대한 돕고 싶어 했다.

나는 앨버트가 중환자실에서 생명 유지 조치를 받고 있을 때 처음 그의 이야기를 접했다. 앨버트를 돌보는 의료진에는 앨버트의 각종 의료 문제를 담당하는 여러 전문가가 속해 있었다. 앨버트의 심장이 더는 정상적으로 뛰지 않았고 언제든지 심장 마비나 더 심각한 심장 이상이 나타날 수 있기 때문에 심장 전문의가 있었고, 앨버트의 뇌 손상 정도를 진단하는 신경학 전문의, 앨버트의 폐 상태를 관찰하는 폐 전문의, 그리고 사고로 앨버트의 신장이 기능을 상실했으므로 신장 관련 이상을 다루는 신장 전문의가 있었다. 또한 삼교대로 앨버트를 돌보는 간호사 세 명이 있었다. 그 외에도 필요한 전문의는 전부 호출되었다. 말기 의료 전문의이자 중환자실 담당 의사인 나는 중환자실의 의료진을 지휘하는 역할을 하면서 의료진이 잘 협력할 수 있도록 도왔다. 그리고 앨버트의 상태가 워낙 위중하다 보니 스스로 어떤 결정도 할 수 없는 상태여서 앨버트의 가족과 상의하고 조언하는 역할도 했다.

그때그때 발생하는 문제에 대처하는 수밖에 없는 상황이었고 담당 의사로서 나는 가족들에게 환자의 상태를 알리고 앨버트를 어떻게 치료하면 좋을지 설명해야 했다. 대기실에 들어서자 소파에 앉아 있는 앨버트의 가족이 보였다. 다들 슬픈 기색이 역력했다. 아버지인 제이크는 등을 꼿꼿이 세우고 있었다. 아무 감정도 느끼지 않겠다는 의지가 느껴졌다. 어머니인 사라는 손수건을 꼭 쥐고 눈물을 닦았다. 그 옆에 앉은 여동생 안드레아는 계속 시계를 봤다. 얼른 시간이 지나서 오빠가 회복하길 바라는 듯했다.

나는 앨버트의 가족에게 나를 소개했다. "세풀베다라고 합니다. 제가 앨버트의 담당의입니다. 앨버트의 상태를 설명하고 앞으로 어떻게 할지 상의하고 싶습니다. 지금으로서는 가족이 할 수 있는 일이 없어요. 그저 여기서 기다리면서 앨버트가 깨서 면회할 수 있기를 기다리는 수밖에요. 눈을 떴을 때 가족이 침대 옆에 있으면 도움이 될 거예요. 다만 눈을 뜬다는 보장은 없습니다. 워낙 상태가 안 좋아서요. 의료진이 앨버트를 살리기 위해 최선을 다하고 있습니다만 그래도 살릴 수 있을지 확실하지 않아요. 현재로서는 그 어떤 예측도 하기가 힘듭니다."

앨버트의 가족에게는 새로운 소식이 있으면 즉시 전달하겠다고 약속하고 집으로 돌아가라고 권했다. "원하면 집에서 기다려도 됩니다. 앨버트가 의식이 깨어나는 낌새가 보이거나 뭔가 상태에 변화가 있으면 바로 연락하겠습니다."

집에 돌아가기를 권한 이유는 가족이 병원에서 계속 기다리다 보면 지치기 때문이다. 많은 환자가 정체기에 들어서서 비교적 오랫동안, 심지어는 몇 주 간 상태에 아무런 변화를 보이지 않는다. 이 단계에서는 환자가 상태가 좋아져서 일반 병실로 옮겨질 수도 있고 급격히 악화되어 몇 분 안에 사망할 수도 있다. 그러나 일단 중환자실에 실려온 온 환자의 예후는 전반적으로 나쁜 편이다. 중환자실 환자는 세 명 중 한 명이 사망하므로 일반 병동에 비해 사망률이 높다. 앨버트의 가족에게는 이런 우울한 수치를 알리고 싶지 않았다. 언제나 희망을 가지는 것이 좋으며 그래야 가족도 견딜 수 있다. 다만 가족들이 비현실적인 기대를 하지 않도록 너무 낙관적인 이야기만 하는 일은 피해야 한다. 안 그러면 환자가 사망했을 때 가족들이 받는 충격이 너무 크기 때문이다.

"오늘밤은 조금 더 있어 보려고요. 혹시 모르니까요." 앨버트의 아버지가 대답했다. "그렇지만 선생님 말이 맞아요. 새로운 소식도 없는데 몇 시간씩 마냥 기다리기만 하는 것도 의미가 없겠죠. 저희가 딱히 도움을 드릴 수 있는 일도 없고요."

가족들에게 앨버트의 목숨을 구하기 위해 쉬지 않고 최선을 다하겠다고 안심시킨 뒤 중환자실로 돌아가 상황을 살폈다.

간호사는 힘없이 늘어진 앨버트의 팔을 잡고 맥박을 재고 있었다. 앨버트에게 연결한 기계들이 윙 소리를 내고 있었다. 모니터의 바늘이 여러 수치들을 기록하며 위아래로 움직였다. 이 수치들은 심박 수, 호흡, '정신 활동'이라고도 부르는 환자의 사고 능력 수준을 나타내는 의식의 각성 상태 등을 알려준다. 그 와중에 중환자실 소속 전문의들이 간호사와 함께 중환자실의 다른 환자들 사이를 오가며 어떤 조치가 필요한지 살펴보고 있었다.

환자의 상태를 여러 각도로 측정하고 기록하는 의료 장치의 비중이 점점 더 커지고 있지만 의료진은 여전히 중환자실의 환자를 직접 살펴본다. 환자를 보살피는 일에는 간호사가 더 적극적으로 개입한다. 매일매일 환자를 돌보는 일은 간호사들이 주도한다. 물론 의사의 지시도 받지만 의사가 군대를 지휘하는 대장이라면 간호사는 돌봄의 최전선에 나가 있는 병장이다. 때로는 간호사가 의사와 환자의 연결 고리 역할도 한다. 만약 내가 자리에 없어서 환자의 가족을 상대할 사람이 없었다면 앨버트를 담당하는 수간호사가 대신 환자의 가족을 만났을 것이다.

내가 중환자실로 돌아가자마자 앨버트를 돌보는 다른 의사들도 모였다. 수간호사는 앨버트가 어떤 상태인지 간략하게 보고했다. 보통 간호사는 하루에 두세 번 정도 그런 식으로 보고한다. 때로는 한 근무조당 한 번씩, 환자 당 30분 정도를 할애한다. 그러면 의료진은 어떤 상황인지 판단을 한다. 의사는 자신의 전문 분야와 관련된 부분에 대해 환자에게 어떤 조치를 실시할지 제안한다. 혹은 의학적으로 환자에게 더는 해 줄 수 있는 것이 없다고 결론 내리기도 한다. 그런 경우에 환자의 사망은 시간문제일 뿐이다. 앨버트에 대해서도 각 의사가 자신의 전문 분야에 따라 의견을 냈다.

"현재 정신 활동이 거의 없어요." 신경 전문의가 말했다. "사고로 광범위한 뇌진탕을 일으켰어요. 머리뼈 골절도 있고 그 조각의 일부는 뇌에 박힌 상태예요. 외상으로 뇌가 이미 상당히 부어올랐습니다. 붓기는 하루 정도 더 있어야 가라앉을 거예요. 그래야 신경 연결망의 기능이 되살아났는지 확인할 수 있을 겁니다. 그러니 적어도 하루 더 유도 혼수상태를 유지해야겠어요. 다른 기능은 기계에 의존하고요."

그다음에는 심장 전문의가 자신의 의견을 말했다. "환자의 심장은 자가 펌프 작용은 불가능한 상태예요. 현재 상태를 유지하려면 심장 펌프 장치를 사용하거나 강력한 약제를 투여해야 합니다. 그런 조치로 일단 정상 수준에 가깝게 혈압을 유지합시다. 감염, 독성 물질, 약물 과용 같은 요인들이 이 수준을 유지하는 걸 방해하지 않길 바랄 뿐입니다. 적어도 환자의 체내에 약물이나 알코올 수치가 높지 않아서 다행입니다. 그랬다면 속도 규정을 지키면서 운전하다가 트럭에 치였을 때 반응 속도가 더 느렸겠죠."

신장 전문의는 앨버트의 신장 상태에 대해 보고했다. "다시 기능을 회복하고 있는 듯합니다. 사고로 갈비뼈가 부러졌을 때 충격을 받아서 찢어진 부위는 여전히 압박을 받고 있어서 아물지 않았지만요. 신장이 보조 장치의 도움 없이 기능을 하기에는 아직 역부족이지만 검사 결과에 따르면 점점 기능을 회복하고 있어요. 원상회복될 가능성도 있습니다. 원상회복이 안 되는 경우에는 신장 대체 요법이나 투석을 실시해야겠지만 대개 환자의 상태가 전반적으로 나아지면 신장 기능도 회복하니까 임시 조치가 될 것입니다."

마지막으로 나는 간호사에게 환자의 영양 공급, 투약, 배변 및 배뇨에 대해 물었다. 간호사는 앨버트의 복부에 연결된 긴 관을 가리켰다. 관은 갈색 액체가 반쯤 찬 길쭉한 플라스틱 통으로 이어져 있었다. "정맥 주사로 영양을 공급하고 있어요. 의식이 돌아오거나 의식은 없어도 혹시 신경 체계가 작동하고 있어서 통증을 느낄 경우에 대비해 모르핀도 투여하고 있어요."

간호사는 앨버트에게 투여한 약에 대한 설명을 덧붙이면서 출혈이나 혈전 형성을 막기 위해 어떤 조치를 취하고 있는지를 설명하고 마무리했다. 마지막 정보는 특히 중요하다. 출혈이 있으면 피가 한 장기에서 빠져나와 다른 장기로 들어가기 쉽기 때문이다. 그런 경우 의료진은 고인 피를 전부 배출해야 한다. 보통 위험한 출혈이 생길 수 있는 부위가 위벽인데 위벽의 혈관이 손상되는 것을 막기 위해 위벽을 강화하려고 강력한 약을 쓰기도 한다. 다른 한편으로는 혈전 형성을 막는다고 극단적인 조치를 취해서도 안 된다. 환자에게 혈전 형성을 막거나 이미 생긴 혈전을 제거하기 위해 혈전 용해제를 투여하는 등 혈액을 너무 묽게 만들면 위험할 수 있다. 의료진은 혈액을 너무 묽게 만들지 않으면서도 출혈과 혈전 형성을 막는 조치를 서둘러 실시해야 한다. 혈액이 걸쭉해지는 것이 정상인 경우도 있지만 정도가 지나치면 혈전이 형성돼서 주요 부위로 이동해 심정지 등을 일으켜 환자가 사망할 수도 있기 때문이다. 따라서 의료진은 환자가 혈전으로 사망하지 않도록 하는 동시에 출혈로도 위중해지지 않도록 균형을 잘 잡아야 한다.

간호사의 설명을 들은 후 의료진은 돌아가면서 보고서를 작성하거나 구술 기록을 남긴다. 그리고 그 내용은 환자의 진료 기록이 된다. 이런 내용이 쌓이면 시간이 흐름에 따라 환자의 상태가 어떻게 변화하는지 파악할 수 있다. 또한 누구든지 환자가 어떤 치료를 받고 있는지 알고 싶어 할 때 병원에서 참고하는 자료가 되기도 한다. 병원은 환자의 상태에 비추어 환자를 최선을 다해 돌보았다는 것을 보여주기 위해 그런 정보를 기록하고 보관해야 한다. 중환자실에서는 특히 그런 기록이 더 중요하다. 병원의 전체 환자 중 3분의 1이 중환자실에서 사망하다 보니 환자의 가족이나 외부인이 환자의 사망에 의문을 품기도 한다. 환자나 가족의 연명 의료 관련 결정을 사전에 했는지에 따라 중환자실 의료진이 환자를 살리기 위해 어떤 조치를 취했는지, 환자가 마지막 며칠 동안 편안했는지 알고 싶어 하기도 한다.

모니터를 보면서 앨버트의 상태를 확인한 후 나는 야간 근무조 간호사에게 부탁했다. "앨버트의 활력 징후를 꼼꼼하게 확인해 주세요. 갑자기 악화되어서 곧장 생명이 위험해질 수도 있고 임종이 서서히 오랜 시간에 걸쳐 진행될 수도 있어요. 호흡 기능 상실 같은 게 일어나면 몇 주에 걸쳐 임종을 맞이하잖아요. 그런데 이 환자는 아직 입원한 지 얼마 안 되어서 어떻게 될지가 확실하지 않아요. 그러니 호흡 계통이나 심혈관 계통 이상으로 응급 상황이 발생할 경우에 대비해 늘 신경 써서 지켜봐 주세요. 패혈증의 징후가 조금이라도 보이는지 확인해 주시고요."

간호사는 앨버트의 상태가 갑자기 악화되면 연락하겠다고 약속했다. 그 말에 나를 비롯한 나머지 의료진은 퇴근 준비를 했다. 의료진이 환자의 상태를 파악하고 어떻게 돌볼지를 정하는 역할을 한다면 간호사는 현장 실무자와 같아서 환자의 상태를 지속적으로 관찰하고 보고하는 역할을 한다.

시간이 지나도 환자의 상태에 아무 변화가 없는 일이 빈번하고, 경우에 따라 몇 주에 걸쳐 서서히 증세가 진행되기도 한다. 패혈증도 그렇다. 패혈증은 진행성 감염으로 의료진이 재빨리 개입해야 상황이 더 심각해지는 것을 막을 수 있다. 중환자실 환자는 면역 체계와 기타 신체 계통이 이미 약해진 상태이기 때문에 감염증에 걸리지 않도록 막는 것이 매우 중요하다. 패혈증을 조기에 발견해서 막지 않으면 금세 손쓸 수 없이 악화되곤 한다. 따라서 패혈증이 아직 경미한 단계일 때 발견해서 빨리 치료해야 한다.

간단히 말해 패혈증은 감염이 일으키는 전신 염증이다. 주요 증상으로는 열, 심박 수 증가, 호흡 횟수 증가 등이 있으며 폐렴이나 신장염 등 특정 감염과 연관된 증상이 나타날 수도 있다. 패혈증이 진행되면 장기 기능 이상이나 혈류량 감소 등을 일으킨다. 그러면 혈압이 떨어지고 배뇨량이 줄어든다. 일반적으로 환자에게 수액을 투여해서 치료하지만 그럼에도 불구하고 혈압이 계속 떨어지면 패혈 쇼크에 빠진다.

그래서 나는 퇴근하기 전에 간호사에게 어떤 문제가 생길지 모르니 특히 주의해 달라고 신신당부했다.

"혈압 등 모니터를 보면서 패혈증의 초기 징후를 살피고 거기에 더해 혈액 배양을 해서 확실히 확인해 주세요. 패혈증이 생겼을 때는 항생제를 투여하고 수액을 투여해서 혈압을 유지해 주세요. 앨버트가 이미 투석 중이고 인공호흡기에 연결되어 있기는 하지만 혈압 상승제를 투여할 수도 있을 겁니다."

나는 신경이 곤두서 있었다. 일단 패혈증에 걸리면 상태가 금방 악화될 것이고 곧 패혈 쇼크로 이어질 수 있기 때문이다. 이미 앨버트의 상태는 아주 위중했기 때문에 패혈 쇼크에 빠진다면 치명적일 수밖에 없다.

"물론이에요. 잘 살펴볼게요." 간호사가 나를 안심시켰다. "비정상적으로 높거나 낮은 체온, 비정상적으로 빠른 심박 수나 호흡 횟수, 호흡 곤란 등 패혈증의 징후가 조금이라도 있으면 바로 연락하겠습니다."

"네, 그렇게 해 주세요. 앨버트의 상태를 보러 내일 아침에 다시 오겠습니다."

퇴근하는데 여전히 대기실에 있는 앨버트의 부모와 여동생이 보였다. 중환자실에 있으면 쉽게 두려움에 빠질 수 있으므로 나는 그들에게 집에 돌아가라고 설득했다.

"앨버트 같은 환자는 몇 주까지는 아니더라도 며칠 동안은 증세에 변동이 별로 없는 게 보통입니다. 어떤 식으로든 변화가 생기면 간호사가 즉시 제게 연락할 겁니다." 나는 내 핸드폰을 가리켰다. "이 전화는 언제나 곁에 두고 있습니다. 연락이 오면 가족에게도 연락을 할 테니 그때 다시 오세요."

나는 왜 가족이 중환자실에 머물지 않는 편이 나은지도 설명했다. "중환자실이라는 곳 자체가 가족이 기다리기에 좋은 곳은 아닙니다. 경고음과 모니터 소리가 자주 들리니까요. 의사, 간호사, 검사실 직원도 수시로 들락거리죠. 그러다 보면 모든 응급 상황이 내 아들, 내 형제자매에게 일어나고 있는 일인 것처럼 느껴져서 초조해집니다."

앨버트의 아버지는 마지막으로 내게 물었다. "선생님은 안에서 의료진을 만나고 앨버트의 상태를 확인했잖아요. 아들의 예후는 어떻습니까? 저희는 여전히 희망을 놓지 않고 있습니다만."

나는 새로운 정보가 없었지만 가족들을 위로하려고 애썼다.

"아직은 결과가 어떨지 예측하기 어렵습니다. 앨버트는 아주 큰 사고를 당했어요. 앨버트의 몸이 얼마나 버티느냐, 자연 치유 능력을 얼마나 발휘하느냐가 관건입니다. 물론 도움이 될 약제를 투여하고 있고, 호흡을 유지하는 인공호흡기를 달고 있으며 과도한 체액과 독성 물질을 제거하는 투석도 실시하고 있습니다. 앨버트의 체온과 혈압을 관찰하면서 면역 체계가 약한 상태이니 감염이 되지 않도록 신경 쓰고 있습니다. 적어도 앨버트는 젊고 건강합니다. 나이가 많고 다른 지병이 있는 환자에 비해 생존율이 높죠. 그러니 예후가 나쁘지 않다고 말할 수도 있겠지만 아직은 더 지켜봐야 합니다."

마침내 앨버트의 가족은 집으로 돌아가기로 했고 나는 안도했다. 적어도 대기실에 있으면서 앨버트가 아닌 다른 환자의 응급 상황으로 의료진이 갑자기 호출당할 때마다 걱정에 사로잡히는 일은 없을 것이다.

집으로 돌아가는 길에 중환자실에서 사망하는 것이 일반 병동에서 사망하는 것과 어떻게 다른지에 대해 생각해봤다. 중환자실에서는 환자에게 훨씬 더 많은 약을 투여하고 환자를 더 주의 깊게 관찰한다. 질병이나 부상을 치료하려고 아무리 애써도 별안간 환자의 모든 신체 기능이 중단되는 등 상황에 따라 환자가 갑자기 사망하기도 한다.

뇌나 심장 등 환자의 주요 신체 기능이 중단되면 의사는 환자의 죽음을 막을 수 없다는 것을 알지만 일부 신체 기능이 지속되는 것을 본 가족은 이를 잘못 받아들여서 환자가 여전히 살아 있다고 믿고 언젠가는 회복될 거라는 희망을 품는다. 뇌 손상의 경우 때로는 CAT 스캔 이미지를 보여주면서 환자가 뇌에 치명적인 손상을 입었다는 사실을 설득할 수 있다. 그러나 때로는 의학적으로는 죽은 뇌이지만 그것이 CAT 스캔에는 여전히 정상 뇌처럼 보이는 등 뇌 기능이 회복 불가능할 정도로 손상되었는데도 눈에 보이는 증거를 댈 수 없는 경우도 있다. 분명한 사실은 그런 경우에도 환자가 다시 살아날 가능성은 없다는 것이다. 의사는 이런 것을 알지만 환자가 연명 의료 거부 의사를 미리 밝히지 않은 경우 가족들은 환자를 살리기 위해 온갖 수단과 방법을 동원하라고 요구하기도 한다. 환자가 언젠가는 의식을 회복할 거라고 믿는 것이다.

몇 달 내지는 몇 년간 혼수상태에 있던 사람이 어느 날 갑자기 깨어난 사례를 들기도 하는데 이는 경우가 다르다. 혼수상태에 빠진 사람은 사고, 중증 질환, 장기 기능 상실 등 환자의 의식 기능이 심하게 저하된 일반적인 '뇌 기능 상실' 상태인 것이다. 따라서 어느 정도 상태가 나아지면 나중에 회복할 가능성이 있다. 이와 달리 뇌사 환자는 뇌간을 포함한 뇌의 모든 기능이 회생 불가능할 정도로 중단된 상태다. 따라서 환자가 깨어날 가능성은 전혀 없다. 혼수상태에서 깨어난 사례는 회복 가능성에 대한 희망의 근거가 되지만 그런 사례는 아주 드문 예외이다. 일단 환자의 상태가 정상 범위를 넘어서서 몇 주에 걸쳐 지속적으로 악화되었다면 회복 가능성이 없다고 봐야 한다. 때때로 신체가 즉흥적인 반응을 보여서 이를 본 환자 가족이 환자가 여전히 의식이 있으며 결국 회복할 거라는 증거라고 말하기도 하지만 그것은 잘못된 생각이다. 일단 뇌가 죽으면 회복 가능성은 0이다. 그런데도 신체는 여전히 만지거나 누르면 자동 반응을 보인다. 그런 반응은 다른 동물이나 생선 등의 머리를 자른 후에 나타나는 반응과도 같다. 머리가 잘린 동물의 몸통은 계속 움찔거리고 부르르 떠는 등 움직임을 보이지만 죽은 상태이다.

환자가 계속 이런 자동 반응을 보이면 희망의 끈을 놓지 않고 있는 가족을 설득하기가 쉽지 않다. 가족들은 희망을 버리지 않으려고 현실을 부정한다. 그럴 때 다양한 의학적인 선택지를 제공하면 환자가 회생 불가능한 상태라는 사실을 이해시키는 데 도움이 되기도 한다. 그런 경우 가족들은 치료를 중단하고 생명을 연장하는 장치를 제거하고 모르핀 등 진통제를 투여해 환자를 되도록 편안하게 해 주는 것이 최선이라는 것을 깨닫게 된다. 그래야 환자가 최소한의 고통 속에 품위 있게 죽음을 맞이할 수 있다. 이렇게 해도 환자가 사망하기까지 며칠 내지 몇 주가 걸릴 수는 있다. 그러나 결국에는 심정지나 호흡 정지 등 회복 불가능한 치명적인 증세가 찾아온다. 가끔은 임종기 환자라도 상태가 살짝 호전되어 스스로 생명을 유지할 것처럼 보이기도 한다. 정말 그럴 수 있을까? 이를 판단하기 위해 의료진은 연명 의료 장치를 모두 제거해 본다. 환자가 장치가 모두 제거된 뒤 스스로 생명 유지에 실패하면 환자의 상태가 말기라는 확실한 증거가 된다. 그렇다면 연명 의료를 중단해서 환자가 자연스럽게 죽음에 이를 수 있게 해줘야 한다.

앨버트의 경우 결과가 어떨지 장담할 수 없었다. 체력이 좋으니 활력 징후 관찰과 생명 연명 장치의 도움으로 신체의 기능을 유지하면서 부상과 싸워 이길 수 있을지도 모른다. 반면 사고로 인한 손상이 워낙 심해서 살아남기 어려울 수도 있다. 앨버트의 상태는 좋아질 수도, 나빠질 수도 있었다. 예후는 아직 유동적이었다.

어느 쪽인지 판가름이 나기 전까지는 나와 의료진은 앨버트가 회복될 수 있도록 최선을 다하는 수밖에 없었다. 최신 의료 기술을 동원해 앨버트의 현 상태를 유지하면서 차도가 있는지 살폈다. 물론 이렇게 위중한 상태에서는 앨버트의 신체 계통을 압도하는 갑작스런 응급 상황이 닥치면 살릴 수 없을 수도 있다. 손쓸 겨를도 없이 환자가 사망할 수도 있는 것이다. 예를 들어 환자가 심정지를 일으켰을 때 심장을 뛰게 하는 데 주어지는 시간은 오직 2~3분에 불과하다. 그 안에 산소를 운반하는 혈액이 뇌에 공급되지 않으면 뇌 기능이 멈추고 뇌가 손상되기 때문이다. 이런 제약 속에서도 중환자실 의료진은 이미 중태여서 사망의 가능성이 매우 높은 환자를 어떻게든 살리기 위해 최선을 다한다. 어쨌든 현대 의학의 발달로 중환자실에서 환자가 회복할 가능성은 높아졌고 그것이 우리가 할 수 있는 최선이다.

1시간 정도 걸려 집에 도착한 나는 우리가 앨버트를 위해 최선을 다했다는 결론에 도달했다. 지금 주차하고 있는 내 차도 언제든 도난을 당하거나 불에 탈 위험이 있다. 마찬가지로 중환자실의 환자에게도 어떤 일이든 벌어질 수 있다. 앨버트처럼 사고 전까지 건강한 환자라면 이겨낼 수도 있을 것이다. 집에 들어간 나는 중환자실 야간 근무조 간호사가 전화할 경우에 대비해 핸드폰을 침대 옆 탁자에 올려놓았다. 앨버트의 상태에 변화가 생겨 응급 상황이 발생하면 연락이 올 것이기 때문이다. 그런데 앨버트가 그날 밤 사망했으므로 더는 해 줄 수 있는 일이 없었다.

09

치매 환자

일부 말기 환자 중에서는 치매가 문제가 되기도 한다. 이런 환자들은 대개 서서히 정신 기능이 떨어지는 노인 환자인 경우가 많은데, 때로는 심각한 부상이나 중증 질환, 약물 오남용으로 뇌가 손상되거나 몇 분 간 뇌에 산소 공급이 안 된 젊은 환자에게서 치매가 나타나기도 한다.

일단은 환자에게 치매가 있는지를 판정하는 것부터 문제가 된다. 치매가 있는 환자에게는 특정 의료 조치에 대해 이해시키기가 어렵고 치매 환자는 연명 의료에 관한 결정을 판단할 능력이 없다. 또 환자가 겉으로 보기에는 정신이 멀쩡해 보여서 치매 환자라는 사실을 놓치는 것도 문제다. 그런 경우에는 환자와 어느 정도 대화를 나눠보고 이미 답을 했는데 환자가 똑같은 질문을 하는 등으로 치매의 징후를 발견할 수 있다. 사람들이 눈여겨보지 않는 징후지만 치매 환자는 어떤 주제에 대해 확신에 차 말을 하더라도 누구나 아는 사실을 잘못 말하기도 한다. 이를테면 자신이 경험하지 않은 일을 분명히 경험했다고 주장하는 식이다.

치매는 다른 많은 쟁점과도 연결된다. 환자의 가족이 환자의 치매 판정을 받아들이려 하지 않을 때도 있고 치매가 없는 환자에게 치매가 있다고 가족이 주장하기도 한다. 환자의 의료 과정에서 통제권을 행사하고 싶거나 환자가 서명한 유언장 또는 서류의 유효성을 다투기 위해서다. 현재 환자에게 치매가 있다는 것에 합의가 있더라도 그다음에는 그 시점이 언제부터였는가가 문제되기도 한다. 치매 환자의 경우 언제부터 치매가 있었는지에 따라 구매 결정이나 사업 협정부터 최신 유언장이나 진술까지 환자가 서명한 서류의 효력에 영향을 미치기 때문이다.

따라서 환자에게 치매가 있는지 여부, 치매가 있다면 그것이 언제부터였으며 얼마나 심한지 등 치매가 개입하면 고려해야 할 것들이 늘어나므로 문제가 훨씬 복잡해진다. 치매가 단순히 '치매가 있다' 혹은 '치매가 없다'로 나눌 수 있는 상태가 아니기 때문이다. 치매의 대표적인 특징은 정신 기능의 점진적인 쇠퇴다. 다만 질병, 사고, 약물 등 갑작스러운 외상으로 인한 치매는 예외다. 따라서 의사는 환자가 설명이나 지시를 얼마나 잘 이해하는지를 보고 환자의 상태를 가늠해야 할 수도 있다. 환자가 법적 서류를 서명하거나 재판에서 당사자나 증인으로 참여해야 할 때는 환자의 인지 능력 수준이 중요하므로 변호사가 개입하기도 한다.

나는 치매로 인해 복잡해진 사례를 몇 번 경험했다. 환자와 가족을 상대하면서 환자가 무엇을 이해할 수 있는지, 그리고 말기 의료에 관한 결정을 내릴 수 있는지를 파악해야 했다. 또한 환자의 치매 정도가 가족이 대신 결정을 내려야 할 정도로 심한지 판단해야 하는 경우도 있었다.

치매 환자에게 연명 의료에 대해 설명하기

가장 중요한 쟁점은 환자에게 치매 증상이 나타났을 때 환자가 어디까지 이해할 수 있는가 하는 문제다. 일반적으로 연명 의료 관련 결정은 환자 본인이 해야 하며 혈액 순환 장애로 괴사가 생겨서 하는 사지 절단술 등 특정 시술을 받을지 말지도 환자 본인이 결정해야 한다. 그러나 치매가 아직 초기 단계에 있을 때는 환자가 무엇을 이해할 수 있고 무엇을 이해할 수 없는지가 확실하지 않을 때가 있다. 또한 환자의 인지 능력에 맞춰서 설명하는 것도 가능하므로 의사는 되도록 가족에게 결정권을 넘기기보다는 환자 본인이 상황을 이해해서 스스로 결정할 수 있도록 도와야 한다.

이런 문제가 생기는 이유는 치매가 정해진 기준 및 단위로 측정하고 나타낼 수 있는 질환이 아니기 때문이다. 예를 들어 '환자의 치매 수준이 40퍼센트가 아니라 10퍼센트에 불과하므로 이 정도의 인지 능력이 있다'는 식으로 말할 수가 없다. 그래서 환자의 치매가 어느 정도로 심한지 명확하지 않을 때가 많다. 특히 환자의 인지 능력이 그날그날 달라지는 데다 사람의 이름이나 주소를 잊는 것처럼 일시적이거나 정상적인 것처럼 보이는 치매 징후도 있다. 따라서 치매의 징후가 뚜렷해 누구나 알 수 있는 정도가 아니면 치매라는 증거를 대기가 매우 어렵다. 그러나 치매의 징후가 조금이라도 관찰된다면 의사는 되도록 환자가 치료에 관해 이해해서 스스로 결정할 수 있도록 노력해야 한다.

나는 '준 치매 환자'인 스미스 부인에게 '심폐소생술 거부'라는 개념을 설명하려고 노력한 적이 있다. 스미스 부인이 아직 인지 능력이 충분해서 스스로 결정할 수 있을 때 연명 의료 거부를 선택하기를 바랐기 때문이다. 스미스 부인은 80대 초반이었으며 심한 폐렴을 앓고 있었다. 그녀도 한때는 다양한 사회 활동과 자원봉사 활동에 열심이었다. 죽은 남편이 잘나가는 회사의 회장이었고 유산도 상당히 물려받아 대저택에서 살면서 자선 활동에 활발히 참여할 수 있었다. 그러나 최근에는 기억이 깜빡깜빡하고 엉뚱한 단어를 쓰거나 익숙한 동네에서 길을 잃는 등 치매의 징후가 하나둘 나타났다. 여전히 정신이 맑은 날이 더 많았고 간단하고 명확한 지시는 잘 이해했다. 폐렴에서는 회복될 것처럼 보였지만 그녀의 나이를 고려할 때 다음 병은 치명적일 확률이 높았다. 따라서 아직 자신의 임종기를 어떻게 보낼지 이해하고 결정을 할 판단 능력이 있을 때 그런 이야기를 나누는 것이 좋겠다고 생각했다.

내가 스미스 부인을 만나러 갔을 때 병실 밖에서 50대인 딸 안나가 나를 기다리고 있었다. 엄마와 마찬가지로 안나도 부유한 사업가와 결혼해서 다양한 사회 활동과 자선 활동을 하고 있었으며 엄마를 돌볼 충분한 시간적 여유도 있었다. 또한 때가 되면 엄마를 위해 최선의 결정을 내릴 준비가 되어 있었다.

"앞으로 어떻게 할 계획이신가요? 제가 도울 일은 없을까요?" 스미스 부인 병실 문 앞에서 나와 인사를 나눈 뒤 안나가 물었다.

"스미스 부인을 만나 연명 의료 거부에 대해 설명드리려고요. 환자분이 스스로 결정을 내릴 수 있도록 쉽게 설명할 겁니다. 물론 지금 당장 결정해야 하는 것은 아닙니다. 다만 환자 본인이 스스로 결정하는 것이 바람직하고, 임종이 다가왔을 때 따님께서도 환자분이 무엇을 원하는지 알고 동의한다면 좋겠죠."

"그래요, 저도 그렇게 하고 싶어요. 엄마가 원하는 대로 해드리고 싶거든요. 엄마와 늘 가깝게 지냈으니까요. 엄마의 마지막 순간이 되도록 편안했으면 합니다."

안나와 병실에 들어갔을 때 스미스 부인은 침대에 앉아서 유명한 인테리어 잡지를 넘기면서 사진을 보고 있었다. 스미스 부인은 안나를 보자 미소를 지으면서 잡지를 내려놓았다. 안나가 침대 발치에 섰고 나는 의자를 가져다가 침대 옆에 앉아 인사를 하고 상황을 알아듣기 쉽게 설명하려고 노력했다.

"오늘은 병원에서 하는 조치에 관해 환자분이 결정해야 하는 사항을 설명하려고요. 당장 결정하시라는 것은 아닙니다."

나는 스미스 부인이 내 말을 이해했는지 보려고 잠시 멈췄다. "제 말을 이해하셨나요?"

스미스 부인은 고개를 끄덕였다. "네. 결정을 해야 한다고요."

"네, 그렇습니다. 이해가 안 되시면 언제라도 말씀하세요."

"네, 그럴게요."

"좋습니다. 언젠가 환자분에게 어떤 치료를 할지 저희 의료진이 결정을 해야 할 때가 올 텐데 가능하면 환자분이 원하는 대로 해드리고 싶거든요. 다른 사람이 아닌 환자분이 원하는 것을 하고 싶은 거죠. 그래서 환자분이 선택할 수 있을 때 미리 결정해 주셨으면 하는 겁니다. 이해가 되시나요?"

"네." 스미스 부인은 고개를 끄덕이면서 딸을 흘깃 보았다. 자신이 제대로 하고 있는지 확인하는 것 같았다.

"잘하고 계세요, 엄마."

나는 설명을 계속했다. 다음 내용은 조금 더 어려웠다.

"현재 심폐소생술과 인공호흡기 부착에 관해 어떤 선택이라도 하신 상태인가요?"

스미스 부인은 현재 연명 의료 실시 환자로 등록되어 있었다. 즉 환자가 연명 의료 거부를 선택하지 않는 한, 그리고 환자가 선택할 수 없을 때는 가족이 연명 의료를 거부하지 않는 한 마지막 순간까지 환자의 생명을 유지하는 모든 조치를 취하게 된다.

이 질문에 스미스 부인은 나를 멍하니 바라봤다. 아마도 생소한 전문 용어 때문이었을 것이다. 나는 여러 번 다른 식으로 설명을 했지만 스미스 부인은 "지금 당장 결정하지 않아도 된다"는 것 외에는 이해하지 못하는 듯했다.

그래서 나는 일단 설명하는 걸 중단하는 편이 낫겠다고 판단했다. 아직은 이해할 준비가 안 된 것일 수도 있다. 나중에 정신이 맑을 때 다시 이야기를 나눠 보기로 했다. 그럴 기회가 생기지 않거나 다시 설명했는데도 이해하지 못하면 딸이 결정하게 될 것이다.

이 사례는 환자의 치매가 아직 초기 단계여서 현재 어떤 상황이며 아직 자신에게 의사 결정 능력이 있을 때 현재 또는 미래에 어떤 결정을 내려야 한다는 점을 이해할 가능성이 있는 경우에 직면하는 어려움을 보여준다. 또한 설명을 쉽게 하는 것이 얼마나 중요한지를 보여준다. 그래야 임종이 멀지 않은 환자라면 현재나 미래에 어떤 치료를 받고 싶은지 그 내용을 충분히 이해하고 결정할 수 있다. 또한 환자의 입장을 최우선으로 고려하는 가족이 곁에 있는 것이 얼마나 중요한지도 보여준다. 그런 가족은 환자를 잘 알기 때문에 환자가 더 이상 의사 결정 능력이 없을 때 만약 환자가 선택할 수 있었다면 했을 결정이 무엇인지를 알 것이고 그에 맞는 결정을 할 것이다. 물론 가족들이 각자 자신의 입장만 내세우는 경우도 있다. 그러면 환자가 진정 무엇을 원하는지 또는 환자에게 최선이 무엇인지를 두고 다툼이 벌어진다. 그러나 적어도 스미스 부인의 경우에는 딸과 가깝게 지냈으므로 결정을 해야 할 마지막 기회가 왔을 때 두 사람의 의견은 분명 일치할 것이다.

내가 스미스 부인과 나눈 대화에서도 알 수 있듯이 치매 환자에게 연명 의료 거부가 무엇을 의미하는지 세세하게 설명할 필요는 없다. 치매 환자는 연명 의료 거부 의사를 밝히지 않은 경우에 실시되는 복잡한 조치들, 즉 진통제 투여, 전기 충격, 심장 주사, 심폐소생술, 기관내삽관 등을 다 이해하지 못할 것이다. 간단히 설명해도 이해할까 말까 하는 환자에게는 구체적으로 설명할수록 혼란만 가중한다. 따라서 환자의 인격을 존중한다면 한두 문장으로 간략하게 설명하는 것이 낫다. 그래야 환자나 동석한 가족이 그 의미를 더 잘 이해할 수 있다.

며칠 뒤에도 스미스 부인은 결정을 하지 못했다. 그러나 나는 스미스 부인과 그 딸에게 연명 의료 거부에 관한 이야기를 꺼낸 것만도 다행이라고 생각했다. 연명 의료 계획서를 작성하고 서명할 때가 왔으므로 일단 설명을 들은 이상 연명 의료 거부에 대해 한번 생각해 볼 것이다. 이제 내가 할 수 있는 일은 스미스 부인이 다시 설명을 들을 준비가 되길 기다리거나 스미스 부인이 살날이 며칠 내지 몇 주밖에 남지 않은 상황이 되어서 치매의 진행 정도에 따라 스미스 부인이나 딸이 결정을 하길 기다리는 것이었다.

멀쩡해 보이지만 사실은 치매 환자인 경우

치매 환자를 대할 때 어려운 점은 치매 환자라도 일상에서 만나고 이야기를 나눌 때 겉으로는 멀쩡해 보일 수 있다는 것이다. 치매 환자도 정장을 차려입고 회의에 참석해서 의례적인 인사를 주고받을 때는 정상으로 보일 수 있다. 사업상 인맥을 구축하기 위한 일상적인 모임에서 사람들이 처음 만나 자신이 무슨 일을 하는지 소개하고 명함을 주고받는 자리라면 아무도 그가 치매 환자라는 것을 눈치 채지 못할 수 있다. 그런데 그 사람이 말하는 내용이나 논리에 좀 더 주의를 기울이면 뭔가가 어긋나 있다는 것을 알 수 있다.

예를 들어 치매 환자는 대화 중에 방금 답을 듣고서도 같은 질문을 다시 한다. 자신이 그 질문을 이미 했다는 사실을 잊었거나 질문에 대한 답을 들었다는 사실을 잊은 것이다. 사교 모임에서 상대방의 말에 귀 기울이지 않으면 이런 일이 벌어져도 이상하게 여기지 않을 수 있다. 그러나 질문을 다시 하는 일이 반복되거나 어떤 답을 들었는지 기억하지 못하는 일이 반복된다면 그것은 치매의 징후로 봐야 한다.

또 다른 예로 치매 환자는 이미 전에 만난 사람을 다시 만났을 때 그 사람을 알아보지 못한다. 잠시 인사만 나눈 정도가 아니라 함께 커피를 마시거나 저녁 식사를 했는데도 기억하지 못하는 경우도 있다. 그러나 누구라도 이런 모임에서 많은 사람을 만나다 보면 딱히 사업상 도움이 되지 않는 사람과의 만남은 잊어버리기 쉽다. 다만 앞서와 마찬가지로 누군가를 만난 사실이나 그 사람과의 대화 내용을 잊는 일이 반복된다면 치매가 있다는 증거가 된다.

그 외에도 논리적 연결성이 떨어지는 말을 하는 것도 치매의 징후다. 대화 중에 주제에서 벗어난 말을 하거나 망상에 가까운 말을 내뱉는 경우가 이에 해당한다. 그런 답이 창의적인 사고의 예일 수도 있지만 자꾸 맥락에서 벗어난 답을 한다면, 그리고 같은 질문을 반복하거나 이미 만난 사람을 기억하지 못하는 등 다른 치매 징후가 함께 나타난다면 치매를 의심해야 한다.

일상적인 사회관계에서 사람들은 상대방이 어느 정도 정상인 것처럼 보이는 한 이런 단서에 주의를 기울이지 않는다. 특히 오랫동안 알고 지낸 사람이거나 그전까지는 늘 괜찮아 보였다면 눈치채기가 더 어려울 수도 있다. 그래서 지인들은 예전에 받았던 인상이 그대로 남아 있어서 치매 환자가 여전히 정상이라고 생각하기 마련이다. 특별한 이유가 없으면 사람들은 상대방에 대해 한번 형성한 견해를 잘 바꾸지 않기 때문이다. 게다가 치매 증상은 매우 천천히, 눈에 띄지 않게 나타나기 때문에 사람들이 알아채기 쉽지 않다. 치매의 징후가 보여도 처음에는 치매를 의심하지 않는다. 그러나 이런 치매의 징후에 주의를 기울이는 의사나 의료인은 치매 환자를 알아보고 치매가 얼마나 진행되었는지를 가늠할 수 있다.

마이클도 그런 환자였다. 마이클은 82세로 성공한 사업가였다. 영업 및 마케팅 분야를 담당하는 회사 임원이었으며 회사 직원들, 그리고 잠재 고객 및 구매자를 설득하는 언변이 뛰어났다. 그래서 사업을 위한 사교 모임, 학회, 박람회 등의 행사에서 언제나 돋보이는 사람이었다. 70대 중반에 은퇴한 뒤에도 지역의 사교 모임에 참석했으며 몇몇 지역 단체의 이사회에서 활동했다. 그래서 그가 70대 후반에 처음으로 알츠하이머병 증상을 보였을 때 아무도 이를 눈치 채지 못했다. 내가 처음 마이클을 만난 건 그가 혈액순환 장애로 왼쪽 발에 통증을 느껴서 병원에 왔을 때였다. 그는 자신의 인지 능력이 감퇴하고 있다는 사실을 전혀 모르고 있었다. 그러나 진찰실에서 마이클이 자신의 상태를 설명하고 병원에서 어떤 조치를 취해주기를 원하는지를 설명하는 것을 들은 나는 그의 인지 능력에 문제가 있음을 알아챘다.

"어디가 아파서 오셨나요?"

"왼쪽 발이요. 아주 많이 아파요. 혈액 순환 장애 때문인 것 같습니다. 몇 주 전에 오른쪽 다리에 혈액 순환 장애가 있어서 입원했거든요. 수술을 받았고 그쪽은 멀쩡해졌습니다."

수술 병력은 현재 환자가 겪고 있는 문제가 심각하다는 경고 신호이다. 더구나 그 사실을 대수롭지 않다는 듯이 말하는 것이 뭔가 의심스러웠다. 그래서 나는 질문을 더 해 보았다.

"어떤 수술이었나요?"

"발가락 하나를 잘랐어요."

"왜요?" 내가 집요하게 물었다.

바로 이때 마이클은 말을 멈추고 멍하니 허공을 바라봤다. 바로 몇 주 전 일이었는데도 어떤 수술이었는지 기억하기 위해서는 아주 곰곰이 생각해야 하는 것 같았다. 이런 정보는 바로 말할 수 있어야 하는데 마이클이 기억을 더듬는 동안 몇 초가 슥 지나갔다. 기억에 문제가 있다는 신호였다.

"왜 발가락을 절단했나요?" 내가 다시 물었다.

마이클은 갑자기 정신을 차렸고 자기 신발을 내려다봤다. 그러면 기억이 되돌아올 거라는 듯이. 마이클은 마침내 답을 했다.

"아, 그래요. 뭐가 문제였는지 생각났어요. 발가락이 퍼렇고 거무죽죽한 색이 되었어요. 그래서 그 색을 없애야 했어요."

"괴사를 말씀하시는 건가요?" 나는 물었다. 혈액 순환 장애가 있으면 괴사가 일어날 수 있기 때문이다. 그리고 괴사의 대표적인 징후가 피부가 갈색이 섞인 초록빛으로 변하는 것이다. 그러나 마이클이 '괴사'라는 통상적인 표현 대신 발가락의 색을 언급하면서 그것이 절단을 한 이유라고 설명하는 것이 이상했다. 흔히 사용하는 용어는 아니었지만 어렵지 않은 내용을 기억하는 데 혼란을 겪는다는 증거였다. 나는 마이클의 인지 능력을 확인해야 한다는 메모를 노트에 기입했다.

그다음에는 마이클의 왼발이 아프기 전까지의 병력에 대한 이야기를 주고받았다. 나는 병원에서 마이클을 돌보는 의료진이라면 누구나 알 수 있게 입원 서류 양식을 꺼내 그 내용을 기록했다.

"최근에 받은 의료 조치들이 있으면 좀 더 자세히 알려 주세요."

"왜요?"

마이클의 대답은 조금 의외였다. 입원 수속을 처리하는 의사나 의료인은 이런 질문을 하는 것이 보통이기 때문이다. 환자의 신체 및 정신 건강의 전반적인 상태를 파악하려면 알레르기 유무, 약물 부작용 경험 유무, 과거 병력 등 광범위한 정보가 필요하다. 흔히 접수원이나 간호사가 환자에게 입원 서류 양식을 건네서 이런 정보를 기입하게 한 다음 의사가 그 내용을 확인한다. 물론 의사나 의료인이 환자와 대화를 나누면서 서류를 채우는 것이 더 낫다. 그래야 환자의 병력을 더 정확하고 구체적으로 기입할 수 있기 때문이다. 환자들은 서류를 얼른 해치우고 싶은 마음에 중요한 정보를 빠뜨리곤 한다. 그래서 나는 환자에게 직접 질문하면서 서류를 채우는 쪽을 선호한다. 환자의 상태를 직접 눈으로 확인하면서 파악할 수 있고 빠진 정보가 있거나 특이한 답을 들으면 더 구체적인 질문을 던질 수 있기 때문이다.

마이클의 경우에도 그렇게 했는데 다만 마이클은 언제, 무엇을 했는지 묻는 내 질문에 대한 답을 기억해 내는 데 어려움을 겪고 있었다. 이런 환자가 아주 없는 것은 아니지만 대개 어느 정도 시간을 주면 구체적인 사항들을 기억해 내곤 한다. 그런데 마이클은 기억을 못하는 걸 수도, 말하기 싫은 걸 수도 있지만 정보에 빈 곳이 많았다. 나는 아마도 전자일 것이라고 짐작했다. 마이클이 꽤 협조적이었기 때문이다. 단지 그의 머릿속 사물함에 구멍이 나 있어서 자신이 받은 의료 조치들을 대부분 기억하지 못하는 듯했다.

그래도 마이클과 이야기를 나누면서 나는 그의 병력에 대해 많은 것을 알게 되었다. 그중에 하나가 그가 오랫동안 이런저런 치료를 받았고 그 때문에 병원에 여러 번 입원했다는 사실이다. 그런데 그때마다 다른 병원에 입원했기 때문에 우리 병원이 아닌 다른 병원에서 진료 받은 기록은 구할 수가 없었다. 그래서 지난 15년 내지 20년 사이에 마이클이 받은 진료의 내용은 마이클의 제한된 기억에 의존할 수밖에 없었다. 적어도 그는 자신의 긴 병력에서 주요 사건들의 핵심은 전달할 수 있었는데 그래서 마이클이 특이한 답변을 늘어놓고 과거에 있었던 중요한 사건들을 제한적으로만 기억하는 것이 치매가 서서히 진행 중이라는 징후라고 판단했다.

"잘 모르겠네요." 그가 마침내 말했다. "글쎄요, 지난 15년 내지 20년 동안 내가 기록한 일정표를 보면 병원에서 어떤 의사에게 어떤 치료를 더 받았는지 알 수 있을지도 모르죠. 당장은 기억이 안 나요. 어쨌든 지금은 이 병원에 왔으니까 이 발가락을 얼른 치료받고 싶어요."

나는 그렇게 하자고 말했다. "이 정보는 수술팀에게 전달하겠습니다. 수술팀과 수술 일정을 잡으시면 됩니다."

"알겠습니다." 마이클은 일단 내 제안에 만족한 듯했다.

그리고 마이클의 나이가 있다 보니 나는 그에게 연명 의료 계획에 관한 이야기를 하고 싶었다. 마이클은 대수롭지 않게 여긴다 해도 어쨌든 또 다시 수술을 앞두고 있었기 때문이다. 마이클은 내가 '연명 의료'와 '연명 의료 거부'에 대해 설명하자 통 무슨 말인지 못 알아듣겠다는 표정을 지었다.

"뭐라고요?"

그래서 나는 콜린스 부인에게 했듯이 더 쉬운 단어를 써서 설명하려고 애썼다. 콜린스 부인은 이미 치매가 시작된 환자였다.

"환자분이 임종기에 있거나 말기 상태여서 다시 나을 가능성이 없거나 희박할 때 환자분을 되살리는 조치를 계속 받을지 말지를 결정하는 겁니다."

마이클은 마치 그런 생각을 하는 것 자체가 말도 안 된다는 듯 어색하게 웃었다. "발가락이 좀 아플 뿐인데 왜 지금 임종 같은 걸 생각해야 하죠?"

대화를 계속하면서 마이클을 설득하는 것이 의미가 없다는 결론을 내렸다. 마이클은 그렇게 여러 의료 문제를 겪었으면서도 자신이 멀쩡하다고, 혹은 적어도 멀쩡하다고 믿고 싶은 것 같았다. 물론 그중 대다수는 기억하지 못하고 있는 듯했다. 그래서 나는 나중에 다시 문제를 논의하기로 했다. 물론 그가 그때까지도 의사 결정 능력이 있다는 전제하에서다. 마이클에게 의사 결정 능력이 없다면 마이클의 의료 관련 결정을 대신 할 권한이 있는 가족에게 질문을 하면 된다. 그런 가족이 없다면 마이클을 노인 요양원에 보낼수도 있다. 마이클의 병력과 인지 능력 감퇴 정도로 보아 마이클이 스스로 결정을 내릴 수 있는 날도 그리 많이 남지 않은 듯 보였다.

그리고 실제로도 그랬다. 며칠 뒤 마이클의 발가락 수술 예정일 전날, 새벽 1시에 병원에서 호출을 받았다. "환자분의 호흡이 멈췄어요." 알고 보니 마이클이 발가락의 극심한 통증을 가라앉히려고 진통제를 먹어서 벌어진 일이었다. 진통제를 더 많이 먹으면 덜 아플 거라는 생각에 그는 호흡이 정지될 만큼 많은 양을 먹은 것이다. 다른 약물도 남용하면 그런 호흡 정지를 일으킬 수 있다.

병원의 연락을 받자마자 나는 입원 환자 전문의에게 전화를 걸어 마이클의 상태를 알렸다. 입원 환자 전문의는 마이클을 중환자실로 옮겼다. 일반적으로 진통제를 남용한 환자에게는 약물의 화학 반응을 되돌리는 해독제를 투여한다. 그러면 환자가 의식을 되찾고 회복되기만을 기다리면 된다. 그런데 환자가 한 종류 이상의 약물을 복용했다면 이런 화학 반전이 불가능하므로 밤새 환자를 인공호흡기에 연결해 환자를 대신해 호흡 작용을 유지하도록 조치를 취한 뒤 약효가 떨어지기를 기다리는 수밖에 없다. 약효가 완전히 사라지면 관을 제거하고 환자는 일상으로 돌아간다. 마이클이 돌아가야 하는 일상은 발가락 수술을 받는 것이었다.

그런데 합병증이 발생했다. 마이클이 인공호흡기에 연결되어 있는 동안 그의 심장이 몇 분 간 멈추는 바람에 혈압이 0으로 떨어졌다. 그래서 혈액 순환도 멈췄으므로 뇌에 산소가 공급되지 않았다. 마이클은 이미 기억력 감퇴, 질문에 대한 부적절한 답변 등 치매 초기 증상을 보이고 있었는데, 뇌의 산소 부족으로 이런 증세가 악화되었을 것이다.

그러고 나서 1시간 뒤에 병원으로부터 마이클의 상태를 알리는 연락을 받고서야 나는 그런 일이 있었다는 사실을 알게 되었다. 그래서 나는 환자와 가족을 위해 내가 할 일이 있을지도 모른다는 생각에 병원으로 돌아갔다. 병원에서 가족에게도 연락을 해 이런 안 좋은 소식을 전한 상태였다.

나는 새벽 3시 쯤 병원에 도착했고 곧장 마이클에게 가서 마이클의 호흡을 되살리는 조치를 취하고 있는 입원 환자 전문의를 도왔다. 나는 마이클의 일차 진료의였지만 이런 집중 치료는 병원의 입원 환자 전문의가 중환자실 의료진과 함께 실시한다. 각 의사는 자신의 전문 분야에 맞춰 필요한 조치를 취했다. 내 역할은 그 자리에 있으면서 환자가 의식이 돌아왔을 때 힘이 되어주고 환자 가족에게 상황을 알리는 것이었다. 입원 환자 전문의와 중환자실 의료진이 마이클의 생명을 구하기 위해 최선을 다할 것이다.

의료진은 그 뒤로도 3시간 동안 반복해서 마이클의 호흡을 되살려야 했다. 마이클의 호흡이 몇 번이고 다시 멈췄기 때문이다. 의료진은 심장을 다시 뛰게 하려고 가슴을 마사지하고 압박했다. 그러나 마이클이 자가 호흡을 할 때도 상태는 안 좋아 보였다. 왜냐하면 이상 자세가 반복적으로 관찰되기 시작했기 때문이다. 이것은 환자가 팔을 몸 앞으로 모아 손목과 손가락이 가슴 위로 굽으면서 주먹을 꼭 쥐는 한편 다리는 곧게 쭉 뻗어 있는 자세로 몸이 굳는 것을 말한다. 마치 분노를 표현하거나 누군가를 한 대 칠 준비를 하려는 듯 뻣뻣한 자세를 취한 배우처럼 보이는데 이러한 자세를 의학적으로 제뇌경직이라고도 부른다. 이것은 심각한 뇌 손상이 일어났다는 징후이며 그런 손상은 회복 불가능할 가능성이 높다.

마이클이 한동안 자가 호흡을 유지하게 되었을 때 나는 마이클의 소식을 기다리는 가족을 만나러 대기실로 갔다. 마이클의 아내와 50대로 보이는 아들 두 명이 불안에 떨면서 앉아 있었다. "마이클은 자가 호흡이 어려운 상태입니다. 뇌에 산소 공급이 중단되는 바람에 뇌 손상도 있었고요."

여기까지 들은 마이클의 아내가 끼어들었다.

"말도 안 돼요. 마이클은 아직 82살밖에 안 되었고 아주 건강해요. 어제까지만 해도 멀쩡하게 잘만 걸어 다녔다고요."

그러나 나는 마이클이 그렇게 건강하지 않다는 사실을 알고 있었다. 그는 그동안 여러 의료 문제를 겪었다. 그의 아내는 그 사실을 모르고 있거나 대수롭지 않게 여기려고 하는 것일 수도 있었다. 그래서 나는 마이클의 위중한 상태를 되도록 간단하게 설명했다.

"마이클이 건강해 보였건, 여러 질환을 앓고 있었건 그건 중요하지 않습니다. 체력이 좋고 매일 운동하던 사람도 갑자기 위급해질 수 있습니다. 과거에 병력이 있거나 지금처럼 약물을 남용하면 돌연사할 가능성이 높아지지만 누구나 어느 날 갑자기 사망할 수 있습니다. 그러니 내일 무슨 일이 일어날지는 아무도 모르죠."

마이클의 아내는 여전히 마이클이 회복하리라고 확신했다. 이것은 잠시 지나가는 사건에 불과하며 모든 것이 금방 원래대로 돌아갈 것이라고 생각하는 듯했다. 그녀는 거듭 강조했다.

"금방 좋아질 거예요. 늘 건강했고 아파도 금세 나았어요. 82세라도 끄떡없어요. 언제나 활동적이고 쌩쌩했어요. 괜찮을 거예요."

나는 다시 한 번 마이클이 회복되지 않을 수도 있다는 점을 설명했다. "마음의 준비를 하시는 것이 좋습니다. 마이클은 지난 2시간 동안 심정지를 두 번이나 일으켰어요. 여전히 인공호흡기를 착용하고 있고요. 게다가 주먹을 쥔 채 비정상적인 자세로 몸이 뻣뻣하게 굳는 것을 보면 심각한 뇌 손상을 입은 상태라고 판단됩니다. 혈압도 매우 낮아서 아주 위중한 상태입니다."

마이클의 아내는 나를 매섭게 노려보았다. 이런 말을 하는 내게 화가 난 듯했다. 마이클의 아내는 내 말을 믿지 않으려 했다.

"예전에도 회복 가능성이 낮다는 말을 들었지만 매번 나았어요. 마이클은 포기를 모르는 사람이고 체력도 좋아요. 나이에 비해 활동적이죠. 최근에 도시에서 주최한 마라톤에도 몇 번 참가했어요. 늘 상위 그룹에 들었지요."

"압니다." 내가 위로했다. "과거에는 분명 달랐을 거예요. 그러나 지금 마이클은 진통제 남용으로 인한 회복 불가능한 여러 이상 증세를 겪고 있습니다. 합병증을 일으켜서 전반적으로 신체 기능을 잃어가고 있어요. 상당 기간 혈압이 떨어져 호흡이 없는 상태가 지속되었기 때문에 뇌에 산소가 충분히 공급되지 못했어요. 아마도 뇌에 영구적이고 심각한 손상을 입었을 겁니다."

마이클의 아내는 계속해서 마이클의 상태가 심각하다고 말하는 나를 차갑게 노려보며 입을 다물었다. 그녀가 의사인 내게 분노를 표출하는 것은 나쁜 날씨 탓을 기상 캐스터에게 돌리는 것이나 마찬가지였다. 임종기에는 가족이 그것을 의사, 병원, 요양 시설의 탓으로 돌리는 경우가 많다. 가족의 입장에서는 환자 외에 환자의 사망에 대한 책임을 물을 사람이 필요하기 때문이다.

그동안 마이클이 가족을 비롯해 남들과 대화할 때 자신의 치매 증상을 잘 감추었기 때문에 마이클의 임종이 뜻밖의 일처럼 느껴졌을 수도 있다. 그의 행동이 그런 인식을 낳은 것이다. 마이클은 82살에도 끝까지 건강하고 활동적인 사람이라는 이미지를 유지했던 것이다. 그러나 그런 겉모습 뒤에는 점점 쇠퇴하는 몸과 마음이 있었다.

마이클의 아내는 마이클이 사람들에게 보여준 이미지만이 옳다고 고집하면서 그 이면의 진짜 모습을 받아들이기를 거부했다.

마이클의 아내에게는 그 이미지가 곧 현실이었다. 현재로서는 내가 무슨 말을 해도 그녀의 화를 돋울 뿐이어서 더는 내가 할 수 있는 일이 없었다. 마이클이 얼마나 위중한 상태인지를 서서히 깨닫도록 내버려두는 수밖에 없었다.

마이클의 상태에 대해 더 할 말이 없어진 나는 자리에서 일어났다. "다시 중환자실로 돌아가서 마이클의 상태를 확인하겠습니다."

나는 중환자실로 이어진 복도를 걸어갔다. 마이클의 아내와 아들들이 있는 대기실에서 벗어날 수 있어 다행이었다. 마이클을 살리기 위해 입원 환자 전문의와 함께 의료 조치를 취한 뒤 가족들에게 설명까지 하느라 진이 빠진 터였다.

중환자실에 들어서자 입원 환자 전문의는 마이클의 상태가 안정되었다고 말했다. 여전히 인공호흡기에 연결되어 있었지만 최소한 제뇌 경직이나 혈압 강하는 더 이상 일어나지 않았고 체온 또한 정상 범위로 돌아왔다.

새벽 6시가 되어 나는 마이클의 치료 감독 및 가족과의 상담 업무를 다음 근무조에게 넘겼다. 이들은 또 다른 담당의와 전문 의료진으로 구성되어 있었다. 따라서 마이클의 상태를 새로운 눈으로 살피고 마이클의 아내에게 마이클의 상태에 대해 다시 설명할 것이다. 나는 오전 근무조 담당 의사에게 현재 상황을 알렸다.

"환자의 아내는 남편이 괜찮아질 거라고 굳게 믿고 있어요. 아마도 저 말고 다른 사람이 남편의 현재 상태를 설명하면 객관적인 사실을 받아들이는 데 도움이 될지도 모르겠습니다. 남편이 얼마나 위중한 상태인지 아내분이 알아야 해요. 지금은 상태가 얼마나 심각한지 아내분도, 자제분들도 전혀 모르는 것 같아요. 마이클이 원래대로 돌아갈 수 없다는 것을 인정하지 않고 있어요."

설명을 마친 뒤 나는 병원을 나와 주차된 차를 타고 집으로 돌아왔다. 다행히도 다음날 아침에 들은 바로는 중환자실 의료진 소속 전문의가 돌아가면서 가족과 여러 번 만난 결과 마이클의 아내도 남편이 위중한 상태라는 사실을 받아들였다고 한다. 남편이 다시는 원래대로 회복하지 못하리라는 것을 마침내 깨달은 것이다.

치매 환자의 의사 결정 능력과 법적 책임

또 다른 문제는 마이클처럼 치매가 있지만 멀쩡해 보이는 환자가 수술에 동의한 경우다. 일반적으로 치매 환자는 수술에 동의할 수 있다. 그런데 수술이 잘못되어 합병증이 생긴 뒤에 가족이 환자가 치매 진단을 받았다는 사실을 밝히면 환자가 애초에 수술에 동의할 능력이 없었던 것은 아닌지가 문제될 수 있다.

사안이 복잡하게 보인다면 실제로 복잡한 사안이기 때문이다. 환자가 겉으로 보기에 멀쩡하면 치매에 걸렸다는 것을 알아차리기가 쉽지 않다. 알츠하이머병의 초기 증상이나 기타 치매 증상에 대해 특별한 교육을 받지 않은 의료인은 치매 환자를 알아보지 못할 수 있다. 그래서 노인 환자나 치매를 의심하게 할 만한 이상한 행동을 하는 환자에게 동의를 받을 때는 먼저 환자의 가족에게 확인하는 것이 좋다. 치매 환자라면 가족이 이미 의사 결정권을 대신 행사하고 있거나 적어도 대신 결정할 권리가 있기 때문이다.

환자의 인지 능력이 정상인지 판단하기 어렵다면 가족에게 확인하기 전에는 수술을 실시하지 않는 것이 가장 바람직하다. 그런데 존슨 씨의 경우에는 수술을 하고 말았다. 그는 그저 평범한 노인처럼 보였는데, 응급 상황이었고 존슨 씨가 의사소통을 하는 데 문제가 없었기 때문에 수술 및 마취팀은 존슨 씨가 의료 조치에 동의하는 데 필요한 인지 능력이 없을지도 모른다는 의심은 하지 못한 채 존슨 씨의 '동의'를 받았다.

그런데 실제로 누군가가 치매나 기타 어떤 이유로든 의사 결정 능력이 없다고 공식적으로 선언하는 절차는 매우 복잡하고 까다롭다. 정신과 의사, 변호사, 판사, 전문가 증인 등이 참여하며 결정이 나기까지 최소 몇 주는 걸린다.

존슨 씨는 마이클 씨와 여러모로 유사한 점이 많았다. 마이클이 성공한 임원으로 은퇴한 뒤에도 사업상 사교 모임에 꾸준히 참석한 것처럼 존슨 씨도 작은 가게를 운영하면서 여전히 고객을 다루고 대하는 일에 적극적으로 관여했다. 존슨 씨도 마이클처럼 80대였으며 종아리에 혈액 순환 장애가 생겨서 병원을 찾았다. 중증 중첩성 감염으로 패혈 쇼크를 일으켜 사망할 수도 있었으므로 존슨 씨는 위중한 상태였다. 게다가 존슨 씨의 아내도 존슨 씨의 상태를 집요하게 확인했다. 다만 존슨 씨의 아내는 남편의 상태가 심각하다는 사실을 부정하지 않았다.

또한 존슨 씨도 남들에게 자신의 치매 증상을 숨겼기 때문에 정상으로 보였다. 존슨 씨는 때때로 정신이 또렷해지곤 했으므로 외부에는 그런 면만을 보여주었기 때문이다. 정신이 맑지 않을 때는 남들 앞에 나서질 않았다. 아마도 스스로 무언가 이상이 있다는 것을 느끼고서 남들에게 감추고 싶어 했던 것 같다. 그래서 정신이 맑을 때는 예전 같은 모습을 유지하면서 자신의 일, 사업, 세상 돌아가는 일에 대해 사람들과 정상적인 대화를 나누면서 자신의 상태를 숨길 수 있었다. 그러나 마이클의 사례에서도 보았듯이 교육을 받은 전문가는 존슨 씨의 행동에서 이상한 점을 눈치 채고 그가 치매 초기라는 사실을 파악했을 것이다. 발음이 어눌해지거나 단어를 잘못 선택하거나 최근에 있었던 일을 기억 못하거나 익숙한 이름이나 얼굴을 기억하지 못하는 등의 일이 벌어질 때마다 존슨 씨는 그냥 웃어넘겼다. 그와 대화 중인 상대방도 따라 웃었을 것이고 그런 행동이 순간적인 실수이며 기억이 깜빡한 것이라고 여길 뿐 심각한 증상이라고는 생각하지 못했을 것이다.

존슨 씨를 만난 나는 내가 그의 담당의라고 소개했다. 그래서 존슨 씨를 보살피는 의료진을 만나고 그의 가족과 상담하는 역할을 할 것이라고 설명했다.

"만나서 반갑습니다. 누군가 저를 지켜봐 준다니 좋네요. 선생님은 제가 가장 좋은 치료를 받도록 지켜주는 수호천사 역할을 하시는 거군요."

나는 미소를 지으면서 수호천사라는 표현을 기록했다. 이것은 자신을 돌보는 사람을 가리키는 비유이니 신경 쓰지 않아도 되는 걸까, 아니면 평범하지 않은 표현이니 이상이 있다는 증거로 봐야 할까?

그런 다음 존슨 씨의 수술을 결정하고 수술을 집도했던 의사를 만났다. 수술의의 말에 따르면 존슨 씨의 종아리에서 동맥을 막고 있는 덩어리가 발견되었으므로 그 덩어리를 제거하기 위해서는 응급 수술이 꼭 필요한 상황이었다. 그리고 존슨 씨에게 통상적인 절차에 따라 수술 동의서도 받아놓았다.

"존슨 씨의 종아리에 있는 동맥에는 경화반을 비롯한 혈전이 심각하게 쌓여 있어서 동맥이 막혀 있었어요. 곧 다리를 잃을 수도 있는 상태였죠. 그래서 혈전 용해제를 투여하면서 우회로 조성술을 실시했어요. 색전을 조각 조각낸 뒤 혈관이 심하게 좁아진 곳에는 우회로를 만들었어요."

나는 수술이 필요한 상황이었으며 적절한 조치였다는 데에 동의했다.

"존슨 씨 본인이 수술 동의서에 먼저 서명도 했고요." 영상의학과 의사가 자랑스럽게 덧붙이면서 존슨 씨가 서명한 수술의 필요성과 위험성을 이해하며 수술을 해도 좋다는 내용의 수술 동의서를 내게 보여주었다.

따라서 존슨 씨는 '절차에 맞게' 수술에 동의했으므로 모든 것이 괜찮아 보였다. 그런데 일이 완전히 틀어지고 말았다. 존슨 씨가 수술 후 병실에서 휴식을 취하는 동안 다리에 혈액 순환이 잘 되지 않았고 예상과는 달리 혈류가 다시 돌지 않아 결국 다리 절단술을 실시해야 했다. 여기까지는 가끔 있는 일이다.

그런데 일이 더 꼬이고 말았다. 대기실에서 존슨 씨의 아내에게 상황을 설명하고 다리 절단술을 추가로 실시해야 한다고 설명하자 존슨 씨의 아내는 이전 수술을 한 것 자체에 불만을 표시했다.

존슨 씨의 부인은 상당히 화가 난 상태였다. "도대체 누가 처음부터 수술을 해도 된다고 의료진에게 허락한 거죠? 저는 동의한 적이 없다고요."

그제야 나는 존슨 씨가 치매 초기 판정을 받았다는 것을 알게 되었다. 다만 이렇게 판정한 의사도 알츠하이머병이 의심된다고 했을 뿐 확신하지는 못했다. 그래도 그 의사는 일단 존슨 씨에게 아리셉트^{Aricept}를 처방했다. 치매 치료에 가장 보편적으로 사용되는 약이다. 이 약의 이름이 존슨 씨의 투약 기록란에 적혀 있었다. 투약 기록란은 환자가 집에서 복용 중인 약을 기입하는 곳이다.

결국 존슨 씨의 아내는 '다리 이식술'을 하는 것이 좋겠다고 말했다. 그러면 동맥이 막히지 않을 거라는 이유였다. 그러나 이식술은 불가능했다. 응급 환자이거나 지속 감염 환자에게는 이식술을 실시하지 않는 것이 일반적이다.

정리하자면 심혈관 외과의와 영상의학과 의사가 이미 심각하게 손상된 혈액 순환 계통을 열어서 수술을 한 뒤에 이런 합병증들이 생길 가능성은 얼마든지 있고 그런 합병증으로 다리에 혈액 순환 장애가 일어나면 전신 반응과 허탈을 유발할 수 있다.

안타깝게도 존슨 씨는 상태가 전반적으로 악화되었고 호흡 정지와 일시적인 심정지를 일으켰다. 즉 갑자기 호흡과 심장의 펌프 작용이 멈춰 버렸다. 의사와 간호사들로 구성된 의료진이 존슨 씨의 병실로 신속히 뛰어 들어와서 존슨 씨에게 산소를 공급하기 위해 심폐소생술을 실시하고 심장을 다시 뛰게 하려고 가슴벽을 압박했다. 그러나 몇 분 뒤 존슨 씨의 심장과 호흡이 다시 멈췄고 이번에는 의료진도 존슨 씨의 심장과 호흡을 되살리는 데 실패했다. 존슨 씨의 종아리 혈액 순환 장애를 개선하려고 실시한 첫 수술이 다발성 장기부전을 유발했고 이 때문에 다리에 있던 죽은 조직 일부가 혈류로 흘러들어가 존슨 씨의 뇌까지 간 것이다. 결국 존슨 씨는 다발성 장기부전으로 사망했다.

존슨 씨가 치매 환자가 아니었다면 의사가 수술을 하기로 결정한 것이 문제될 일은 없었을 것이다. 의료진이 주어진 상황에 최선을 다해 대처했기 때문이다. 존슨 씨를 만났을 때 수술의는 존슨 씨가 수술 내용을 이해하고 동의하는 데 필요한 인지 능력을 갖췄다고 믿었고 동의서에 서명도 받았다. 그러나 이것이 문제가 된 이유는 HIPAA에 따른 지침 때문이다. 이 법에 따르면 의사는 언제나 환자를 직접 대면해야 한다. 환자가 스스로 판단할 능력이 없다는 의심이 들 때에만 가족, 친지, 기타 제3자를 의사 결정 과정에 참여시킬 수 있다. 그런데 의심이 드는 경우인지 아닌지, 혹은 의심했어야 하는 경우인지 아닌지가 법적인 분쟁의 근거가 된다.

존슨 씨의 사례는 환자가 치매를 앓고 있을 때 발생할 수 있는 여러 문제를 보여준다. 그리고 치매 초기 단계에는 겉으로 보기에 정상으로 보이거나 정신이 맑아서 실제로 인지 능력이 정상인 시기가 있을 수도 있다. 그래서 말기 의료에 관여하는 의료진과 의료인에게 이것은 특히 까다롭고 민감한 문제이다. 의료 조치 후 뭔가 문제가 생겨서 법적 분쟁이 발생했을 때 의료 시술이 적절한 동의 하에 이루어졌는가라는 쟁점에서 환자의 인지 능력이 있었는지 없었는지, 그리고 의료진이 환자의 인지 능력에 대해 어디까지 알고 있어야 하는지 등이 의료진이나 병원의 책임 유무와 그 범위 판단에 영향을 미치기 때문이다. 사실이라는 것이 존재하지만 사실이 어떤 식으로 해석되고 판단될지는 아무도 모르는 일이다. 누가, 어떤 책임이 있는가라는 질문에 대한 답처럼 말이다.

치매 판정의 파급력

환자가 치매를 앓고 있는가라는 질문의 답은 환자가 병원에서 사망하고 가족과 친지가 환자의 재산을 두고 다툴 때 제기되는 여러 쟁점에 영향을 미친다. 이 질문에 대한 답을 도출하기 위해 환자가 치매를 앓고 있었는지에 관한 소견서를 의사에게 요구할 수도 있다.

앞서 지적했듯이 병원의 입장에서는 의료 행위와 관련해서 환자의 치매 유무라는 쟁점이 두 가지 측면에서 중요하다. 한 가지 측면은 환자의 연명 의료 관련 결정의 유효성이다. 환자가 정신이 온전했는지 여부가 연명 의료 관련 선택권이 누구에게 있었는지를 결정하기 때문이다. 치매가 없는 환자라면 의사는 환자에게 결정을 맡긴다. 환자와 가족의 의견이 갈리더라도 기본적으로 환자에게 결정권이 있기 때문이다.

그러나 환자가 치매를 앓고 있고 연명 의료 관련 결정을 할 수 없을 정도로 치매가 진행되었다고 판단되면 선택권은 가장 가까운 혈연관계에 있는 가족에게로 넘어간다. 다만 환자가 아직 의사 결정 능력이 있을 때 미리 유언을 남겼거나 환자가 결정할 수 없을 때 환자를 대신할 대리인을 지정했다면 그 사람이 대신한다. 누구에게 결정권이 있는지 정해지면 가족, 대리인, 친지, 기타 사전 의료 의향서에서 지정한 사람이 의료 관련 결정을 한다.

환자의 치매 유무는 말기 환자를 보살피는 간호사와 기타 의료인이 그 환자를 어떻게 대해야 하는가라는 측면에서도 말기 의료에 영향을 미친다. 예를 들어 간호사와 의사가 치매 환자에게 의학적 지시를 할 때는 아주 신중해야 할 것이다. 또는 환자의 통증을 완화하기 위해 진통제 투여량을 늘리는 등의 상황에서 환자에게 무엇이 필요한지 또는 무엇을 원하는지 물을 때 특히 조심할 것이다. 혹은 환자의 말이 어눌해지거나 치매 환자가 자신이 원하는 것을 전달하는 데 어려움을 겪으면 의료인은 환자의 뜻을 이해하는 데 더 많은 시간을 할애할 것이다. 환자가 무엇이 필요하거나 무엇을 원하는지 그림으로 전달할 수 있도록 칠판을 들고 올 수도 있다.

가장 어렵고 까다로운 문제는 환자가 치매를 앓고 있는지 여부를 판단하고 환자가 치매를 앓고 있다고 판단된다면 더 이상 의사 결정 능력이 없다고 볼 정도로 치매가 심각한지 여부를 판단할 때 생긴다. 치매에 관한 교육을 받은 의사는 환자의 인지 능력, 이해 능력, 수행 능력을 가늠하기 위해 이런저런 테스트를 실시할 수 있다. 그러나 이런 테스트가 언제나 정확한 것은 아니다. 치매 초기 단계에서는 자신의 인지 능력이 쇠퇴하고 있다는 것을 조금이라도 느끼는 환자가 있게 마련이어서 그런 환자는 질문을 받았을 때 적절하다고 여길만한 답을 해서 정신이 온전한 것처럼 보이기도 한다. 그러면 인지 능력의 정확한 진단이 이루어질 수 없고 환자에게 치매 확진 판정을 내릴 수 없게 된다. 또는 환자에 따라서는 치매 증상이 나타났다가 사라졌다가 하기 때문에 하루 중 언제인가에 따라, 혹은 날에 따라 인지 능력이 온전한 것처럼 보이기도, 이상이 있는 것처럼 보이기도 한다. 게다가 치매 전문가마다 알츠하이머병 등 특정 치매 증상의 유무나 그 증상을 어떻게 진단해야 할지에 대한 견해가 다르다. 심지어 병원 내에서 환자를 진찰한 의사들과 병원 밖에서 환자를 진찰한 의사들도 제각각 다른 견해를 내놓을 수 있다. 오랫동안 환자를 지켜본 가족 주치의와 처음 환자를 만난 전문의의 견해는 다를 수밖에 없다.

환자가 스스로 의사 결정을 내릴 수 없을 만큼 치매가 심각한지를 판단하는 일이 얼마나 어려운지를 잘 보여주는 예가 줄리안 무어^{Julianne Moore}가 출연한 영화 〈스틸 앨리스^{Still Alice}〉(2014)다.[1]

이 영화의 주인공 앨리스는 뛰어난 언어학 교수인데 알츠하이머병에 걸린다. 앨리스가 강의 중에 단어를 몇 개 잊어버리는 장면에서 알츠하이머병의 첫 징후가 나타난다. 그 후에 앨리스는 대학교 캠퍼스를 달리다가 자신이 어디에 있는지 기억이 나지 않아 익숙한 곳에서 길을 잃는다. 의사가 기억 및 인지 능력 검사를 한 뒤 초기 알츠하이머병이라는 진단을 내린다. 알츠하이머병 진단을 받은 직후 앨리스는 대학 교수직에서 물러난다. 그러나 그 후로도 얼마 동안은 인지 능력을 어느 정도 유지하므로 그녀가 알츠하이머병 환자라는 사실을 눈치 채는 사람은 별로 없다. 그러다 예전처럼 유창한 표현으로 말을 주고받을 수 없게 되는 등 인지 능력이 서서히 감퇴하는 경험을 한다. 이 영화에서는 이런 정신 기능의 감퇴에도 불구하고 앨리스가 여전히 가족들의 사랑에 반응하는 '앨리스'라는 점을 강조한다. 다만 어느 시점이 지나면 앨리스도 스스로 결정을 할 능력이 없어지고 다른 사람의 보살핌을 받아야만 한다.

이처럼 의사가 치매를 진단하기는 쉽지 않다. 또한 의사 간에도 환자의 치매가 얼마나 진행되었는지, 환자가 연명 의료 관련 선택(아직 선택하지 않은 경우)이나 기타 의료 시술에 관한 선택을 스스로 할 수 없을 정도로 인지 능력이 쇠퇴했는지를 두고 의견이 갈리곤 한다. 만약 환자 스스로 선택할 수 없다면 다른 사람이 해야 한다. 환자가 결정권을 가족 중 누군가에게 넘긴다는 법적 서류나 명확한 지시 사항을 남겼다면 그에 따르고 그렇지 않았을 때는 법 규정에 따라 대신할 사람이 정해진다.

그 외에 환자가 사망한 후에도 환자가 치매 판정을 받았는지, 또는 누가 그런 진단을 했는지에 따라 복잡한 문제가 발생할 수 있다. 특히 환자의 치매 유무나 그 진행 정도, 그리고 환자가 의사 결정 능력이 없을 때 누구에게 결정권이 있는지 분명히 지시하지 않은 경우 이를 두고 환자의 가족 간에 이견이 있으면 문제는 더 복잡해진다. 심지어 환자의 지시 자체에 이의를 제기하기도 한다. 환자가 그런 지시를 할 당시에 의사 결정 능력이 있었는지를 문제 삼는 것이다. 유언장의 유효성을 다투기 위해 환자가 유언을 할 때 의사 결정 능력이 있었는지를 다투는 가족이 있는 것처럼 말이다.

환자가 의사 결정을 하기에 충분한 판단 능력이 있었는가 같은 질문의 답은 보통 의사의 진단에 따라 정해지지만 환자가 사망한 뒤 유산을 물려받거나 관리권을 행사하게 될 가족이나 친지가 한 명 이상의 의사가 내린 진단에 이의를 제기하기도 한다. 이런 식의 법적 분쟁은 재산이 많지 않은 저소득층이나 중산층 가정에서는 잘 일어나지 않는다. 누구에게 결정권이 있건 가장 중요한 고려 사항은 환자의 입장에서 무엇이 최선인가이기 때문이다. 그러나 유산이 많은 고소득층 가정에서는 그런 재산권 관련 다툼이 일어나기도 한다. 환자의 치매 유무와 환자에게 의사 결정 능력이 있는지의 판단 결과가 누가 얼마나 많은 돈을 쥐게 되는가를 좌우하기 때문이다.

나는 아직 그런 상황에 맞닥뜨린 적이 없지만 동료 의사 중에는 그런 일을 겪은 사람이 있다. 따라서 어떤 일이 벌어지는지, 그리고 그런 상황에서 환자의 가족과 친지는 물론 각 가족 구성원의 이해관계를 대변하는 여러 변호사를 어떤 식으로 상대해야 하는지를 보여주는 사례를 소개하고자 한다.

에드워드는 한때 아주 부유한 은행가이자 투자자였으며 둘째 부인과의 사이에 낳은 아주 어린 두 자녀와 둘째 부인이 전 남편과의 사이에서 낳은 자녀 등 여러 아들과 딸을 둔 대가족의 가장이었다. 함께 살지는 않았지만 몇 년 전 이혼한 첫째 부인과의 사이에서 낳은 성인이 된 자녀도 있었다. 에드워드는 첫 번째 결혼 생활 중에 재산의 절반은 첫째 부인과 첫째 부인과의 사이에서 낳은 자녀에게, 그리고 나머지 절반은 자선 단체에 남기는 유언장을 작성했다. 그런데 사망하기 몇 달 전 암이 뇌로 전이되었고 그런 진단을 받기 얼마 전 에드워드는 새로운 유언장을 작성했다. 재산의 대부분을 둘째 부인과 둘째 부인과의 사이에서 낳은 두 아이에게 남기고 조금 남은 나머지 재산은 둘째 부인이 전 남편과의 사이에서 낳은 자녀에게 남긴다는 내용이었으며 자선 단체에는 아무것도 남기지 않았다.

이렇게 유언장이 2개다 보니 전처와 현재 부인 간 분쟁이 발생할 수밖에 없었다. 두 번째 유언장에서 빠진 자선 단체도 끼어들었다. 분쟁의 쟁점은 두 번째 유언장을 작성할 당시에 환자의 판단 능력이 온전했는가였다. 따라서 에드워드가 치매가 있었는지, 환자가 더는 의사 결정 능력이 없다고 판단할 정도로 치매가 진행되었는지 등에 대한 의사의 진단이 법적 분쟁의 핵심이 되었다.

이 사례는 에드워드가 유언장을 작성하면서 연명 의료 거부 의사도 표시했는데 이런 서류를 작성할 당시에 에드워드에게 의사 결정 능력이 있었는지 여부에 관해 가족의 분파들이 제각각 다른 시기에 각기 다른 의사의 견해를 받아 두었기 때문에 문제가 더 복잡해졌다. 법적 분쟁이 해결될 때까지 에드워드가 가능하면 살아 있기를 바라는 가족도 있었다 보니 에드워드의 연명 의료 거부 결정까지도 분쟁의 대상이 되었다. 한 의사는 에드워드가 두 번째 유언장을 작성할 때 의사 결정 능력이 있었으며 연명 의료 거부 결정도 유효하다고 주장한 반면 다른 의사는 에드워드가 두 번째 유언장을 작성하고 연명 의료 거부 선택을 할 때 의사 결정 능력이 없었다고 주장했다. 첫 번째 부인과 그 자녀는 후자의 소견을 근거로 에드워드의 연명 의료 거부 선택을 철회하고 싶어 했다. 그래서 연명 의료 거부 철회 판결을 받아서 그 판결을 협상 카드로 삼아 에드워드의 재산을 자신과 자신의 자녀, 그리고 둘째 부인과 둘째 부인의 모든 자녀에게 골고루 분배하자는 제안을 하려는 것이었다. 이런 법적 분쟁이 벌어지고 있던 시점에는 에드워드의 치매가 많이 진행된 터라 의사 결정 능력이 더는 없다는 사실에 이견이 없었다. 그래서 이렇게 두 편으로 갈린 가족이 서로 다툼을 벌이는 동안 각 진영의 변호사들이 자기편의 주장을 뒷받침하기 위해 에드워드의 치매를 진단한 의사들을 찾아가 그에 맞는 소견을 요청했다. 또한 그 소견을 근거로 상대편의 주장을 뒷받침하는 소견의 신뢰성을 문제 삼았다.

이 분쟁이 어떻게 마무리되었는지는 나도 모른다. 변호사가 끼는 일이 으레 그렇듯이 에드워드의 치매가 의료 관련 결정과 유언장의 효력에 어떤 영향을 미치는지에 관한 이 분쟁도 법정 밖에서 가족들 간 합의로 종결되었기 때문이다. 그러나 이 사례는 치매 진단이 아주 복잡한 문제를 낳을 수 있다는 것을 보여준다. 진행성 질환을 앓는 환자는 병세가 악화됨에 따라 상태가 좋은 날도, 나쁜 날도 있기 마련이다. 그래서 두 명 이상의 의사가 각기 다른 날 환자를 만났다면 환자의 정신 상태에 대해 다른 진단을 내릴 수 있다. 또한 환자에 따라서는 꾀가 많아서 내용은 틀렸지만 정신이 맑은 상태에서 답을 하는 듯한 인상을 주기도 한다. 환자와 가족을 오래 전부터 알고 지낸 의사가 아니라면 이런 점을 놓치고는 깜빡 속아서 환자에게 치매가 없다는 진단을 내릴 수도 있다.

치매가 진행되는 중에도 한동안은 환자가 더는 의사 결정 능력이 없다고 볼 정도로 치매가 심한가에 관한 질문에는 명확하게 떨어지는 정답이 없다. 환자가 의사 결정 능력이 있는 영역과 없는 영역 사이에 존재하는 회색지대에 놓여 있다고 보면 된다. 물이 절반 들어 있는 잔을 보면서 누군가는 물이 반이나 있다고 하는가 하면 누군가는 물이 반밖에 없다고 하는 것과 마찬가지다. 치매 초기 단계의 환자를 보면서 어떤 의사는 아직 의사 결정 능력이 있다고 판단하는가 하면 어떤 의사는 의사 결정 능력을 상실했다고 보기도 한다. 그런데 심지어 아직은 치매 환자가 아니라고 판단하는 의사도 있을 수 있다.

의사 결정 능력의 판단은 환자의 치료 계획과 연명 의료 관련 선택을 할 때 중요한 문제이기도 하지만, 환자가 재산이 많아서 유산 분배에 이해관계가 걸린 가족과 친지가 환자의 연명 의료 거부 의사 표시나 유언장 내용을 두고 법적 분쟁을 벌이면 환자의 의사 결정 능력에 관한 의사의 진단 자체가 법적 쟁점이 되기도 한다. 의사는 환자가 치매를 앓고 있는지, 그리고 치매를 앓고 있다면 얼마나 진행되었는지를 특정 시점에서 최선을 다해 판단할 뿐이다. 그 외의 문제에 대한 판단은 변호사와 판사의 몫이며 이때 의사의 진단이 얼마나 정확했는지가 판단의 근거가 된다. 안타깝게도 의술이라는 말을 하듯이 의학은 과학이기도 하지만 기술이기도 해서 정답이 없다. 그래서 변호사는 의사의 진단과 해석을 이리저리 비틀고 주무른다. 그리고 결국 변호사가 협상하고 판사가 판결을 내리는 대상이 된다.

10

가족, 문화,
종교

가족의 가치관, 문화, 종교 또한 말기 의료 관련 결정에 영향을 미친다. 특히 환자와 환자 가족의 의견이 충돌할 때는 더하다. 가족들이 서로 자신의 입장을 내세우다가 감정이 격해지면 격한 논쟁이 벌어지곤 하는데 이것은 결코 환자가 바라는 상황이 아니다. 그러나 환자는 어떤 결정을 하거나 사태를 해결할 수 없을 정도로 몸이 아프다. 그래서 가족들을 만나 어떻게 진행할지를 논의하는 일은 의사의 몫이 된다.

이런 상황을 야기하는 이유는 가지각색이다. 가족이 의학에 거는 기대가 터무니없을 정도로 높아서 환자가 회복 불가능한 것이 명백한 데도 반드시 나으리라는 희망을 품기도 하고, 상황 자체를 이해하지 못하는 경우도 있다. 기존에 쌓인 케케묵은 감정이나 문제가 있어서 가족들이 병원에서 이미 남이 된 환자를 위한 결정을 내리기 힘들어할 수도 있다. 때로는 가족과 환자의 종교적 신념이 다를 수도 있다. 혹은 아버지의 사회 보장 연금을 계속 타려고 아버지의 생명을 최대한 연장하고 싶어 하거나 심지어 아버지에게 고통을 주려고 임종을 최대한 연장하고 싶어 하기도 한다.

이 장에서는 나 같은 말기 의료 전문의가 맞닥뜨리는 다양한 상황과 문화, 종교, 가치관에 따라 가족의 결정이 어떻게 달라지는지를 살펴본다.

비현실적인 기대를 품는 가족들

가족이 비현실적인 기대를 갖고 있으면 왜 그런 기대가 잘못되었는지 설명하고 설득할 수가 없다. 기대가 확고한 믿음으로 바뀌면서 환자의 상태가 회복 불가능하다는 사실을 부정하기 때문이다. 환자가 괜찮을 거라는 거짓 희망을 유지하는 데 온 감정을 다 쏟는 가족들에게 진실을 전달하기는 어렵다.

말바니 씨의 가족도 그런 경우였다. 말바니 씨는 86세의 남성으로 뇌로 가는 동맥인 목동맥이 막혀서 이미 입원한 적이 있었다. 막힌 목동맥을 뚫기 위해 수술을 받았지만 수술 후에 혈전이 생겨서 합병증이 생겼다. 그리고 혈전이 뇌로 가는 혈류를 막는 바람에 뇌졸중으로 쓰러졌다. 혈전이 혈류를 막으면 흔히 벌어지는 일이다.

말바니 씨의 가족은 한동안 집에서 그를 돌봤다. 그러나 병세가 악화되면서 다시 병원에 입원했고 이번에는 회복될 가능성이 전혀 없었다. 말바니 씨는 점점 더 쇠약해져서 혹시 수술을 하면 또 다른 뇌졸중을 겪을 가능성도 있었다. 또한 말바니 씨는 이미 너무 쇠약해서 수술을 받았을 때 회복할 가능성이 전혀 없었다.

말바니 씨는 아직 정신이 맑았고 자신의 처지를 이해했기 때문에 연명 의료 거부를 선택하기로 했다. 그런데 말바니 씨의 딸인 조이가 가족을 대변해서 말을 꺼냈다. 딸은 의학에 대한 과도한 기대로 아버지가 나을 수 있다고 굳게 믿고 있었다. 말바니 씨의 딸은 포고령을 내리는 여왕처럼 이런저런 요구 사항을 열거했고 그런 요구에 조금이라도 이의를 제기하면 바로 무시했다. 내가 만나 본 사람 중에서 가장 무례하고 요란하며 만족을 모르는 사람이었다. 늘 자기 뜻대로 살면서 공주 대접을 받은 사람 같았다. 모두가 그녀의 말 한마디에 벌벌 떨었다. 내가 할 일은 그녀를 진정시키고 의료진이 할 수 있는 일과 할 수 없는 일을 설명하는 것이었다.

말바니 씨의 딸과, 두 아들, 아내와 마주 앉아서 상황을 설명하려고 했다. 그러나 조이는 들으려 하지 않았다. "아버지를 더 잘 치료해 주셔야 해요. 아버지가 회복 못 할 거라고 말씀하시는데 수술해서 아버지 목동맥을 막고 있는 혈전만 제거하면 다시 뇌로 혈액이 흘러갈 거고 뇌는 회복될 거잖아요. 그러면 괜찮아지실 거예요."

조이는 의학적으로 가능한 부분과 아닌 부분을 오해하고 있었지만 진실을 받아들이게 하려면 최대한 외교적으로 대처해야 한다는 것을 알았다. 적어도 두 아들은 여동생과는 다른 입장이었고 말바니 씨의 아내 또한 침묵하고 있었다. 나는 조이를 설득하려면 두 아들을 내 편으로 만들어야 한다는 것을 깨달았다. 그러면서도 조이가 무시당했다는 느낌이 들지 않도록 해야 했다. 조이의 반격에 대적할 최선의 전략을 고민하면서 나는 정치인이 된 느낌이었다.

"물론 저희는 말바니 씨를 위해 최선을 다할 것입니다. 그러나 지금 요구하는 의료 시술 중 일부는 아버님의 연령과 상태를 고려하면 실시할 수 없습니다."

"말도 안 돼요." 조이는 화를 내며 소리쳤다. "아버지는 언제나 건강하셨고 활동적이었어요. 먹는 것도 좋은 것만 가려가며 드셨어요. 심장 혈관이 막히기 전까지는 멀쩡하셨다고요."

"하지만 지금은 86세잖아요." 내가 지적했다. "아버님이 조금 젊었다면 달랐을 수도 있어요."

이때 두 아들이 나를 도우려는 듯 끼어들었고 나는 조금은 안도하며 가만히 듣기만 했다. 가족 간 논쟁이 가라앉은 뒤에 말을 하는 것이 낫겠다고 판단했기 때문이다.

"의사 선생님 말씀 좀 들어." 아들 테리가 말했다.

"너는 늘 남 말을 안 들어. 네가 늘 옳은 줄 알지." 또 다른 아들 알렉스가 말했다.

"그렇다면 오빠가 더 잘 안다는 거야?" 조이가 쏘아붙였다. "나는 아버지를 위해 최선을 다하려는 것뿐이야."

"하지만 이미 늦었다고." 테리가 말했다. "아버지 상태가 어떤지 의사 선생님이 말씀하셨잖아."

논쟁은 계속되었고 가족들이 서로에게 쌓인 감정을 끝없이 풀어내고 있었다.

마침내 잠시 조용해진 틈을 타서 내가 말했다. "지금 또 수술을 하면 아버님이 심정지를 일으킬 가능성이 있습니다. 그러면 정말로 되돌릴 수 없게 됩니다. 심정지로 심장이 멈췄을 때 몇 분 안에 심장이 다시 뛰지 않으면 그걸로 끝이에요. 이전 심장 발작으로 아버님의 심장은 손상된 상태이고 목동맥 질환으로 이미 뇌에 혈류가 충분히 공급되지 않고 있어요. 따라서 심장을 다시 뛰게 하기는 힘들 것이고 뇌의 손상이 더 심해질 것입니다."

조이는 나를 노려보았고 테리는 내 진단을 뒷받침하려고 적절한 비유를 찾고 있었다.

"봐, 의사 선생님의 말을 들어보면 아버지는 지금 수명이 다한 자동차 엔진 같은 상태라고. 수명이 다한 엔진은 다시 고칠 수 없어."

조이는 여전히 화가 나 있었지만 조금 진정했다. "나는 그냥 아버지가 다시 괜찮아질 수 있게 최선을 다하려는 거야."

그러나 나는 말바니 씨가 다시 회복할 수 없다는 것을 알았다. 그래서 조이의 반응이 완전히 감정적이고 비이성적이라고 생각했다. 나머지 가족들도 그 사실을 알고 있었다. 말바니 씨의 아내조차도 희망이 없다는 것을 이해했고 테리의 설명에 고개를 끄덕이고 있었다.

마침내 논쟁을 종식시키고자 나는 가족들에게 마지막으로 설명했다. "말바니 씨에게 무엇을 원하는지 마지막으로 여쭤 보도록 하겠습니다. 명심할 것은 법률상 연명 의료 거부는 환자만이 선택할 수 있습니다. 적어도 의사 결정 능력이 있는 동안은 그렇습니다. 현재 말바니 씨는 충분히 결정하실 수 있는 상태입니다."

격한 논쟁이 다시 시작되었고 가족들은 질문을 쏟아냈다. 나는 "환자의 생리학적 수명은 거의 다했습니다. 의학적으로는 더 이상 해 드릴 것이 없어요"라고 답했다. 가족들은 모두 조용해졌다. 몇 시간 동안 언쟁을 벌이고 질문을 하느라 감정이 완전히 바닥난 것처럼 보였다.

"이제 환자에게 가서 환자의 의사를 들어보죠." 옥신각신 다투는 가족들을 뒤로 하고 그 자리에서 빠져나올 수 있는 것에 감사하며 말했다.

그런데 환자와 이야기를 나누는 바람에 일이 더 복잡해졌다. 말바니 씨는 딸의 뜻에 따르고 싶어 했다.

"제가 결정해야 한다는 걸 잘 압니다." 말바니 씨는 베개에 기대앉아서 말했다. 그는 호흡과 심박을 돕는 기계에 관으로 연결되어 있었다. "그렇지만 제 심장이 멈추면 딸이 원하는 대로 해 주세요."

"물론 그러겠습니다. 말바니 씨의 의사가 중요하니 원하시는 대로 해 드려야죠."

조이는 말바니 씨의 병실에서 나와 말바니 씨의 아들들과 아내가 기다리는 대기실로 돌아왔다. 결국 자신이 승리했다는 만족감이 걸음걸이와 얼굴에 가득했다. 그러나 그 승리도 오래 가지 않았다. 아들들이 소리를 지르기 시작했고 가족은 논쟁을 재개했다.

그래서 나는 목소리를 높여 다투는 가족을 뒤로 하고 다른 환자를 살피러 갔다. 결국 가족들이 결정할 일이었고 내가 무슨 말을 하든 바뀌는 것은 없었다. 나는 설명을 하고 조언을 할 수 있을 뿐이었다. 따라서 환자가 의사 결정을 딸에게 맡기고 싶다면, 내가 그 결정에 반대한다고 해도 환자의 결정에 따라야 한다. 말바니 씨는 다음 날 아침에도 자신의 뜻을 굽히지 않았다.

"제 상태가 어떤지 잘 이해했습니다. 그래서 연명 의료 거부를 선택해야 한다고 말씀하시지만 저는 딸의 뜻에 따르겠습니다."

그것으로 끝이었다. 딸은 아버지를 최대한 오래 살려두고 싶었으므로 연명 의료를 중단하지 않았고 아버지를 대학 병원으로 옮겼다.

스스로 결정할 권리와 가족의 동의

우연히도 다른 고령의 환자 오브라이언 부인도 딸에게 의사 결정 권을 넘기고 싶어 했다. 그러나 오브라이언 부인은 결정권이 환자 본인에게 있다는 사실과 연명 의료 거부가 무엇을 의미하는지에 대한 설명을 들은 뒤 스스로 결정하기로 했다.

오브라이언 부인은 50대 중반으로 약 3년간 내가 담당한 통원 환자였다. 오브라이언 부인이 처음 병원에 왔을 때 그녀는 등록되지 않은 '방문 환자'였다. 다음 근무조가 진찰할 새 환자라는 의미로 내가 바로 그다음 근무조에 속해 있었다. 평상시에 내가 환자를 진찰하는 침대에서 오브라이언 부인을 진찰했고 짧은 설문을 진행했다. 오브라이언 부인은 산소 탱크를 가지고 왔으며 침대에 누워서 쌕쌕거리면서 기침을 했다. 나는 곧바로 환자가 중증 만성 폐쇄성 폐질환을 앓고 있다는 사실을 알아챘다. 만성 폐쇄성 폐질환은 폐의 염증이 심해져서 기도를 막아 호흡이 어려워지는 질환이다. 다른 증상으로는 특히 신체 활동 중에 심해지는 호흡 곤란, 쌕쌕거림, 흉부 압통, 맑거나 하얗거나 노랗거나 초록빛을 띤 가래를 동반한 만성 기침이다. 오브라이언 부인은 이런 대표적인 증상을 앓고 있었고 자신이 '평생 흡연자'였다고 말했다.

"의사 선생님, 제 상태가 좋지 않다는 것 압니다. 이 증상들은 몇 주간 계속되었어요. 이제 마지막이 온 것 같아요. 숨 쉬기도 너무 힘들고 기침도 멈추지를 않네요. 언제라도 숨이 멎거나 기침이 그치지 않아서 숨 막혀 죽어도 놀랍지 않을 거예요. 이 망할 병 때문에 지금은 소파에 앉아 TV를 보면서 하루를 보내요. 운동이라고는 리모컨 버튼을 누르고 화장실에 다녀오는 게 전부예요. 때로는 일어나서 화장실에 가는 것도 혼자 못 해요. 그래서 이웃을 불러서 도와달라고 하기도 해요."

처음에는 오브라이언 부인의 상태가 호전되는 듯했다. 내가 처방한 약이 염증을 가라앉혀서 숨을 쉬기가 나아졌고 기침도 잦아들었기 때문이다. 코로 연결된 산소 탱크를 끌고 다니기는 했지만 한동안은 집 밖을 산책하거나 장도 보러 갔다. 오브라이언 부인은 식욕도 되찾아서 과식까지 했다. 매주 체중이 2킬로그램씩 늘어서 3개월 뒤에는 총 20킬로그램이나 늘었다.

"먹는 게 취미예요. 뭔가를 먹는 순간이 가장 행복하죠."

그러나 몇 달 뒤, 다시 진찰실에서 오브라이언 부인과 마주 앉았다. 이번에는 딸도 함께 왔다. 내가 금연을 권했는데도 오브라이언 부인은 담배를 끊지 못했고 만성 폐쇄성 폐질환이 훨씬 심해진 상태였다. 이제는 회복의 가능성이 사라졌다. 오브라이언 부인은 여전히 산소 탱크를 달고서 돌아다니고 움직일 수는 있었지만 염증과 기침이 심해졌다. 오브라이언 부인에게 상태가 악화되었다는 소식과 함께 죽음에 대해 말할 때가 온 것이다.

내가 이 이야기를 꺼내자마자 오브라이언 부인은 힘주어 말했다. "모든 결정권은 딸에게 넘겼어요." 오브라이언 부인은 말바니 씨와 같은 답을 했지만 오브라이언 부인의 모녀 관계는 말바니 씨 부녀와는 정반대였다. 오브라이언 부인에게 가족은 딸 하나뿐이었고 딸은 어머니의 뜻이 무엇이든 존중할 준비가 되어 있었다. 또 오브라이언 부인에게는 서로 다른 이해관계로 얽힌 친지도 거의 남아 있지 않았다. 유서나 지시 사항을 둘러싼 다툼의 여지가 없었다. 따라서 내 역할은 딸에게 상황을 정확하게 설명해서 어머니의 뜻을 잘 따를 수 있게 하는 것이었다. 나는 오브라이언 부인의 침상 옆에 앉았다. 오브라이언 부인의 딸도 옆에 있었다. 나는 관련 법에 대해 설명하고 오브라이언 부인이 그동안 내게 말한 자신의 가치관에 비추어 어떤 결정을 하면 좋을지 이야기했다.

"현재까지는 환자분이 자신의 삶에 나름대로 만족했다는 것을 압니다. 그러나 아시다시피 이제부터는 달라질 겁니다. 호흡 곤란과 기침이 앞으로 좋아지는 일은 없을 거예요. 따라서 지금 선택하시는 게 나아요. 사랑하는 가족에게 선택을 미루면 가족이 더 힘들어집니다. 사랑하는 사람이 고통을 겪는 걸 지켜보는 것만으로도 힘들거든요. 따라서 아직 의식이 있을 때 어떻게 임종을 맞을지 환자분이 직접 선택하는 것이 좋습니다."

"그렇군요. 이제 제가 어떤 책임을 져야 하는지 확실히 알겠네요."

오브라이언 부인의 딸도 고개를 끄덕였다. "어떻게 하셔도 좋아요, 엄마. 엄마가 직접 선택하시는 게 낫다고 생각해요."

이 잠재적 갈등을 해소한 뒤 나는 심폐소생술 거부는 오브라이언 부인이 의식이 없거나 심박이 멈춘 경우에 더 이상 어떤 치료도 하지 않는다는 것을 의미한다고 설명했다. "그러면 평안하게 가실 수 있죠." 내가 덧붙였다.

"그것도 좋겠네요." 오브라이언 부인이 동의했다. 이제는 스스로 결정을 할 준비가 된 듯 보였다. "네, 그렇게 하고 싶어요."

나는 사전 의료 의향서 서류 양식을 꺼내서 건넸고 오브라이언 부인은 가지고 가겠다고 말했다.

"다른 가족들에게도 서류를 보여 주고 제 결정을 알려주려고요."

딸도 고개를 끄덕이며 말했다. "이러면 가족 모두 함께 결정했다는 느낌이 들 거예요. 물론 이미 엄마가 결정을 하셨지만요. 모든 사람이 이 결정에 동의한다고 생각해야 엄마도 마음이 편할 테니까요. 다른 가족들이 다른 선택의 여지가 없고 강요당한다는 느낌이 들면 안 되잖아요."

"물론입니다."

나는 '심폐소생술 거부 / 인공호흡기 거부'라는 문구가 적혀 있고 뜯어낼 수 있는 지시 사항 메모를 가리켰다.

"들고 다닐 수 있는 쪽지입니다. 혹시 밖에서 심정지가 오거나 갑자기 의식을 잃는 등의 일이 생겼을 때 다른 사람들에게 소생술을 거부한다는 사실을 알리는 거죠. 하나씩 잘라서 몸에 지니고 다니세요. 심정지나 의식 불명일 때 호흡이 중단되고 심장이 멈춘 걸 발견한 사람이 당신이 소생술을 거부한다는 것을 알 수 있도록요. 물론 심장이 여전히 뛰고 있고 맥박이 느껴진다면 최선을 다해 치료를 할 겁니다. 목숨이 다하지 않았으니 당연히 회복할 거라는 전제로요. 연명 의료 거부는 회복이 불가능한 상태에만 적용됩니다."

오브라이언 부인과 딸은 이 추가 정보를 듣고 고마워했다.

마지막으로 나는 한 가지를 더 설명했다. 가족들이 연명 의료 관련 결정을 해야 하는 경우에 대해서였다. 물론 가족들은 오브라이언 부인이 이미 한 선택을 존중할 수도 있다.

"의료진은 다른 질환에 대해서도 오브라이언 부인의 결정에 마찬가지로 따를 거예요. 환자분이 스스로 선택하지 않았거나 또다시 치명적인 뇌졸중으로 쓰러지는 등 뇌 손상으로 의사 결정 능력이 없을 때에만 따님이나 다른 가족이 대신 결정을 하게 됩니다. 그런 경우에는 남은 가족의 뜻을 무시하고 오브라이언 부인이 처음에 밝힌 의사 그대로 진행할지를 의료진이 판단합니다. 물론 가족들의 선택이 오브라이언 부인의 선택과 일치하면 그런 판단을 할 필요조차 없겠죠. 지금 지시 사항을 직접 글로 남겨서 때가 왔을 때 가족들이 그대로 따르게 해도 좋겠지요."

그날 오브라이언 부인의 병실을 나오면서 나는 오브라이언 부인이 기회가 있을 때 연명 의료거부라는 올바른 선택을 한 것도 감사했지만 부인의 딸이 어머니의 의사를 존중한다는 것에도 감사했다. 또한 두 사람이 나머지 가족들이 오브라이언 부인의 의사를 알고 받아들일 수 있도록 이런 선택 과정에 참여시키고 싶어 하는 마음이 이해가 되었다. 오브라이언 부인과 그 딸도 나머지 가족들이 오브라이언 부인이 임종 과정에 있다는 것을 깨닫고 어떤 식으로 임종을 맞이하고 싶은지를 받아들이면 마음이 더 편할 것이다.

환자와 가족 구성원들의 입장이 제각각일 때 합의 이끌어내기

수술 후 환자의 예후가 어떨지 가늠하기 어려울 때 임종기에 어떤 조치를 취해야 할지를 두고 가족들의 의견이 갈리면 나는 삼각관계의 한복판에 내던져진 것 같은 느낌이 든다. 이런 경우에는 연명의료에 관한 결정이 자꾸 뒤바뀌곤 한다. 환자는 결국 몇 주 내지 몇 달을 더 통증과 고통 속에 보내게 된다. 환자의 회복 가능성이 0에 가까운데 의사 결정 과정이 길어진다면 환자에게 좋을 것이 하나도 없다. 그러나 환자가 회복할 수도 있다는 희망은 어떻게든 환자를 살리겠다는 집념을 낳는다.

번 부인의 가족도 그랬다. 번 부인은 70대 노인으로 부인암 환자였다. 부인암은 자궁경부, 난소, 자궁, 자궁관, 질, 음문 등 여성의 생식기에 생긴 암을 가리킨다. 번 부인은 암에 걸리기 전까지는 지역 사회 활동에 상당히 적극적으로 참여했고 자녀들과도 사이가 좋았다. 두 딸은 근처에 살았고 아들은 다른 주에서 살고 있었다.

그런데 불행하게도 딸인 신시아가 엄마의 병을 어떻게든 고쳐보겠다고 나섰고 회복 불가능하다는 판정에도 엄마가 나을 거라고 굳게 믿고 있었다. 그래서 신시아의 주도하에 번 부인은 4개월 전 수술을 받았다. 의료진은 별 소용이 없을 거라고 했지만 신시아는 막무가내였고 번 부인 본인은 수술을 원하지 않았지만 신시아를 달래려고 수술에 동의했다. 수술 결과 외과의는 소피아의 골반에서 난소, 자궁, 자궁관 등 여러 장기를 들어냈다.

유감스럽게도 골반에서 이렇게 여러 장기를 들어내면 그 부위에 샛길을 형성하는 다른 상처가 생긴다. 샛길은 장에서 복벽 표면까지 죽 이어지는 구멍으로 대변이 이 구멍으로 흘러들어간다. 이런 샛길이 생기면 치료할 방법이 거의 없다.

그래도 신시아는 수술을 고집했고 번 부인은 수술 후 몇 달 동안의 회복기를 가지고 난 뒤, 즉 병원에서 더 오래 머문 뒤 신시아가 권한 요양원에 들어갔다. 그러나 번 부인은 요양원의 서비스가 마음에 들지 않았다. 방도 너무 작았고 자신의 요구들도 신속하게 처리되지 않았기 때문이다. 그래서 신시아는 다시 번 부인을 병원에 입원시켰고 나는 번 부인을 다시 만나게 되었다.

번 부인 침상 옆에서 신시아가 자신의 입장을 설명했다. "저는 엄마를 꼭 고쳐드리고 싶어요. 엄마가 최고 수준의 치료를 받았으면 해요."

나는 번 부인이 계속 의학 시술을 받는 것을 말리고 싶었다.

"번 부인은 4개월 전 수술로 암성 장기를 제거하는 수술을 이미 받으셨어요. 그런데 아직 회복도 다 되지 않았고 암도 재발했어요. 유일한 치료법은 더 많은 조직을 떼어내서 암세포를 하나도 남김없이 제거하는 거예요. 그러나 이번에 새로 개복하면 절개 부위가 너무 커져서 절대 아물지 않을 테니 그런 수술은 할 수가 없습니다. 게다가 그런 수술을 하고 나면 어머님의 생식기가 있던 자리에 커다란 빈 공간들이 생깁니다. 이미 주변 조직들이 상당히 제거된 상태라 그 공간을 채울 수가 없고요. 그리고 어머님은 상처가 아물지 않은 채 지난 몇 달 간 극심한 통증과 고통에 시달리셨어요."

"하지만 의사들이 할 수 있는 건 전부 다 해 줬으면 해요. 엄마를 위해 뭐든지 하고 싶어요. 이렇게 되기 전에 엄마의 건강을 제대로 돌보지 못했으니까요."

나는 신시아의 탓이 아니라고 위로했다.

"따님은 아무 잘못이 없습니다. 어머님과 함께 사는 것도 아니었고 어머님은 오랫동안 혼자 잘 살아오셨어요. 암은 누구나 걸릴 수 있고 발견하기도 어려워요."

"선생님 말씀도 맞지만 엄마가 식사를 잘 챙겨 드시는지 좀 더 세심하게 신경 써야 했어요. 엄마가 창백해지고 기운이 없어 보였을 때 뭔가 이상하다는 걸 눈치 챘어야 해요. 병원에 가라고 더 일찍 말했어야 해요. 지금에 와서 너무 후회가 되고 그래서 지금이라도 엄마를 지켜 드리고 싶어요."

"그런 판단은 어머님의 몫입니다. 따님이 자책할 필요 없어요."

신시아는 의자에 등을 기댔다. 조금은 긴장이 풀어진 듯했다.

그래도 여전히 자책하면서 자신의 잘못을 되돌리기 위해서는 엄마를 치유해야 한다고 믿고 있을 거라는 생각이 들었다.

번 부인의 아들 월이 나타나는 바람에 이 대화는 그렇게 마무리되었다. 그리고 몇 분 뒤에는 번 부인의 남편, 여동생, 매부도 번 부인을 만나러 왔다. 나는 이들을 번 부인이 머무는 1인실로 안내했다. 번 부인은 일어나 앉아 있었고 병실 여기저기에 꽃병이 놓여 있어서 밝고 유쾌한 기운이 감돌았다. 모두들 인사를 주고받은 뒤에 나는 번 부인에게 물었다.

"앞으로 치료는 어떻게 하고 싶으신가요? 따님과 재발한 암을 제거하는 추가 수술에 대해 이야기를 나눴는데 사실 저는 추가 수술에 반대하는 입장입니다. 암이 이미 너무 많이 진행되어서 회복될 가능성이 없어요."

번 부인은 신시아, 월, 여동생과 매부에게 희미한 미소를 지어 보였다. "그냥 대세에 따르려고요. 여기 모인 딸, 아들, 가족들이 하자는 대로 할 거예요."

그 말에 월이 즉시 끼어들었다. 자신도 신시아와 같은 생각이라고 단호하게 말했다.

"현대 의학을 최대한 누려야죠. 요즘은 의술이 워낙 좋아서 기적처럼 살아나는 사람도 있잖아요."

"어쨌든 환자분의 의사가 가장 중요합니다." 나는 번 부인에게 결정권이 있음을 강조했다. "때로는 사람들이 TV에 나오는 의학 프로그램만 보고 의학에 대해 비현실적인 기대를 갖기도 하니까요."

번 부인은 내게 상냥하게 웃어 주었다. "압니다. 그래도 가족의 결정에 따르겠습니다."

그래서 나는 신시아의 가족을 내 진찰실로 데리고 가서 계속 상담을 진행했다. 나는 추가 수술이 아무 효과가 없을 거라는 점과 번 부인이 회복 불가능하다는 점을 거듭 강조했다.

"그러니 현재로서는 환자분의 통증과 고통을 최소화하는 것이 최선입니다. 주사제를 쓰려고 하는데요, 마약성 진통제이긴 하지만 오직 통증 완화만을 목적으로 합니다. 유흥을 위해 사용하는 것이 아니므로 법적으로 허용되는 약물입니다. 번 부인의 경우 상처가 워낙 깊고 통증이 심하기 때문에 이 약물을 꼭 써야 합니다. 안 그러면 극심한 통증에 시달리실 거예요. 특히 간호사가 상처가 잘 아물도록 소독할 때 심할 겁니다. 상처를 소독하면 정말 괴롭거든요. 그렇게 노출된 조직은 화상을 당한 피부나 마찬가지니까요."

마침내 신시아는 번 부인의 통증을 줄이는 것이 최선이라는 데 동의했다. 그리고 번 부인의 남편, 여동생, 매부도 그렇게 하자고 말했다. 윌은 처음에 마약성 진통제를 쓴다는 것에 거부감을 표시했다.

"마약 사용은 불법 아닌가요?"

"병원에서 의학적인 목적으로 사용할 때는 괜찮습니다."

가족 모두가 내 제안에 동의했다. 간호사는 그날 오후와 다음 날 아침에 번 부인에게 통증을 완화하는 여러 약물을 주입했다. 다음날 번 부인의 병실을 다시 찾은 월은 나를 보자 멋쩍게 웃었다. 전날에 비해 훨씬 더 차분해 보였다.

"어제 마약성 진통제를 쓰는 것에 그렇게 반대해서 죄송합니다. 선생님이 보시기에 가장 인간적인 조치를 취해 주세요. 의료진이 마지막 남은 몇 달은 호스피스 시설에서 보내는 게 엄마에게 가장 좋을 거라고 하더군요."

마침내 월도 이성적인 판단을 할 수 있게 된 것 같았다. 그런데 이번에는 번 부인의 남편이 문제였다. 내가 다시 번 부인의 상태를 확인하러 갔을 때 번 부인의 남편, 여동생, 매부가 와 있었다.

"앞으로 치료는 어떻게 하고 싶으세요?"

번 부인에게 물었는데 남편이 갑자기 끼어들어 자신의 생각을 늘어놓기 시작했다.

"치료를 다시 재개하는 것이 좋겠어요. 그리고 대학 병원으로 돌아가서 첫 수술을 실시했던 수술팀의 소견을 들어보려고요. 그쪽은 아내의 상태를 잘 알고 있으니까 재발한 암을 제거할 수 있을 거예요."

나는 남편의 마음을 돌리려고 노력했다.

"하지만 몇 달이 지난 지금 그 수술이 소용없었다는 것이 드러 났잖아요. 그리고 추가 수술을 하면 환자분이 더 큰 통증과 고통에 시달리게 될 거예요."

"그 수술로 암을 없애고 아내를 치료할 수만 있다면 그럴 가치 가 충분해요."

이번에도 번 부인은 누구든 강하게 주장을 내세우는 가족의 결정에 따랐다. 그래서 나는 더는 내가 할 수 있는 일이 없다는 결 론을 내렸다. 나는 번 부인을 대학 병원으로 이송하는 데 필요한 서 류를 준비했다. 서류를 보내면 그쪽 수술팀이 번 부인의 상태를 진 단하고 추가 수술을 실시할지를 판단할 것이다. 아마도 수술만이 아니라 그 어떤 치료도 할 수 없을 것이다.

그런데 내가 접수처에 이송 관련 서류를 막 제출하려는데 윌 이 나타났다. 이제 번 부인이 인간적으로 마지막 순간을 보낼 수 있 게 해 줘야겠다는 쪽으로 확실히 마음이 기운 것 같았다.

"엄마를 그 대학 병원에 보내서 추가 수술을 받게 하면 안 된 다고 생각해요. 오늘 아침 엄마랑 아주 친한 친구분이 찾아오셨는 데 엄마가 그 친구분에게 자신을 다른 병원으로 이송시키지 못하 게 제발 말려달라고 하셨대요. 그러면 더 아프고 괴롭기만 할 거라 면서. 이제야 엄마가 얼마나 힘들었는지 알겠어요. 그리고 저도 엄마랑 같은 생각이에요. 엄마가 더는 고통받지 않게 필요한 모든 진통제를 써서 통증만 덜어드려야 한다고 생각해요. 그 외에는 의사들이 엄마를 위해 해 줄 수 있는 일이 없다고 봐요."

'끝이 좋으면 다 좋다'고 했던가. 신시아는 미리 엄마를 제대로 돌보지 않았다며 여전히 자신을 자책했고 어떻게든 암을 고칠 방법이 있길 바랐지만 번 부인과 나머지 가족들은 번 부인을 호스피스 시설에 입소시켜 얼마 남지 않은 날을 편안하게 보낼 수 있게 하는 것이 좋겠다고 합의했다. 앞으로 성공할 가능성이 0에 가까운 추가 수술은 없을 것이다. 번 부인은 진통제로 통증을 줄이면서 몇 달 남지 않은 임종을 차분하게 기다릴 수 있게 되었다.

하지만 이해가 안 돼요

환자도 그럴 때가 많지만, 환자가 의료에 관한 결정을 할 수 없게 되었을 때 환자의 가족들이 여러 치료안을 이해하는 데 어려움을 겪을 때도 있다.

소피아와 소피아의 아들 네이선도 이해가 잘 안 된다며 곤혹스러워했다. 소피아의 다른 가족들은 이미 다 이 세상을 떠났거나 먼 곳에 살거나 소피아의 소식을 듣고도 찾아오지 않았기 때문에 네이선은 소피아 곁에 있는 유일한 혈육이었다. 60대 초반인 소피아가 처음에 병원을 찾은 이유는 실신 때문이었다. 실신은 일시적으로 의식을 잃고 쓰러지는 것을 말한다. 소피아는 때와 장소를 가리지 않고 의식을 잃거나 기절을 하곤 했는데, 예를 들어 장을 보고 있다가 장본 물건을 계산하려고 계산대에 섰을 때 갑자기 쓰러지는 식이었다. 소피아는 언제든 실신할 수 있다는 생각에 불안해졌다. 또한 실신을 하고 나면 창피했다. 무엇보다 친구들과 함께 있다가 실신을 하면 소피아가 다시 정신을 차리고 "난 괜찮아"라고 하면서 털고 일어나기까지 몇 분간 친구들이 쇼핑몰이나 가게 직원을 상대해야 했는데 친구들 앞에서 그런 모습을 보이는 것도 싫었다.

소피아의 이야기를 들은 나는 실신의 원인에 대해 설명하고 소피아에게는 어떤 문제가 있는지 파악하기 위해 질문을 했다. 실신은 일시적인 증상에 불과한 것일 수도 있었다.

"대개 뇌로 가는 혈류가 잠시 부족할 때 실신하게 됩니다. 혈압이 너무 낮아져서 심장이 뇌에 필요한 양의 산소를 충분히 보내지 않은 것이죠. 이런 일이 일어나는 이유는 여러 가지입니다. 예를 들어 정신적으로 힘들다거나 자세를 바꾸면서 갑자기 다리로 피가 몰리거나 해서 생길 수도 있습니다. 또한 너무 덥거나 아프거나 탈수 증상이 있거나 땀을 많이 흘렸거나 피곤하거나 너무 오래 기침을 했을 때 실신하기도 하고 약물로 인한 부작용일 수도 있어요."

소피아는 잠시 생각하더니 "아니요. 저는 그중 어디에도 해당하지 않아요. 교사로 일하다가 최근에 은퇴해서 훨씬 마음 편하게 지내고 있어요. 딱히 격한 운동이나 몸이 고된 활동을 하지도 않아요. 최근에는 감기 같은 걸로 아픈 적도 없어서 처방받은 약도 없답니다. 그나마 비타민이나 먹는 정도예요"라고 답했다.

따라서 소피아가 실신을 하는 뚜렷한 원인을 찾을 수 없었다. 나는 소피아에게 혈액 검사, X-선 촬영, 기타 검사를 받는 게 좋겠다고 말했다.

며칠을 기다려 검사 결과를 받고서야 나는 원인을 찾을 수 있었다. 판막 병터가 범인이었다. 동맥과 심장이 연결되는 부위에 있는 판막 중 하나에 병터가 생긴 것이다. 이런 병터는 앞으로 심장 질환으로 발전할 수도 있었다.

"이 병터는 치료할 수 있을지도 몰라요. 그러니 심장 도관 삽입술을 실시하는 것이 좋겠습니다. 심장에 도관을 집어넣어서 판막과 심장동맥에 조영제를 주입하려고요. 그러면 인공 판막으로 환자분의 판막을 대체할 수 있는지 확인할 수 있을 겁니다."

소피아는 멍한 표정으로 나를 바라봤다. 내가 무슨 말을 하는지 잘 모르는 눈치였지만 시술에 동의했다.

"선생님이 제일 잘 아시겠죠."

그러나 심장 전문의가 심장 도관 삽입술을 실시한 뒤 판막 교체 가능성을 가늠하는 중에 가슴 부위에서 골반까지 종양이 퍼져 있고 샅굴 부위에는 풍선처럼 아주 커다란 덩어리가 있는 것을 발견했다. 그래서 수술팀은 일단 개복 부위를 닫았고 의료진은 어떻게 해야 할지 논의하기 시작했다. 그렇게 넓게 퍼진 종양을 수술로 제거할 수 있을까? 환자가 수술 중에 사망할 가능성은 얼마나 될까? 수술을 하지 않는다면 담당의인 나는 환자에게 어떤 조언을 할 수 있을까?

그리고 소피아가 자신이 얼마나 위중한 상태인지 이해하지 못하는 점이 문제가 되었다. 소피아뿐 아니라 소피아의 30대 아들 네이선도 이 사실을 이해하는 데 어려움을 겪었다. 나는 소피아의 병실로 갔고 소피아의 가장 가까운 혈육인 네이선도 병실로 불렀다.

소피아는 내가 침대 옆에 앉자 희미한 미소를 지었고 네이선은 근처에 서 있었다. 소피아의 침상 발치에 걸쳐져 있던 진료 기록부에는 외과 전문의, 외과 전공의, 심장 전문의, 종양 전문의 등 여러 의사가 소피아의 상태를 확인하러 들렀고 소피아의 몸에 종양이 광범위하게 퍼져 있다는 소식을 전했으며 소피아가 그런 소식을 받아들이기 힘들어 한다는 내용이 적혀 있었다. 그렇다면 나는 어떻게 해야 할까? 나는 앞서 의사들이 전한 소식을 토대로 치료에 관한 조언을 할 수 있으리라고 생각했다. 즉 수술은 하지 않고 임종기를 좀 더 편하게 보낼 수 있게 진통제를 사용하자는 이야기를 하기로 했다. 소피아는 믿고 싶지 않겠지만 현실을 직면해야만 했다.

"안 좋은 소식을 전하게 돼서 유감입니다. 그러나 다른 의사들이 한 이야기는 모두 사실입니다. 종양이 심장부터 골반까지 아주 넓게 퍼져 있어요. 수술로 그렇게 많은 조직을 제거하기도 어렵거니와 그렇게 하다가는 수술대 위에서 사망할 거예요. 종양의 크기로 볼 때 아마 두세 달 정도밖에 남지 않으신 것 같습니다. 죄송합니다."

"하지만 이해가 안 돼요." 소피아가 이의를 제기했다. "그냥 기절을 하거나 숨쉬기가 힘들었던 것뿐이라고요."

"우리 몸의 신체 계통은 전부 연결되어 있습니다. 그래서 종양이 뇌로 가는 혈류를 막은 겁니다. 혈액이 뇌에 충분히 빨리 도달하지 못해서 실신했던 거고요."

"그러면 혈액이 더 빨리 가도록 하면 되잖아요. 혈액을 좀 더 묽게 한다든지 말이에요."

"종양 때문에 그런 조치는 아무 효과가 없을 겁니다." 내 대답에 네이선은 같은 내용의 질문을 이렇게 저렇게 표현만 바꾸어서 반복하기 시작했다. 그도 엄마가 얼마나 위중한지 인정하고 싶지 않은 듯했다.

"왜 혈액을 묽게 하지 못한다는 건가요? … 어떻게 골반에 있
는 종양 때문에 엄마가 실신할 수 있다는 거죠? … 수술로 심장 판
막을 교체하면 문제가 해결되는 것 아닌가요? … 수술로 하나 더
집어넣으면 안 되나요? … 종양 크기를 줄이는 약초를 쓰면 어떨
까요?"

네이선의 질문은 끝없이 이어졌고 나는 그 질문들에 일일이
답하느라 지쳤다.

마침내 소피아가 "지금은 그 어떤 치료도 받고 싶지 않아요"
라고 말하면서 이 상담은 마무리되었다.

"다른 곳에 가서 다른 의견을 들어봐야겠어요." 네이선이 말
했다.

나는 그러는 게 좋겠다고 얼른 동의했다. 다른 병원에서도 같
은 진단을 내릴 것이고 그러면 네이선도 엄마의 상태가 위중하며
회복 불가능하다는 것을 받아들이게 될지도 모른다고 생각했기 때
문이다.

몇 시간 뒤 소피아는 아들의 도움을 받아 퇴원했다. 약초는 효
과가 없었고 다른 병원에서도 나와 같은 조언을 했다. 이제 마침내
불가피한 현실을 받아들일 때가 온 것이다. 소피아는 며칠 내지 몇
주 안에 죽음을 맞이하게 될 것이고 의학적으로는 더 이상 할 수 있

는 일이 없었다. 다만 통증을 덜어주면서 소피아가 마지막 날들을 되도록 편안하게 보내도록 도와주는 수밖에 없었다.

종교가 가족의 선택을 좌우할 때

때로는 환자와 가족의 종교적 신념 때문에 환자의 치료 계획을 세우고 연명 의료 관련 결정을 하는 과정이 복잡해진다. 환자와 가족은 자신이 믿는 종교가 환자가 받는 고통의 크기는 아랑곳없이 마지막 순간까지 생명을 유지하기 위해 모든 수단을 동원해야 한다고 가르치고 있다고 오해하곤 한다. 적극적인 행위를 하지 않는 것이 금지된다고 믿는 것이다.

두옹 도와 가족도 그렇게 믿고 있었다. 이들은 50여 년 전에 중국에서 미국으로 이민을 왔다. 여전히 조상 대대로 내려온 전통을 지키고 있었으며 불교의 가르침에 따라 생활했다. 이런 가르침 중 하나가 팔정도八正道라는 수행 지침이었다. 내용이 상당히 복잡하지만 핵심이 되는 것은 다음의 여덟 가지 덕목이다. 바르게 보기, 바르게 생각하기, 바르게 말하기, 바르게 행동하기, 바르게 생활하기, 바르게 정진하기, 바르게 깨어 있기, 바르게 집중하기. 두옹과 가족들은 이런 덕목을 두옹의 임종기에도 지켜야 한다고 굳게 믿고 있었다. 즉 마지막 순간이 올 때까지는 무슨 수를 써서라도 생명을 유지해야 한다는 것이었다.

그러나 83세인 두옹은 여러 가지 의학적 문제를 겪고 있었다. 무엇보다 신부전 때문에 10년 전부터 신장 투석을 받고 있었으며 다른 만성 질환도 많았다. 빠르고 불규칙적인 심박이 특징인 심장 리듬 이상을 유발하는 '심방 잔떨림'이라는 심장 질환이 있었고, 때로는 여기에서 더 나아가 심장이 두근거리거나 혼절하거나 호흡이 거칠어지거나 가슴 통증을 느꼈다. 또한 이 심장 질환은 심장 기능 상실, 치매, 뇌졸중을 유발하는 요인이었다. 게다가 두옹은 지난 5년간 실명한 상태였으므로 대부분의 시간을 침대에서 보냈다. 그러나 자신을 사랑하는 대가족의 보살핌을 받았으며 가족들은 정기적으로 두옹을 찾아와서 식사를 마련하고 용변을 보조하는 등 일상생활을 할 수 있게 도왔다.

두옹은 위에 언급한 어떤 질환으로라도 언제든 세상을 뜰 수 있는 상태였으므로 매일이 임종기라고 할 수 있었다. 그러나 두옹의 가족은 무슨 수를 써서라도 두옹을 되도록 오랫동안 살려두고 싶어 했다. 두옹의 가족은 모든 죽음은 삶의 한 단계에서 다음 단계로 넘어가는 절차라고 생각했고, 그래서 이런 절차는 자연스럽게 진행되어야 하며 일부러 개입하거나 재촉하는 것은 옳지 않다고 믿었다. 두옹의 형제자매, 일곱 자녀, 그리고 손주들이 내 진찰실에 모였을 때 두웅의 아들이 이런 사정을 내게 설명했다.

"우리는 이런 종교적 신념 때문에 계속 앞으로 나아가야 한다고 믿습니다. 그래서 아버지는 목숨이 붙어 있는 한 계속, 계속, 계속 살아나가야 합니다."

나는 연명 의료 거부가 환자를 더는 보살피지 않는다는 의미가 아니라는 점을 설명했다.

"아버님은 말기 환자입니다. 죽을 날이 아주 가까이 다가왔죠. 아버님에게는 이제 의사 결정 능력이 없으니 아드님이 결정해야 합니다. 연명 의료를 거부한다고 해서 병원에서 아버님이 살아 있는데도 더는 아버님을 보살피지 않는 일은 없다는 것을 아셨으면 합니다. 아버님이 계속 살아 있도록 튜브로 영양도 공급하고 고통을 덜어드리는 진통제도 투여할 겁니다."

그러나 두웅의 가족은 내 설명을 이해하지 못하는 듯했고 자신들이 따르는 불교 가르침을 철저히 지키겠다는 의지가 굳건했다.

"우리는 연명 의료 중단을 원하지 않아요." 두웅의 장남이 잘라 말했다. "아버님이 살아 계시는 동안 계속 치료해 주세요."

두웅의 가족들이 진찰실을 빠져 나갔고 두웅의 딸이 마지막까지 남아 있다가 내게 질문을 했다.

"아버지가 더 이상 살아 있지 않다는 뜻인가요? 치료를 중단한다는 것이?"

"네. 아버님이 심정지를 일으키면 몇 분 동안 죽은 상태가 됩니다. 이때 아버님에게 소생술을 실시하면 아버님의 통증과 고통을 며칠 더 연장할 뿐입니다."

"그렇군요."

"그러니 이 점을 다른 가족들에게도 설명해 주시겠습니까? 이대로는 아버님이 마지막 나날을 불필요한 고통 속에 보내실까봐 걱정됩니다."

두옹의 딸은 가족들에게 이런 내용을 전달하면서 설득하려고 했지만 소용이 없었다. 두옹의 가족이 돌아간 지 10시간 정도가 지난 그날 저녁, 십여 명의 가족이 다시 찾아왔을 때 두옹이 심정지를 일으켰다. 요란한 휘파람 소리가 모니터의 심전도 그래프가 수평 상태로 멈췄다는 사실을 의료진에게 알렸다. 두옹이 심정지를 일으켰다는 뜻이었으므로 간호사들과 의사가 관과 제세동기를 들고 신속하게 모여들었다. 두옹이 연명 의료 거부 환자로 등록되어 있었다면 아무도 나타나지 않았을 것이고 두옹은 조용히 숨을 거두었을 것이다. 그러나 두옹은 연명 의료 실시 환자로 등록되어 있었기 때문에 의료진은 제세동기를 비롯한 장치들을 두옹의 몸에 부착하고 가슴을 마사지하고 압박하기 시작했다.

몇 분 뒤 두옹은 몇 차례 의식이 돌아왔고 그때마다 고통에 찬 비명을 지르고 숨을 다시 쉬었다. 의료진은 여전히 고통에 시달리면서 힘겹게 숨을 쉬고 신음 소리를 내는 두옹을 침대에 눕혔고 간호사는 통증을 덜어줄 모르핀을 투여했다.

다음날 아침 나는 두옹의 상태를 확인하러 중환자실에 갔다. 두옹의 상태를 신중하게 관찰하기 위해 두옹을 중환자실로 옮겼기 때문이다. 두옹의 장남과 전날 나와 이야기를 나눈 두옹의 딸, 그리고 여덟 명 정도 되는 가족들이 와 있었고 자신들이 목격한 장면에 상당한 충격을 받은 듯했다.

"아버님이 그렇게까지 고통스러워하실지 몰랐어요." 장남이 입을 열었다.

"심폐소생술을 하면 갈비뼈가 부러진다는 것도 몰랐어요." 둘째 아들이 덧붙였다.

마침내 두옹의 가족은 간호사가 통증을 완화하는 약물만 투여해야 한다는 데 동의했다.

"그러다 아버님이 돌아가신다 해도 괜찮다고 생각해요." 장남이 말했다. "다른 친지들이 작별 인사를 하러 올 때까지 살아 계시면 더 좋겠지만요."

"의료진도 최선을 다할 겁니다."

그날 저녁 나는 퇴근 전 두옹의 상태를 확인하러 들렀다. 두옹의 상태는 여전히 위중했다. 나는 그날 일지에 다음과 같이 적었다.

"두옹에게 혈압과 심박을 유지하는 데 필요한 모든 약물을 투여하고 있다. 두옹의 혈압은 여전히 낮은 편이다. 정맥 주사로 수분은 충분히 공급하고 있다. 그러나 몸에 수분이 축적되어서 고통 받고 있다. 신장이 소변을 만드는 기능을 전혀 못하고 있기 때문이다. 그래서 말 그대로 몸속에서부터 익사하고 있다."

병원을 나서면서 나는 내가 할 수 있는 모든 것을 했다는 결론에 도달했고 두옹이 죽기 전에 친지들이 하나도 빠짐없이 전부 와서 작별 인사를 할 수 있었다는 사실에 감사했다. 가족과 친지가 모두 모인 가운데 두옹의 가족은 불교의 관례에 따라 두옹의 침상을 둘러싸고 마지막 기도를 올렸다. 모두들 두옹이 사후 세계에서 행복하게 지내다가 더 나은 곳에서 다시 태어나기를 빌었다.

소원했던 가족의 때늦은 간섭

가족 중에 누군가가 죽어갈 때면 가족들은 가까워지기 마련이다. 죽음이 임박한 가족에게 자신이 그 사람을 얼마나 사랑하는지를 알리고 싶어 하기 때문이다. 또한 남은 가족들도 서로 위로하고 함께 추모하면서 서로에게 힘이 되고 유대감이 깊어진다.

그러나 가족이 어떤 이유에서건 이미 관계가 소원할 때는 정반대의 상황이 벌어지기도 한다. 환자가 삶의 마지막 순간을 보내는 병원, 호스피스 시설, 요양원, 집 등에 찾아오지 않을 수도 있고 찾아온다고 해도 유일한 혈육이어서 환자의 신변 정리를 돕기 위해 마지못해 오기도 한다.

베티 오스틴의 가족도 그랬다. 베티는 45세였고 말기 간 질환으로 중환자실에 입원한 환자였다. 수십 년간 알코올을 남용한 결과 생긴 간경화가 원인이었다. 한때는 베티도 남편이 있었고 그 남편과의 사이에서 세 명의 자녀를 낳았다. 그러다 술을 지나치게 많이 마시고 남편에게 동성 애인이 있다는 사실을 들키는 바람에 23살 때 이혼을 당했다. 전 남편은 아직 어린 아이들의 단독 양육권을 가져갔고 베티는 1년에 두세 번 정도만 아이들을 만날 수 있었다. 이혼 직후 베티는 동성 애인과 결혼 서약을 했고 훗날 동성 간 결혼이 합법화되자 법적인 부부가 되었다. 그 와중에도 베티는 여전히 음주를 즐겼고 대마초부터 필로폰, 그리고 헤로인에 이르기까지 여러 가지 마약에 손을 대기 시작했다. 음주, 마약, 동성 간 결혼 등 베티의 생활 방식과 행동을 못마땅하게 여긴 베티의 부모는 결국 딸과 인연을 끊어 버렸다. 베티의 부모는 독실한 기독교인이었고 베티가 악인의 길을 걷고 있으며 언젠가는 죗값을 치르게 될 거라고 믿었다. 베티가 간경화 진단을 받았다는 소식을 들었을 때 베티의 부모는 베티가 자신의 죄에 합당한 벌을 받은 것뿐이라고 생각했다.

간 상태가 특히 안 좋아져서 병원에 온 베티를 처음 만났을 때 그녀는 손 떨림, 혼란, 착란, 혼수, 간 주위에 물이 차서 부풀어 오른 복부, 황달, 탈력감, 영양실조, 비쩍 마른 얼굴과 몸 등 알코올 남용의 온갖 증상들을 경험하고 있었다. 요컨대 베티는 겉모습과 마음 상태가 전부 엉망이었다. 그래서 기분을 달래 줄 약을 처방받고 싶어 했다. 나는 약을 처방하는 대신 술과 담배를 끊거나 적어도 줄이라고 경고했다. 그리고 연명 의료 거부 결정에 대해 설명했다.

"제가 심정지를 일으키면 살릴 필요 없어요. 하지만 회복할 수 없는 상태가 되더라도 숨은 쉴 수 있게 해 주세요."

나는 그게 좋겠다고 말하고 마지막으로 신신당부했다. "알코올 중독자와 마약 중독자를 위한 지원 프로그램에 등록하세요. 술과 마약을 끊을 수 있게 도와줄 거예요. 이런 식으로 술을 마시고 마약을 하면 오래 살지 못해요."

"선생님, 걱정 마세요." 베티는 개구쟁이처럼 웃었다. 그 미소에서 나는 베티가 술과 마약을 끊을 마음이 전혀 없으며 얼마 지나지 않아 그녀를 병원에서 다시 만나게 되리라는 것을 알 수 있었다.

그로부터 2년 뒤 베티는 호흡 곤란으로 병원에 실려 왔고 중환자실로 옮겨졌다. 내가 베티의 침상으로 갔을 때 그녀는 상태가 매우 안 좋아 보였고 BiPAP 기계를 사용하고 있었다. 베티는 내가 예전에 자신을 진찰했던 의사라는 것을 금방 기억해 냈다.

"이렇게 다시 만났네요." 베티는 희미한 미소를 지었다. "선생님 말씀대로 시간문제였어요. 그래도 술과 마약을 끊을 수는 없었어요. 현실에서 벗어나고 싶었고 취하는 게 너무 좋았거든요. 그래서 결국 다시 돌아왔네요. 제 상태가 그때보다 훨씬 더 심각하다는 것 알아요."

"네, 한참 더 나쁘죠."

나는 베티의 상태를 좀 더 꼼꼼히 살필 수 있게 베티를 중환실에 입원시켜 달라고 의료진에게 부탁했다. 일단 BiPAP 기계가 베티가 숨을 쉴 수 있도록 돕고 있었다. 그러나 베티는 아주 쇠약했고 아무것도 먹을 수가 없어서 튜브로 영양을 공급받았다. 베티는 아직 연명 의료 관련 결정을 마무리하지 않은 상태였는데 불행하게도 이틀 뒤에 혼수상태에 빠지고 말았다. 이제는 베티의 기도가 분비물이나 구토물로 막히기 쉬웠고 그런 일이 생기면 스스로 해결할 수 없었기 때문에 질식사할 것이므로 BiPAP만으로는 베티의 호흡을 유지할 수 없었다.

베티가 혼수상태에 빠졌기 때문에 나는 가족에게 연락하는 수밖에 없다고 판단했다. 베티가 가족과 연락을 끊고 지낸 지 오래되었고 동성 아내와는 헤어졌다는 사실을 알았지만 다른 대안이 없었다. 베티에게 남은 가족은 자녀와 전 남편, 전 아내뿐이었다.

"어머님의 죽음이 임박했습니다. 당신들이 유일한 혈육이므로 오셔서 어머님의 신변 정리에 관해 함께 논의했으면 합니다."

다음날 베티의 두 아들과 두 며느리, 딸, 그리고 전 남편이 내 진찰실을 찾아왔고 나는 상황을 설명했다.

"간단히 말해 베티는 말기 환자입니다. 45세밖에 안 됐지만 당뇨병 같은 지병도 있고, 극심한 영양실조, 폐 질환, 간경화, 만성 부종 등 병력 때문에 의학적으로는 90세에 가까워요."

몇 년 만에 처음으로 베티의 상태에 대해 이런 이야기를 들은 베티의 가족은 충격을 받았는지 아무 말도 하지 못 했다.

"몰랐어요." 베티의 장남이 마침내 입을 열었다. "너무나 오랫동안 소식을 듣지 못 했으니까요. 엄마는 늘 자신의 삶을 살았죠."

"엄마가 아직 45세밖에 안 됐으니까 혹시 다시 좋아질 수도 있지 않을까요?" 이번에는 딸이 물었다.

"어머님이 젊긴 해도 회복 불가능한 말기 상태입니다. 의학으로 치료할 수 없는 문제도 많으니까요."

그러나 가족들은 아직 베티를 평안하게 놓아줄 준비가 되지 않은 듯했다.

"어머니를 살려주세요." 장남이 말했다.

"뭐든지 좋으니 다 시도해 주세요." 딸도 거들었다.

그래서 나는 베티를 중환자실에서 계속 돌보는 데 동의했다.

그러나 사흘이 지나도 베티는 혼수상태에서 깨어나지 못했고 중환자실 의료진 중 한 명이 내 진찰실에 와서 물었다.

"환자가 죽어가고 있는 것은 확실한데 기관내삽관을 해서 인공호흡기를 부착할까요, 말까요?"

나도 그 질문에 대한 답이 무엇인지 궁금했다. 그러나 이것은 의학적으로 무의미한 연명 의료를 중단해야 하는가, 아니면 가족의 뜻에 따라 환자의 고통을 연장해야 하는가 하는 상반되는 두 입장이 충돌하는 사안이었다. 나는 베티의 가족을 다시 만나 내 의견을 전달했다. "현재 연명 의료를 지속하는 것은 의학적으로 무의미합니다. 더는 환자를 위해 할 수 있는 것이 없어요."

그러나 베티의 장남은 가족을 대변해 내 예후에 이의를 제기했다. 가족들은 연명 의료를 지속하고 싶어 했다.

"엄마가 이대로 죽을 거라는 것을 어떻게 확신하시죠?"

나는 이런 질문에 늘 하는 답변을 베티 가족에게도 반복했다. "제게 미래를 내다보는 능력이 있다면 어떤 시술이 어떤 효과가 있을지 확실하게 말할 수 있겠죠. 그런데 베티를 살펴본 의사 여섯 명이 전부 환자분이 회생할 가능성이 없다는 진단을 내렸습니다. 그래서 우리 의료진은 굳이 인공호흡기를 떼라고 권유하지는 않겠지만 그 외의 연명 의료는 하지 않는 것이 좋다고 생각합니다. 그것이 환자분이 아직 의사 결정 능력이 있을 때 원하신 것이기도 합니다.

환자분은 자신이 심정지를 일으켰을 때 '품위 있게' 생을 마감하고 싶다고 말씀하셨어요. 그리고 환자분의 심장과 폐가 계속 버틸 수 있는지가 문제라는 것을 이해하셔야 합니다. 심장은 계속 뛸 수도 있겠지만 폐는 병이 너무 깊어서 의학적으로는 치료가 불가능한 상태입니다. 인공호흡기에 연결해도 환자분이 회생될 가능성은 없어요. 어머님이 의식이 있다면 생명 유지 장치를 모두 떼고 평안하게 숨을 거두고 싶어 할 거예요."

의학적 근거와 환자의 희망을 언급하면서 베티의 가족을 설득하려고 애썼지만 가족들은 자신들의 주장을 굽히지 않았다. 베티의 알코올 남용과 약물 중독 때문에 그토록 오랫동안 연락을 끊고 지냈는데 왜 이제 와서 베티의 의료 문제에 이토록 적극적으로 개입하는 것일까? 의학적으로도 베티가 회생 불가능하다는 데에는 논란의 여지가 없고 베티가 연명 의료를 거부한다는 의사 표시를 했다는 사실을 알면서도 왜 그런 베티의 의사와 반대되는 입장을 고집하는 것일까?

나로서는 이해할 수 없었지만 아마도 베티가 그렇게 상태가 나빠진 것에 대해 어느 정도 죄책감을 느껴서 연명 의료를 거부하고 평화롭게 이 세상을 떠나고 싶다는 베티의 요청을 받아들이지 못하고 있는 것이 아닐까 짐작했다. 다들 자살 행위나 마찬가지인 베티의 중독 행위에 더 일찍 개입하고 돕는 대신 하나같이 베티의 생활 방식이 못마땅하고 남부끄러워서 그녀의 곁을 떠났다. 그래서 베티가 죽어가는 지금에 와서는 이미 너무 늦었는데도 베티를 살리고 싶다고 적극적으로 나서는 것이리라.

가족들이 그렇게 행동하는 이유가 무엇이든 간에 나로서는 더 이상 할 수 있는 일이 없었다. 나를 비롯한 여러 의사의 소견과 조언에도 불구하고 베티의 가족은 계속 튜브로 영양을 공급해 달라고 요청했다. 지금은 베티의 가족에게 의료 관련 결정 권한이 있었으므로 의료진은 그렇게 했다. 이것은 베티가 아직 스스로 의사 결정을 할 수 있을 때 선택한 상당히 현실적인 지시 사항에 반하는 것이었지만 이제 베티의 운명은 베티의 자녀들의 손에 달려 있었고 그들은 되도록 오랫동안 베티를 살려두고 싶어 했다. 베티가 혼수상태이며 의료진이 베티의 신체 기능을 유지하기 위해 계속 소생술을 실시해야 한다는 사실은 그들에게 중요하지 않았다. 다만 의료진은 베티의 몸이 통증을 느끼지 않도록 진통제를 계속 투여했고 마침내 베티는 사망했다. 나를 비롯해 베티를 진찰한 의사들은 의학적인 관점에서 베티가 회생할 가능성이 전혀 없다고 판단했지만 베티의 자녀들은 최선을 다해 엄마에게 소생할 기회를 주었다는 사실에 만족하며 각자의 집으로 돌아갔다.

가족 구성원의 개인적인 사정

가족이 잘못된 선택을 할 때가 있기는 해도 적어도 임종기 환자에게 소생술을 실시할지 말지를 결정할 때는 보통 환자의 입장에서 최선의 선택을 하려고 노력한다. 가족들은 자신의 입장과 필요는 일단 보류한 채 이타심을 발휘한다. 그래서 흔히 가족의 문화적 가치관이나 신념 또는 종교적 가치관이나 신념에 근거해 환자가 원하는 것이 무엇인지를 설명한다.

그런데 드물지만 가족이 말기 의료 관련 결정을 하면서 자신의 입장을 최우선으로 둬서 환자가 희생당하는 경우가 생긴다. 톰슨 씨도 그런 식으로 희생당한 환자였다. 톰슨 씨는 80대의 퇴역 군인이었다. 톰슨 씨는 처음에 요로 감염 재발로 딸 킴과 함께 병원을 찾아왔다. 일차 진료의가 톰슨 씨를 진찰했고 그가 중증 뇌졸중으로 쓰러져서 신체 한쪽이 마비된 것을 발견했다. 그래서 톰슨 씨는 어딘가에 기대거나 누군가의 부축을 받지 않고는 일어서거나 걷지 못했다. 게다가 진찰 결과 치매 초기와 파킨슨병 초기인데다가 또 다른 뇌졸중을 겪었다는 사실을 발견했다. 그래서 진료 기록에 나오듯이 사고 능력, 언어 능력, 운동 능력 등이 매우 저하된 상태였다. 톰슨 씨는 연명 의료 관련 설명을 전혀 이해하지 못했다. 톰슨 씨는 자신의 의사를 명확하게 전달하지 못했고 "일어서 보세요",

"앉아 보세요", "왼쪽 / 오른쪽으로 가세요" 같은 아주 단순한 지시 사항 외에는 다른 사람의 말을 알아듣지 못했다.

따라서 톰슨 씨와 킴이 내 진찰실에 찾아왔을 때 나는 킴을 바라보면서 진찰 결과를 간략하게 설명했다. 킴이 톰슨 씨를 대신해서 결정을 할 것이라고 생각했기 때문이다.

"지금 아버님은 여러 가지 문제가 있으세요. 그리고 뇌졸중 때문에 말기 의료에 관한 선택을 할 의사 결정 능력이 없습니다. 그런데 아버님의 상태로 보아 곧 임종기에 들어설 것으로 예상됩니다. 따라서 저는 임종기에는 심정지가 왔을 때 연명 의료를 거부하고 고통과 통증 완화 조치만 받는 가장 인간적인 선택을 하는 것이 좋다고 생각합니다."

킴은 그 자리에서 동의했다. "네, 저도 그게 가장 인간적인 선택이라고 생각해요."

그러나 톰슨 씨가 나중에 발작과 호흡 곤란으로 입원하자 모든 것이 변했다. 톰슨 씨가 입원한 직후 그의 사고 능력은 더 감퇴했으며 그는 자신의 이름을 기억하지 못했고 딸도 알아보지 못했다. 그래서 간호사와 요양 보호사가 톰슨 씨를 들것에 묶은 다음 곧장 중환자실로 이송했다. 중환자실에서는 톰슨 씨에게 인공호흡기를 달았다.

킴은 나와 함께 복도에서 톰슨 씨가 중환자실로 들어가는 것을 보았다. 나는 톰슨 씨의 상태에 대해 이야기하기 위해 킴과 함께 내 진찰실로 갔다.

나는 책상 서랍에서 톰슨 씨의 진료 기록을 꺼냈다. 진료 기록을 훑어 내려가다 보니 톰슨 씨가 이전에 입원했을 때 연명 의료 거부 의사를 표시했다는 내용이 보였다.

"이미 진료 기록부에 연명 의료 거부 의사를 표시하셨다고 기록되어 있네요. 그러니 이 문제는 더는 검토하지 않아도 되겠습니다. 아버님을 최선을 다해 돌봐드리겠지만 임종이 임박했을 때 심폐소생술을 실시하지는 않겠습니다."

나는 그렇게 연명 의료 관련 논의는 마무리가 되었다고 생각했다. 그런데 킴이 갑자기 톰슨 씨의 연명 의료 거부 결정을 연명 의료 실시로 바꿔야 한다고 주장했다. 나중에 나는 킴이 "아버지가 돌아가시면 저는 길거리에 나앉게 돼요"라고 말했다는 사실을 사회 복지사로부터 전해 들었다.

"설마 진심은 아니죠?" 내가 따지자 킴은 자신이 아버지의 대리인이라는 서류를 건넸다. 톰슨 씨의 아내와 다른 자녀들이 모두 세상을 떠난 터라 킴이 톰슨 씨의 유일한 혈육이었다. 그런데 킴이 제시한 이 서류가 톰슨 씨의 연명 의료 거부 결정을 뒤집을 수 있을까?

"이 서류에 따라 제 요구대로 연명 의료 거부 결정을 철회하셔야 해요. 이 서류는 변호사 친구가 작성해 준 거예요. 아버지가 돌아가시면 아버지의 연금이나 복지 수당도 받을 수 없게 되니까요. 그러니 이 서류에 나오는 것처럼 아버지의 연명 의료 거부 결정을 연명 의료 실시로 바꿔 주세요."

서류에는 분명 킴에게 결정권이 있다고 적혀 있었지만 나는 킴의 이야기에 충격을 받았다. 킴은 아버지의 의사에 반하는 요구를 했고 아버지에게 최선인 통증과 고통을 줄이는 선택을 뒤집었다. 게다가 아버지를 살려두어서 자신의 잇속을 챙기겠다는 지극히 이기적인 태도를 보였다. 나는 킴의 요구가 비윤리적일 뿐 아니라 킴의 대리인 자격에 문제가 있다고 생각했다. 대리인은 자신이 아닌 환자의 입장을 최우선으로 고려해야 하기 때문이다.

그러나 킴이 대리인의 지위를 남용해서 환자의 이익에 반하는 행동을 하고 환자를 위험에 빠뜨렸다고 해서 무슨 일을 할 수 있겠는가? 물론 톰슨 씨가 처음 결정한 연명 의료 거부가 임종기에 가장 인간적으로 죽음을 맞이할 수 있는 방법이다. 그러나 톰슨 씨에게는 더 이상 의사 결정 능력이 없었기 때문에 법적 절차를 밟지 않는 한 킴은 톰슨 씨를 대리해서 의사 결정 권한을 행사할 수 있었다. 유감스럽지만 이 상황에서는 킴의 결정권이 유효했으므로 연명 의료 거부 결정은 연명 의료 실시로 바뀌었다. 병원은 그런 선택이 환자의 이익에 반한다 하더라고 이를 두고 법적 분쟁을 벌일 생각이 없었다.

킴이 연명 의료 거부 결정을 바꾼 뒤 병원을 나서는 것을 보면서 나는 씁쓸해졌다. 킴은 분명 비윤리적으로 행동했고 따라서 아버지의 대리인이 될 자격이 없었다. 그러나 내가 어떻게 생각하든, 그리고 이 상황을 전해 들은 다른 의사들이 나와 생각이 같다 하더라도 우리가 할 수 있는 일은 아무것도 없었다. 톰슨 씨는 부당한 일을 당했지만 나 같은 의사는 아무것도 할 수 없었다. 비용이 많이 드는 법적 소송을 제기할 수는 없었고 소송을 제기한다고 해도 이 상황을 바로잡기까지는 몇 년이 걸릴 것이기 때문이다.

누구에게 결정권이 있는가?

환자가 연명 의료에 관한 명확한 지시 사항을 일러두지 않은 상태에서 가족 구성원의 견해가 다르고 현장에 있는 가족 구성원이 자꾸 바뀌면 누가 말기 의료 관련 결정을 내리고 있는지 모두가 혼란에 빠지고 만다. 이런 경우에는 무엇을 해야 할지 알 수 없게 되고 서로 다른 지시에 각각 어떤 법적 근거가 있는지 판단할 수조차 없게 된다.

베티 머피와 그 가족도 이런 일을 겪었다. 베티는 자선 파티부터 고급 식당에서의 차 모임까지 지역의 사교 모임에 활발히 참여하는 50대 여성이었다. 그런데 음문암에 걸리고 말았다. 음문은 여성의 외부 생식기로 질 및 요도 입구와 음핵을 둘러싸고 있는 피부와 지방 조직으로 이루어진 기관이다. 베티는 여러 번 암 제거 수술을 받았지만 매번 재발했다.

이번에는 요로 감염이 혈류로 퍼지는 바람에 패혈증에 걸려서 입원했다. 패혈증은 감염이 전신에 퍼진 상태를 의미한다. 처음에는 감염을 물리칠 항생제를 처방했고 상태가 호전되는 것처럼 보였다. 그러나 감염과 암이 언제든 재발해서 말기 환자가 될 위험이 여전히 있었다. 그래서 나는 베티가 이런 가능성에 대해 마음을 준비할 수 있게 돕고 임종기 연명 의료에 관해 어떤 선택을 할지 상담을 하기로 했다.

나는 베티의 병실로 갔다. 베티는 침대에 누워 있었고 베티의 엄마가 옆에 앉아 위로하듯 베티의 손을 잡고 있었다.

나는 베티에게 먼저 물어 보았다. "연명 의료에 관해서는 결정을 하셨나요?"

"제 부모님이 이미 사전 의료 의향서에 연명 의료 거부 의사를 표시하고 서명했어요."

베티의 답에서 연명 의료를 원하지 않는다는 것을 분명히 알 수 있었다. 그런데 다른 가족들은 저마다 베티의 의사와는 다른 생각을 하고 있었고 각자 의견이 달랐다. 니콜이 베티의 말을 자르면서 끼어들었다. 니콜은 베티의 딸로 이제 30대 가량 되어보였다.

"아니에요. 엄마는 그러시면 안 돼요. 제가 여기 있잖아요. 엄마는 할머니, 할아버지보다 저랑 더 가깝잖아요. 그러니 선생님은 무슨 수를 써서라도 엄마를 살리셔야 해요."

베티는 놀란 눈치였지만 아무 말도 하지 않았다. 아마도 부모와 딸 사이에서 난처한 입장이 될까 봐 걱정했던 것 같다.

나는 청진기로 베티의 활력 징후를 확인하고 베티의 호흡과 심박 수를 기록하는 모니터를 지켜본 뒤에 상황을 정리해 보기로 했다. 나는 니콜을 회의실로 데리고 가서 베티의 상태에 대해 이야기하기 시작했다. 그러나 내가 입을 떼자마자 니콜이 자신의 입장을 말하기 시작했다. 니콜은 경영 컨설턴트였는데 마치 경영 자문을 하는 것 같았다.

"선생님, 엄마의 심장이나 호흡이 멈추면 무슨 수를 써서라도 살려야만 합니다. 이제는 제가 엄마를 돌보고 있으니까요."

나는 연명 의료 관련 결정에 적용되는 법적 절차를 설명했다. "그건 좀 문제의 소지가 있습니다. 일단 따님이 원하는 대로 하기는 쉽지 않습니다. 법적으로는 환자분에게 결정권이 있거든요. 게다가 환자분의 남편분도 살아계시고 남편분도 환자의 연명 의료 거부 의사에 동의하셨습니다."

"하지만 그 사람은 여기 없어요. 지금 여기에 있는 사람은 저예요. 여기에 없는 사람 말은 들을 필요가 없어요. 그러니 결정권은 제게 있어요."

"아니요, 그렇지 않습니다. 누가 여기 있는지는 중요하지 않습니다. 저희는 일단 환자의 의사에 따라야 합니다. 환자가 말로 의사 표시를 하면 저희는 환자가 표시한 의사대로 서류를 작성합니다. 그런 다음 환자가 임종기에 들어섰을 때 저희는 서류에 기록된 대로 조치를 취하고 다른 사람들은 그 내용을 존중해야 합니다. 그래도 혹시 모르니까 법적으로 어떻게 되는지 확인은 해 보겠습니다."

일단 니콜은 베티의 결정을 바꾸려는 시도를 보류했다. 니콜은 가만히 고개를 끄덕였다. "알았어요. 법적 견해가 나올 때까지 기다려 보겠어요."

그러나 내가 확인할 틈도 없이 다음날 베티의 상태가 악화되었고 심폐 정지를 일으켰다. 심장과 호흡이 모두 멈췄다는 뜻이다. 당직 의사가 즉시 나를 호출했고 자신의 곤란한 입장을 설명했다.

"어떻게 해야 할지 모르겠습니다. 연명 의료 거부 환자로 알고 있었고 진료 기록부에도 그렇게 기록되어 있어요. 그런데 환자분이 심폐 정지를 일으켰을 때 병실에 환자분 딸이 있었거든요. 그 딸이 그 자리에서 환자분의 의사 결정 능력이 없다는 이유를 들어서 연명 의료 실시를 요구했어요. 그래서 심폐소생술을 실시할 수밖에 없었어요. 안 그러면 환자분이 사망했을 테니까요. 그리고 일단 환자분이 사망하고 나면 연명 의료를 해야 할지 말지 검토조차 할 수 없으니까요."

나는 잠시 생각할 시간이 필요했다. 이 단계에서 어떤 지시를 내려야 할지 명확하지 않았기 때문이다. 이미 심폐소생술은 실시되었다. 따라서 심폐소생술을 실시할지 말지를 결정할 권한이 누구에게 있는가는 더 이상 중요하지 않았다. 일반적으로는 베티가 의료 관련 결정을 할 수 없을 때 남편에게 결정권이 있다. 그러나 응급 상황이 발생했을 때 남편은 옆에 없었다. 딸이 있었다. 따라서 이 시점에서는 앞으로 어떻게 할 것인가가 문제였다. 처음 든 생각은 환자의 뜻을 존중해야 한다는 것이었다. 남편이 제출한 서류에도 그렇게 나와 있었다. 또한 베티의 부모도 연명 의료 거부를 선택했다. 그러나 현재 환자 옆에는 딸만 있었고 남편은 없었다. 그러니 딸이 환자의 연명 의료 거부 결정을 뒤집고 연명 의료 실시를 요구할 권리가 있는 것처럼 보였다. 실제 의료 현장에서는 어느 쪽인지 확실해질 때까지 의사가 심폐소생술을 실시하는 것이 관행이다. 만약 환자가 연명 의료 거부를 선택했고 그 유효성이 입증되면 다른 가족의 의사와는 상관없이 환자의 원래 의사대로 조심스럽게 심폐소생술을 중단해서 자연스럽게 죽음을 맞이하게 두면 되기 때문이다.

의료진이 베티의 생명을 유지하기 위해 계속해서 심폐소생술을 실시하는 동안 나는 니콜에게 누구에게 법적 결정권이 있건 연명 의료를 중단하는 것이 베티가 더 인간답게 죽는 법이라는 점을 설득하려고 노력했다.

그러나 니콜은 자신의 주장을 굽히지 않았다. "그럴 수 없어요. 지금 여기 있는 건 저예요. 저는 엄마를 살릴 수 있는 모든 조치를 해 주길 원합니다."

의료진이 베티를 살릴 수 있는 가능성이 점점 더 희박해지고 있었으므로 나는 가장 합리적인 선택은 니콜에게 결정권이 있건 없건 의료진이 계속 심폐소생술을 실시하는 것이라는 결론을 내렸다. 그래야 혹시라도 연명 의료 실시 요구가 환자의 연명 의료 거부 선택을 유효하게 대체한다고 인정되는 경우에 병원이 책임을 면할 수 있기 때문이다. 물론 환자가 연명 의료 거부 의사를 밝혔는데도 그에 반하는 심폐소생술을 실시했다면 환자에게 폭행과 상해를 가했다는 이유로 법적 책임을 질 가능성도 있기는 했다. 따라서 환자의 연명 의료 거부 의사를 존중하느냐 아니면 환자의 대리인으로서 연명 의료 실시를 요구하는 딸의 주장에 따르느냐는 법적인 관점에서 매우 복잡한 사안이었다. 의학적으로는 심폐소생술로 되도록 오랫동안 베티의 생명을 유지하는 것이 최선의 선택 같았다. 어쨌든 베티가 사망하고 나면 무엇을 해야 하는지에 관한 논의 자체가 의미가 없어지기 때문이다.

따라서 나는 당직 의사에게 일단 심폐소생술을 계속 실시하라고 지시했고 당직 의사는 의료진에게 달려가 이 지시를 전했다. 결국 의료진은 베티를 소생시키는 데 성공했고, 베티는 잠시 의식이 돌아와서 딸에게 곁에 있어줘서 고맙다는 말을 하고는 그다음 날 사망했다. 이번에는 심폐소생술이 소용이 없었고 환자의 연명의료 거부 결정이 유효한지 유효하지 않은지에 관계없이 평안하게 숨을 거두었다. 그리고 니콜은 이 결과에 만족하는 듯했다. 니콜은 최선을 다해 엄마를 살리려고 노력했고 다만 병과 감염이 너무 강력해서 결국 베티를 구하지는 못한 것이다.

나는 환자가 자신의 의사를 결정하거나 표현할 수 없을 때 가족 간 이견이 있는 법적인 회색 지대에서 어떻게 해야 할지 좀 더 고민해보았다. 의료진은 누구에게 결정권이 있는지, 그래서 누구의 지시에 따라야 할지를 어떻게 판단해야 할까? 가장 좋은 해결책은 환자가 의사 결정 능력이 없을 때 결정권을 넘겨받게 될 가능성이 있는 가족 구성원 모두를 불러서 임종기에 관한 의학적인 정보와 의료 현장의 현실을 설명하는 모임을 갖는 것이라고 생각한다. 이렇게 하면 가족 구성원 모두 현대 의학에서 무엇이 가능하고 무엇이 불가능한지 더 잘 이해하게 될 것이다.

안타깝게도 많은 사람들이 의사를 기적을 행하는 사람으로 여기는 경향이 있다. 아주 심각한 질병, 부상, 감염, 기타 의학적인 문제가 생겼을 때 의학으로도 해결할 수 없는 한계가 있다는 것을 사람들은 알아야 한다. 말기 환자가 심각한 문제로 쓰러졌을 때 심폐소생술로 그 환자가 소생되고 치유될 확률은 약 10퍼센트 내지 15퍼센트에 불과하다. 심정지를 일으켰을 때, 즉 표준적인 사망 판단 기준에 따라 '사망'했을 때도 마찬가지다. 그리고 심폐소생술을 받으면 대개 환자가 통증과 고통에 시달리는 기간이 연장될 뿐이어서 가장 인간적인 선택은 아무것도 하지 않고 환자가 평화롭게 숨을 거두도록 해 주는 것이다.

이렇게 의학적·법적인 관점을 검토했지만 실제로 결정을 하는 사람은 환자나 법적으로 정해진 순서에 따라 결정권을 넘겨받은 가족이다. 의사는 조언을 하고 환자나 가족의 결정에 따를 수밖에 없다. 베티의 사례에서처럼 법적으로 누구에게 결정권이 있는지 확실하지 않을 때는 법적인 관점에서 연명 의료를 실시하는 것이 가장 보수적인 선택이다. 나중에 연명 의료 실시가 적법한 선택인 것으로 밝혀졌다면 환자에게 연명 의료를 실시한 것은 문제가 되지 않는다. 하지만 연명 의료를 중단했다면 이미 환자가 사망해서 법적으로 유효한 조치를 취할 수 없게 된다. 또한 나중에 연명 의료 거부 결정이 적법한 선택으로 밝혀졌는데 환자에게 연명 의료를 실시했다면 병원의 책임 범위가 폭행 및 상해에 한정된다. 또한 실제로 법적인 제재나 배상 책임이 가해질 가능성은 크지 않다. 법적으로 어떤 선택을 해야 하는지 불분명한 상황에서 병원이 보수적인 선택을 했기 때문이다. 따라서 누구에게 법적 결정권이 있는지 명확하지 않다면 환자가 심정지나 호흡 정지를 일으켰을 때 심폐소생술을 실시하는 것이 최선의 선택일 것이다.

아이러니하게도 연명 의료 거부 결정이 이런 식으로 뒤집어지는 일은 매일 벌어진다. 응급 현장에 처음 달려간 의료인은 환자가 연명 의료에 관해 어떤 결정을 했는지 알 수 없는 경우가 대부분이어서 자신이 배운 대로 환자를 소생시키려고 최선을 다한다. 그렇게 하지 않으면 환자는 무조건 사망하기 때문이다.

정리 : 가족 상대하기

앞서 살펴보았듯이 환자의 치료 및 연명 의료 계획을 세우는 과정에서 환자의 가족이 온갖 복잡한 문제를 일으킬 때가 있다. 주로 한 명 이상의 가족 구성원이 환자나 나머지 가족과 연명 의료 계획에 대한 견해가 달라서 문제가 생긴다. 그런 경우에 연명 의료에 관한 결정을 내리기까지 의논, 논쟁, 조정 등을 하느라 시간이 오래 걸리기도 한다.

의사와 기타 의료인은 환자가 말기에 이르러 회복 불가능한 상태가 되면 임종을 가장 인간적으로 맞이하는 방법으로 연명 의료 거부를 제시할 수 있다. 그러나 최종 선택은 환자가 하는 것이다. 만약 환자가 결정할 능력이 없거나 도저히 결정할 수 없을 때 가족에게 대신 결정하게 했다면 환자 가족이 최종 선택을 내려야 한다.

그런데 가족의 의견이 상충할 때 어느 가족 구성원이 결정권을 갖는가 하는 문제가 상황을 복잡하게 만든다. 어느 가족 구성원이 환자와 가깝게 지냈는가도 중요한 고려 사항이지만 환자의 심장이나 호흡이 멈춰서 응급 상황이 발생했을 당시에 누가 현장에 있었는가에도 좌우되기 때문이다.

환자가 결정을 하지 않았거나 못할 때, 그리고 가족 간 이견이 있을 때 어떤 기준으로 가족 구성원에게 결정권을 부여해야 할까? 그리고 환자가 자신이 한 연명 의료 관련 선택이나 자신이 결정할 수 없을 때 대신 결정하도록 지정한 대리인을 바꾸기로 했을 때는 어떻게 해야 할까? 결국에는 모두 상황에 따라 달라지는 많은 요인에 달려 있다. 의사는 그저 최선을 다해 환자와 환자 가족이 결정을 내리는 과정에서 생기는 이런 복잡한 상황들을 잘 풀어나가는 수밖에 없다.

II

연명 의료에 대한
이해 부족

환자와 가족이 쉽게 마음을 정하지 못하는 주된 이유는 임종기에 어떤 일이 벌어지는지, 자신들이 어떤 선택을 할 수 있는지 모르기 때문이다. 생과 사를 가르는 명확한 경계가 있다고 생각하기 쉽지만 임종은 하나의 과정이어서 뇌가 영구적인 손상을 입은 뇌사와 몇 분 안에 사망으로 이어지는 심정지 간에는 차이가 있다. 환자의 뇌가 죽어서 더 이상 활동하지 않지만 관으로 영양을 공급하고 인공호흡기로 호흡을 유지해서 몸은 계속 살아가는 것을 보면서 사람들은 혼란에 빠진다. 이런 환자도 여전히 통증을 느끼는지 안 느끼는지는 확실하지 않지만 의료진은 영양을 공급하고 호흡을 보조하면서 모르핀 수액도 투여해서 통증을 느끼는 일이 없도록 한다. 그런데 이런 환자도 살아 있다고 봐야 할까? 이 환자나 가족이 환자가 이런 식으로 생명을 연장하는 것을 원할까?

때로는 환자나 가족에게 이런 차이를 설명하기가 어렵다. 안 그래도 힘든 상황에서 연명 의료를 지속할지 중단할지를 결정해야 한다면 환자와 가족이 이런 차이를 이해하기는 더욱 힘들다. 임종기에 환자와 가족은 불안과 두려움에 휩싸인다. 그래도 나는 어떤 선택권이 있는지 설명하고 고통스러운 시기를 겪고 있는 환자와 가족이 최선의 선택을 할 수 있도록 조언한다. 다음에 살펴볼 사례에서도 이해 부족이 사안을 훨씬 더 복잡하게 만들었다.

무슨 소리인지 하나도 모르겠어요

플로렌스는 연명 의료에 대한 이해 부족으로 환자가 제대로 된 결정을 하는 데 어떤 어려움을 겪는지를 잘 보여주는 사례다. 플로렌스는 85세 여성으로 만성 폐쇄성 폐질환을 앓고 있었다. 앞에서 설명했듯이 이 질환에 걸리면 천식 환자처럼 숨을 쉬기가 어려워지고, 갈수록 폐가 더 심하게 손상되어 증상은 훨씬 심각해진다.

내가 플로렌스를 만났을 때 그녀는 사회 보장 연금을 받아 실버타운에서 살면서 가정 방문 요양사의 도움을 정기적으로 받고 있었다. 또한 캘리포니아주에 사는 딸 셰리스가 정기적으로 돈을 보내주고 있었다. 셰리스와는 2주에 한 번씩 전화로 소식을 주고받 있다. 그러나 셰리스는 자기 삶을 사느라 바빴으므로 플로렌스는 대체로 홀로 생활을 이어나갔다. 한때는 플로렌스도 동년배의 다른 여자들과 함께 영화도 보고 브릿지 게임도 하는 등 사회 활동을 했다. 하지만 최근 1년간은 걷기가 힘들어져서 장을 보거나 사람들과 어울릴 수가 없었다. 대신 침대에 누워 있거나 소파에 앉아서 TV를 봤다.

내가 플로렌스를 만나기 일주일 전 그녀는 이미 가정 방문 요양사와 함께 응급 상황으로 병원을 다녀간 터였다. 당시 플로렌스는 TV를 보다가 갑자기 호흡이 거칠어지면서 바닥에 쓰러졌었다. 실버타운의 상주 간호사가 신속하게 심폐소생술을 실시했고 병원에 연락해 구급차를 불렀다. 구급차가 도착했을 때는 상태가 나아져서 숨을 쉬고 있었다. 다만 그르렁거리는 소리가 심해 여전히 호흡이 곤란했으므로 언제 숨이 멎어도 이상하지 않은 상태였다.

구급대원은 플로렌스를 곧장 병원으로 데리고 왔고 플로렌스는 입원했다. 수간호사는 벽에 관찰 카메라를 설치하고 플로렌스가 밤새 어떻게 지내는지를 기록했다. 이렇게 하면 의료진은 수시로 플로렌스의 상태를 확인하면서 혹시라도 호흡이 멈추는 경우에는 적절한 조치를 취하고 앞으로 어떻게 해야 할지 계획도 세울 수 있다.

한동안 플로렌스는 기력을 회복하려고 애썼고 이틀 뒤에는 다시 정상적으로 숨을 쉬는 것 같았다. 병원의는 플로렌스를 진찰하고 호흡과 맥박을 확인했다. 검사 결과를 검토한 의사는 만성 폐쇄성 폐질환 증상이 가라앉은 것으로 판단하고 플로렌스를 집으로 돌려보냈다. 하지만 일주일 후 증상이 다시 악화되었고 가정 방문 요양사는 플로렌스를 데리고 병원을 찾았다.

이번에는 임종이 머지않은 것처럼 보였다. 병세가 워낙 심해서 다시 병원 문을 나설 수 없을 것 같았다. 말기 의료에 관한 이야기를 나눌 때가 온 것이다. 그전까지는 이런 상담을 한 적이 없다고 했다.

내가 연명 의료에 대해 설명하기 시작하자 플로렌스는 멍한 표정으로 나를 바라봤다.

"무슨 소리인지 하나도 모르겠어요. 심폐소생술이니, 호흡 관리니, 선생님이 하는 말을 못 알아듣겠어요. 기침을 한참하고 나서 여전히 숨을 쉬고 있으면 산 거고 숨이 멈추면 죽은 거 아닌가요?"

나는 다시 설명했다. 되도록 전문 용어를 빼고 쉬운 말을 쓰려고 애썼다.

"연명 의료를 받겠다고 하면 환자분이 호흡을 멈출 때마다 의료진이 달려들어서 호흡을 되돌리는 조치를 실시할 겁니다. 그러나 이런저런 조치를 취했는데도 환자분이 스스로 숨을 쉬지 못하면 기관내삽관을 할 겁니다. 기관내삽관은 환자분 기도에 직접 관을 꽂는 시술입니다. 관이 기도 역할을 대신하는 거죠. 이 관은 환자분이 스스로 호흡을 할 수 있을 때까지 놔둘 겁니다."

"기관내삽관이 그런 거라면 그건 해도 괜찮겠네요."

그러나 플로렌스는 이해하지 못했다. 이해하기를 거부했는지도 모르겠다. 그렇게 해서 그녀를 살린다 해도 만성 폐쇄성 폐질환이 계속 진행되고 마지막 순간이 올 수밖에 없다. 플로렌스는 질환의 초기 단계에서 기관내삽관을 해서 호흡을 되살려 회복을 도모하는 것과 이미 말기까지 진행되어 쇠약할 대로 쇠약해진 환자에게 기관내삽관을 하는 것의 차이를 이해하지 못했다. 그러나 환자가 마지막 순간이 다가왔다는 사실을 받아들여 되도록 통증과 고통을 줄이는 방향으로 죽음을 맞이할 수 있게 계획을 세우고 준비하도록 돕는 것도 나와 같은 완화 의료 전문의가 하는 일이다.

나는 심장소생술에 대해서도 설명했다.

"이것은 호흡을 유지하는 시술과는 다릅니다. 심장소생술은 심장을 다시 뛰게 하는 것입니다. 보통 강력한 전기 충격을 사용합니다. 의사나 구급대원이 세동제거기로 심장에 전류를 보내 심장을 자극하는 겁니다. 그리고 동시에 가슴도 압박하죠. 1분에 100회가량 가슴 중앙 부분이 5cm 정도 들어가도록 반복해서 누릅니다. 안타깝게도 50대와 60대의 장년층에게 이 조치를 취하면 갈비뼈와 등뼈가 몇 개 부러집니다. 나이가 들면 뼈가 약해지니까요. 그리고 심장소생술을 하는 도중에 때로는 심장 주위에 생긴 불필요한 수분을 제거하려고 커다란 바늘을 꽂거나 강하게 누르기도 합니다. 심장 수술 중에 심장이 멈추면 외과의가 심장을 직접 마사지해서 다시 뛰게 하기도 하죠."

"저런! 많이 아플 것 같은데요. 그건 하지 마세요."

마지막으로 나는 선택적 연명 의료 거부에 대해 설명했다.

"연명 의료에는 기본적으로 두 가지가 있습니다. 심장과 호흡이 동시에 멈추는 심폐 정지가 아니라면 심장이 멈추는 것과 호흡이 멈추는 것은 별개의 과정이니까요. 심장이 멈추면 몇 초만에 호흡이 멈추지만 호흡이 멈추면 몇 분 후에 심장이 멈추지요. 예컨대 약물 과다 복용 등으로 호흡이 멈추면 아무런 합병증 없이 호흡을 되살리는 것이 가능합니다. 다만 폐에 손상을 입히는 중증 폐 질환 등 호흡이 멈춘 원인이 회복 불가능한 것일 수는 있습니다. 선택적 연명 의료 거부는 호흡이 멈춘 경우에만 소생술을 받겠다는 겁니다. 호흡이 멈췄을 때 몇 분 안에만 소생술을 실시하면 성공하는 경우가 많습니다. 심장이 멈추면 2~3분 안에 사망합니다. 혈액이 뇌로 가지를 못하니까요. 그러나 호흡이 멈추면 몇 분 내지 1~2시간 정도는 살아 있습니다. 그래서 의료진이 필요한 조치를 취하고 되살릴 방법을 마련할 시간이 있는 거죠."

"그렇군요."

"어떻게 할지는 의료진에게 맡기는 것이 가장 좋습니다. 그렇기 때문에 이런 일이 벌어지기 전에 의료진이 미리 개입해서 예방적 조치를 취하는 것이 중요하고 또 일단 이런 일이 벌어지고 난 뒤에는 가슴 압박이나 전기 충격이 필요한 심폐소생술을 하지 않는 것도 중요합니다."

내 말을 들은 플로렌스는 생각에 잠겼다. 그동안 나도 생각에 잠겼다. 과학 발전과 연구로 다양한 치료 기법들이 개발되었고 덕분에 전문 의료진은 그런 기법들을 의료 현장에서 적용할 수 있게 되었다. 그러나 최신 치료 기법들은 너무 복잡해서 의학적 지식이 없는 환자에게 잘 설명하기가 어렵다. 예를 들어 연명 의료 무제한 시술은 기관내삽관과 인공호흡기로 호흡을 되살리고, 가슴 압박, 전기 충격, 각종 약물의 정맥 투여, 수분 제거를 위한 도관 삽입 등 심장을 되살리는 조치까지 전부 실시하는 것을 말한다. 그러나 나는 플로렌스가 이미 선택적 연명 의료 거부를 선택하기로 했으므로 이런 세세한 부분까지는 설명하지 않아도 된다고 판단했다.

마침내 플로렌스가 고개를 끄덕이며 말했다. "알겠어요, 그렇게 해 주세요." 그러나 플로렌스의 표정으로 볼 때 나와의 대화로 지나치게 많은 정보가 쏟아져 들어와서 당황한 기색이 역력했다. 그래도 플로렌스는 내 조언을 받아들이기로 했다.

"좋습니다"라고 답한 나는 플로렌스에게 무엇을 원하는지 재차 확인하고 연명 의료 계획서를 작성했다.

　"하나같이 어려운 이야기이고, 제가 제대로 이해했는지도 모르겠지만 선생님이 내게 가장 좋은 게 무엇인지 아실 거라고 생각해요. 그러니 그렇게 하고 싶어요. 되도록 숨은 계속 쉬었으면 좋겠는데, 정말 끝났다면 그렇게 무리한 시도는 하지 않았으면 해요. 절 다시 살리려는 노력에 심한 통증이나 고통이 따른다면 그건 싫어요. 그렇게 살아나서 뭐하게요? 그렇게 살아나도 결국 온갖 관을 꽂은 채 침대에서 지내야 할 거 아니에요. 예전에는 저도 꽤 잘나갔지만 이제는 지쳤어요. 이 세상을 떠날 준비가 된 것 같아요."

　"잘 선택하셨어요." 플로렌스의 병실을 나선 나는 시간을 들여 플로렌스에게 어떤 선택을 할 수 있으며 각각의 경우에 어떤 일이 벌어지는지 설명하길 잘 했다고 생각했다. 덕분에 플로렌스가 결정을 내릴 수 있었고 평안하게 죽음을 맞이하게 될 것이다.

부족하거나 부정확한 정보

때로는 의사가 다양한 선택지에 대해 설명을 한 뒤에도 환자와 가족이 자신들이 선택을 하기에는 아직 정보가 부족하다고 느끼기도 한다. 또한 여러 경로로 정보를 얻다보니 너무 많은 정보에 당황하기도 한다.

고속도로 위를 달리고 있다고 생각해 보자. 저기 출구가 몇 군데 보인다. 출구끼리의 간격은 넓지 않다. 각 출구에는 다른 방향을 가리키는 화살표와 여러 표지판이 달려 있다. 그런데 어떤 화살표가 어떤 표지판을 가리키는지도 모르겠고 앞뒤로 차가 계속 늘어만 간다. 뭔가를 하기는 해야겠는데 어떻게 해야 할지 몰라 쩔쩔매고 있다. 갇힌 기분이다. 연명 의료 계획을 세우는 일도 그런 느낌일 것이다.

해리스 부인도 그런 경험을 했다. 그녀는 89세 여성으로 수개월간 골골 앓고 있었다. 젊을 때는 초등학교 교사로 일했고 학부모 교사 연합회에서 활발하게 활동했다. 은퇴 후에는 어린이를 위한 지역 공동체 프로그램을 이끌었다. 또한 자식들과도 가깝게 지냈다. 그러나 80세가 넘어가자 자원봉사 활동에 참여할 기력이 사라지면서 그녀의 세상도 좁아지기 시작했다. 함께 만나 점심을 먹곤 하던 친구들도 하나둘씩 요양원에 들어가거나 죽었다. 가까운 가족 몇몇도 세상을 떠나면서 친지들과도 소원해지고 87세가 된 뒤로 급격히 몸이 쇠약해졌다. 아들은 교통사고로 죽었고 이제 남은 가족은 딸뿐이었다. 따라서 해리스 부인과 딸 팸이 의료 관련 결정을 해야 했고 딸은 엄마가 원하는 대로 하고 싶어 했다.

처음 병원에서 해리스 부인을 만났을 때 그녀는 심근 경색증으로 입원한 상태였다. 심근 경색증은 심장 조직에 피가 충분히 돌지 않아서 되돌릴 수 없는 괴사가 일어나면 생기는 심장 마비라고 보면 된다. 그 결과 해리스 부인은 울혈성 심장 기능 상실을 앓고 있어서 심장의 펌프 작용이 정상 수준에 미치지 못하는 상태였다. 해리스 부인의 경우 정상일 때는 55퍼센트 내지 60퍼센트를 유지했지만 지금은 30퍼센트에 불과했다. 그래서 산소를 실은 혈액이 뇌로 가는 속도가 느렸다. 의식을 유지하거나 맑은 정신으로 있기가 어려워진 것이다. 게다가 심장 기능이 떨어졌고 감염 치료를 위한 항생제 복용으로 폐에 수분이 차 있었다. 엎친 데 겹친 격으로 신부전이 왔다. 신체에 폐기물이 쌓이다 보니 쇠약, 호흡 곤란, 졸음증, 혼동 등의 증상도 나타났다.

나는 휴식을 권했고 신장의 기능을 돕고 심장을 더 빨리 뛰게 할 약물을 처방했다. 그런 다음 과도한 수분을 제거하는 이뇨제도 처방했다. 그런 다음 해리스 부인을 병원으로 모시고 온 딸 팸과 함께 집으로 돌려보냈다. 해리스 부인의 연령을 고려하면 같은 이상이 있는 더 어린 사람보다는 회복하는 데 시간이 더 오래 걸리겠지만 그런 정도의 조치만으로도 회복할 수 있으리라고 판단했다.

그러나 2주 뒤에 해리스 부인이 응급실을 찾아왔다. 다시 진찰하러 갔더니 상태가 매우 안 좋아보였다. 기본적으로 해리스 부인은 영양 불량증 failure to thrive 때문에 상태가 악화되었다. 아파서 사회생활을 하지 못해 고립되어서일 수도 있다. 식욕이 없어서 제대로 먹지 않았을 뿐 아니라 체중이 5킬로그램이나 감소했으며 비쩍 말라서 수척해 보였다. 더 나아가 기운이 없어서 앉거나 서 있지도 못했고 체온과 혈압이 아주 낮았다. 모두 신체 기능이 작동을 멈추고 있다는 징후였다.

2주 전과 달리 이제는 단순한 급성 심근 경색증 및 신부전 환자가 아닌 말기 환자였다. 그러나 응급실 기록을 살펴보니 나와 만난 뒤 의료진 중 한 명이 해리스 부인에게 연명 의료에 관한 정보를 잘못 전달했다는 사실을 발견했다. 그래서 연명 의료 거부 선택에 문제가 있었다. 의료인 다수가 연명 의료 거부의 유형에 대해 잘 알지 못하다 보니 이런 일이 종종 벌어진다. 해리스 부인은 인공호흡기 거부만을 선택했다. 이것은 심장이 여전히 뛰고 있어도 기관에 관을 삽입한 뒤 인공호흡기를 부착하는 것을 거부한다는 뜻이다. 기관내삽관 및 인공호흡기 적용 없이는 심장이 뛰고 있더라도 산소가 부족해서 결국 몇 분이 지나면 사망하게 된다. 그러나 만약 심폐소생술 거부와 인공호흡기 거부 중 하나만을 선택한다면 심폐소생술 거부를 선택해야 한다. 즉 심장이 멈췄을 때 소생술을 실시하지 말라는 뜻이다.

이 오류를 바로잡으려고 해리스 부인을 만났지만 해리스 부인은 잘 모르겠다며 불평을 했다.

"연명 의료 관련 정보가 부족하고 또 이상해요. 뭘 선택해야할지 전혀 모르겠다고요. 딸한테 이야기해 보세요. 딸이 결정한 거예요. 그게 제일 좋겠다고 생각한 거겠죠."

그러나 대기실에 있는 팸도 혼란에 빠진 것 같았다.

"지금 당장 결정을 내리기가 너무 어려워요. 엄마 대신 선택하는 게 도덕적, 의학적, 법적, 종교적 책임 모두와 연결되잖아요. 책임이 너무 무거워요." 그리고 이렇게 덧붙였다.

"인공호흡기 거부를 선택한 이유는 가족 중에 의사가 몇 명 있는데 그걸 권했기 때문이에요. 설명은 너무 전문적이어서 제가 다 이해하지 못했고요. 뭘 권하는지도 잘 모르겠더라고요. 그리고 엄마가 바라는 걸 해드리고 싶기도 했어요. 한번은 엄마가 적극적으로 치료받고 싶다고, 그러니 필요하다면 심폐소생술도 받고 인공호흡기도 하겠다고 말하기도 했어요. 그런데 그래도 좀 더 인간답게 생을 마감하실 수 있게 해 드려야겠다고 저는 생각했어요."

팸의 이야기를 들으면서 그녀가 완전히 잘못 알고 있다는 것을 알 수 있었다. 팸이 잘못 이해한 것일 수도 있고 팸에게 정보를 준 의사가 말기 의료에 대한 지식이 부족해서 잘못된 정보를 전달했을 수도 있다. 의학적으로 전혀 말이 안 되는 선택이었기 때문이다. 그래서 팸에게 다시 설명했다.

"유감이지만 그렇다면 정반대의 선택을 하신 거예요. 산소를 공급하지 않으면 심폐소생술은 아무 의미가 없어요. 기관내삽관 없이 산소를 공급하기도 힘들고요. 즉 산소 공급과 기관내삽관으로 호흡을 되살리는 것은 허용해도 심장을 되살리는 적극적인 소생술은 하지 말아달라고 해야 합니다. 심폐소생술을 원하면서 인공호흡기 거부를 선택하는 것은 의학적으로 말이 안 됩니다. 다만 심폐소생술과 인공호흡기 적용을 모두 선택하면 어머니의 통증과 고통이 연장되기만 합니다. 그래서 심폐소생술 거부를 권하는 것입니다. 어머니의 심장이 멈춘 경우에는 그냥 보내드리자는 거죠."

팸은 "설명해 주셔서 감사합니다"라고 하면서 연명 의료 계획서를 수정했다.

이 시점에서는 생명을 연장하는 것이 아무 의미가 없었으므로 더 편안한 임종을 위해서는 심폐소생술 거부가 최선이라는 점을 설명한 덕분에 딸이 어머니의 의사를 존중하면서도 의학적으로 합리적인 선택을 하게 되어 다행이라고 생각했다. 이제 해리스 부인과 딸 팸 모두 자신의 선택이 무엇을 의미하는지 더 분명하게 알게 되었고 내 조언이 최선임에 동의했다. 실제로 다음날 아침 해리스 부인을 담당한 간호사가 해리스 부인이 연명 의료 거부 결정을 했다고 알려줬다. 따라서 해리스 부인의 심장이나 호흡이 멈추면 의료진은 생명 연장 조치를 실시하지 않을 것이다. 다만 해리스 부인이 숨을 거두기 전까지는 기본적인 조치만 취할 것이다. 즉 인위적으로 해리스 부인을 살리려고 애쓰는 대신 해리스 부인이 되도록 편안하게 마지막 순간을 보내도록 도울 것이다. 해리스 부인은 자연스럽게 생을 마감할 수 있을 것이다.

복잡하고 어려운 선택지

환자가 최선의 치료 계획을 세우도록 도울 때 선택적 연명 의료 거부의 유형이 한두 가지가 아니다 보니 연명 의료 관련 선택이 복잡해진다. 연명 의료 거부와 연명 의료 실시라는 두 가지 선택지만 있다면 결정하기가 비교적 쉬울 것이다. 그런데 선택적 연명 의료 거부가 가능해지면서 환자뿐 아니라 의료진까지도 헷갈리게 만드는 여러 연명 의료 거부 유형이 생겼다. 환자와 가족은 임종이 가까워졌다는 사실에 감정적으로 힘들고 심한 스트레스에 시달리고 있는데 응급 상황이라도 닥치면 의료진은 촌각을 다투는 환자를 두고 어떤 조치가 최선인지 확신이 없는 채로 무슨 조치든 취해야 하다 보니 문제는 더 복잡해진다.

테리즈를 대하면서도 그런 일을 겪었다. 테리즈는 60대 여성으로 지나친 흡연으로 인한 만성 폐쇄성 폐질환을 앓고 있었다.

일단 그녀가 이미 결정한 선택적 연명 의료 거부를 어떻게 할 것인가가 문제였다. 그녀는 여전히 질환 초기 단계에 있었다. 물론 다른 환자들처럼 오랫동안 점액이 섞여 나오는 기침을 동반한 만성 기관지염과 서서히 폐가 손상되는 폐기종이라는 두 가지 증상을 겪고 있었다. 그래서 얼마 전부터는 산소 탱크를 달고 다니기 시작했다. 간단한 장보기나 운전을 해서 시내에 나가 자잘한 일을 처리하는 등 여전히 외출은 가능했다. 그러나 점점 더 기력이 떨어지는 것을 느꼈고 예전에는 일상적으로 하던 일을 못하게 되었다. 그래서 피할 수 없는 임종이 가까워졌을 때 어떻게 할지 준비를 하고 계획을 세우기 위해 나를 찾아왔다.

"어쨌든 때가 되면 연명 시술을 받고 싶지 않다는 건 확실해요." 테리즈는 가볍게, 농담하듯 툭 던졌다. 아직은 꽤 정정했다. "기관내삽관은 하지 말라는 거예요. 온갖 관이 꽂힌 바늘방석이 되고 싶지는 않거든요. 그건 정말로 싫어요. 갈 때가 되면 가야죠."

"그렇다면 나머지 선택지에 대해서 설명해 드릴게요." 나는 테리즈가 아직 정신이 맑아서 이성적으로 차분하게 내 설명을 들을 준비가 되어 있다는 것에 감사했다. 기분이 언짢거나 불안정한 환자나 가족에게 설명해야 할 때가 더 많기 때문이다. 그들은 내 설명에 집중하거나 이해하는 것을 어려워한다. 아무리 고등 교육을 받았더라도 심각한 의학 증상에 대한 지식이 없는 사람은 전문적인 시술을 설명하는 데 동원되는 전문 용어와 세부 사항을 들으면 금방 혼란에 빠진다.

"우선 심장이 멈추었을 때와 호흡이 멈췄을 때 취하는 조치들이 별개의 과정이라는 것을 이해하셔야 합니다. 그래서 각 조치를 다르게 부릅니다. 심폐소생술 거부는 심장과 관련이 있고 그래서 심장을 다시 뛰게 하는 시술에 관한 것입니다. 인공호흡기 적용은 호흡과 관련이 있고 그래서 호흡을 되살리는 시술에 관한 것입니다. 여기에는 기관내삽관도 포함됩니다."

플로렌스는 자기 산소 탱크를 톡톡 두드리면서 심호흡을 했다. "그건 당연히 알고 있어요. 제가 갑자기 호흡을 멈췄는데 인공호흡기를 거부를 선택했다면 관이나 호흡 장치를 써서 제 호흡을 되살리는 걸 하지 말라는 거잖아요."

"맞습니다."

나는 계속해서 선택적 연명 의료 거부에 해당하는 여러 선택지에 대해 설명했다.

"인공호흡기는 적용하되 심폐소생술 거부만 선택할 수도 있어요. 호흡을 되살리는 조치는 받겠다는 뜻이에요. 그래서 필요하면 인공호흡기를 달 수 있어요."

"그렇군요. 그것도 괜찮을 것 같네요."

"심폐소생술에도 여러 가지가 있습니다. 의학 지식이 없는 환자가 이해하기에는 좀 어려울 수도 있습니다. 의대생들도 처음에는 다 이해하지 못할 때가 많으니까요. 하지만 설명은 드려볼게요. 가능하면 다 알고 선택하는 게 좋으니까요."

"설명해주시면 좋죠. 저는 이런 정보를 얻는 걸 좋아해요. 한 때는 주식 중개인으로 일했고 공인 중개사로도 활동했어요. 경제 활동에 적극적으로 참여할 때의 일이지만요. 그런 분야도 상당히 까다로운 내용이 많답니다."

"좋습니다. 그럼 계속 설명하겠습니다. 이미 원하지 않는다고 말씀하신 것에 세 가지가 해당합니다. 하지만 마음이 변하면 바꿀 수도 있습니다. 하나는 항부정맥제 사용 거부입니다. 항부정맥제 는 심방 잔떨림 같은 비정상적인 심장 리듬을 억제하는 약물입니 다. 심방 잔떨림은 아주 빠르고 불규칙적인 심박을 말합니다. 심장 이 두근거리거나 의식을 잃거나 호흡이 거칠어지거나 가슴에 통증 이 느껴지기도 합니다. 심장 리듬이 비정상적인 또 다른 경우는 심 방 된떨림입니다. 심방에 문제가 생겨서 심방 잔떨림과 비슷한 증 상이 나타납니다. 또 심실 빠른맥도 있죠. 심장의 전기 작용에 문제 가 생겨서 심장 박동이 빨라지는 겁니다. 심실 잔떨림도 있고요. 이 것은 심실이 정상적으로 수축하지 않고 심실벽 근육이 떨릴 때 생 깁니다. 심정지를 일으키기도 하죠. 심장이 그냥 잠시 뛰는 걸 멈추 는 경우도 있어요. 심장이 물리적으로는 움직이지 않는 데도 심장 의 전기 신호만 작동할 때도 있죠. 이것도 심정지의 일종입니다."

"심장에 일어날 수 있는 문제가 그렇게 많은 줄 몰랐네요. 하지만 심장이 제대로 뛰고 있지 않다면 약물을 주입하는 것은 싫습니다."

"그렇다면 약물을 사용하는 다른 조치도 아마 거부하고 싶으실 겁니다. 항저혈압제도 있는데 이것은 혈압을 올리는 약입니다. 혈압이 떨어지는 이유에는 여러 가지가 있습니다. 심각한 감염이 있거나 심정지를 일으키면 혈압이 떨어지면서 의식을 잃습니다. 또 사고를 당해서 피를 많이 흘리면 혈압이 떨어집니다." 나는 설명을 이어갔다.

"이런 약물을 사용하는 목적은 이런 약물이 다양한 경로로 혈압을 올리기 때문입니다. 동맥과 정맥을 수축하거나 심장 박동 속도나 강도를 높이죠. 에피네프린epinephrine, 도파민dopamine, 레보페드levophed 같은 약물에 대해서는 들어본 적이 있을 겁니다."

"글쎄요, 일단 약물은 아무것도 쓰고 싶지 않아요. 그러면 선택이 좀 더 간단해지겠죠?"

"알겠습니다. 이런 약물의 효과에는 아직 불확실한 점이 많고 만성 폐쇄성 폐질환 말기 단계처럼 중증 질환에 시달리고 있을 때는 아마도 몇 시간 내지 며칠을 더 벌어줄 뿐인 임시방편에 불과할 겁니다. 이런 약물은 몸에 해로운 절식 같은 일시적이고 단기적인 문제로 혈압이 저하되었을 때에만 효과가 있으니까요."

플로렌스는 고개를 끄덕였고 나는 설명을 계속했다.

"싫다고 하신 또 다른 선택지는 심폐소생술입니다. 보통은 가슴 압박을 의미합니다. 그런데 때로는 전기 충격이 포함되기도 하고 드물지만 심장을 내부에서 압박하는 불필요한 수분을 제거하기 위해 심장에 직접 바늘을 꽂기도 합니다. 그런데 어떤 조치가 언제 사용되는지는 설명하기가 까다롭습니다. 교육과 훈련을 충분히 받은 의사와 의료인만이 그때그때 어떤 시술이 최선인지 판단할 수 있습니다. 따라서 이 경우에는 전부 묶어서 선택하는 것이 낫습니다. 의료진이 최선의 방법을 선택하려면 전부 가능해야 합니다. 선택적 연명 의료 거부 결정 과정은 아주 비싼 고급 레스토랑에서 코스 요리를 먹으면서 각 코스의 메뉴를 골라야 할 때랑 비슷합니다. 코스마다 메뉴가 나열되어 있고 메뉴마다 가격도 다릅니다. 미리 정해진 조합을 제공해서 선택의 어려움을 덜어주는 레스토랑도 있죠. 메뉴 중 하나둘 정도는 더하거나 바꿀 수도 있고요. 감자튀김이나 샐러드 중에 하나를 선택하라고 하듯이요."

"무슨 말인지 알겠어요." 플로렌스가 말했다. "가끔씩 친구들이랑 중국집에 가는데 메뉴가 일일이 나열되어 있죠. 뭘 먹을지 정하려면 2~30분은 족히 걸려요."

"선택적 연명 의료 거부 선택지가 그렇습니다. 환자와 의료진이 세세한 사항을 결정하기는 어렵죠. 환자와 가족이 일반적으로 말기 의료 계획을 세울 때 이야기하거나 듣는 내용보다 훨씬 더 구체적이니까요. 의대에서조차 이 주제를 잘 다루지 않습니다. 어떻게 죽고 싶은지를 이야기하는 것 자체가 어려운데 선택지가 너무 많다 보니 이런 세세한 부분까지 고민해야 해서 선택 과정이 훨씬 복잡하고 감정 소모도 심하죠."

"정말 그래요. 저는 차분하게, 흔들리지 않고 이성적으로 이 계획을 미리 세우고 싶은데도 엄청난 혼란에 빠졌는걸요."

"당연한 겁니다." 컴퓨터의 도입으로 선택적 연명 의료 거부 유형이 더 복잡해졌다는 생각도 들었다. 환자에 관한 정보를 컴퓨터에 입력하면 서로 다른 연명 의료 시술을 거부하는 더 복잡한 조합의 목록을 내놓을 뿐이다. 그 목록에서 의사나 의료진이 하나를 골라야 한다.

"그래서 제가 제안하고 싶은 것은 선택적 연명 의료 거부를 선택하지 말라는 것입니다. 무엇을 선택하고 무엇을 거부할지 지정하기가 너무 어렵습니다. 임종기에 어떤 조치를 취할지에 관한 구체적인 내용은 의사와 의료진이 선택할 수 있게 해 주세요."

마침내 플로렌스는 마음을 정했고 준비를 끝냈다는 사실에 안도했다. 플로렌스는 복잡한 '선택적 연명 의료 거부' 대신 '연명 의료 거부'를 선택했다.

서류나 기록으로 남기지 않았을 때

때로는 정보를 제대로 전달하지 않아서 오해를 낳기도 한다. 환자가 무엇을 원하는지에 대한 잘못된 정보만 남는 것이다. 흔히 모든 환자의 진단과 예후, 그리고 연명 의료 관련 결정을 적어 넣은 진료 기록부가 늘 환자의 침상 발치에 걸려 있다. 그 진료 기록부 덕분에 환자를 돌보는 모든 간호사와 의사가 다른 간호사나 의사가 무슨 조치를 취했는지 알 수 있다. 기록을 남긴 의사가 자리에 없어도 다른 이들이 그가 남긴 기록을 근거로 필요한 조치를 취할 수 있는 것이다. 그러나 때로는 이런 정보가 간호사나 의사 간에 제대로 전달되지 않는다. 응급 상황이어서 서두르느라 잘못된 처치를 하기도 한다.

암스트롱 씨에게도 그런 일이 일어났다. 그는 80대 중반의 남성이었다. 성공한 사업가였고 은퇴한 뒤에는 골프와 여행을 하면서 여유로운 나날을 보냈지만 몇 번의 심장 마비를 연달아 겪으면서 쇠약해졌다. 아마도 기름진 음식을 먹고 비교적 정적인 일상을 보내면서 체중이 증가했기 때문일 것이다. 내가 암스트롱 씨를 만났을 때 그는 침대에 앉아 있었다. 나는 그에게 연명 의료 선택지에 대해 평소처럼 설명했다.

그는 한동안 조용히 내 설명을 들었다. 내가 제시하는 선택지들에 대해 곰곰이 생각해 보는 듯했다. 잠시나마 나는 그가 의사 결정을 내릴 수 있을 만큼 내 설명을 잘 이해할지 걱정이 됐다. 암스트롱 씨의 정신 상태가 점점 안 좋아지고 있었기 때문이다. 때로는 매우 정신이 또렷해 보였고 집중도 잘했는데 그럴 때는 여전히 경영 문제에 대해 매일 중대한 결정을 내리는 CEO 같았다. 그러나 때로는 사고 능력이 현저히 저하된 것처럼 보였다. 집중을 하지 않아서일 수도 있고 신경 연결망이 예전처럼 정보를 빨리 처리하지 못해서일 수도 있다. 따라서 나는 그가 내 말을 정말로 이해했는지 확인하고 싶었다. 그래야 적절한 선택을 할 수 있을 테니까.

"제가 무슨 이야기를 하는지 아시겠어요?"

그는 나를 바라봤고 몸에 잔뜩 힘이 들어갔다. 훈련 도중에 딴 생각을 하다가 교관이 부르는 소리에 놀라 정신이 번쩍 든 군인 같았다.

"네, 듣고 있어요. 그리고 제가 무엇을 원하는지도 압니다. 연명 의료는 싫습니다. 너무 아플 것 같아요. 굳이 고통을 연장할 필요가 있을까요? 제가 곧 죽을 거라는 건 확실한걸요. 그러니 때가 오면 빨리 가고 싶습니다."

"잘 알겠습니다." 나는 그의 진료 기록부에 이런 그의 의사를 기록했다. "환자분이 연명 의료 거부 의사 표시를 한 것으로 이해하고 그렇게 진료 기록부에 적어 두었습니다."

그런데 연명 의료 거부 의사를 진료 기록부에 기록하긴 했지만 공식 서류 작성은 잠시 미뤘다. 암스트롱 씨에게 의사 결정 능력이 있는지 조금 미심쩍기도 했고 암스트롱 씨가 이런 자신의 결정에 대해 가족과 이야기를 나누고 난 뒤에 공식 서류를 작성하는 것이 좋겠다고 생각했기 때문이다. 그런데 공식 서류를 작성하지 않았기 때문에 나중에 문제가 발생했다. 암스트롱 씨의 이런 결정이 가족들에게 전달되지 않았던 것이다. 가족들은 암스트롱 씨를 위해 할 수 있는 것은 다 하고 싶었고 연명 의료를 실시하면 그가 더 오래 살 수 있을 거라고 믿었다.

안타깝게도 내가 암스트롱 씨와 이야기를 나눈 그날, 내가 퇴근한 뒤 암스트롱 씨가 심정지를 일으켰다.

간호사는 곧장 내게 상황을 알리기 위해 전화를 걸었다. "그렇군요. 암스트롱 씨는 이미 연명 의료 거부를 선택하셨어요. 그런데 아직 연명 의료 계획서는 작성하지 않았어요. 사고 능력이 약간 저하된 상태라서 가족과도 확인할 필요가 있어서요."

간호사는 잠시 진료 기록부를 살펴보는 듯 했다. "그렇네요. 하지만 공식 서류가 없는 거군요. 실은 가족들이 오후에 오셨어요. 심정지가 오기 전에 가족들이 암스트롱 씨의 정신이 오락가락하는 걸 봤어요. 그래서 암스트롱 씨를 무조건 회생시키고 싶다면서 연명 의료 실시 환자로 등록해 달라고 했어요. 연명 의료 거부 의사 표시가 있었다고 말했지만 가족들이 막무가내여서 어떻게 해야 할지 모르겠더라고요."

"하지만 환자는…."

"네, 알아요. 하지만 정신 상태에 문제가 좀 있긴 했으니까요. 나중에 환자의 선택에 이의를 제기할 수도 있잖아요. 그래서 가장 문제를 적게 일으키는 최선의 방법은 심폐소생술을 실시해서 가족들이 원하는 대로 해주고 선생님이 조금 있다가 병원으로 돌아가서 직접 가족을 만나서 이야기하는 것이라고 생각했어요."

이런 소생술은 어차피 죽을 환자가 통증과 고통에 시달리는 시간을 며칠 더 연장하는 것에 불과하기 때문에 환자에게는 득보다는 실이 더 많다. 그래서 나는 암스트롱 씨의 아내에게 전화를 걸었다. 이미 암스트롱 씨의 세 딸을 포함해 모두 병원에 있었으므로 내가 가서 만나기로 했다.

내가 병원에 도착했을 때 암스트롱 씨 가족은 눈물을 글썽이며 대기실에서 기다리고 있었다.

"남편은 중환자실에 있어요. 지금 소생술을 실시하고 있어요"라고 암스트롱 씨의 아내가 말했다.

"아빠를 위해 할 수 있는 건 다하고 싶어요." 딸도 거들었다.

나는 암스트롱 씨의 침상 발치에서 들고 온 진료 기록부를 꺼냈다. "가족분들이 환자분을 매우 사랑한다는 것을 알겠습니다. 그리고 환자분을 위해 최선을 다하고 싶다는 것도요. 하지만 소생술이 어떤 것인지 설명드리고 싶어요. 그리고 왜 지금 환자분께 그것이 최선이 아닌지도요. 게다가 환자분이 그걸 원하지도 않으셨어요."

나는 암스트롱 씨의 진료 기록부를 탁자 위에 펼쳐놓았다.

"이걸 보시겠어요? 환자분이 소생술을 거부한다고 말씀했어요."

그리고 나는 왜 연명 의료 거부가 현재 암스트롱 씨의 상태에 비추어 가장 나은 선택인지를 설명했다. 심정지 자체도 몸에 손상을 입히는데다가 연명 의료 시술이 그 손상을 더 심화할 수 있다는 점도 덧붙였다.

"심정지는 심장 마비와는 다릅니다. 심장 마비에 걸린 사람은 회복 가능합니다. 심장 마비는 심장이 잠시 쉬는 셈이어서 다시 뛰게 할 수 있으니까요. 하지만 심정지는 심장이 완전히 멈춘 것이라서 아주 심각한 손상을 일으킵니다. 특히 뇌에 가해지는 타격이 큽니다. 그래서 회복은 거의 불가능해요. 환자분의 심장 마비 병력을 고려하면 더 그렇습니다. 심폐소생술을 실시하면 심장을 다시 뛰게 하는 과정에서 갈비뼈가 부러집니다. 그리고 몸 여기저기에 관을 꽂은 상태로 지내야 합니다. 그런 채로 결국 며칠 뒤에 돌아가시겠죠. 그 순간이 더 빨리 올 수도 있고요."

내 설명을 들은 가족들은 연명 의료 거부를 선택해서 암스트롱 씨가 자연스럽게 임종할 수 있도록 하는 것이 암스트롱 씨의 존엄성을 지키는 가장 좋은 방법이라는 데에 동의했다.

서로를 부둥켜안고 흐느끼는 암스트롱 씨 가족을 뒤로 하고 대기실을 나서면서 나는 최선이 무엇인지 이해시켜서 다행이라고 생각했다. 그날 밤 암스트롱 씨는 가족들의 요청으로 관을 전부 제거한 뒤 평안하게 숨을 거뒀다.

이후에 이 일을 다시 돌아보면서 나는 환자의 결정을 다른 의료진에게 전달하는 것이 얼마나 중요한지에 관한 소중한 교훈을 얻었다. 진료 기록부에만 적어서는 안 된다. 환자의 연명 의료 거부 의사 표시를 들은 의사가 환자가 심정지를 일으켰을 때 현장에 없을 수도 있기 때문이다. 그럴 때 환자의 요청을 의사가 기록한 공식 서류가 없고 다른 지시가 없다면 의료진은 환자를 소생하기 위해 모든 수단을 동원한다. 이런 상황은 병원에서 빈번하게 일어난다. 연명 의료 실시가 기본 원칙이고 심폐소생술 거부 등 연명 의료 관련 결정을 진료 기록부에 적는 일은 다른 급한 일들에 밀리기 마련이며 가족들이 최종 합의를 도출하는 모임을 가질 수 있기까지는 며칠이 걸릴 수도 있다.

암스트롱 씨의 가족은 환자에게 도움이 되는 것은 뭐든 다 하고 싶어 했다. 그러나 가족들이 암스트롱 씨가 어떤 시술을 통해서도 회생할 수 없다는 사실을 깨달은 후에는 환자의 원래 결정을 받아들일 수 있었다. 반대로 이 사례는 환자, 가족, 의료진 등 모든 사람이 연명 의료 시술이 어떤 것을 의미하고, 언제 도움이 되며, 언제 효과는 없으면서 환자에게 해만 되는지를 완벽하게 이해하는 것이 중요하다는 점을 보여준다. 그래야 이해관계자 모두 환자의 상태를 고려할 때 환자의 존엄성을 지키면서도 의학적으로도 합리적인 선택이 무엇인지를 깨달을 수 있다.

환자와 가족의 선택을 지지하고 응원하기

때로는 임종 과정이 몇 개월에 걸쳐 진행되기도 한다. 그래서 미리 세워둔 치료 계획은 어느새 희미해지고 죽음의 그림자가 실제로 눈앞에 어른거리면 환자와 가족은 애초에 자신들이 어떤 선택을 했는지 잊어버리기도 한다. 따라서 실제로 마지막 순간이 왔을 때 환자와 가족에게 그들이 옳은 선택을 했다는 것을 상기시키고 확신을 주면 좋다. 마지막 순간이 오면 누구나 신경이 예민해지고 감정적으로 불안해지기 마련이다. 사랑하는 사람들이 영원히 헤어지는 순간이기 때문이다. 그럴 때 의사가 옳은 결정이라고 말해 주면 환자와 가족은 정서적으로 힘든 이 시기에 힘을 얻고 앞서 한 결정이 최선의 선택이었다는 신념을 끝까지 유지할 수 있다.

심슨 씨 가족도 이런 확신이 필요했다. 심슨 씨는 60대 남성으로 공장의 생산직부터 도로 포장 작업을 맡기도 하는 반숙련 기술직 노동자로 일했다. 그는 결혼을 한 적도 없었고 자녀도 없었다. 성인이 된 뒤로는 거의 혼자 지냈다. 그리고 안타깝게도 심슨 씨는 일을 하지 않을 때는 술집에 가서 인사불성이 되도록 술을 마셨다. 그는 시끄러운 음악이 울려 퍼지고 화려한 조명이 번쩍거리는 술집에서 다른 사람들과 술을 마시면서 어울리는 사교적인 분위기를 좋아했다. 아마도 외로운 자신의 처지를 잊으려는 것이었으리라.

내가 처음 병원에서 심슨 씨를 만난 것은 심슨 씨가 사망하기 몇 주 전이었다. 그의 뇌는 간성뇌증 때문에 정상적으로 기능을 하지 못하고 있었다. 이런 뇌 기능 이상은 대개 간 기능에 문제가 있어서 생기며 일과성一過性이다. 심슨 씨의 경우에는 오랜 시간에 걸쳐 뇌의 활동량이 점차 줄어들어 집중력이 떨어졌고 기억력도 감퇴했다. 일상적인 활동을 수행하는 것도 점점 어려워졌다. 예를 들어 그는 수면 시간이 늘었고 자고 일어났는데도 여전히 기운이 없었다. 매일 하던 일을 깜빡 잊고 안 하기도 했다. 가스레인지를 켜 놓고는 잊고 있다가 화재 경보기가 울린 적도 있고, 욕조에 물을 받고 있는 걸 깜빡해서 거실에까지 물이 넘친 적도 있다.

심슨 씨의 집주인은 심슨 씨가 집에 불을 내거나 물난리가 날지도 모른다는 생각에 심슨 씨를 쫓아냈다. 심슨 씨의 유일한 친척인 50대 여동생 주디스는 심슨 씨가 다시 집을 구할 때까지 몇 달간 요양원에 머물 수 있게 도왔다. 그러다 심슨 씨의 상태가 악화되었고 주디스는 심슨 씨를 병원에 데리고 왔다.

안타깝게도 심슨 씨는 술은 지나치게 많이 마신 반면 식사는 제대로 챙겨 먹지 않아서 온갖 의학적 문제에 시달리고 있었다. 불면증에 시달리기도 했고 부족한 영양과 기력을 보충하겠다면서 항우울제와 진정제를 섞어 먹었다.

심슨 씨의 건강 문제는 자기 관리에 소홀한 사람이 걸릴 만한 질환을 죽 나열한 목록 같았다. 엎친 데 덮친 격으로 심슨 씨는 요도 감염, 전립선 비대증으로 인한 소변 정체, 복부 출혈, 당뇨병도 앓고 있었다. 또한 신장 기능이 급격히 저하되고 있었다. 오래 가지는 않았지만 한동안은 투석 요법이 효과가 있어서 요양원으로 돌아가기도 했다. 그러나 그다음날 그는 폐렴 및 장염 증상 때문에 병원으로 돌아왔다. 장염은 장에 있는 해로운 세균이 증식해서 해로운 세균과 싸우면서 우리의 장 건강을 지키는 이로운 세균을 없애는 병이다. 심슨 씨는 자꾸 설사를 하는데다 아무것도 먹지 못했으므로 점점 탈수 증세가 나타났다.

심슨 씨의 상태가 워낙 안 좋았고 이해 능력도 떨어졌으므로 나는 주디스를 만나서 심슨 씨가 회복 불가능하다는 것을 설명했다. 나는 주디스에게 병원에서 심슨 씨가 마지막 시간을 최대한 편안하게 보낼 수 있도록 도울 거라고 안심시켰다.

"분명히 말씀드릴 수 있습니다. 심슨 씨가 회생할 가능성이 조금이라도 보이면 우리는 무조건 그를 살릴 것입니다. 그러나 회생 가능성이 없다면, 심장이 갑자기 멈추건 호흡이 서서히 멈추건 마지막 순간이 왔을 때 평화롭게 숨을 거둘 수 있게 해 드릴 겁니다. 현재 심슨 씨는 회생 가능성이 없는 상태로 판단되기는 합니다."

"자세히 설명해 주셔서 감사합니다." 주디스는 연명 의료 계획서에 서명했다.

며칠 뒤 나는 근무 중인 간호사에게 뜻하지 않은 전화를 받았다. "환자의 상태가 많이 안 좋아요." 간호사가 간략하게 심슨 씨의 상태를 전했다. "계속 투석을 받고 있고 장염 치료도 받고 있어요. 영양 보충제도 주입하면서 정기적으로 상태도 확인하고 있고요. 하지만 다시 정상적인 생활을 할 수 있을 정도로 회복할 수 있을 것 같지는 않습니다."

"일단 계속 지켜봐주세요."

몇 시간 뒤, 밤 10시 경 심슨 씨가 확실히 임종기에 들어섰다는 전화를 받았다. "신체 기능이 전부 멈추고 있어요. 사망까지 몇 시간 남지 않은 것 같아요."

자정쯤 간호사가 다시 전화해서 이제 몇 분밖에 남지 않았다고 알렸다. "혈압이 계속 떨어지고 있어요. 수축기 혈압은 50 내지 60 정도이고 이완기 혈압은 30 내지 40 정도입니다."

수축기 혈압의 정상 범위가 100–120이고 이완기 혈압의 정상 범위가 70–80 정도임을 고려할 때 심슨 씨의 혈압은 계속 떨어지고 있는 게 분명했다. 심슨 씨의 상태가 워낙 위중했기 때문에 다시 혈압을 올릴 방법은 없었다. 그래서 간호사에게 심슨 씨의 여동생에게 알리라고 부탁했다.

"심슨 씨가 곧 사망할 거고 더 이상 우리가 할 수 있는 것이 없다는 사실을 전달해 주세요."

나는 다른 환자 가족에게도 하듯이 환자의 상태가 위중해진 이 시점에 주디스에게 전화를 걸어 그녀의 선택에 확신을 주고 싶었다. 심슨 씨에게 불가피한 죽음이 곧 닥칠 것이고 의료진이 환자를 회생시킬 방법은 없으며 그런 시도를 한다고 해도 오히려 마지막 몇 시간 동안 고통만 받으리라는 것을 다시 설명하기로 했다. 나는 사형수조차도 더 인간답게 죽음을 맞이한다는 생각을 떨칠 수가 없었다. 사형수가 통증을 느끼지 않도록 독극물 주입 전에 의식을 잃게 하는 약물을 먼저 주입하기 때문이다. 반면에 효과도 없는 소생술을 받느라 환자는 전기 충격, 심장에 꽂힌 바늘, 갈비뼈를 부러뜨리는 가슴 압박 등을 감내해야 한다. 이런 소생술은 환자의 임종기만 늘리고 게다가 환자가 아직 의식이 있는 경우에는 통증에 시달리기까지 한다.

주디스가 전화를 받았다. 나는 의료진이 주디스와 심슨 씨가 요청한 대로 심슨 씨를 돌볼 것이라고 말했다.

"곧 끝날 겁니다. 아마도 1~2시간 정도 남았겠죠. 심슨 씨는 지금 의식을 잃은 채 중환자실에 있습니다. 이미 논의한 대로 평화롭게 마지막 순간을 맞이하시게 될 겁니다. 그게 사랑하는 사람을 가장 인간적으로 보내는 방법이라는 점을 다시 한 번 말씀드리고 싶었습니다. 심슨 씨가 숨을 거두면 다시 전화드리겠습니다."

"알려주셔서 감사합니다." 주디스는 내 전화를 받고 안도하는 것 같았다.

2시간 뒤 심슨 씨는 편안하게 눈을 감았다. 신장, 심장, 뇌까지 주요 신체 계통에 문제가 많았기 때문에 결국 몸이 버티질 못한 것이다. 또한 내가 주디스에게 다시 확인 전화를 한 덕분에 주디스와 의료진은 심슨 씨를 편안하게 보내는 옳은 결정을 끝까지 지켜낼 수 있었다.

나는 내 책상 서랍에서 사망 진단서 양식을 꺼내면서 이런 이해를 공유하는 것이 얼마나 중요한가에 대해 생각했다. 사망 진단서의 사망 원인란은 세 줄밖에 주어지지 않는다. 심장 마비, 폐렴, 기타 감염 등으로 간략하게 적으라는 의미이다. 그러나 심슨 씨의 사망 원인은 그렇게 간단하게 요약하기 어려웠다. 다양한 요인이 심슨 씨를 죽음으로 몰았기 때문이다. 그 전체 과정을 설명하기에 세 줄은 부족하다. 물론 나는 나중에 퇴원 요약지에 상황을 더 자세하게 기술할 수 있다. 심슨 씨가 사망하기까지 일어난 일련의 과정을 병원 기록 시스템에 상세하게 입력할 것이다. 환자와 가족도 연명 의료 거부 결정이라는 합당한 선택을 하기 위해서는 상황을 잘 이해해야 하지만 의료진 전체, 그리고 이 사례를 검토하는 사람이라면 누구나 어떤 일이 있었고 왜 그런 선택과 조치를 했는지 완벽하게 이해할 수 있어야 한다.

말기 판정을 부정하는 환자

때로는 이해 부족이 현실 부정으로 이어지기도 한다. 환자나 가족은 상태가 얼마나 심각한지 깨닫지 못한 채 현실을 외면하면서 문제가 저절로 사라지기기만을 기다린다. 그런 태도는 곧 폭우를 쏟아붓기 직전인 회색 구름을 장밋빛으로 보이게 하는 안경을 끼고서는 폭우가 물러가기를 기다리는 것이나 마찬가지다.

50대 초반인 포터 씨도 그런 사례였다. 그는 식도암 4기 환자였다. 4기라는 것은 암이 생존에 중요한 다른 장기로 퍼졌다는 의미다. 포터 씨의 경우에는 간으로 전이되었다. 간은 여러 가지 기능을 하지만 특히 신체를 순환하는 혈액을 거르고 처리하는 역할을 한다. 또한 간이 생성하는 효소라고 부르는 단백질은 영양소를 대사하고, 독성 물질을 해독하고, 혈액을 응고하는 단백질을 만들어 낸다.

포터 씨는 너무 바쁘게 살다가 몸에 무리가 왔다. 그는 아주 뛰어난 영업 담당 임원이었고 회사 이사진을 만나고 미국 전역에서 열리는 학회에 참여하느라 비행기를 자주 탔다. 또한 일 때문에 술을 많이 마셨고 마음을 차분히 가라앉힌다는 핑계로 담배를 하루에 한 갑씩 피웠다. 아침 식사는 커피로 대신했고 점심 모임이나 학회에서도 커피를 몇 잔씩 들이켰으며 계약의 세부 사항을 협상하며 다른 CEO와 함께 담배 연기가 자욱한 방에서 담배와 시가를 피우곤 했다. 그는 이런 바쁜 삶에 브레이크를 거는 진단은 듣고 싶지 않았다.

"의사 양반, 저는 지금 당장 여기를 나가야 해요. 중요한 학회가 있고 계약을 성사시키기 직전입니다. 전화로는 못하는 일이에요. 살을 맞대야 하는 일이니 내보내주세요." 포터 씨가 독소로 가득 찬 생활 방식을 바꾸지 않는 한 곧 쓰러질 것이라고 경고하는 위험 징후가 잔뜩 있었지만 그는 내 말을 귓등으로 흘렸다.

그래서 처음에는 이런저런 증상이 나타날 때마다 그때그때 증상을 억제하는 대증 요법으로 대처했고 근본 원인을 찾아 치료하려는 노력을 하지 않았다. 이를테면 내가 포터 씨를 만나기 전 달에 그는 점점 커지는 암을 치료하기 위해 화학 요법을 받았다. 그는 화학 물질이 든 주사를 몇 번 맞으면 암세포가 죽을 것이라고 믿었다. 곧 모두 원래대로 돌아갈 것이라고 생각했다. 그러나 화학 요법을 한 달간 받은 뒤 포터 씨는 병원으로 다시 돌아왔다. 이틀간 코피가 나고 멈추길 반복했기 때문이다. 전체 혈액 수치가 33퍼센트 정도 낮아진 상태였다. 출혈을 멈추는 혈소판의 수가 화학 요법을 받는 동안 현저히 줄어들었기 때문이다. 혈소판 수치가 낮아지자 피가 코로 쏟아져 나왔다.

"혈액량을 회복할 수 있게 수혈이 필요합니다." 간호사가 말했다.

의료진은 팔에 수혈을 위한 관을 연결했다. 효과가 있는 듯 했다. 포터 씨는 곧 혈액량이 거의 정상인 수치, 즉 최소한의 기본 생존 기준을 충족했고 그는 그것으로 충분하다고 생각했다.

"고맙습니다. 이제 괜찮아졌어요." 그는 당직 간호사 두 명에게 이렇게 말하고는 서류 가방을 챙겨서 나갈 준비를 했다.

접수처에서 포터 씨를 만난 나는 그에게 가기 전에 검사를 몇 개 더 받으라고 설득했다.

"무엇이 문제인지 알아봐야 합니다." 나는 그의 진료 기록부를 훑어본 뒤 그에게 말했다. "보세요. 아주 심각한 상태입니다. 식도암이 다른 장기로 퍼졌어요. 화학 요법을 받은 지도 얼마 안 되었고요. 혈액 수치가 떨어져서 그렇게 출혈이 많은 거고요. 무슨 일이 벌어지고 있는지 검사를 해야 해요."

포터 씨는 얼른 떠나고 싶은 생각뿐이었다.

"이제 괜찮습니다. 아마도 식사량이 부족해서 혈액 수치가 낮아졌는지도 몰라요. 어쨌든 회의 때문에 바빠서 끼니를 거를 때도 많으니까요."

"그것도 한 가지 요인일 수 있습니다. 그러나 다른 심각한 원인이 있을 수도 있어요. 그렇다면 알아야 하지 않겠어요?"

"글쎄요. 때로는 모르는 게 약이라잖아요. 호기심이 지나치면 고양이가 죽는다고도 하고요."

포터 씨는 알아야 할 필요성을 부정하려고 익살을 떨었다. 나는 포터 씨만큼 재치 있는 답변을 생각해내지는 못했지만 그가 원인을 파악해야만 하는 합리적인 이유는 제시할 수 있었다.

"아는 것이 훨씬 나은 이유는 많습니다. 예를 들어 집을 산다고 하면 먼저 집을 살펴보고 난 뒤에 매매할지 말지를 결정하시겠죠. 집에 뭔가 문제가 있을 수도 있으니까요. 우리 몸도 마찬가지입니다. 건강에 관한 이런 기본적인 정보를 알아야 필요한 예방 조치를 취하거나 치료를 시작할 수 있습니다."

포터 씨는 마지못해 추가 검사를 받기로 했고 나는 포터 씨의 혈액 응고 작용이 제대로 작동하고 있는지, 얼마나 오래 걸리는지를 확인하는 검사를 실시했다. 이런 검사는 과다 출혈이 얼마나 위험한 수준인지를 파악하는 데 도움이 된다. 나는 또한 포터 씨의 혈액 응고 능력을 확인하는 것이 중요하다고 생각했다. 그가 며칠 동안 코피를 흘렸다고 했고 혈액 수치도 낮았기 때문이다. 혈액이 비정상적으로 묽어졌다는 증거다.

응고 검사를 실시하기 위해 간호사는 먼저 포터 씨의 정맥에 가는 바늘을 꽂은 다음 혈액 샘플을 채취했고 그 샘플을 병원 검사실에 보내 검사와 분석을 진행했다. 검사 결과는 다음날 나오기로 되어 있었다. 그 외에도 혈전이 생기지는 않았는지 다리에 초음파 검사를 실시했다. 혈액에 문제가 있을 때는 혈전이 생길 수도 있기 때문이다. 특히 암은 혈전을 유발하는 요인이어서 암 환자는 혈전이 생길 확률이 높아진다. 이 검사에서는 초음파 스캐너가 신체 내부의 영상을 포착하기 위해 고주파 음파를 내보낸다. 반사되는 음파로 만들어진 영상을 보면서 의사는 장기, 혈관, 조직에 어떤 이상이 있는지 살필 수 있고 절개 시술 없이 혈관 속을 볼 수 있다.

검사를 마친 뒤 포터 씨는 집으로 돌아갔다. 그는 자신이 멀쩡하고, '쓰잘머리 없는 검사'를 무사통과했다고 믿었다.

그러나 다음날 검사 결과를 보자 나는 내가 옳았다는 것을 알았다. 포터 씨는 두 가지 혈액 응고 이상을 보였다. 하나는 출혈을 막는 혈소판의 수치가 너무 낮아서 혈액이 지나치게 묽은 상태였다. 그래서 자꾸 코피가 난 것이었다. 다른 이상은 다리에 혈전이 2개 생긴 것이었다. 나는 그에게 전화를 걸어 검사 결과를 알렸고 그는 내 진료실을 찾아왔다.

"안타깝게도 혈액에 두 가지 이상이 동시에 나타났습니다. 하나는 혈액이 전반적으로 너무 묽어서 출혈이 생기는 것입니다. 다른 하나는 혈액이 비정상적으로 응고해서 혈전이 생긴 것입니다. 혈전이 더 커져서 떨어져 나가면 심장으로 흘러들어가거나 폐 색전증이나 폐동맥 폐쇄, 심하게는 심정지를 일으킬 수 있어요."

포터 씨는 이의를 제기했다. "그건 말도 안 돼요. 어떻게 그런 모순되는 결과가 나올 수 있는 거죠? 내 피가 너무 묽다면서 왜 그렇게 혈전이 많다는 거예요?"

나는 설명했다. "흐르는 물을 생각하시면 됩니다. 한곳에 쏠리면 갑자기 빠르게 흐르다가도 바위를 만나면 걸리곤 하죠."

포터 씨는 웃음을 터뜨렸다. 내 경고를 심각하게 받아들이고 싶지 않은 것이었다. 그러나 포터 씨가 나가기 전에 나는 청진기로 심박 수를 쟀다. 포터 씨의 상태는 정말로 심각했다.

"심박 수가 1분에 200회나 됩니다. 아주 높은 거예요. 언제든 심장 마비가 올 수 있습니다."

나는 그를 급히 복도 끝에 있는 응급실로 보냈다. 의사가 그의 심장 소리를 들으면서 맥박과 혈압을 쟀다. 그리고 심장 모니터에 연결했다. 응급실 의사의 조언으로 포터 씨의 혈압과 심박을 안정시키기 위해 입원 수속을 밟았다.

포터 씨가 병원에서 회복하는 동안 의료진은 식도에 큰 궤양이 생긴 것을 발견했다. 원래 암이 있던 자리였다.

"성형하거나 수술로 없앨 수 없어요. 이 부위에서 제거하기에는 너무 큽니다. 약과 주사제를 좀 더 사용해 보면서 암이 줄어드는지 지켜봅시다."

"그럼 괜찮아지겠죠?"

"장담은 못합니다. 약이 효과가 있는지 기다려 봐야죠."

그러나 이제 그의 상태는 훨씬 더 심각했다. 포터 씨는 치명적인 결과를 맞이할 수도 있다는 사실을 직시하지 않으려 했다. 그는 일단 병원 밖 세상으로 나가기만 하면 괜찮아질 거라고 믿는 것 같았다. 바깥세상에서의 활동이 그의 기력을 소진해서 더 쇠약해질 것이라는 점에는 생각이 미치지 못하는 듯했다.

그 후로 며칠 동안 포터 씨는 현실을 부정하면서 자신의 헛된 희망에만 매달렸다. 아내와 딸이 병원에 찾아왔고 삼촌, 숙모, 사촌들도 불렀다. 이상하게도 자신의 경과에 대해서는 이야기하지 않고 활력 징후를 재는 혈압 측정기와 혈전을 탐지하는 초음파 기계 등 자신을 검사하고 치료하는 다양한 장비를 보여주면서 자랑하는 데 더 집중했다.

후에 나는 포터 씨의 혈액 이상, 암 재발, 과도하게 빨리 뛰는 심장 등에 대해 가족에게 설명하려 했지만 그는 모두 웃어넘기면서 가족과 친지에게 내 말을 진지하게 듣지 말라고 했다.

"이 사람은 그냥 혈액을 묽게 만드는 동시에 혈전을 만드는 기이한 혈액 응고 이상으로 모두를 겁주려는 것뿐이야. 그런 다음 내 심장이 불규칙하게 뛴다는 둥 말기 암이라는 둥 무서운 이야기만 하지. 내가 언제든 심장이 멈출 거라는 식으로 말해. 며칠 쉬면 괜찮아질 건데 말이야."

의학적 현실을 부정하는 포터 씨의 말을 들으면서 주변 사람들조차도 그 말에 동조하는 것을 지켜보고 있자니 무척 괴로웠다. 그러나 나는 그런 농담은 있는 그대로를 받아들이기에는 너무 심각한 상황에 대한 두려움을 웃음으로 억지로 밀어내려는 수단에 불과하다면서 다시 마음을 다잡았다. 게다가 포터 씨는 자기편인 친지들에 둘러싸여 있지 않은가.

포터 씨와 가족이 계속 현실 부정으로 일관했기 때문에 그는 연명 의료 거부를 고려하지 않았고 결국 연명 의료 실시 환자로 등록되었다. 포터 씨는 자신의 심장이 멈췄을 때 의료진이 온갖 기계를 총동원하고 자기 몸에 연결해서 자신의 목숨을 구하고 생명을 연장해주길 원했다. 포터 씨는 심지어 이를 두고 농담까지 했다. 의사들을 온갖 장비에 자신을 연결해서 벼랑 끝에서 자신을 다시 끌어 올리려고 하는 미치광이 과학자에 비유했다. 물론 그는 그런 일은 절대 일어날 리가 없다고 주장했다. 자신은 괜찮아질 거니까.

포터 씨는 그렇게 믿고 싶었겠지만 현실은 달랐다. 포터 씨는 자신의 생활 방식을 바꿀 생각이 전혀 없었으므로 곧 치명적인 증세로 병원에 실려 와 사망하게 될 것이다. 게다가 사망하기 전까지 며칠 동안은 고통 속에 보내게 될 것이다. 연명 의료 거부를 선택하지 않았으므로 의료진은 그를 벼랑 끝에서 건져 올리기 위해 모든 조치를 다 취할 것이다. 그리고 마침내 벼랑 너머로 굴러떨어질 때까지 모든 고통을 다 느낄 수 있을 정도의 의식을 유지할 것이다. 포터 씨가 현실을 부정하느라 급급해서 스스로 그런 마지막을 자초한 것이다. 그는 마지막 순간에 자신의 몸을 벗어나려야 벗어날 수 없는 감옥으로 만들었다.

기술의 복잡함

환자와 가족이 연명 의료 관련 선택을 어려워하는 또 다른 이유는 현대 의학 기술이 너무 복잡하기 때문이다. 많은 사람들이 어떤 선택이 가능한지 이해하지 못하거나 현대 의학 기술의 치료 효과에 대해 비현실적인 기대를 갖는다. 때로는 환자와 가족이 친구나 동료, 또는 영화나 TV에서 잘못된 정보를 얻기도 한다. 여러 단계를 거쳐 점점 나빠지는 진행성 질환은 문제를 더 복잡하게 만든다. 진행 정도가 환자의 나이와 건강 상태에 따라 달라지기 때문이다.

따라서 환자에 따라서는 어떤 치료법이 있는지 설명하고 조언을 하는 일이 매우 까다로워진다. 환자가 점점 악화되는 만성 질환을 앓고 있고 병원 등 여러 치료 시설을 드나든 경우에는 더 그렇다. 이런 경우에는 환자가 자신의 상태를 정확하게 이해하고 최선의 치료 계획을 세우는 일이 결코 만만한 작업이 아니다. 어찌 보면 의사마다 다른 진단과 조언을 하게 되는 것도 당연하다. 이런 상황에서 환자가 과거에 자신에게 주어졌던 선택지까지 고려하다 보면 문제가 더 복잡해진다.

암스트롱 부인도 이런 사례였다. 암스트롱 부인은 60대 중반의 여성으로 내가 일하고 있는 지역 사회 병원에 입원했다. 이전에는 비용 문제 때문에 근처 시내에 있는 진료소에서 치료를 받았다. 그러나 이제 상태가 악화되어 우리 병원에 온 것이다.

접수를 마치고 난 뒤 나는 암스트롱 부인을 만나 상태를 좀 더 자세히 살펴보기 시작했다. 암스트롱 부인은 병력이 상당했음에도 진료 기록부가 없었다. 암스트롱 부인은 그동안 다니던 진료소에 아무 말도 하지 않고 우리 병원으로 왔기 때문이다. 내 앞에 앉은 그녀는 아주 단정한 바지 정장을 입고 있었고 원래 나이보다 10살은 더 많아 보였다. 가끔씩 들고 온 산소 탱크에 입을 대고 호흡을 했다. 병 때문에 일을 그만두기 전까지는 총무과에서 죽 사무직으로 근무했다고 설명했다. 그리고 자신의 상태에 대해 간략하게 이야기했다.

"진료소에서 만성 폐쇄성 폐질환라고 했어요. 폐 공기증도 있고요. 그래서 집안에서나 집밖에서나 산소 탱크를 끌고 다녀요. 또 매일 복용해야 하는 폐 질환 약물도 있어요."

암스트롱 부인은 작은 약병을 6개 정도 꺼내서 내게 보여줬다. 그런 다음 그녀는 쭈뼛거리면서 아티반 한 병도 꺼냈다. 불안 증세에 처방하는 약이다.

"이것도 먹어요. 내 상태가 너무 걱정돼서요. 또 잠이 들면 숨이 멈춰서 죽는 건 아닌지 걱정돼요. 원래는 담배를 피웠어요. 그러면 마음이 좀 진정됐거든요. 그런데 진료소 의사가 담배를 피우면 병이 심해진다고 해서 끊었어요. 산소 탱크가 있는 곳에서 담배를 피우면 위험하다고도 하더라고요. 담배 불꽃이 산소에 붙으면 폭발할 수 있다면서요. 그래서 담배도 피우지 못하니까 더 불안해요. 그리고 앞으로 어떻게 될지 묻고 싶은 게 많아요."

나는 암스트롱 부인을 안심시키려고 노력했다. "일단 진찰을 해야 어떤 문제가 있는지 알 수 있으니 진찰이 끝나면 질문을 받을게요. 뭐든 답해 드리겠습니다."

진찰을 하자 서서히 다른 문제들도 발견되었다. 그래서 어떤 치료가 가능하며 왜 그런지 설명하기가 더 어려워졌다. 암스트롱 부인은 이해하기가 어렵다고 했다. 교육을 제대로 받지 못한 탓도 있었다. 더 나아가 낯선 병원에 있다 보니 더 불안한 듯 했다. 낯선 환경이 새로운 시술에 대한 구체적인 정보를 받아들이고 종합적으로 이해하는 데 방해가 되는 것도 있었다. 새로운 시술에는 복잡한 최신 기술이 적용되는 것도 있었다.

이처럼 의학적으로 복잡하고 최첨단 기술로 시술을 실시할 때는 환자와 가족이 이해할 수 있게 설명하기가 어렵다. 그래서 그런 시술에 동의나 합의를 받기도 어려워진다. 이런 점들이 암스트롱 부인과의 상담에서도 드러났다. 암스트롱 부인은 자신이 자꾸 넘어지고 가구에 부딪혀서 여기저기 아프다는 이야기를 하고 있었다.

암스트롱 부인은 바짓단을 들어 올리고 소매를 걷어 올려서 팔다리에 난 상처를 내게 보여줬다. "또 가슴도 아파요"라고 덧붙였다.

나는 청진기를 대고 숨을 몇 번 들이쉬고 내쉬게 했다. 폐에 작은 덩어리가 있는 것으로 짐작됐다. 만성 폐쇄성 폐질환이 있는 점을 고려할 때 종양일 수도 있었다. 나는 CAT 스캔을 제안했다.

내부 손상이나 폐쇄가 있는지 탐지할 때 일반적으로 하는 검사다. 스캔은 신체를 잘게 나누어 그 단면을 죽 찍는다. 비정상적인 부분이 있으면 기록된다.

내가 CAT 스캔 이야기를 꺼내자마자 암스트롱 부인은 질문들을 쏟아냈다. 이런 최첨단 시술에 대해 잘 알지 못했기 때문이다. 그래서 나는 현대 기술로 가능해진 새로운 시술을 권할 때 환자들에게 늘 하듯이 암스트롱 부인에게도 쉽게 설명하려고 애썼다.

"CAT 또는 CT 스캔은 컴퓨터 단층 촬영 기술의 일종이에요. X−선 촬영을 여러 각도에서 여러 번 해서 그 영상을 통합하는 거죠. 컴퓨터가 영상을 처리해서 몸 안의 뼈, 혈관, 물렁 조직을 잘게 자른 단면의 영상을 만듭니다. CT 스캔은 단순한 X−선 촬영에 비해 더 자세한 정보를 담고 있습니다. 그래서 내부 손상을 탐지하는 데 아주 유용합니다. 몸 안의 거의 모든 부위를 시각적으로 보여주거든요."

"그렇다면 좋아요." 암스트롱 부인이 말했다. 그제야 그녀는 과거에 흡연으로 인해 인두암에 걸렸다는 사실을 알렸다. 그렇다면 CAT 스캔이 더욱더 필요했다. 인두암 환자는 폐에 덩어리가 생길 확률이 더 높기 때문이다.

그러나 내가 "정맥으로 요오드 조영제를 주입할 겁니다. 다양한 장기와 신체 구조가 더 확실히 대비될 수 있도록요"라고 말하자

바로 반대했다.

"저는 요오드 알레르기가 있어요."

그래서 다른 검사를 제안했다. 흉강이나 간 바깥쪽에 있는 덩어리를 탐지할 때 일반적으로 사용하는 초음파였다. 초음파는 CAT 스캔만큼 민감하거나 정확하지는 않지만 특정 신체 부위에 대해서는 상당히 구체적인 정보를 제공한다. 그러나 초음파 장비가 암스트롱 부인에게는 낯선 것이다 보니 다시 설명을 해야 했다.

"기본적으로 초음파는 몸에 음파를 통과시키는 장비입니다. 음파가 어디를 통과하느냐에 따라 속도가 달라집니다. 혈전이나 간 등에서 혈관이 비정상적으로 커진 곳 등 밀도가 높은 물질에 닿으면 음파가 더 느리게 이동합니다. 안타깝게도 이 방법으로는 폐를 자세히 살펴볼 수는 없습니다. 폐 검사에는 폐관류 스캔이 거의 유일한 대안입니다."

암스트롱 부인은 재미있다는 표정으로 나를 쳐다봤다. 이해하지 못했다는 뜻이다.

"네, 압니다. 점점 더 복잡해지죠. 이 스캔은 기본적으로 두 가지 방사능 추적자를 사용합니다. 하나는 폐의 혈관을 통과하고 다른 하나는 호흡 경로를 통과합니다. 의사는 방사능 추적자의 영상을 비교하고 대조하면서 이상을 찾아내고 진단합니다."

"그건 해도 될 것 같네요"라고 암스트롱 부인이 동의했고 나는 그 설명으로 동의를 얻을 수 있어 다행이라고 생각했다.

그러나 초음파 검사만으로도 암스트롱 부인의 간에서 암 병 터를 여러 개 발견했다. 나도 암스트롱 부인도 놀랐다. 암스트롱 부인의 상태가 훨씬 심각한 것으로 드러났고 이는 인두암이 재발해서 전이되었다는 것을 의미했다. 따라서 더 이상 폐 질환 환자로만 대해서 될 것이 아니라 말기 환자로 대해야 했다. 살날이 아마도 6개월 내지 1년 정도밖에 남지 않은 것으로 판단되었기 때문이다. 이 사실도 암스트롱 부인에게 설명하고 이해를 구해야 했다. 그러나 새로운 환경에서 새로운 의료진에 둘러싸여 있다 보니 더 힘들어 하는 것 같았다. 진료소의 추천도 없이 그저 동네에 있는 병원이라서 들른 것뿐이었기 때문이다.

그다음에 이어진 대화에서 또 다른 문제가 드러났다. 내가 암스트롱 부인이 아주 수척한 것을 보고 영양실조가 의심된다고 말하자 암스트롱 부인은 이렇게 답했다. "저는 식사를 잘 챙겨 먹질 않아요. 먹을 수가 없는걸요. 2~3년 전에 위궤양으로 심각한 출혈이 있었고 그게 대장으로까지 흘러들어갔어요. 수술의가 위의 대부분을 제거했고 아주 조금만 남겼어요. 그런 다음에 피부 경유 내시경 위창냄술Percutaneous Endoscopic Gastrostomy, PEG 이라는 이름의 시술로 가는 위창냄관을 집어넣어서 위벽에서 몸 밖으로 연결했어요. 저는 매일 그 관으로 영양을 섭취해요. 매일 이 과정을 돕는 가정 방문 요양사가 집으로 와요."

나는 그 말에 매우 놀랐다. 이미 여러 문제가 발견되었는데 위 궤양도 임종기를 앞당기는 또 하나의 주된 요인이기 때문이다.

"그런 위 출혈이 있다면 환자분의 상태는 훨씬 더 위중하네요. 환자분이 처음 여기를 찾았을 때 생각하신 것보다 암이 훨씬 더 깊숙이 침투한 것 같습니다."

암스트롱 부인은 말없이 앞만 바라봤다. 자신이 그토록 위중한 상태라는 새로운 정보를 한꺼번에 받아들이기가 쉽지 않았을 것이다. 그러나 이제는 암스트롱 부인이 회복 불가능하다는 것이 명확해졌다. 나는 CPAP이나 BiPAP처럼 적어도 임종기를 되도록 편안하게 보낼 수 있도록 돕는 몇 가지 보조 시술에 대해 설명하고 싶었다.

CPAP 기계에 대해 먼저 설명했다. "이 기계는 필요할 때마다 언제든지 숨을 잘 쉴 수 있도록 돕는 장치입니다. 그러니까 숨이 멎을까봐 걱정하지 않으셔도 됩니다. CPAP은 '지속 기도 양압continuous positive airway pressure'이라는 뜻입니다. 작은 기계로 공기 흐름을 일정하게 꾸준히 공급합니다. 마스크나 코에 끼우는 장치에 관이 연결되어 있고 그 관은 기계와 연결되어 있습니다. 그래서 기계에서 나오는 공기가 환자의 코로 들어갑니다. 환자의 호흡 패턴도 탐지해서 언제 숨을 들이쉬고 내쉬는지를 기록합니다. 덕분에 압축된 공기의 양을 환자에게 맞게 조절합니다. 작기 때문에 집에서도 쓸 수 있어요."

암스트롱 부인은 내 설명에 안도하는 것처럼 보였다. 나는 새로운 첨단 장비를 이해할 수 있도록 설명한 것에 기뻤다. 그런 설명이 없다면 환자들은 금세 새로운 장비라는 망망대해에서 방향을 잃을 것이다. 최신 컴퓨터 장비와 소프트웨어를 접한 소비자가 영업 사원의 도움 없이는 당황하고 헤매기 쉬운 것처럼 말이다. 이제 나는 암스트롱 부인에게 그녀를 도울 수 있는 새로운 멋진 제품에 대해 설명하는 영업 사원이 된 것 같았다. 암스트롱 부인의 증세에 맞는 장비를 고르도록 도우면서 BiPAP 기계가 무엇을 하고 CPAP 기계와는 어떻게 다른지도 설명했다.

"환자가 자는 동안, 또는 필요하면 낮에도 호흡을 돕는 또 다른 장비가 BiPAP 기계입니다. BiPAP biphasic positive airway pressure 는 '이상성 기도 양압'이라는 뜻입니다. CPAP 기계와 아주 유사합니다. 이 기계도 마스크로 기도에 압축된 공기를 공급합니다. CPAP 기계와의 가장 큰 차이점은 CPAP 기계는 압축된 공기압의 수준이 하나로 고정된 채 일정하게 공급된다는 것이죠. 물론 일부 CPAP 기계는 낮은 압력에서 시작해 점점 높은 압력으로 올리는 것이 가능합니다. 이렇게 하면 압력이 처음에는 좀 더 편하고 견딜 만한 수준에서 시작합니다. 그런 다음 밤새 또는 2~3시간에 걸쳐 적절한 수준을 찾아가는 거죠." 나는 설명을 계속했다.

"하지만 때로는 환자가 공기압 수준이 일정한 공기를 공급받으면 숨을 내쉴 때 힘들어하기도 합니다. 유입되는 공기에 맞서서 숨을 내쉬어야 하기 때문입니다. 그런데 BiPAP 기계는 공기압을 올렸다 내렸다 하면서 환자의 호흡 간격에 맞춰 공기압을 조절합니다. 공기압 수준을 두 가지로 설정할 수 있기 때문입니다. 숨을 들이마실 때는 압력을 높게 숨을 내쉴 때는 압력을 낮게 맞춰두는 거죠. 그래서 각 환자에게 맞는 두 가지 다른 수준의 압력으로 압축된 공기를 공급합니다. 물론 둘 다 써보고 BiPAP 기계도 여러 수준으로 설정해 보면서 어느 쪽이 더 편한지 결정할 수 있습니다."

"제가 소화해야 할 정보가 너무 많네요." 암스트롱 부인이 말했다.

"네, 그렇죠. 하지만 다양한 선택지에 대해 알아두는 것이 좋습니다. 이런 기계는 밤에 잘 때나 낮에 갑자기 호흡이 곤란해지는 등 호흡하는 데 도움이 잠깐씩 필요하긴 하지만 몸에 관을 꽂고 싶지는 않을 때 큰 도움이 되니까요."

암스트롱 부인은 생각에 잠겨 침묵에 빠졌다. 아직 어떻게 해야 할지 확신이 들지 않는 것 같았다. CAT 스캔과 초음파 장비에 대한 설명을 들은 데다가 호흡에 도움이 될 두 가지 장비에 대한 설명까지 들은 직후였으니 무리도 아니다. 지금은 일단 생각할 시간이 필요할 것이다.

마침내 암스트롱 부인이 입을 열었다. 내 설명을 듣고 나니 내가 여러 선택지에 대해 잘 알고 있다는 확신이 들었으며 자신의 상태를 고려해 최선의 선택을 해 줄 수 있을 거라면서 내게 결정을 맡기겠다고 했다.

"제발 결정을 해 주세요, 선생님. 이런 이야기를 해 주셔서 감사하기는 하지만 제게는 여전히 너무 어렵고 복잡한 내용이에요. 선생님이 최선을 선택해서 알려 주시는 게 나아요. 여러 선택지에 대해서도 잘 아시고 제 상태도 아시잖아요. 그러니 부탁드려요. 정해주세요."

결국 나는 초음파로 간에 있는 병터를 확인한 뒤 필요할 때마다 BiPAP 기계를 쓰도록 했다. 공기압을 하나로 고정하는 CPAP 기계에 비해 암스트롱 부인이 숨을 들이마시고 내쉬는 것에 맞춰서 공기압을 조절할 수 있어 이 장비가 가장 좋을 것이라고 판단했기 때문이다.

"그러면 일단 이걸로 시작하죠. 다음 주에 다시 오셔서 다른 선택지들에 대해서도 이야기를 해 봅시다. 앞으로 어떤 약물을 처방하고 어떤 치료를 받을지 등에 대해서요."

"그게 좋을 것 같네요."

나는 다음 상담 날짜를 잡았고 그날 현대 의학의 발전으로 더

해진 다른 선택지에 대해서도 설명할 계획을 짰다.

다음날 암스트롱 부인이 다시 왔다. 나는 먼저 혈압과 심박을 조절할 약물을 정하고 싶었다. 일단 조영제 없이 찍은 CAT 스캔 영상과 초음파 영상을 검토하기 시작했다. 그리고 암스트롱 부인에게 물었다. "BiPAP 기계는 어떻던가요? 호흡에 도움이 되었나요? 잠도 잘 주무시고요?"

"네, 괜찮았어요. 이제 좀 더 편해지겠죠."

그다음에는 현재의 혈압과 심박을 확인해야 했다. 간호사가 들어와서 혈압을 쟀다. 암스트롱 부인의 위쪽 팔에 혈압 측정띠를 두르고 압력을 가한 다음 수축기 혈압과 이완기 혈압을 쟀다. 혈압을 재는 기계는 우체국 저울 정도의 크기이다. 몇 초간 위잉 소리가 나더니 모니터에 숫자가 나타났다.

내가 그 숫자를 기록하는 동안 간호사는 기계의 결과가 정확한지 확인하기 위해 수동으로 혈압을 쟀다. 혈압 측정띠에 달린 수동 펌프를 이용했다. 두 결과 간에 차이가 크지 않았으므로 암스트롱 부인의 혈압은 아직은 괜찮지만 위험 수준에 가까운 100/155로 기록했다. 나는 혈압 강하제를 복용하면 나을 거라고 판단했다. 뇌졸중, 심장 마비, 심정지 등 고혈압과 밀접한 관련이 있는 의학적 문제가 더 나타날 가능성을 줄이기 위해서였다. 만약 혈압이 지나치게 낮았다면 혈압을 올리는 약물을 처방했을 것이다. 암스트롱 부인이 몸에 이상이 아주 많아서 살날이 몇 주 내지 몇 달 정도밖에 남지 않았다는 것을 알고 있지만 가능하면 그 시간들을 편안하게 보내게 해 주고 싶었다.

나는 암스트롱 부인이 약국에 가져갈 처방전에 약물 이름을 적었다. 병원에도 약국이 있었으므로 그곳에 가져가면 좀 더 편하게 약을 구할 수 있었다. 다만 이곳 약국도 일반 병원 내 약국에 비해 약값이 조금 더 비쌌다. 암스트롱 부인이 자신이 무슨 약을 왜 먹는지 알 수 있도록 어떤 약을 처방하는지 설명했다.

"일단 히드로클로로티아지드 hydrochlorothiazide 를 처방했어요. 이뇨제입니다. 혈압을 낮추죠. 매일 25mg을 복용하시는 겁니다. 원하면 식사하실 때 드셔도 됩니다."

나는 다음 약물에 대해 계속 설명했다.

"그리고 심장 리듬이 가끔씩 빨라진 뒤에 다시 느려지지 않아서 정상 리듬에서 벗어나는 것 같으니 메토프롤롤 metoprolol 이라는 약을 처방할게요. 이 약은 심장 리듬을 조절합니다. 심장 리듬은 되도록 규칙적인 것이 좋습니다. 그래야 산소와 혈액이 뇌와 신체 다른 부위로 규칙적으로 흘러 들어가니까요. 이런 리듬이 살짝 깨진다고 해서 문제가 생기는 것은 아니지만 지나치게 빠르거나 느리면 위험할 수 있습니다."

"설명해주셔서 감사해요." 암스트롱 부인이 말했고 나는 내 설명으로 이해가 되었다니 다행이라고 생각했다. 사실 보통 사람들은 이런 것들에 대해 생각할 일이 거의 없다. 몸에 문제가 생기기 전까지는 우리 몸이 어떻게 작동하는지에 대해 잘 생각해 보지 않는다. 그러다 몸에 문제가 생기면 문제를 일으키는 부위에만 관심이 집중된다.

"심장에 나타날 다른 문제에 대해서 한 가지만 더 말씀드릴게요. 심장 리듬이 완전히 어긋나는 상태를 '부정맥arrhythmia'이라고 합니다. 심장이 불규칙적으로 뛴다는 뜻입니다. 아주 빨리 뛸 수도, 아주 늦게 뛸 수도 있는데 어쨌든 심장의 리듬이 정상을 벗어난 상태입니다. 예컨대 심장이 한 박자를 건너뛰거나 조동이라고 해서 한 박자 더 뛰거나 갑자기 빨리 뛰는 것 등을 느끼는 걸 말합니다. 또는 아무 문제도 느끼지 못할 수도 있어요. 조용한 부정맥도 있거든요. 상황에 따라서는 부정맥이 즉시 조치를 취해야 하는 응급 상황일 수도 있고, 아무 문제가 안 될 수도 있어요."

"어느 쪽인지 어떻게 알죠?"

"병력을 고려하고 상황 전체를 살피는 겁니다. 암스트롱 부인처럼 의학적 문제가 많다면 부정맥은 아주 위험할 수 있습니다. 앞으로 상태가 악화될 것이라는 경고일 수 있어요. 그래서 암스트롱 부인에게 부정맥이 발견되면 종류에 상관없이 모니터링하고 즉각 조치를 취해야 하죠. 또 심장 리듬을 안정시키는 약물을 처방합니다. 반면에 어떤 부정맥은 전혀 심각하지 않고 일시적입니다. 갑자기 놀랐을 때 심장이 잠시 멎은 듯한 기분이 드는 경우가 있는데 그런 경우입니다. 혹은 스트레스를 받거나 무리한 신체 활동을 했을 때 심장이 훨씬 더 빨리 뛰거나 불규칙적으로 뛰는 걸 느끼죠. 그런데 이런 불규칙적인 심장 리듬이 가만히 있거나 침대에 누워있는데 느껴진다면 걱정할 필요가 있습니다. 심장이 불규칙하게 뛰는 이유가 대개 일시적인 외부의 사건 때문이 아니라 신체 내부에서 벌어지는 무언가 때문이라는 뜻이니까요."

"저는 어느 경우에 해당하나요?"

"그때그때 다릅니다. 어떤 상황이었는지 고려해야 하고 당시에 얼마나 아팠는지도 따져봐야 하죠. 혈압이랑 심장 리듬의 이상에 대해 이런 식으로 상황에 따라 다르게 대처해야 한다는 것이 혼란스럽다는 것은 압니다. 다른 환자들과 가족들도 그렇게 느낍니다. 그리고 이런 혼란이 스트레스를 가중시키죠. 그래서 구체적인 사항은 대부분 저와 의료진에게 맡기는 것이 낫습니다."

암스트롱 부인은 다행이라는 듯이 고개를 끄덕였다. "물론이에요. 압니다. 정말 혼란스러워요. 생각해야 할 것이 너무 많아요. 전문가에게 맡기는 것이 낫겠죠."

그리고 내가 준 알약 몇 개를 가리켰다. "그래서 이제는 뭘 하면 되나요?"

"그건 되도록 오래도록 암스트롱 부인의 신체가 정상적인 기능을 유지하도록 돕는 약입니다. 어떤 치명적인 증세가 나타나든지 상황에 맞게 가장 좋은 약이라면 무엇이든 쓸 겁니다. 앞으로 심한 통증 없이 남은 몇 달을 최대한 편안하게 보내실 수 있도록요. 제가 처방한 약물이 도움이 될 겁니다. 그러나 암스트롱 부인이 원하면 언제든지 약 복용은 중단할 수 있습니다."

"알겠습니다."

나는 암스트롱 부인과 논의해야 할 중요한 주제가 하나 더 남았다는 걸 알았다. 연명 의료 계획이었다. 암스트롱 부인은 '무슨 수를 써서라도' 생명을 연장하는 연명 의료 시술을 원할까? 아니면 마지막에 자연스럽게 죽음을 맞이하도록 모니터를 끄는 쪽을 택할까? 아니면 의료진이 어떤 연명 의료 조치는 실시하고 어떤 연명 의료 조치는 실시하지 않는 선택적 연명 의료 거부를 선택할까?

"이제 아주 중요한 연명 의료 관련 결정을 내려야 합니다. 우선 이게 무엇인지 설명드릴게요. 그런 다음 어떤 게 좋을지 제 생각을 말씀드리겠습니다. 마지막에는 암스트롱 부인이 선택하면 됩니다."

암스트롱 부인은 조용히 들었고 나는 수백 명의 환자들에게 했듯이 설명을 이어나갔다. 결국 암스트롱 부인은 생명을 연장하려고 특별한 조치를 취하지 않기를 바란다고 결정했다.

"그냥 때가 오면 빨리, 고통 없이 가고 싶어요. 그거면 충분해요."

그리고 그녀의 바람대로 되었다. 몇 달 뒤, 암스트롱 부인은 더 이상 산소 탱크를 들고 돌아다닐 수 없게 되었고 병원에 입원했다. 그 무렵에는 일어서는 것조차 힘들어서 화장실에도 혼자 갈 수 없었다. 그리고 어느 날 갑자기 심장이 불규칙적으로 뛰기 시작했다. 몇 분 뒤 다발성 장기부전이 시작되어 신장과 폐가 기능을 멈췄고 숨도 멎었다. 암스트롱 부인의 지시대로 병원에서는 특별한 조치를 취하지 않았고 몇 분 뒤 암스트롱 부인은 평화롭게 세상을 떠났다. 암스트롱 부인의 경우 복잡한 문제가 많았지만 다양한 말기 의료에 대해 설명했고, 그 덕분에 암스트롱 부인은 자신이 무엇을 원하는지 이성적으로 결정할 수 있었다. 암스트롱 부인이 원하는 것은 바로 아무것도 하지 않는 것이었고 그래서 연명 의료 거부를 선택했다. 그리고 우리는 암스트롱 부인의 뜻대로 아무것도 하지 않았다.

12

법적 문제

병원과 의사가 따르는 여러 절차들은 말기 의료에 관한 여러 연방 법과 주법에 의해 규정된다. 어떤 조건에서 어떤 치료를 해야 하고 언제 연명 의료 거부 결정 또는 선택적 연명 의료 거부 결정을 적용해야 하는지에 관한 전문가로서의 의견을 제공하기도 하지만 그 외에 이와 관련한 의료진의 선택은 의료진이 무엇을 할 수 있고 무엇을 할 수 없는지를 기술한 법의 테두리 내에서 이루어진다.

최근에 개인이 의사에게 약물을 처방받아 고통 없이 생을 마감할 수 있게 허용하자는 운동이 지지층을 넓히고 있다. 현재 4개 주에서 이런 선택을 허용하고 있고 다른 주에서도 이런 선택을 허용하는 것을 검토하고 있다. 이렇게 삶을 마감하는 선택을 때로는 '존엄하게 죽을 권리compassionate choice'라고도 부른다. 가장 최근에 캘리포니아주에 사는 말기 암 환자 크리스티 오도넬Christy O'Donnell

이 캘리포니아주에서 안락사를 허용하는 법을 제정하라고 촉구하는 캠페인을 벌였다. 또한 '의사조력자살에 관한 법 Medical Aid in Dying'이라는 명칭의 법안이 바로 얼마 전 캘리포니아주 의회를 통과했다.[1] 이런 움직임으로 몇 가지 법적·윤리적 쟁점이 제기되었다. 아직 내가 일하는 지역의 의사들 사이에서 논의되는 문제는 아니지만 이 장에서 그런 쟁점도 함께 다루겠다.

또한 말기 의료에 적용되고 의료진이 환자와 가족을 돕는 과정에서 직면하는 다양한 법적 고려 사항에 대해 설명하겠다. 환자와 가족이 이런 고려 사항에 대해 알지 못하거나 문제 삼지 않는 경우에도 법적 고려 사항들은 말기 의료에 영향을 미친다.

법적 테두리 내에서 선택하기

환자를 치료하는 최선의 방법을 선택할 때 가장 우선으로 고려되는 것은 무엇이 환자의 입장에서 가장 바람직한 선택인가 하는 것이다. 그리고 환자의 입장에서 가장 바람직한 선택은 환자의 상태와 환자의 연명 의료 관련 선택권(연명 의료 거부나 선택적 연명 의료 거부 등)에 따라 달라진다.

의사와 의료진은 기본적으로 생명을 유지하기 위해 모든 조치를 취해야 하는데 거기에는 환자에게 소생술을 실시하는 것도 포함된다. 환자가 말기 상태여서 소생술이 마지막까지 환자가 통증과 고통에 시달리는 기간만 연장한다 하더라도 상관없다. 물론 법적으로는 통증과 고통을 최소화하기 위해 필요한 모든 조치도 취할 수 있다. 다만 환자가 연명 의료 거부나 선택적 연명 의료 거부 의사를 표시한 서류에 서명을 하지 않은 이상 의료진은 환자에게 소생술을 실시하지 않거나 기관내삽관을 하지 않거나 환자가 요청한 소생술만 골라서 실시할 수는 없다.

또한 환자의 상태가 더 복잡해질수록 환자의 연명 의료 관련 선택 과정도 더 복잡해진다. 그래서 환자가 자신이 원래 했던 선택을 바꾸기를 원하거나 환자의 가족이 의료진이 정말로 환자가 바라는 대로 했는지에 이의를 제기했을 때 환자가 정말 무엇을 원했는지가 명확하지 않은 경우가 생긴다. 문제는 때로는 의학적으로 최선인 것이 법적인 테두리를 벗어나는 것일 수 있다는 점이다. 또 다른 문제는 환자가 말기인지 확실하지 않으면 환자의 연명 의료 거부 결정을 적용해야 하는 경우인지 환자의 회생을 위해 모든 수단을 동원해야 하는 경우인지를 판단하기가 어렵다는 점이다.

이런 복잡한 문제들이 제니의 사례에서 잘 드러난다. 제니는 60대 여성으로 질병을 앓기 전까지는 한 회사의 마케팅부 이사로 일하고 있었다. 제니에게는 40대인 변호사 아들이 있었는데 그 아들은 어머니를 최대한 잘 돌보고 싶어 했고 그럴 만한 경제력도 있었다. 제니가 기관지염으로 병원에 처음 왔을 때는 흔히 접할 수 있는 기침, 오한, 고열 등을 동반한 아주 심한 독감 환자였기 때문에 완치할 것으로 기대되었다. 그 당시 제니는 연명 의료 거부 의사를 표시했다(많은 사람들이 고통 속에 서서히 죽어가는 두려움을 덜기 위해 연명 의료 거부 결정을 선택한다). 심정지나 호흡 정지 바로 뒤에 이런 연명 의료 거부 결정이 적용되면 논란이 되지 않는다. 모든 것이 아주 빠르게 진행되고 심폐소생술을 실시하지 않거나 기관내삽관을 해서 인공호흡기를 부착하지 않으면 환자가 몇 분 안에 사망하기 때문이다.

그런데 제니의 독감이 폐렴으로 발전하면서 문제가 복잡해졌다. 점액이 폐로 이어지는 주된 호흡 경로를 막았다. 점액 마개는 일반적으로 폐에서 만들어져서 배출되거나 그전에 진단되었거나 진단되지 않은 호흡기를 막는 종양 때문에 생긴다. 제니의 경우 기관지염에서 회복하는 동안 입원을 했는데 내가 병실을 찾았을 때 호흡 곤란을 호소하면서 문제가 시작되었다.

"갑자기 몇 초 동안 숨을 쉴 수가 없어요. 그러다가 다시 괜찮아지지만요. 이틀 전부터 그랬어요. 숨을 쉴 수 없는 순간이 점점 길어질까 봐 정말 무서워요."

제니를 진찰하면서 나는 호흡, 맥박, 심박 등 기본적인 활력 징후를 확인했다. 몸에 과도한 수분이 축적되어 있거나 부종이 있는 것으로 짐작되었다.

"이뇨를 실시하는 것이 좋겠습니다. 수분을 제거하는 조치입니다. 환자분 몸에 수분이 과도하게 축적되어 있는 것 같거든요. 매일 다시 진찰하면서 나아지는지 지켜보겠습니다."

그러나 상태가 전혀 나아지지 않아서 그로부터 이틀 뒤 제니는 호흡이 중단되는 순간이 점점 더 길어지고 있다고 불평했다.

그날 오후 나는 폐 전문의를 데리고 와서 제니를 진찰하게 했다. 폐 전문의는 제니의 어깨와 가슴 부위를 두드리고 목구멍으로 내시경을 집어넣었다. 내시경은 길고 가늘면서 유연한 관이어서 이 관을 통해 제니의 폐를 들여다볼 수 있었다. 내시경에는 광학 장비도 달려있다. 그래서 사진이나 짧은 동영상을 찍을 수 있고 생체 검사를 실시하거나 호흡기를 뚫거나 지혈을 실시할 수도 있다. 폐 전문의는 진찰을 마치더니 나에게 자신의 소견을 알렸다.

"이 점액 마개 때문에 낮에 폐 허탈이 일어나는 것 같습니다. 그래서 호흡이 멈추는 것이고요."

폐 전문의와 제니의 상태를 논의하고 있는데 제니의 상태가 갑자기 위중해졌다. 제니는 숨을 헐떡거리면서 "제발, 제발. 숨을 못 쉬겠어요" 하고 울부짖었다.

기관내삽관과 인공호흡기 부착을 피하기 위해 폐 전문의는

BiPAP 기계를 사용하는 비침습적 대안 조치를 권했다. 호흡 요법 사가 곧 BiPAP 기계를 가지고 왔다. 그는 제니의 얼굴에 마스크를 단단히 씌워서 공기가 제니의 호흡에 맞춰 드나들도록 했고 제니 는 매번 더 많은 공기를 들이마실 수 있었다.

"이제 좀 어떠세요?" 호흡 요법사가 물었다.

처음에 제니는 고개를 끄덕이면서 "괜찮아요"라고 답했는데, 몇 분 지나지 않아 점점 더 강한 스트레스를 받았다. 무거운 마스크 를 쓰고 있으니 폐쇄 공포를 느낀 것이다. 결국 제니는 마스크를 내 리고 절박하게 말했다.

"죄송하지만 이걸 더는 못 쓰고 있겠어요."

"좀 더 마음을 편하게 먹으세요. 괜찮아질 거예요." 폐 전문의 가 말했다. "바다 밑을 떠다니고 있다고 생각하세요. 그리고 이 마 스크 덕분에 숨을 쉴 수 있고요."

몇 분 간 제니는 마스크를 다시 쓰고 자신이 작살을 든 과학자 라고 상상해 보았다. 옆으로 물고기 떼가 지나간다고 생각하니 조 금 마음이 차분해졌다. 그러나 마스크에 물기가 차면서 조금 뿌옇 게 변하자 다시 겁이 나 견딜 수가 없었다. 제니는 마스크를 내렸다.

그녀는 "못 하겠어요"라고 헐떡거리며 말했다.

폐 전문의와 나는 즉시 짧게 논의한 끝에 기관내삽관을 하고 인공호흡기를 부착하기로 결정했다. 제니는 연명 의료 거부 결정에 서명했고 이는 마지막 순간에 인공호흡기 적용을 원치 않는다는 것을 뜻했지만 다른 한편으로는 자신이 의사 결정을 할 수 없을 때는 아들에게 대신 결정하도록 적시해 두었다. 우리는 제니가 회복할 가능성이 아직 있으므로 연명 의료 거부 결정을 적용하지 않고 인공호흡기를 부착해도 괜찮을 것이라고 판단했다. 제니의 아들 애덤은 제니의 연명 의료 결정 과정에 관여하는 대리인이었고 애덤도 자기 어머니의 폐 질환과 호흡 곤란 증세가 치유될 수 있다고 생각했기 때문에 이런 우리의 판단에 동의했으므로 법적으로도 문제될 것이 없었다.

제니가 그 상황에서 회복하든 못하든 제니의 연명 의료 거부 의사를 표시하고 서명한 법적 서류는 여전히 유효했다. 일반적으로는 어떤 결과로 이어지건 의료진이나 병원이 환자의 그런 결정을 뒤집을 수는 없기 때문이다. 다만 의료진은 환자의 의학적 상황이 변했을 때 그에 맞춰 어떻게 하고 싶은지 환자에게 다시 물어볼수는 있다. 만약 환자의 마음이 바뀌어서 연명 의료 거부 결정을 철회한다면 생명 연장을 위한 모든 조치를 다 취할 수도 있다. 그런 예외적인 경우 외에는 연명 의료 거부 결정은 그대로 유지되고 죽음이 임박했을 때 환자는 진정제의 도움으로 평안하게 숨을 거두게 된다.

그런데 연명 의료 거부를 선택한 환자가 의료 현장에서 자신의 결정을 철회하는 일은 거의 없다. 다만 급성 맹장염 같은 응급 상황으로 인해 기관내삽관이나 인공호흡기 부착이 필요하다면 연명 의료 거부 결정을 철회하고 수술 및 수술 후 처치를 받을 수 있다. 수술에서 회복한 뒤에 환자는 다시 연명 의료 거부 의사 표시를 하면 된다. 요컨대 현실에서는 연명 의료 거부 결정의 적용이 매우 유동적이다. 환자, 그리고 연명 의료 결정에 관여하는 가족이 언제든 그 자리에서 연명 의료 거부 결정을 철회할 수 있기 때문이다. 전혀 합리적인 근거가 없더라도 마찬가지다. 환자와 가족이 모두 정서적으로 매우 불안정한 시기이기 때문에 그런 일이 벌어지기도 한다.

유감스럽게도 제니는 그다음날에도 여전히 회복하지 못했다. 인공호흡기에 연결된 관을 빼자마자 제니는 숨을 거칠게 몰아쉬며 애걸했다. "제발요. 숨을 못 쉬겠어요." 게다가 제니는 엄청난 가슴 통증을 호소했다. 아마도 점액을 축적하고 호흡을 방해하는 근본 원인이 폐종양인 듯했고 그 종양이 커지고 있는 것으로 짐작되었다. 제니는 이미 쇠약해진 상태였고 말기였기 때문에 종양 유무를 확인하거나 점액 마개를 제거하기 위한 수술을 실시할 수 없었다. 그런 수술은 죽음을 재촉할 뿐이었으므로 의학적인 관점에서 비윤리적인 의료 행위가 될 것이다.

이제 제니는 말기 환자가 되었으므로 우리는 인공호흡기를 영구히 떼는 것을 고려했다. 다만 아직 기관내삽관을 유지한 채 마지막으로 시도해 볼 만한 시술이 한 가지 더 있었다. 폐 전문의를 다음날 호출해서 최근에 폐에 쌓인 점액 마개를 제거하는 방법이 남아 있었던 것이다. 그러면 제니의 폐 기능이 다시 기초 생존 수준으로 돌아가고 치유가 진행될지도 몰랐다.

'할 것인가 말 것인가'의 딜레마에 빠지는 순간이다. 이런 때 의료진은 법적으로 무엇이 가능한가라는 문제에 직면하게 된다. 법적인 판단과 의학적인 판단이 다를 수 있기 때문이다. 이런 법적 충돌은 우리가 무엇을 하든 발생할 수 있다.

따라서 제니의 경우 우리는 환자와 대화를 하면서 인공호흡기 금지 결정대로 인공호흡기를 떼고서 이 싸움을 그만 끝내고 싶은지 아니면 회복 가능성에 기대를 걸고 연명 의료 거부 결정을 철회하고서 모든 수단을 동원해 보고 싶은지 확인하기로 했다. 안타깝게도 제니가 이미 착란 증세를 보이고 있었기 때문에 더는 제니의 의사를 물을 수 없었다. 호흡 부전으로 폐에 이산화 탄소 등의 기체가 쌓여서 정신에 해로운 영향을 미쳤기 때문일 수도 있고 이미 질환을 앓고 있는데 감염 증상이 더해지면서 나타난 증세일 수도 있었다. 원인이 무엇이든 제니는 더는 의사 결정 능력이 없었다.

그래서 나는 제니의 아들 애덤에게 전화를 걸었다. 약 2분 뒤에 연락이 닿았다.

"어머니의 연명 의료에 관해 상의드리려고 전화했습니다"라고 설명하면서 제니의 상태를 간략하게 전했다.

"두 가지 선택지가 있는데 지금 당장 결정해주셔야겠습니다. 어머니는 더는 선택을 하실 수 없어서요. 연명 의료 거부 결정을 철회하시겠습니까 아니면 이대로 어머니를 보내드리길 원하십니까?"

애덤도 이 딜레마의 핵심 질문의 답을 고민하는 듯했다. "어머니를 계속 살리는 것이 의미가 있을까요?"

나 자신도 확신이 없었으므로 그런 불확실성을 함께 전했다. "실은 저도 잘 모르겠습니다. 한편으로는 관을 꽂은 채 통증을 줄이기 위해 모르핀 수액을 투여하는 것이 마음 아픕니다. 폐에 박힌 점액 마개를 제거하면 조금 더 살날을 연장할 가능성도 있으니까요. 다만 어머니의 병력을 고려할 때 회복을 기대하기는 어렵습니다. 폐가 이미 회복 불가능한 상태에 있거든요. 그리고 한동안 폐에 수분이 축적되는 것을 막으려고 투석을 실시했기 때문에 신장도 더 이상 기능을 수행하지 못할 것입니다."

"저도 잘 모르겠네요. 아마도 선생님이 가장 잘 아시겠죠."

애덤의 결정으로 의료진이 원하는 조치를 실시할 법적인 권한이 주어졌는지는 모르겠지만 여전히 어떤 조치가 최선인지는 확실하지 않았다. 따라서 우리는 가장 보수적인 선택을 했다. 제니가 되도록 스스로 호흡을 시도하다가 숨을 거두도록 하는 대신 인공호흡기를 부착한 채 하룻밤 더 지켜보기로 한 것이다. 그런 다음 폐 전문의와 나머지 폐 의료진이 다음날 아침 폐를 채우고 막은 과다 수분을 제거하기로 했다.

몇 시간 뒤 폐 전문의와 폐 의료진이 왔지만 안타깝게도 제니의 호흡 경로를 뚫을 수가 없었다. 계속 물이 차올라서 호흡 경로를 다시 막았다. 결국 제니는 침상으로 되돌아왔고 계속 숨을 쉴 수 있도록 인공호흡기를 부착한 채로 두었다. 마취로 의식이 없는 상태였으므로 자가 호흡이 전혀 불가능했기 때문이다.

나는 즉시 애덤에게 전화를 걸어 상황을 설명하고 이제 어떻게 할지 물었다.

"이제는 어머니를 편안하게 해드리고 싶어요."

나는 애덤의 답을 듣고 안도했다. 나도 더 이상 제니를 살려두려고 애쓰는 것이 소용없다고 판단했기 때문이다. 애덤도 그에 동의했으므로 우리는 그의 뜻에 따랐다. 법 규정에 따라 제니가 처음에 지시한 대로, 그리고 현재 제니의 아들이 동의한 대로 했다.

애덤과 통화를 마친 뒤 나는 제니의 병실로 갔다. 조금 의식을 되찾은 그녀는 침대에 일어나 앉아 있었고 마지막으로 봤을 때보다는 상태가 나아 보였다. 여전히 인공호흡기에 연결되어 있었으므로 숨은 잘 쉬고 있었다.

나는 되도록 조심스럽게 제니의 상태를 설명했다.

"더는 해 드릴 수 있는 것이 없습니다."

"이해해요." 기관내삽관을 해서 말을 할 수가 없었으므로 그녀는 침대 옆 메모지에 적었다. "곧 끝나겠죠."

의료진이 들어와 인공호흡기에 연결된 관을 제거했다. 그리고 간호사와 의사 모두에게 인공호흡기를 부착하면 안 된다는 지시가 내려졌다. 또한 모르핀 수액을 투여해서 안정을 취할 수 있게 했다. 몇 시간 뒤 제니는 편안하게 숨을 거두었다.

마침내 끝이 난 것이다. 환자에게 어떤 조치를 취할지 의학적인 결정을 내릴 때 직면하는 다양한 법적인 문제를 보여주는 복잡한 사례였다. 다행히도 우리는 법을 잘 활용해서 법적인 테두리 내에 머물면서도 환자를 위해 최선의 선택을 할 수 있었다. 또한 환자에게서 연명 의료 거부 결정을 받아둔 것도 도움이 되었고 환자가 더는 의사 결정을 할 수 없을 때 환자의 아들에게 의료진의 판단에 대한 동의를 구한 것도 도움이 되었다. 따라서 결국 의학적으로는 제니를 도울 수 없었지만 적어도 제니의 마지막 순간을 평안하게 해 줄 수 있었다. 그것이 바로 제니 본인이 몇 주 전 여전히 의식이 또렷할 때 연명 의료 계획서에 서명하면서 표시한 바람이기도 했다.

어디까지 허용할 것인가?

미국에서는 5개 주(오리건주, 뉴멕시코주, 몬태나주, 워싱턴주, 캘리포니아주)를 제외한 거의 모든 주에서 의사가 어떤 식으로든 자살을 방조하는 행위를 절대로 허용하지 않는다. 이에 따르는 한 가지 법적 쟁점은 곧 죽을 환자에게 통증과 고통을 줄이기 위한 약물을 얼마나 많이 투여할 수 있는가이다. 의사가 죽음을 앞당기는 것을 법적으로 규제하고 벌칙을 가하다 보니 임종기를 줄이는 것처럼 보일 수 있는 의료 행위를 할 때는 조심스러워진다. 그런데 의학적으로 환자가 심한 통증을 겪지 않도록 돕고 싶을 수 있다. 다만 통증 완화를 위한 의료 행위와 의사의 자살 방조 의료 행위 간에 경계가 불분명하다 보니 때로는 그 둘을 구분하기가 어렵고 의사는 그 선을 넘을까 봐 걱정한다. 때로는 투여한 약물이 통증을 가라앉히기에는 부족해서 환자가 고통 속에 온몸을 비틀면서 울부짖는 것을 지켜보면서 갈등한다. 그러나 환자에게 그 이상 약물을 더 투여하면 그 약물이 사망의 원인이 될 수도 있다. 환자는 통증 완화가 목적이었고 그 약물을 투여하지 않더라도 곧 죽을 환자였다 하더라도 의사는 약물 과다 투여를 이유로 기소되거나 더 나아가 살인죄로 기소될 수 있으므로 어쩔 수 없다면서 손을 놓게 된다.

마리아라는 환자를 돌볼 때도 이런 쟁점이 문제가 되었다. 마리아는 90대였으며 다발성 장기부전으로 곧 죽음을 앞둔 상태였다. 마리아는 5년 동안 요양원에서 지냈다. 그전까지는 장녀인 안드레아와 살고 있었지만 안드레아가 더는 가정에서 어머니를 잘 돌볼 수 없다고 판단했다. 그래서 마리아는 요양원에 들어갔고 하루의 대부분을 의자에서 딸과 손주들을 위한 스웨터를 짜거나 TV를 보거나 거실에서 다른 환자들과 요양원 직원들을 관찰하면서 보냈다. 다른 사람과 말을 섞는 일은 거의 없었다. 뇌종양 때문에 아주 기본적인 단어와 개념 외에는 말을 거의 하지 못했기 때문이다. "안녕… 잘 지내?… 몇 시?… 더워… 추워…" 정도가 할 수 있는 말의 전부였다.

마리아가 처음 병원에 왔을 때는 안드레아와 함께였다. 안드레아는 경영 컨설턴트로 일하는 60대의 아주 세련된 여성이었다. 마리아는 작은 상처를 입었는데 그 상처가 감염되면서 패혈 쇼크가 나타났다. 면역 체계가 약해진 상태였으므로 감염이 삽시간에 몸 전체로 퍼졌다. 노인 환자에게서는 흔한 일이다. 곧 마리아의 몸 전체에 염증이 생겼고 마리아는 패혈 증후군에 걸렸다. 뇌와 주요 장기의 조직에 산소와 영양분의 공급이 차단되었고 결국 여러 장기의 기능이 멈췄다. 이런 식으로 패혈 쇼크가 치료되지 않은 채 계속 진행되면 환자의 혈압이 급격히 떨어지면서 결국 사망하게 된다.

마리아의 뇌종양 때문에 마리아와 직접 말을 나눌 수는 없었지만 나는 마리아의 몸과 내부 장기를 장악하는 염증을 서둘러 치료해야 한다는 것을 알 수 있었다. 마리아의 입원 수속 절차를 처리한 다음 나는 마리아의 대리인인 안드레아와 상담을 했다. 안드레아는 마리아의 상태를 간략하게 설명했다.

"어머니는 암 때문에 신체 기능이 정상적으로 작동하지 않고 있어요. 그래서 예전처럼 말을 하지도 못하고 기억도 잘 못하세요. 때로는 좋아지는 날도 있어서 제가 누군지 알아보시기도 하고 간단한 말은 알아들으시기도 해요. 아직도 뜨개질처럼 단순한 일은 할 수 있어요. 하지만 그 외에는 식물인간 상태나 마찬가지예요."

"어머님의 패혈증을 치료하는 데 최선을 다하겠습니다." 나는 즉시 마리아에게 투석을 실시해서 신체 계통에 쌓인 독소를 배출하도록 했다. 그리고 혈액이 응고하는 약과 혈압이 높아지는 것을 막는 약물을 처방했다. 더 나아가 나는 감염을 일으킨 세균과 싸울 항생제를 정맥 주사로 주입하도록 지시했다.

"어머님이 연세가 있고 패혈증 외에도 의학적 문제가 있어서 쾌유를 장담할 수는 없습니다. 하지만 적어도 패혈증은 치료할 수도 있을 것 같습니다."

며칠 뒤 안드레아는 마리아가 병원 휴게실에서 다시 뜨개질을 하는 것을 보고 어머니가 나아졌다는 것을 알게 되었다.

안타깝게도 패혈증은 마리아의 여러 의학적 문제 중에서 아주 사소한 것에 불과했다. 사흘 뒤 마리아는 발작을 일으켰다. 나는 집으로 돌아간 안드레아에게 전화를 걸어서 어머니의 상태를 알렸다.

"매 시간마다 발작을 일으키고 있어요. 갑자기 경직이 시작되어 몸을 웅크렸다가, 발작이 멈추기 전 약 1분간 전신을 부들부들 떨어요. 발작 횟수가 늘고 있고 강도도 점점 심해지고 있습니다. 아주 위중한 상태라서 저희로서는 더 해드릴 것이 없습니다."

그즈음 안드레아는 가족을 대표해서 마리아가 말기라는 것에 동의했다.

그날 오후 나는 마리아의 마지막 순간에 어떤 조치를 취할지 결정하기 위해 안드레아를 만났다. 나는 연명 의료 거부, 선택적 연명 의료 거부 등 다양한 말기 의료 선택지에 대해 설명했다. 안드레아는 심폐소생술 거부와 함께 어머니를 편안하게 해주는 조치만을 선택했다. 그래서 나는 그에 맞춰 마리아의 연명 의료 계획서를 작성했다. 그리고 그 계획서의 내용에 따라 의료진은 활력 징후 모니터링을 포함해 모든 진단 행위, 치료 행위, 시술 행위를 중단했다. 또한 병원은 마리아와 그 가족에게 보호자용 침대가 딸린 병실을 제공했다. 마리아가 마지막 순간을 가족과 친구에게 둘러싸여 보낼 수 있게 배려한 것이다. 마리아가 믿는 종교의 신부나 목사 등의 방문도 허용했다. 마리아가 원하면 의료진의 방해 없이 종교에 따른 임종 의식을 치를 수 있게 한 것이다.

그런 다음 나는 마리아의 통증을 줄이기 위해 모르핀 수액을 처방했다. 간호사가 모르핀으로 채워진 플라스틱 주머니를 가지고 왔고 매 시간 또는 2시간마다 마리아의 정맥에 연결된 긴 관을 통해 일정한 양을 주입하도록 설정된 기계에 수액을 연결했다. 투여량은 환자의 상태, 체중 등의 요인에 근거해서 결정한다. 모르핀 수액은 환자의 통증을 없애거나 적어도 줄이기만 해야 하며 환자의 사망을 유도하거나 앞당기면 안 된다.

진통제를 투여하면서 법 규정에 따라 통증을 완화하면서도 환자를 죽이지 않는 투여량을 찾는 작업은 아슬아슬한 줄타기와도 같아서 정확한 균형점이 어디인지 확실하지 않을 때가 많다. 이런 어려움은 투여량이 통증을 줄이거나 없애기에 부족해서 환자가 고통에 시달릴 때 아주 극명하게 드러난다. 환자가 반혼수상태이거나 식물인간 상태에 있더라도 환자의 몸은 여전히 통증에 반응하므로 환자가 수액에 연결된 채 몇 시간 내지 며칠을 보내는 동안 비틀고 움찔거리는 모습은 환자가 느끼는 고통이 어느 정도인지를 말해준다. 그러나 의료진이 아무리 환자의 통증을 의학적으로 줄이고 싶어도 법 규정 때문에 그럴 수가 없다. 적어도 대부분의 주에서는 그렇다. 의료진은 환자를 '죽여서는' 안 되기 때문이다. 그 환자의 상태가 나아지지 않은 채 몇 시간이나 며칠 뒤에 죽을 운명인 경우에도 다르지 않다.

마리아의 경우에는 모르핀 수액을 투여할 때 간호사가 여느 때와 마찬가지로 수분이나 영양 공급 등 환자의 생명을 유지하는 다른 모든 수단은 제거했다. 따라서 오직 약물로만 환자를 편안하게 해 줘야 했다. 마리아에게는 통증을 줄이는 모르핀 수액과 세 가지 약물을 투여했다. 환자를 진정시키는 아티반과 할돌Haldol, 그리고 기도 분비물을 막는 레브신이다.

그러나 문제는 마지막 8일 동안 병원에서 투여한 모르핀 양이 충분하지 않았다는 것이다. 왜냐하면 마리아가 모르핀 '과다 투여'로 사망하지 않을 정도로만 투여해야 했고 의료진은 마리아가 통증으로 몸을 비틀거나 떨거나 움찔거리는 등 고통스러워한다는 증거 없이는 진통제 투여량을 늘릴 수 없었다. 근무 중인 간호사가 그런 모습을 보면 투여량을 조금 높여 편안하게 해 주었다. 그러나 마리아는 곧 다시 몸을 비틀고 떨고 움찔거렸다. 다만 그 모습을 바로 알아차리고 통증을 줄여줄 사람이 곁에 없었다.

의료진에게 이것은 끔찍한 상황이었다. 법적으로 우리는 환자를 편안하게 하는 수준으로만 모르핀을 투여할 수 있으므로 환자가 고통스러워한다는 증거가 없으면 모르핀 투여량을 늘릴 수 없다. 그러나 이 균형점을 정확하게 맞추기는 쉽지 않다. 마리아는 이제 자신의 상태를 전달할 수 없었으므로 우리는 마리아가 통증과 고통을 느낀다는 것을 알리는 갑작스런 발작 등 환자의 몸이 보내는 신호에 의지해야 했다. 그러나 누군가가 마리아 곁에 계속 머물면서 지켜볼 수는 없었으므로 통증을 멈추기 위해 모르핀 투여량을 살짝 높이면 잠시 안정을 취하는 것처럼 보였다가도 마리아는 곧 통증을 다시 느끼고 몸을 비틀거나 떨거나 움찔거리는 등 발작을 일으켰다. 죽음을 앞당길 수도 있으므로 모르핀 수액 투여량을 한참 높일 수는 없었다. 이미 죽음이 예정된 환자였지만 그런 죽음을 앞당기는 것으로 비칠 위험을 무릅쓰고 모르핀 투여량을 높이는 사람은 아무도 없었다.

환자는 가족이 그 자리에 있다는 것을 모를지라도 환자의 가족은 그 곁을 지키고 싶어 한다. 대신 환자가 고통에 시달리는 것을 보면서 함께 고통스러워해야 한다. 특히 법적 규제 때문에 의료진이 통증을 덜어줄 수 없을 때는 환자 가족이 느끼는 고통이 커진다.

요약하자면 마리아의 사례가 보여주듯이 의료진이 '안락함의 장벽', 즉 환자를 되도록 평안하게 해 주면서도 죽음을 앞당기지 않는 수준을 뛰어넘는 그 어떤 조치도 취할 수 없다는 현실이 정말 안타깝다. 의학적으로 우리는 이 장벽을 뛰어넘어서 죽어가는 환자가 사망이라는 종착역에 더 빠르고 덜 고통스럽게 닿도록 돕고 싶은 마음이 들 때도 있다. 어차피 회복될 수 없는 환자이니까. 그러나 안타깝게도 미국의 거의 모든 주에서는 현재 법규정상 그런 행위는 금지된다. 법적으로 모르핀 수액은 살아 있는 사람에게 신체적인 편안함을 제공하는 목적으로만 사용될 수 있다. 죽어가는 환자를 더 빨리, 더 평안하게, 덜 고통스럽게 죽도록 돕는 데는 사용할 수 없다. 환자와 가족이 그것을 원한다 해도 말이다.

잠재적인 법적 분쟁 소지에 대처하기

환자의 모든 신체 계통의 기능이 멈추면서 임종에 이르렀지만 심폐소생술 거부나 인공호흡기 적용을 거부하는 의사를 표시한 연명 의료 계획서를 작성하지 않은 경우에도 법적 한계가 어디인지 확인해야 한다. 이런 경우 의료진은 환자가 의식이 또렷했을 때 표시한 의사(연명 의료 계획서를 작성하지 않았다면 연명 의료 실시를 요청한 것으로 간주된다)에 따라 조치를 취해야 한다. 요컨대 의료진이 환자의 상태에 비추어 최선이 아니라고 생각하더라도, 환자의 통증과 고통을 줄여 자연스럽게 숨을 거두게 하는 것이 최선이라고 생각하더라도 마지막 순간까지 환자의 생명을 연장하는 모든 조치를 실시해야 한다. 한 가지 예외가 의사, 사회 복지사, 간호사, 종교인, 병원 행정 직원으로 구성된 병원의 윤리 위원회가 개입해서 의료진에게 환자의 존엄성을 지키고 인간답게 죽음을 맞이할 수 있도록 생명을 연장하는 특정 조치를 취하지 말라고 권한 경우이다. 환자의 가족이 반대하는 경우에도 이런 권고는 유효하다. 그러면 법적으로도 연명 의료를 실시하지 않거나 중단하는 것이 적법한 것으로 인정된다.

그러나 그 외의 경우에는 연명 의료 실시를 하지 않았을 때 '병원이 환자를 위해 최선을 다하지 않았다', '환자를 제대로 관리하지 않아서 말기로 진행되었다', '병원이 환자를 소홀하게 대하고 있다' 등의 이유를 들어 환자 가족이 법적 소송을 걸어서 문제가 복잡해지기도 한다. 그리고 최종적으로 병원이 승소하거나 조정 절차에서 유리한 입장을 점하더라도 그런 법적 분쟁은 진흙탕 싸움이 되기 십상이다.

그리고 이런 법적 분쟁에서는 병원과 의사가 법적 운명 공동체가 되곤 한다. 가족 측이 법적 보상 금액을 최대한 늘리기 위해 의사 개인 또는 최대한 많은 의사를 상대로 소송을 제기하기 때문이다. 병원의 보상금 상한선은 소송 사건당 2만불'이다. 가족을 대변하는 변호사는 의사와 병원의 보험에서 최대한 많이 받아내려고 한다. 반대로 병원 및 의사의 보험 회사를 대변하는 변호사는 되도록 적은 액수를 지급하려고 노력한다.

조의 사례가 이런 법적 분쟁으로 번지고 말았다. 조는 50대 초반 남성으로 건설 노동자로 일했으며 당뇨병 때문에 병력이 상당했다. 안타깝게도 조는 먹는 것을 즐겼고 당뇨병으로 인해 높아진 혈당을 낮추는 인슐린을 종종 깜빡 잊고 복용하지 않았다. 그러다 보니 혈당이 높아져서 자주 병원에 실려오곤 했다. 초기 단계에는 당뇨병의 대표적인 증상에 시달렸다. 소변을 자주 봤고 먹고 난 뒤에도 목이 마르거나 배가 고팠다. 아주 심한 피로를 느끼거나 시야가 흐릿해지기도 했고 멍이나 상처가 잘 아물지 않았다. 그리고 손발에 찌릿한 통증이 느껴지거나 아무 감각이 없을 때도 있었다. 때로는 이런 증상 때문에 지나치게 결근을 많이 해서 건설 현장에서는 해고를 당한 적도 여러 번 있었다.

파티에서 밤늦게까지 놀거나 술을 많이 마시는 등 건강을 잘 돌보지 않았기 때문에 조의 당뇨병은 점점 심해져서 신부전과 신경 손상으로 발전했다. 또한 당뇨병 때문에 동맥이 굳고 좁아졌다. 이것을 '죽상 동맥 경화증atherosclerosis'이라고 부른다. 그래서 조는 뇌졸중으로 쓰러지거나 관상동맥병에 걸릴 확률이 극도로 높아졌다. 그런데 이런 위험한 상태에서도 그는 의사들의 조언을 계속 무시하고서 과식을 멈추지 않았고 초콜릿, 사탕, 케이크를 즐겨 먹었다.

◀ 약 2천만 원(2018년 3월 기준)

따라서 40대였던 마지막 몇 년 동안은 당뇨병과 지나친 음주로 인한 다양한 문제로 매년 15회 이상 병원에 입원했다. 역설적이게도 조가 인생에서 얻은 가장 큰 행운은 평생의 동반자를 병원에서 만났다는 것이다. 샐리는 조가 병원에 입원했을 때 그를 담당한 간호사였다. 조가 퇴원하자 샐리는 조의 집에서 함께 살게 되었고 계속 조를 돌봤다.

하지만 조의 상태는 계속 나빠져서 결국 살날이 몇 달 남지 않게 되었다. 내가 조를 만났을 때 그는 병원에 다시 입원해 있었다. 나는 중환자실에서 인공호흡기에 연결된 조가 누워있는 침상으로 갔다. 먼저 조의 진료 기록부를 살펴봤다. 진료 기록부는 범죄 기록부의 의학 버전이라고 보면 된다. 지난 15년간 조가 겪은 의학적인 문제를 전부 나열하고 있었다. 그중에서도 특히 눈에 띄는 것은 조가 지난 몇 년간 투석을 받으러 병원에 매일 또는 이틀에 한 번씩 왔다는 것이다. 투석은 축적된 수분을 제거한다. 정상인이라면 일반적으로 소변 생성으로 제거되어야 하는 수분이다. 그러나 조는 신장이 제대로 기능을 하지 못했기 때문에 투석으로 이 수분을 제거해야만 했다. 투석이 끝나면 조는 집으로 돌아갔다.

그런데 조는 신장이 쉴 수 있도록 술과 당이 많은 탄산음료 및 간식을 끊으라는 의사의 지시를 따르지 않았고, 금방 다시 병원으로 실려왔다. 마침내 조의 신장은 완전히 기능을 상실했다. 신장 이식도 여러 번 받았지만 잘못된 식습관을 고치지 않았기 때문에 이식 받은 신장도 망가졌다. 당뇨병 환자인데 혈당을 제대로 관리하지 않은 까닭에 영구적으로 투석을 받게 된 것이다.

조가 힘없이 손을 들어 나에게 인사를 건네는데 그의 손가락이 몇 개 모자라는 것이 눈에 띄었다. 진료 기록부에 따르면 당뇨병 때문에 혈류량이 줄어 궤양이 생긴 손가락을 절단해야만 했다. 궤양이 괴사로 이어져서 손가락을 치료할 방도가 없었던 것이다.

나는 마침내 입을 열어 조에게 스스로에 대해 조금 이야기해 달라고 부탁하고 어떤 말기 의료를 원하는지 물었다.

"이제 정말로 끝인가 보군요. 그동안 상태가 점점 안 좋아지기는 했어요."

"네, 진료 기록부에도 나오는군요." 나는 다시 한 번 진료 기록부를 훑어보았다. 조는 그전에도 여러 번 중환자실에 입원했고 폐 손상으로 인공호흡기를 사용해야만 했다. 또한 지나친 음주로 간경화가 생긴데다가 당뇨병으로 신장이 망가져 투석을 받고 있었다. 때로는 울혈성 심장 기능 상실로 병원에 실려오기도 했다. 그 때문에 호흡 곤란, 잦은맥박 또는 부정맥, 폐부종 등의 증상도 함께 나타났다. 폐부종으로 폐포에 수분이 쌓여 호흡 곤란이 더욱더 심해졌다.

"보시다시피 저는 지금 엉망진창이에요." 조가 덧붙였다. "이 정도면 충분하다고 생각해요. 끝내고 싶어요."

나는 연명 의료 거부에 대해 설명했다. 조는 즉시 동의했다.

"선생님, 그게 바로 제가 원하는 거예요. 이 세상에 이별을 고할 때가 왔어요. 제가 죽는 걸 앞당길 수 없다면 적어도 연명 의료를 거부하는 것이 최선인 것 같네요. 제가 자연스럽게 떠날 수 있게, 굳이 붙들지 말아주세요."

그러나 내가 필요한 서류를 가지고 돌아오기 전에 요양원 간호사로 일하면서 지난 3년간 조와 함께 산 샐리가 조와 연락이 끊겼던 딸 베티와 아들 조니를 데리고 병실을 찾아왔다. 조의 딸과 아들은 다른 지역에서 살고 있었다. 조의 지나친 음주와 일자리를 잃고 다시 찾지 못하는 것에 대한 분노를 표출하며 난동을 부리는 주사에 지친 나머지 3년 전에 연락을 끊었던 것이다. 그런데도 조는 아무것도 바꾸지 않았다. 대신 고통을 잊기 위해 계속 술을 마셨다. 의학적인 문제를 계속 일으키고 다시 일자리를 찾는데 장애가 되었지만 샐리의 도움과 사회 보장 연금으로 그럭저럭 입에 풀칠은 할 수 있었다. 조의 자녀들은 아버지가 계속 스스로를 파괴하는 것을 돕고 싶지 않았기 때문에 돈도 보내지 않았고 연락도 끊었다.

그런데 이제 샐리와 함께 나타나서 조를 살릴 수 있도록 모든 조치를 취하라고 병원에 요구했다. 마치 조가 다시 건강을 찾을 가망이 있다고 믿고 있으며 지난 몇 년간 아버지를 방치한 데 죄책감을 느끼는 듯했다.

샐리는 조의 자녀들의 입장을 정리하면서 "조는 지금 어떤 결정을 내리기에는 이미 상태가 너무 악화되었어요. 그러니 조가 회복할 수 있도록 모든 조치를 취해야 해요"라고 말했다.

"맞아요." 조의 아들이 힘주어 말했다. "병원은 아버지를 회복시키기 위해 최선을 다하지 않고 치료를 멈추는 게 싸게 먹힐 거라고 생각하겠지만 이번에 아버지가 회복하지 않으시면 병원을 상대로 의료 과실 책임을 묻겠어요. 그러면 돈이 훨씬 더 많이 들겠죠."

샐리와 조의 아들이 이런 식으로 거친 말을 쏟아내자 병원은 응급 윤리 위원회를 열어서 어떻게 할지 의논했다. 그날 오후 윤리 위원회가 소집되었고 구성원 모두 병원 회의실의 커다란 탁자에 둘러앉았다. 내 옆에는 행정 직원 두 명, 사회 복지사, 의사, 그리고 환자의 종교에 따라 환자가 편안하게 숨을 거둘 수 있도록 상담을 하거나 임종 예식을 올리는 목사, 신부, 랍비가 앉아 있었다.

조를 어떻게 해야 할까? 주요 쟁점은 조가 무엇을 원하는가, 그리고 조가 서명한 연명 의료 계획서가 없음에도 '모든 것을 끝내자'는 그의 선택이 의학적으로 최선이며 의료진에게 연명 의료를 실시하지 않을 권한을 부여하는지, 아니면 현재 다발성 장기부전이 진행된 조의 상태가 말기라는 것을 이해하지 못하거나 인정하지 않으려는 가족의 요구에 따라야 하는지였다. 조는 나와 이야기를 나눌 당시 술에 취한 상태여서 의사 결정 능력이 없다고 판단되어 서류에 서명하지 못했다. 또한 나중에 서명을 요청했을 때 조는 의사가 최선이라고 권하는 연명 의료 거부를 본인도 원했으면서도 가족과 먼저 상의해야 한다고 계속 주장했다. 조의 가족들은 병원에서 말하는 것만큼 조의 상태가 심각하지 않다고 생각하거나 병원이 약물을 투여하거나 수술을 하는 등 적극적인 시술을 하면 모든 것이 괜찮아지리라고 기대하는 것 같았다. 가족이 제기한 소송이 아무리 근거가 없고 결국 병원이 승소한다고 해도 병원은 여전히 법적 분쟁에 비용을 들이고 갈등을 겪어야 한다. 그러나 조가 사망하기 전에 어떤 식으로든 서둘러 결정을 내려야 했다. 조는 몇 주, 이르면 며칠 내지 몇 시간 안에 사망할 것이었기 때문이다.

회의에 참여한 사람들은 병원이 잠재적인 소송 가능성이라는 위협에 어떻게 대응해야 할지, 그리고 이 경우에 가장 윤리적인 선택이 무엇인지에 대해 각자의 입장을 내놓았다. 의사 한 명이 먼저 입을 열었다.

"조의 가족들은 조의 상태가 얼마나 심각한지 정말로 잘 모르고 있어요. 기적을 바라고 있는데 저희가 어떤 수를 써도 조의 손상된 모든 장기를 치료할 수는 없어요."

또 다른 의사도 그 말에 동의했다.

"그러니 의학적으로는 연명 의료를 실시하는 것이 아무 의미가 없어요. 환자는 결국 불필요한 통증과 고통에 시달릴 뿐입니다."

"그리고 조는 제게 심폐소생술이나 인공호흡기 적용을 원하지 않는다고 분명히 말했어요"라고 내가 덧붙였다.

"그렇다면 윤리적으로도 그것이 옳은 결정이겠군요"라고 신부가 말했다.

"해를 끼치지 않겠다는 의학 선서에도 일치하고요"라고 랍비가 말했다.

"소송을 걸겠다는 협박은 그냥 하는 말일 수도 있어요. 조의 생명을 연장하는 것이 부질없다는 것을 깨닫게 되면 소송을 할 근거가 없다는 것도 알 거예요." 사회 복지사가 다른 관점을 제시했다.

행정 직원도 이에 동의했다. "게다가 병원을 상대로 소송을 제기하는 것은 비용이 많이 드는 일이죠. 승소를 조건으로 이 사건을 맡으려는 변호사도 없을 겁니다. 패소할 가능성이 큰데 패소했을 때는 더 큰 비용을 치러야 하죠. 그런 근거 없는 소송에 저희 쪽이 들인 비용도 부담해야 하니까요."

"환자 측이 패소해도 소송 비용과 보상금을 댈 돈이 없을지도 몰라요"라고 또 다른 의사가 말했다.

"물론 법적 분쟁에 휘말리면 병원의 이미지가 타격을 입을 수도 있어요." 행정 직원이 지적했다.

"기도를 드려야 할 것 같아요." 목사가 말했다.

나는 윤리 위원회가 얼른 결론을 내리기를 바랐다. "소생술을 실시할지 말지, 어느 쪽을 선택하건 조의 상태를 고려하면 서둘러야 합니다."

법적·윤리적으로 옳은 결정이 무엇인가에 관한 회의는 계속되었다. 다양한 분석과 의견이 나왔기 때문이다. 핵심은 서류에 기록되지는 않았지만 환자가 말로 표현한 의사를 존중할 것인가였다. 조는 더 이상 자신의 의사를 전달할 수 없게 되기 바로 전 내게 자신이 무엇을 원하는지 말했기 때문이다. 또한 나를 비롯해 그 자리에 참석한 모든 의사가 현재 연명 의료 중단이 최선이라는 데에는 이견이 없었다. 조를 의학적으로 낫게 할 방도가 없었기 때문이다. 따라서 모든 사람이 의학적으로 합당하고 윤리적으로 옳은 일은 조에게 고통만 가하는 치료를 멈추는 것이라는 데 동의했다. 그럼에도 불구하고 연명 의료를 실시해야 한다는 입장도 있었는데 의사에게 불가능한 일, 즉 환자를 건강한 상태로 되돌리기를 원하는 가족이 소송을 제기할 가능성 때문이었다. 그런데 우리는 의학적으로 조를 다시 회복시키는 것이 불가능하며 며칠 내지 몇 주 안에 장기가 모두 멈춰서 사망할 것이 확실하다는 것을 알고 있었다.

그때 사회 복지사 한 명이 가족이 그런 소송을 제기할 법적 권한이 있는지 의문을 제기했다.

"조는 지난 몇 년간 샐리와 살고 있었고 가족과는 연락을 끊고 지냈잖아요. 그런데 가족들이 갑자기 나타나서 연명 의료 관련 결정을 대신할 권리가 있나요? 조는 이미 자신이 무엇을 원하는지 명확하게 표현했는데도요?"

따라서 결국 병원은 조의 가족이 소송을 제기할 자금이 부족하거나 패소할 거라는 이유를 들어 소송을 제기하겠다는 가족의 협박은 현실성이 없다는 결론을 내렸다. 자신들을 대변할 변호사를 찾기도 어려웠을 것이다. 따라서 법적 분쟁의 소지는 매우 적었으며 병원은 조가 내게 표시한 의사를 반영해 의학적으로 가능하면서도 윤리적으로도 결함이 없는 결정을 내렸다.

윤리 위원회가 결정을 내리자 간호사는 조가 마지막 순간을 되도록 편안하게 맞이하도록 모르핀 수액을 투여했고 조는 곧 사망했다. 샐리는 장례 준비를 했고 모순적이게도 조의 아들과 딸은 그런 준비에 관여하지 않고 떠나버렸다. 그 후로 그들이 병원에 연락하는 일은 없었다. 몇 년 전 아버지와 연락을 끊었을 때와 마찬가지였다.

아마도 상황이 달랐다면 병원의 윤리 위원회가 다른 결정을 내렸을지도 모른다. 그러나 조의 사례는 연명 의료 계획서가 작성되지 않은 상태에서 환자와 의료진은 연명 의료가 무의미하다고 여기지만 가족이 이에 반대하는 경우에 의사와 병원에 어떤 법적·윤리적 제약이 가해지는지를 보여준다. 이런 법적·윤리적 문제에 대해서는 환자의 상태, 윤리적 고려, 환자의 의사, 환자의 의사와 다른 입장을 취하는 가족의 주장 등에 비추어 그때그때 다르게 대처해야 할 것 같다. 환자의 선택과 의학적 판단이 최우선 순위를 차지해야 할 것 같지만 법적으로는 다른 조건과 우선순위가 적용되기도 하기 때문이다.

조의 사례는 환자가 죽어가고 있어서 환자의 임종기에 어떤 처치를 할지를 서둘러 결정해야 할 때 제기되는 다양한 법적·윤리적 쟁점과 환자, 의사, 의료진, 환자의 가족이 서로 다른 의견과 입장을 취할 경우 어떻게 대처해야 할지에 대한 공식적인 지침의 필요성을 보여준다.

응급 상황에 대처하기

환자가 진정 무엇을 원하는지를 파악하거나 필요한 법적 동의를 얻을 시간이 없는 응급 상황에도 법적 쟁점이 존재한다. 응급 상황에서 의료진은 일반적으로 심폐소생술 실시나 인공호흡기 부착 여부를 판단하기 위해 최선을 다해야 한다. 그런데 연명 의료 실시 여부 판단 결정은 몇 초 내지 몇 분 내에 끝내야만 한다. 응급 상황에서는 환자가 생사의 경계를 오고간다는 것이 확실한 상황이다. 이런 위급한 상황에서 의료진은 환자가 다시 원래의 삶으로 돌아가도록 회복할 가능성과 환자가 회복 불가능하며 필연적으로 곧 죽을 가능성을 가늠해야 한다. 그리고 그렇게 저울질한 근거로 후에 자신들의 판단을 정당화해야 할 때도 있다. 환자가 사망한 후 환자 가족이 법적 소송을 제기하면 이 근거가 소송 내용에 편입되기도 한다. 물론 환자 가족은 대부분 환자에게 어떤 조치를 실시했을 때 왜 그런 조치를 취했는지를 알고 나면 의료진이 상황에 비추어 최선의 조치를 선택했다는 사실을 받아들인다.

체이스 부인과 체이스 부인의 가족이 그런 사례였다. 체이스 부인은 86세 여성으로 자신의 집으로 찾아와 침대 정리, 설거지, 심부름 등을 해 주는 가정 방문 요양사의 도움을 받으며 혼자 살고 있었다. 근처에 사는 손녀딸 두 명이 매주 또는 격주로 찾아왔다. 다만 멀리 떨어져 있는 다른 주에 거주하는 아들과는 연락을 거의 하지 않고 1년에 두어 번 전화 통화만 했다. 아들은 자기 가족을 건사하는 데 바빠서 어머니와는 소원해졌다.

체이스 부인은 한때 내 진료소의 단골 환자였다. 그래서 연명 의료 계획에 대해 이야기를 나눌 기회가 있었지만 그때마다 체이스 부인이 마음을 정하지 못해 그 어떤 의사 표시도 하지 않았다. 그러다 2~3년간 만나지 못하고 있었는데 어느 날 내 진료소로 전화를 했다. 그녀는 한동안 임박한 죽음에 대해 생각했다고 말했지만 어떤 결정을 했는지 짐작할 수가 없었다.

"숨이 잘 안 쉬어져요. 오늘 평소처럼 동네 산책을 하는데 갑자기 숨을 쉴 수가 없더라고요. 그래서 잠깐 앉았는데 심장이 갑자기 막 빨리 뛰었어요. 한 1~2분 정도 기절할 것 같더니 괜찮아졌어요. 그동안 매 시간마다 2~3분 정도, 그리고 밤에 자러 가기 전에 산소 탱크를 이용했어요. 무슨 일이 생길까 봐 겁이 나요."

나는 "곧장 응급실로 가세요. 저도 그리로 갈게요. 여기 진료소에는 필요한 장비나 검사실이 없으니 종합 병원에서 합시다"라고 권했다.

체이스 부인은 "알겠어요"라고 답했지만 꼬박 하루가 지나서야 내 진료소 건너편에 있는 가장 가까운 응급실에 나타났다. 응급실 간호사가 체이스 부인이 왔다고 전하면서 "폐렴이 있으신 것 같아요"라고 덧붙였다.

체이스 부인은 통원 환자 진찰실 침대 위에 누워 있었다. 심장 모니터가 연결되어 있었고 간호사는 가슴 X−선 촬영 영상을 건네주었다. X−선 사진을 살펴보자 체이스 부인의 왼쪽 가슴에 진한 회색 그림자가 보였다. 폐렴으로 폐에 생기는 대표적인 병터가 생겼다는 징후였다.

이런 진단 결과를 설명하려고 체이스 부인 쪽으로 돌아보는데 체이스 부인의 심박 수가 갑자기 1분당 212회로 치솟았다. 일반적으로는 목숨이 위험한 응급 상황이었다. 그런데 체이스 부인은 심장이 그토록 빨리 뛰는데도 그에 따르는 다른 증상은 전혀 나타나지 않았다. 심박 수가 그렇게 높으면 혈액이 완전히 차기 전에 심장이 수축한다는 의미여서 몸 전체로 보내는 피의 양이 줄어든다. 그래서 환자는 흔히 어지럼증, 현기증, 심박 및 맥박 상승, 가슴 통증, 호흡 곤란을 겪는다. 그런데 체이스 부인에게는 그런 증상이 관찰되지 않았다. 심박 상승이 너무 갑작스런 현상이었기 때문일 수도 있다. 어쨌든 갑자기 생명이 위험할 정도로 심박이 빨라졌다는 것은 무언가 심각한 이상이 있다는 징후였다.

그러나 체이스 부인이 겁을 먹으면 스트레스만 심해지고 심박 수만 상승할 것이므로 나는 모니터를 가리키며 손녀딸인 줄리아에게 말을 건넸다. 줄리아는 몇 년 전에도 체이스 부인과 함께 내 진료소를 찾았었다.

"심박 수가 아주 높습니다. 곧 심장 마비나 심정지를 일으킬 수 있다는 징후일 수도 있습니다. 그러면 생명이 위험해지겠죠. 할머니가 그런 상황에서 연명 의료를 받을지 아니면 거부할지 결정하셨나요?"

"잘 모르겠어요. 할머니께 물어보세요."

그래서 나는 마지못해 체이스 부인에게 물었다.

내가 걱정했던 대로 체이스 부인은 금방 불안한 기색을 보였다.

"왜 그걸 알고 싶은 거죠?"

"지금 당장 답하지 않으셔도 됩니다."

나는 잠시 물러설 필요가 있다고 생각했다. 체이스 부인이 생사의 갈림길에 가까워지는 이때 그런 선택을 하도록 부담을 주면 스트레스만 더 받을 것이다. 대신 나는 간호사에게 체이스 부인의 심박 수를 낮출 약물을 투여해 달라고 지시했다. 그리고 신뢰하는 심장 전문의 동료에게 전화를 걸어 조언을 구했다. "곧 갈게요"라는 답을 들었고 친구는 2분 뒤에 체이스 부인의 병실로 왔다.

체이스 부인과 체이스 부인의 두 손녀딸이 마음을 정하지 못하는 와중에도 나는 얼른 판단을 내려야 했으므로 심장을 잘 아는 전문가의 의견을 구하는 것이 중요하다고 생각했다. 나는 의학적인 근거뿐 아니라 생명이 위중한 상황에서도 선택을 하지 못하는, 또는 선택하기를 망설이는 환자나 가족을 대신해 의료 결정을 내렸을 때 생길 수 있는 법적인 문제도 고려해야 한다는 것을 알고 있었다. 현재 나는 한편으로는 환자가 회복 가능성이 있는지, 있다면 연명 의료 시술을 적용해야 하는 경우와 다른 한편으로는 환자가 몇 시간 내지 하루 이틀 정도밖에 살지 못할 거라면 더 편안하게 생을 마감할 수 있도록 연명 의료를 실시하지 말아야 하는 경우의 두 시나리오 중 체이스 부인이 어느 쪽에 해당하는지를 판단해야 하는 기로에 서 있었다.

"체이스 부인의 심장이 멈추거나 호흡이 멈추면 어떻게 하는 게 좋을까요?" 나는 동료에게 물었다.

그는 모니터와 체이스 부인을 살펴보면서 생각에 잠겼다. 그러나 그가 어떤 의견을 내놓기도 전에 체이스 부인의 심박 수가 떨어지기 시작했다. 몇 분 만에 정상 범위 내인 1분당 125회로 떨어졌다. 그리고 더는 심각한 부정맥이나 비정상적인 심박이 나타나지 않았다.

"내 소견은 필요 없게 된 것 같네요. 스스로 회복한 것처럼 보이니까요."

그렇게 응급 상황은 지나갔다. 그러나 이는 갑자기 생사의 갈림길에 서게 되었을 때, 응급 상황에서 환자가 어떤 조치를 받고 싶은지 명확한 지시를 하지 않은 경우 의료진이 어떻게 의료 관련 결정을 내려야 하는가라는 쟁점이 왜 제기되는지를 잘 보여주는 사례다. 그런 일이 생기면 우리는 의학적인 근거를 바탕으로, 법적 문제도 고려해서 판단을 한다. 물론 가장 좋은 것은 응급 상황이 발생하기 전에 환자나 가족이 미리 연명 의료 계획서를 작성하는 것이다. 나중에 마음이 바뀌면 언제든지 바꿀 수 있기 때문이다. 그래도 환자나 가족이 연명 의료 관련 선택을 서류로 남기지 않았을 때 의료진이 어떻게 하면 좋은지 공식적인 기본 지침이 있다면 도움이 될 것이다. 그래야 상황에 비추어 최선의 의학적 결과를 염두에 두고 판단을 내렸거나 환자나 가족이 말로 전달한 연명 의료 관련 선택에 따랐을 때 의료진이 법적인 제재나 처벌을 받는 일이 생기지 않을 것이다. 이 사례에서 보듯이 환자와 가족이 미리 선택을 하고 연명 의료 계획서를 작성해 두는 것이 가장 중요하다. 응급 상황에서는 환자, 가족, 의료진 모두 스트레스를 많이 받고 있기 때문에 그 자리에서 최선의 선택이 무엇인지 제대로 판단하기가 쉽지 않기 때문이다. 게다가 응급 상황은 언제든 발생할 수 있다. 예측 불허라는 삶의 평범한 특징이 질병 등 의학적인 문제가 있는 사람뿐 아니라 모든 사람에게 적용되기 때문이다.

의사 조력 자살

미국에서 점점 더 많은 관심을 받고 있는 연명 의료 관련 법적 쟁점은 의사 조력 자살 허용 문제이다. 이미 5개 주에서 환자가 의사와 상담을 한 뒤 스스로 생을 마감할 수 있도록 약물을 처방받을 수 있는 법적 근거를 마련했다. 물론 각 주의 법은 남용을 막기 위해 허용 조건을 까다롭게 규정하고 있다. 이들 법은 살날이 6개월도 남지 않은 말기 환자는 의사의 도움으로 자신의 삶을 끝낼 수 있어야 한다는 기본 원칙을 토대로 마련되었다. 의사 조력 자살을 허용하는 법은 대부분 환자가 목숨을 끊을 수 있는 약물을 처방받기 위해서는 의사 두 명의 동의를 얻어야 하며 그다음에는 처방전에 따라 약을 구입하기까지 최소 72시간을 기다려야 한다고 규정한다. 세세한 내용은 주마다 다르지만 기본 이념은 임종기에 있고 통증과 고통이 점점 심해지고 있는 환자에게는 스스로 자신의 생명을 끊을 권리가 있다는 것이다. 또 두 명 이상의 의사에게 말기 판정을 받아야 하며 목숨을 끊기 위한 약을 일정 시간 기다려야 한다는 등의 조건은 누군가 환자에게 이런 선택을 하도록 강요하거나 속이는 일이 없도록 하는 예방 조치다.

두 환자의 사례가 전 미국인의 이목을 끌면서 의사 조력 자살을 둘러싼 전국적인 논쟁에 불을 붙였다. 그중 하나는 브리타니 메이나드의 사례다. 브리타니는 스스로 목숨을 끊기 위해 의사 조력 자살이 법적으로 허용되는 오리건주로 이주했고 2014년 11월 1일에 의사 조력 자살을 실행에 옮겼다. 이보다 더 최근인 2015년 6월 말에는 크리스티 오도넬이 캘리포니아주에서도 의사 조력 자살이 법적으로 허용될 수 있도록 법을 바꾸기 위해 앞장서 싸우겠다고 선언했다. 크리스티는 전신으로 퍼진 말기 암으로 고통 받고 있었다. 그 후 캘리포니아주 의회는 존엄한 죽음을 위해 의사의 도움으로 스스로 생명을 끊는 행위를 허용하는 법을 통과시켰고 2015년

10월 5일 캘리포니아주 주지사 제리 브라운이 캘리포니아주의 존엄사법 End of Life Option Act 에 서명했다.[2] 이 책을 쓰고 있는 현재 캘리포니아주와 오리건주 외에도 의사의 도움을 받아 스스로 생을 마감하는 행위를 허용하는 법을 제정한 주는 세 곳이 더 있다. 워싱턴주, 오리건주, 버몬트주는 존엄사법으로, 몬태나주는 판례로 존엄사를 허용한다. 그밖에 뉴욕주, 미시건주, 위스콘신주, 미주리주, 네바다주 등 16개의 주가 존엄사법 제정을 고려하고 있다.[3] **◀**

이 법적 쟁점이 미국에서 전국적인 논쟁거리가 되다 보니 그런 식으로 의사의 조력을 받아 스스로 생을 마감하고 싶다는 요청을 받은 의사는 어떻게 대처해야 하는가 하는 질문을 가끔 받는다. 나는 각 주의 법 규정에 따라 다르다고 답한다. 의사는 각 주의 법을 존엄사를 요청한 환자를 도울지 말지를 결정하는 근거로 삼으면 된다. 그다음에는 존엄사를 돕는 행위에 대한 자신의 종교적 믿음이나 윤리적 가치관에 따라 결정하면 된다.

◀ 우리나라에서는 2018년 2월 4일부터 「연명의료결정법」 시행으로 임종 과정에 있는 환자가 연명 의료 중단 등의 결정을 스스로 할 수 있게 되었다. 연명 의료란 이 책에서 설명하고 있는 대로 임종 과정에 있는 환자에게 하는 심폐소생술, 인공호흡기, 혈액 투석 및 항암제 투여 등의 의학적 시술로서 치료 효과 없이 임종 과정만을 연장하는 것을 말한다. 관련 법령의 자세한 내용은 국가법령정보센터에서 확인할 수 있다.

의사 조력 자살이 불법인 주에서 기본 원칙은 생명을 보존하기 위해 필요한 모든 조치를 취하면서도 불필요한 통증과 고통은 되도록 줄이라는 것이다. 이곳 매사추세츠주에서는 환자의 연명 의료 거부 결정 또는 선택적 연명 의료 거부 결정 유무가 결정적인 요인이 된다. 의사는 스스로 목숨을 끊으려는 환자를 도울 수는 없지만 환자가 연명 의료 거부를 선택했고 환자가 죽어가는 것이 확실하다면 심폐소생술을 실시하거나 인공호흡기를 부착하지 않고 환자가 자연스럽게 죽음을 맞이하도록 놔둔다. 다만 환자가 느낄 통증이나 고통을 줄이거나 제거하는 약물을 투여해서 마지막 순간을 편안하게 보낼 수 있도록 해 준다.

13

말기 판정과
회복 가능성

완화 의료에서는 환자가 언제 진정으로 임종 과정에 들어섰는가도 중요한 문제다. 환자가 사고를 당했거나 급성 질환에 걸렸거나 만성 질환의 말기에 해당하는 경우에도 언제나 가장 기본이 되는 질문은 회복 가능성이 있는가이다. 회생한 경우 재활 과정을 오랫동안 거쳐야 하거나 사지 절단이나 마비 등 영구적인 장애로 계속 고통을 받는다 하더라고 다시 삶을 영위할 수 있는가 하는 문제도 중요하다.

의사 등 의료인이 따르는 대원칙은 모든 생명을 보전해야 한다는 것이다. 따라서 회복 가능성이 조금이라도 있다면 의료인은 생명을 연장하기 위해 최선을 다한다.

그러나 환자가 임종기에 있다면 심폐소생술 거부/인공호흡기 거부 또는 연명 치료 무제한 실시 등 앞서 논의한 말기 의료 절차가 시작된다.

　　의료 현장에는 완치될 것이 확실한 환자와 병원에 도착했을 때 이미 사망한 환자만 있는 것이 아니라 다양한 상태 및 단계에 놓인 환자가 있기 마련이어서 의료인과 환자 및 가족이 환자가 임종기에 있는지, 회복 불가능한지, 어느 정도나 회복될지 확실하게 판단할 수 없는 경우도 생긴다.

말기 환자인가의 여부

말기 환자인지 아닌지를 판단하는 일은 환자의 현재 상태, 과거 질환 및 치료 결과를 보여주는 환자의 병력, 과거와 현재 복용한 약물의 종류와 그 효과 등 여러 가지 요인을 고려해야 하는 매우 복잡한 작업이다. 또한 두 명 이상의 의사가 환자가 회복 불가능하다고 판단해야 한다.

　　대개 환자의 병력과 각종 약물에 대한 반응 등의 정보는 진료 기록부를 보면 알 수 있지만 이런 정보를 얻을 수 없을 때도 있다. 그럴 때 환자를 진단하는 의사는 환자가 의식이 있고 의사 표현 능력이 있다면 환자 본인에게 이런 정보를 얻어야 한다. 혹은 가족에게서 정보를 얻거나 해당 병원에 요청해서 환자의 진료 기록부를 받기도 한다.

그런데 말기 진단을 할 때 이런 정보가 아예 없는 경우도 있다. 그럴 때는 의사가 자신이 진찰한 결과와 환자에게 연결된 모니터에 표시된 정보를 바탕으로 판단해야 한다. 예를 들어 이전에 진단되지 않은 큰 종양, 내출혈, 파열되기 직전인 팽창된 동맥, 동맥류, 파열 가능성이 있는 뇌혈관 등이 찍힌 CAT 스캔 영상을 참조한다. 또 다른 스캔에서 농양, 괴사 조직, 주요 장기의 암이 발견될 때도 있다. 이런 영상을 참고하면서 의사는 하나 이상의 주요 장기의 손상 정도를 따져 환자의 상태가 얼마나 위중한지 파악할 수 있다.

그러나 상황에 따라 환자의 치유 경과가 예측 불가능하기 때문에 말기 진단은 늘 복잡해지기 마련이다. 의사는 환자의 현재 상태, 병력, 기타 요인을 근거로 대체적인 경과를 예측할 수는 있지만 좋은 쪽이든, 나쁜 쪽이든 예측과는 다른 방향으로 진행될 가능성은 언제든지 있다. 그 결과 말기 판정을 받은 환자가 갑자기 체력을 회복하고 호전될 수도 있다. 반대로 회복할 것처럼 보였던 환자가 갑자기 악화되어 임종기에 들어서기도 한다.

대부분 의사의 말기 판정이 정확할 가능성이 높으며 대개 두 명 이상의 의사에게서 말기 판정을 밟는 절차를 거치지만 환자가 치료에 (좋든 나쁘든) 예측하지 못한 방향으로 반응하는 경우는 언제든 발생할 수 있다.

환자가 임종기에 들어섰는지 여부를 판단하는 과정 자체에 잠재되어 있는 불확실성 외에도 환자와 가족이 어떤 상태를 말기라고 생각하는지도 문제를 복잡하게 만들 수 있다. 그에 따라 의료인의 권고를 받아들이는 반응이 달라지기 때문이다. 일반적으로 환자와 가족이 회복 가능성이 있다고 믿을 때는 연명 의료 거부 권고를 받아들이지 않으며 의료진의 권고와는 달리 치료를 계속할 것을 주장한다. 치료가 실패해서 누가 봐도 환자의 임종이 임박할 때까지 말이다. 이로 인해 무의미한 치료가 계속되어 환자는 마지막 순간까지 고통을 감내해야 한다.

따라서 환자가 말기인지 판단하는 것 자체도 어렵지만 그런 판단이 확정적이지 않다는 사실 때문에 문제가 복잡해진다. 더 나아가 환자가 임종기에 들어섰는지에 대한 의료인과 환자 및 가족의 판단이 다를 수 있고 그래서 말기 의료를 어떻게 진행해야 할지에 대해 의견이 갈릴 수 있다.

예상치 못했던 말기 판정

때로는 환자가 당연히 회복할 거라고 생각하고서 병원에 입원했다가 말기 상태에 빠지거나 말기 질환이 발견되기도 한다. 예를 들면 의사가 담낭 제거술을 하려고 환자의 복부를 열었는데 전신에 암이 퍼져 있는 경우도 있다. 이럴 때는 진단되지 않은 암이라는 더 심각한 질환을 발견했기 때문에 수술을 해도 소용이 없다. 전이암을 발견했으므로 환자는 이제 말기 환자로 분류되지만 환자나 가족이 이런 진단을 받아들일지는 알 수 없는 상황이다.

알렉소풀로스 씨도 이런 사례다. 그는 70대 그리스계 남성으로 40대로 보이는 두 딸과 함께 처음 내 진료소를 찾았을 때는 매우 건강하고 당당해 보였다. 그는 50년 전 10대 때 무일푼으로 미국에 이민을 왔고, 다행히도 먼 친척이 그에게 머물 곳을 제공하고 돌봐주었다. 그는 곧 사업가 기질을 발휘해 뉴욕시 교외의 몇몇 지역에 모여 사는 그리스 이민자 공동체를 상대로 물건을 파는 작은 회사를 차렸다. 그는 인기 있는 그리스 물품 수입자로 성공했고 덕분에 자신감이 흘러넘쳤다.

그런데 주치의가 권한 검사를 받으러 동네 병원에 갔다가 쓰러진 뒤로 모든 것이 변했다. 그는 주치의의 추천을 받아 나를 찾아온 것이었다. 알렉소풀로스 씨는 박람회와 사업상 점심 미팅 등에서 기름진 음식을 즐겨 먹었다. 그러나 마음을 굳게 먹고 자신의 생활 양식을 바꾸거나 식단을 조절하는 대신 나쁜 식습관을 유지하면서 일주일에 한두 번 정도 느긋한 산책만 했을 뿐이다. 몇 달 뒤 그의 상태가 급격히 나빠졌다. 그동안 받은 치료가 근본적인 문제를 해결하지 못했기 때문이다. 과체중인데 당분과 탄수화물 비중이 높은 식사를 해서 혈압과 콜레스테롤 수치가 높은 상태였다. 그가 약물을 복용한다는 점을 감안하더라도 혈압과 콜레스테롤 수치가 너무 높았다. 게다가 그는 약물을 처방대로 규칙적으로 복용하지도 않았다. 신체에 쌓인 과도한 수분과 폐기물을 제거하느라 장기의 기능이 저하되고 있었다. 또한 과식과 고기, 치즈, 달걀, 기타 동물성 단백질로 구성된 고지방-고콜레스테롤 식단도 문제였다. 무엇보다 혈압이 높았고 폐에 물이 찼으며 기력 및 체력이 떨어졌다. 예를 들어 그는 동네를 잠깐 산책하러 나섰다가도 금방 지쳐서 벤치를 찾아서 앉는 등 몇 분 동안 쉬어주지 않으면 기절할 것 같은 느낌을 받았다.

이렇듯 이미 문제가 많은 상태였는데 병원에서 쓰러진 것이다. 검사가 끝난 뒤 의자에서 일어나 나가려는 데 갑자기 왼쪽 다리와 몸통에 엄청난 통증이 느껴졌고 알고 보니 왼쪽 엉덩이뼈가 부러진 상태였다. 그는 곧장 휠체어에 실려 응급실로 옮겨졌고, 그곳에서 나를 만났다.

처음에는 알렉소풀로스 씨가 엉덩이 골절 환자에 불과했기 때문에 말기인지 아닌지 자체는 고려 사항이 아니었다. 다만 나는 혹시라도 있을 심정지 상황에 대비해 연명 의료와 관련해 그가 어떤 선택을 했는지 확인하고 싶었다. 병원의 지침도 환자들이 미리 이런 사항을 결정하도록 권하고 있다. 그래야 병원에서도 심정지 같은 갑작스런 응급 상황에서 어떤 조치가 환자의 의사를 존중하는 것인지 알 수 있기 때문이다. 내가 알렉소풀로스 씨에게 이런 병원의 지침에 대해 설명하자 그는 망설임 없이 연명 의료 거부를 선택했다.

"제 심장이 멈추거나 숨이 멎으면 저를 살리려고 안간힘을 쓰거나 외과적인 시술은 하지 않았으면 해요."

그다음에는 알렉소풀로스 씨가 병원에 온 이유가 엉덩이 골절 때문이었기에 우선 엉덩이 수술을 받는 것이 좋겠다고 권했다.

알렉소풀로스 씨의 경우는 처음에는 매우 일상적이고도 평범한 사례처럼 보였다. 연명 의료 거부 결정은 더 먼 미래를 위한 생명 보험을 드는 것에 가까웠다. 비록 독성 폐기물을 신체에서 완전히 제거하려면 정기적인 치료를 계속 받아야 하겠지만 내가 보기에 알렉소풀로스 씨는 여전히 건강했다.

예후가 좋을 것이라는 또 다른 징후는 수술 집도의가 골절된 뼈를 맞추기 위해 엉덩이를 절개했을 때 잠시 심정지가 왔지만 그의 심박이 금방 다시 돌아왔다는 사실이다. 수술팀은 심정지가 발생한 즉시 심장을 마사지하고 가슴을 압박하는 등의 조치를 취했고 약 1분 후에 알렉스풀로스 씨의 심장은 다시 뛰기 시작했다. 그런 다음 수술팀은 알렉소풀로스 씨에게 인공호흡기를 달아서 호흡을 도왔다. 그러나 엉덩이 수술을 재개하는 대신 병실로 돌려보낸 뒤 수술 날짜를 3일 뒤로 다시 잡았다.

다시 수술을 재개한 날에는 아무 문제없이 수술이 순조롭게 끝났다. 수술의는 알렉소풀로스 씨의 엉덩이뼈를 맞췄고 환자가 병원에 3~4일 정도 머무르며 재활 프로그램에 참여하면 낙상 사고 이전과 마찬가지로 일상생활로 돌아갈 수 있을 것으로 예상했다. 투석은 한 주에 두세 번 받는 것으로 일정을 잡아 두었다.

그런데 예상이 완전히 빗나갔다. 몇 차례 치료 과정을 밟고 나자 알렉소풀로스 씨의 병세가 이제 말기라는 것이 확실해졌다. 여러 다른 증상이 복합적으로 작용하면서 이번에는 회복이 불가능해진 것이다. 알렉소풀로스 씨의 몸에는 이상이 너무 많았다.

첫 이상은 알렉소풀로스 씨의 혈압에서 나타났다. 처음에는 150/95이던 것이 160/98로, 그리고 이후에는 170/105까지 치솟았다. 이렇게 혈액 수치가 고공 행진을 벌이는 것을 보면 분명 신체 어딘가에 문제가 있었다. 소변 검사 결과 요로 감염에 걸린 사실을 확인했다. 그다음날 알렉소풀로스 씨의 혈압이 떨어지면서 호흡 곤란 증상이 나타났다.

이즈음 나는 알렉소풀로스 씨를 진찰하면서 여러 이상이 점점 더 많이 발견되고 있다고 전했다.

"수분을 더 많이 섭취하셔야 합니다. 물이나 수프를 많이 드세요. 그러면 혈압을 다시 올리는 데 도움이 될 겁니다. 숨을 쉬기도 더 편해질 거예요. 또한 탈수 증상이 있는데 아마도 감염의 증상으로 보입니다. 감염 때문에 장기가 제대로 기능을 못하는 겁니다."

알렉소풀로스 씨는 고개를 끄덕였다. 내 진단이 그의 신뢰를 얻었는지 그는 과거 자신이 겪은 의학적 문제에 대해 술술 털어놓기 시작했다. 마치 자신의 몸 상태에 관한 진실을 그동안 애써 숨겨온 사람처럼. 아마도 사업상 만나는 사람들이 자신의 건강에 문제가 있다는 것을 알면 더 이상 자신과 거래하지 않을까 봐 걱정했는지도 모른다. 그러나 이제 그동안 숨겨왔던 진실을 밝혀도 괜찮다고 판단한 듯했다.

"그전에도 폐에 문제가 있었어요. 의사가 폐에 물이 차 있다고 했어요. 그래서 뺐어요. 그러고는 잊고 지냈어요. 그래서 말하지 않았던 겁니다. 그런데 다시 숨을 쉬기가 어려워졌으니 말씀드려야 한다고 생각했어요."

이 사실을 확인하기 위해 나는 가슴 X-선 촬영을 했고 비정상적인 짙은 회색 반점을 발견했다. 가슴에 작은 종양이 생겨서 이전에 물이 찼던 것일 수 있다. 그리고 이제 호흡 곤란까지 유발한 것이다.

그제야 나는 알렉소풀로스 씨가 말기 환자라는 것을 깨닫게 되었고 그 뒤로 알렉소풀로스 씨가 엉덩이 수술에서 회복하느라 병원에 입원한 2~3일 동안 이런 내 진단을 재확인했다. 나는 알렉소풀로스 씨와 그 가족에게 임종기를 맞이할 준비를 시켰다.

수술 후 알렉소풀로스 씨의 통증이 심해졌으며 호흡 곤란을 겪고 있다는 것이 임종기에 들어섰다는 징후 중 하나였다. 나는 환자의 통증을 완화하고 환자가 수면을 더 잘 취할 수 있도록 간호사에게 모르핀의 투여량을 늘리도록 했다. 그런데 그렇게 하자 알렉소풀로스 씨가 구역과 구토를 했다. 그래서 모르핀 투여를 중단하고 환자의 코에 코위관을 삽입해 위의 내용물을 배출시켰다. 위를 전부 비우자 구토가 멈췄다. 그러나 알렉소풀로스 씨는 다시 음식물을 섭취할 수 있을 때까지 며칠 더 관을 꽂고 있어야 했고 좀 더 통증에 시달려야 했다.

그보다 더 큰 문제는 장기에 생긴 이상이었다. 거기에다가 요로 감염 때문에 혈압이 계속 오르락내리락했다. 이상할 정도로 혈압이 높이 치솟았다가 급격히 떨어지는 일이 반복되었다. 몸의 전체 계통이 통제를 벗어난 듯 보였으므로 나는 그의 마지막 순간이 매우 가까워졌다는 것을 확실하게 알 수 있었다.

그래서 나는 다시 한 번 그와 연명 의료 거부 결정에 관해 이야기를 나누었다. 이전에 이 이야기를 나눌 때는 먼 미래를 염두에 두고 있었지만 이번에는 그의 삶이 거의 마지막에 이르렀다.

나는 알렉소풀로스 씨 옆에 앉아서 현재 상태를 설명했다.

"물론 저도 압니다. 가족에게 알리겠습니다. 우리 그리스인들은 대가족이거든요. 모두에게 제때 연락이 닿을지는 모르겠지만 되도록 많은 사람에게 말해야죠. 연락을 받은 사람이 다른 사람에게 제 상황을 알릴 겁니다."

이틀 뒤, 그는 두 딸, 줄리와 안나에게 전화를 걸었고 십여 명의 친척에게도 연락을 했다.

"질질 끌고 싶지 않다고 가족들에게 말했어요"라고 그가 전했다. "쓰러지던 날, 제 삶도 끝난 거나 마찬가지였어요. 그 부상에서 회복될 가능성은 없었어요. 제가 잊고 지냈던 다른 문제들도 악화되었으니까요."

알렉소풀로소 씨가 사망한 날 아침, 나는 두 딸과 함께 있는 그를 찾아갔다. 그는 엄청난 통증에 시달리고 있다고 호소했다.

"도저히 견딜 수가 없어요." 그는 한 마디 한 마디 내뱉을 때마다 움찔거렸다. 호흡도 거칠었다. "선생님이 처방한 마약성 진통제로는 충분하지 않아요. 그날 뼈가 부러진 뒤로 제 삶도 산산이 부서졌어요. 선생님도 아시다시피 저는 자부심이 강해요. 사업상 큰 손실을 입거나 사랑하는 사람을 잃는 등 많은 어려움이 닥쳤지만 모두 극복했어요. 이제는 더 이상 힘이 없어요. 앞으로 미래가 창창하다고 해도 이런 고통은 도저히 참을 수 없었을 거예요. 그런데 이

고통의 터널 너머 출구도 보이지 않네요. 정말 끝인가 봅니다."

알렉소풀로스 씨가 말을 마치자 줄리가 울음을 터뜨렸다.

"가족끼리 이야기를 나누고 싶어요"라고 줄리가 부탁했다.

나는 병실을 나왔다. 두 딸은 알렉소풀로스 씨의 침상 양 옆에서 그의 손을 잡고 울고 있었다.

2~3시간 뒤 간호사가 나를 호출했다.

"알렉소풀로스 씨가 오늘 선생님을 만나고 싶대요."

"그러죠." 나는 저녁 7시쯤 줄리 부부와 안나 부부, 알렉소풀로스 씨의 형제자매와 손주들 등 알렉소풀로스 씨의 가족 십여 명을 만났다.

나는 알렉소풀로스 씨에게 "연명 의료 거부 선택은 여전히 유효합니까?"라고 물었다.

"네. 이제 갈 시간이 됐어요. 평화롭게 가고 싶습니다. 가족에게 둘러싸여 있으니 사랑받고 있다는 것을 알겠어요. 그래서 기꺼이 떠날 마음이 듭니다. 지난 며칠간 그랬던 것처럼, 이제 이 삶을 마칠 준비가 됐어요."

그 말을 들은 줄리는 알렉소풀로스 씨의 손을 꼭 쥐고는 나를 올려다봤다. 줄리의 얼굴에서도 굳은 결심이 느껴졌다.

"여기 모인 가족 모두 아버지가 원하는 게 뭔지 알아요. 그리고 동의합니다. 아버지의 선택대로 할 준비가 됐어요."

그 말을 들은 나는 '임종기 의료'를 수행할 마지막 처방을 내렸다. 간호사가 와서 통증을 줄일 모르핀 수액을 주입했다. 그동안 가족들은 곁에서 자리를 지켰다. 마지막 순간까지 그 자리에 머물고 싶어 하는 듯했다.

그날 새벽 3시경 당직 간호사로부터 전화를 받았다.

"밤사이 알렉소풀로스 씨가 평안하게 숨을 거두었어요."

나는 씁쓸한 만족감을 느꼈다. 누군가가 죽는 일은 언제나 슬프다. 그러나 적어도 알렉소풀로스 씨는 사랑하는 가족에게 둘러싸인 채 자신이 원하는 방식으로 삶을 마무리했다. 가족들은 그에게 마지막 인사를 할 기회를 가졌고 그가 어두운 밤 속으로 평안하게 사라지도록 사랑으로 지켜보았다.

진행성 질환이 말기 단계에 들어섰는지 판단하기

질환에 따라서는 언제 질환이 말기 단계에 이르렀다고 판단할지가 가장 중요한 문제가 된다. 그런 판단이 필요한 대표적인 진행성 질환이 암이다. 어느 정도로 악화되어야 더 이상 회복할 가능성이 없다고 봐야 할까? 회복 불가능한 단계에 이르렀더라도 이런저런 치료로 상태가 호전될 수도 있다. 그런데 치료의 효과는 환자에 따라 다르게 나타난다. 어떤 환자는 호전되겠지만 아무 효과가 없는 환자도 있다. 다른 한편으로는 질환이 너무 많이 진행되어서 더 이상 되돌릴 수 없다고 판단했지만 어찌된 영문인지 기적처럼 치유되기도 한다. 환자의 면역 체계가 갑자기 반응을 했을 수도 있고 진단에 오류가 있었을 수도 있고 심지어 종교 지도자의 기도 덕분일 수도 있다. 그러나 딱 부러지게 설명할 수는 없다.

이 질문의 핵심은 환자와 의사가 회복 가능성이 없다면서 치료를 포기해야 하는 시점은 언제인가이다. 이상적으로는 이미 더 이상 치료를 해도 의학적으로 의미가 없을 만큼 병세가 깊어진 뒤에 어떤 의학적 조치를 실시할지에 관해서 환자와 의사가 이미 사전에 합의를 보았을 것이다. 그렇게 병세가 깊어진 뒤에는 마지막까지 최선을 다해 환자가 편안하도록 돌보는 것이 목표여야 한다. 사전에 그런 합의가 없었다면 그런 논의를 지금 할 필요가 있다. 환자의 상태는 언제든 악화될 수 있고 환자가 앞으로 자신의 치료에 대한 결정을 더는 내릴 수 없게 될 수도 있기 때문이다. 따라서 환자와 의사의 사전 합의 내용에는 환자가 더 이상 의사 결정을 할 수 없을 때 누가 환자를 대신해 의료 관련 결정을 할 것인지가 포함되어야 한다. 앞서 살펴보았듯이 이에 관한 합의가 없으면 그런 필요가 생겼을 당시에 환자를 치료하고 있는 의료진이나 의사가 환자를 대신해 의료 관련 결정을 내리게 된다. 그런데 환자의 입장에서는 안타까운 일이지만 기본 원칙은 언제나 환자의 생명을 되도록 오래 유지하는 데 필요한 모든 공격적인 치료법을 동원해야 한다는 것이다. 그런 치료법이 환자에게 아무리 큰 통증과 고통을 안기더라도 말이다.

언제 환자의 상태가 말기에 이르렀는지 판단할 필요가 생기는 대표적인 진행성 질환이 암이다. 블란쳇 부인과 서튼 부인의 경우에도 그런 판단을 할 필요가 생겼다. 두 환자 모두 70대였고 내가 이 두 환자를 만났을 때는 암이 전신에 퍼진 상태였다. 그래도 그들은 2~3년간 자신의 암과 싸우면서 삶을 이어나갔다.

일시적인 회복과 재발

3년 전에 신장암에 걸리면서 블란쳇 부인의 불행은 시작되었다. 그 당시 그녀는 초등학교 교사였으며 남편은 과학 실험실에서 일하는 공학자였다. 20대 초에 아들 세 명을 낳았는데 각각 대기업의 영업사원, 중소기업의 IT 담당자, 매장 직원으로 일하고 있었다. 그녀의 가족은 교외에서 여유로운 삶을 살고 있었으며 그녀는 학교에서 가르치는 일 외에 지역 미술관에서 자원봉사 안내원으로, 지역 연극단의 후원자로, 기타 작은 단체에서 자원봉사자로 활동했다.

그러다 점점 허리 통증이 심해졌다. 소변에 피가 섞여 나오자 그녀는 병원에 갔고 의사는 신장암 초기라는 진단을 내렸다. 신장 하나를 제거하라는 의사의 권유에 따라 지역 병원에서 외과 수술을 받았다. 2주 동안 휴식을 취하면서 회복한 그녀는 다시 평소처럼 봉사 활동을 열심히 했고 일상으로 돌아갔다고 안심했다.

그러나 2년 뒤, 다시 허리 통증을 느꼈고 암이 다른 쪽 신장으로 전이되었다는 진단을 받았다. 그러나 신장이 하나밖에 남지 않았으므로 남은 신장마저 제거한다면 매일 신장 투석을 받아야 할 처지였다. 그래서 대신 방사선 요법을 실시했다. 이번에도 치료가 효과가 있는 것처럼 보였고 그녀는 자축하려고 남편과 함께 동네 파티에 갔다. 그녀는 심지어 지역 시민 단체와 도서관에서 자신의 경험에 관한 강연을 하기도 했다. 모두들 그녀가 암을 두 번이나 정복한 것에 감명받았다.

그러나 100년간 내내 죽은 것처럼 보였지만 실은 살아 있고 다시 꽃을 피울 기회만 노리는 나무처럼 암은 그녀의 몸 어디엔가 숨어서 적당한 호르몬이 분비되기만을 기다리고 있었다. 내가 1년 후 그녀를 만났을 때 그녀는 허리의 심한 통증뿐 아니라 다른 이상 증세도 호소했다.

"며칠 전부터 허리 통증이 느껴졌어요. 처음에는 무거운 상자를 옮기느라 근육이 긴장한 거라고 생각했어요. 그런데 점점 더 통증이 심해졌어요. 게다가 소변에 다시 피가 나왔어요. 엉덩이도 정말 아파요. 그래서 걷기가 힘들어요. 다리를 조금만 움직여도 아프다니까요."

나는 그녀의 진료 기록부를 살펴보았다. 이전에 신장암으로 치료받은 기록이 눈에 띄었다. 블란쳇 부인을 진찰해 보니 암이 신장에 다시 나타났을 뿐 아니라 다른 부위로도 전이되어 있었다. 게다가 엉덩이뼈에 금이 가 있었다. 당연히 걷기 힘들었을 것이다.

엉덩이뼈에 골절이 있다고 설명하자 "하지만 넘어지거나 뼈가 부러진 적이 없는걸요"라고 블란쳇 부인이 이의를 제기했다.

나는 "그런 것과는 아무 관련이 없습니다. 환자분의 경우에는 암이 뼈를 갉아먹고 있어요. 그래서 엉덩이 부위의 뼈가 부러진 것입니다"라고 설명했다.

암이 이미 말기에 이르렀기 때문에 나는 방사선 요법을 권했다. "이전에 방사선 요법으로 효과를 보았으니까요. 아마 이번에도 도움이 될 겁니다. 다만 완치는 기대하기 어렵습니다."

블란쳇 부인은 집으로 돌아갔고 그 뒤로 2~3주 간 매주 방사선 치료를 받으러 병원에 왔다. 동시에 그녀는 재활 프로그램에 등록해서 운동 프로그램을 수행하면서 엉덩이뼈의 회복을 돕고 강화했다. 덕분에 블란쳇 부인은 다시 걷게 되었다. 재활 프로그램은 강사가 스트레칭, 다리 젓기 등 몸을 움직이는 법을 가르치는 요가 수업을 듣는 것과 비슷한 것이라고 생각하면 된다. 몇 주 뒤 블란쳇 부인은 아주 기뻐하며 전화했다.

"운동 프로그램에 참여하면서 정말 많이 좋아졌어요. 곧 자원봉사 활동도 다시 시작할 수 있을 것 같아요."

나도 함께 기뻐했고 보람을 느꼈다. 보통 내가 담당하는 말기 환자는 대부분 쇠약할 대로 쇠약해진 상태라서 기쁜 소식을 전하는 일이 거의 없다. 환자의 마지막 며칠을 되도록 평안하게 보내도록 도와주었다는 데에 만족해야 한다. 그러나 블란쳇 부인은 정말 상태가 호전된 것 같았고 나는 그녀를 단기적으로나마 성공한 사례로 분류할 수 있으리라는 기대를 품었다.

그러나 두 달 뒤 블란쳇 부인은 다시 우울해졌다며 전화했다.

"암이 재발한 것 같아요. 그리고 모든 게 훨씬 더 나빠졌어요. 허리가 끊어질 듯 아프고 걸을 수가 없어요. 통증클리닉에 다니면서 의사에게 통증을 진정시키는 약을 처방받았지만 몇 발자국만 내디뎌도 엉덩이가 엄청나게 아파요. 그래서 지난주에는 거의 침대에 누운 채로 지냈어요. 잠이 더 잘 올까하고 매트리스도 바꿨지만 밤에도 통증은 여전해요."

"그럼 병원으로 오세요. 당장 진찰해 봅시다."

1시간 뒤 블란쳇 부인이 나타났다. 남편이 운전을 했고 장남도 함께 왔다. 어머니를 위해 그날 휴가를 냈다고 했다.

몇 분 뒤 블란쳇 부인은 진찰대에 누웠고 간호사가 옆에서 진찰을 도왔다. 블란쳇 부인에게 엎드리게 한 뒤 엄청난 통증이 느껴진다는 부위를 살폈다. 감염으로 인한 종기로 뒤덮인 상처가 보였다. 상처에서는 강력한 악취가 났다. 간호사도 나도 절로 물러서게할 정도였다. 수술용 마스크를 착용한 뒤 진찰을 계속했다. 등 뒤와엉덩이 부위의 X−선 촬영을 여러 장 했다.

예상한 대로 암이 재발했고 상당히 진행된 상태여서 말기라고 판단되었다. 내 진단이 옳은지 확인하기 위해 병원의 암 전문의에게 블란쳇 부인을 진찰해 달라고 부탁했다. 블란쳇 부인에게 모르핀 수액 투여를 포함하는 임종기 의료를 권해야겠다는 내 판단이 맞는지 물었다.

"네, 저도 말기 판정에 동의합니다"라는 답이 돌아왔다.

나는 블란쳇 부인에게 말기 판정을 전하면서 심장이나 호흡이 멈췄을 때는 적극적인 조치를 실시하지 않고 품위를 지키면서평안하게 임종을 맞이할 수 있도록 연명 의료 거부를 선택하라고권했다.

"며칠 좀 생각할 시간을 주세요."

이틀 뒤 블란쳇 부인은 남편과 함께 다시 병원을 찾았다. 블란쳇 부인은 남편의 부축을 받으며 들어왔다.

블란쳇 부인은 아주 조심조심 의자에 앉았다. 통증이 심한 듯했다.

"선생님의 권유대로 할게요. 저는 이제 그만 잠들고 싶어요. 더 이상 깨어나고 싶지 않습니다. 깨어날 때마다 통증에 시달릴 뿐이에요."

다음날 나는 그녀의 병실을 찾았다. 블란쳇 부인의 남편과 아들 셋 모두 그녀의 곁을 지키고 있었다.

나는 상담의 목적을 모두에게 설명했다. "블란쳇 부인이 무엇을 원하는지를 확실히 정하려고 모인 것입니다. 그래야 블란쳇 부인의 의사를 존중하고 따를 수 있으니까요."

"물론입니다"라고 남편이 말했다. "우리도 그러고 싶어요."

그때 블란쳇 부인과 가장 가까이에 있던 장남이 말을 꺼냈다. "엄마가 저를 만약의 경우에 의사 결정을 대리할 사람으로 지정했어요. 저도 그러겠다고 했어요. 엄마는 자신에게 가장 좋은 선택을 하길 원하세요. 우리 가족 모두 그걸 바라고요."

때로는 가족이 편을 가르고 서로 다른 입장을 취하면서 인간의 추한 면을 고스란히 드러내는 경우가 있다. 환자가 무엇을 바라는지 신경 쓰기도 하지만 그렇지 않을 때도 있다. 그러나 블란쳇 부인의 가족은 모두 한마음이 되어 뭉쳤다. 그래서 30분에 걸친 상담은 훈훈한 분위기에서 비교적 빨리 마무리되었다.

상담을 마친 뒤 모두가 동의한 대로 나는 간호사에게 블란쳇 부인이 되도록 편안하게 떠날수 있도록 모르핀 수액을 주입하라고 지시했다. "그리고 환자의 상태를 살피면서 투여량을 조절해 주세요. 딱히 정해진 투여량이나 투여 시간은 없습니다. 환자의 통증을 최대한 줄이면서 자연스럽게 마지막 순간을 보낼 수 있게 하면 됩니다."

이틀 뒤 블란쳇 부인은 숨을 거두었다. 블란쳇 부인이 사망했다는 호출에 나는 그녀의 병실로 갔다. 블란쳇 부인은 얼굴에 미소를 띠고 있었다. 평화롭게 죽음을 맞이한 것이다.

암과 당뇨병을 앓고 있는 환자

서튼 부인은 2년도 더 전부터 암 외에 당뇨병을 앓고 있었다. 암은 언제라도 회복기에 들어설 수 있고 당뇨병은 지속적으로 관리가 필요하다. 따라서 서튼 부인은 처음에는 말기 환자가 아니었다. 두 질환이 치료 가능한 상태에서 회복 불가능한 상태로 넘어가면서 연명 의료 거부 결정이 두 단계에 걸쳐 이루어진 사례다.

처음 서튼 부인을 내 개인 진료소에서 만났을 때 그녀는 70대 초반이었고 남편을 먼저 떠나보냈으며 40대인 자녀 세 명을 두고 있었다. 자녀들이 경제적으로 여유가 있었으므로 서튼 씨가 실버타운에 있는 아파트에서 혼자 살 수 있도록 경제적 지원을 하고 있었다. 실버타운은 필요할 때마다 돌봄 서비스를 제공했고 나중에는 24시간 간호사도 상주하게 되었다. 또한 거주민에게 자신의 신체 및 정신 건강 수준에 맞춰 무엇이든 하도록 권유하는 분위기여서 서튼 부인은 비슷한 연령대의 다른 거주민과 사회 활동도 할 수 있었다. 서튼 부인은 마음이 내키는 대로 영화도 보고 즉흥 연극에도 참여하고 구내식당에서 다른 거주민과 함께 또는 혼자 식사를 했다. 방문객도 만났다. 실버타운은 마치 노인을 위한 성인 전용 캠핑장 같았다. 덕분에 서튼 부인은 병이 진행되는 동안 자신의 필요를 충분히 채울 수 있는 편안하고 이상적인 환경에서 살고 있었다.

처음 서튼 부인을 만났을 때 나는 서튼 부인에게 2~3년 전에 생긴 암이 재발했을 뿐 아니라 대장암도 발견되었다고 진단했다. 그런데 지금은 인후암도 발견되었다. 워낙 담배를 즐겨 피웠고 몇 년 동안 당뇨병을 앓고 있기도 했다. 진찰 결과를 설명하자 서튼 부인은 농담조로 "죄송해요"라고 말했다. 마치 과자 통에 손을 집어넣다가 들킨 어린 아이 같았다. 그녀는 "정말로 미안한 건 아니에요"라며 덧붙였다.

"제가 조심하지 않은 건 사실이니까요. 결국 이렇게 들키네요. 담배를 끊으라고 하셨지만 도저히 끊을 수가 없어서 계속 피웠어요. 그래서 하나님께 벌을 받나 봐요. 선생님이 단 것도 피해야 한다고 했지만 그것도 못했어요. 당뇨병 약도 제대로 챙겨 먹지 않았고요. 다 제 잘못이죠."

서튼 부인은 웃었지만 나는 웃을 수 없었다.

"서튼 부인, 제가 강제할 수는 없습니다. 그래도 다시 노력해봅시다. 여전히 암을 극복할 가능성이 있고 당뇨도 조절할 수 있습니다."

"알았어요. 노력할게요"라고 서튼 부인은 말했다. 나는 단 것을 줄이고 약을 잘 먹으라는 조언을 반복했다.

그러나 그녀가 내 조언대로 하는 일은 가뭄에 콩 나듯 드물었고 2~3주 뒤 기침 때문에 다시 나를 찾아왔다. 다른 증상은 없었기 때문에 하루에 두세 번 복용하라는 지시와 함께 기침 시럽을 처방했다. 한 달 뒤 다시 처방전을 써달라는 전화가 와서 나는 다시 진찰을 받으러 오라고 했다.

"인후암도 있고 기침이 낫지 않으니 가슴 X−선 촬영을 하는 것이 좋겠습니다."

서튼 부인은 아주 심각한 문제를 조금이라도 가볍게 취급하려고 애쓰면서 덧붙였다. "그리고 저는 여전히 담배를 피우고 있으니까요."

"네, 그렇죠."

다음날 나는 먼저 X−선 영상을 살폈다. 가슴에 진한 회색 덩어리가 보였다. 더 자세히 알아보기 위해 영상의학과 의사에게 서튼 부인에게 CAT 스캔을 실시해 달라고 부탁했다. CAT 스캔은 일반 X-선보다 더 구체적인 정보를 제공한다.

서튼 부인에게는 "CAT 스캔은 3D 영상을 보여주기 때문에 이 진한 회색 덩어리가 무엇인지 더 잘 알 수 있을 겁니다"라고 설명해 주었다.

서튼 부인을 CAT 스캔 장비가 있는 검사실로 안내했다. 검사실에서 영상의학과 의사가 근처 통제실에서 지켜보는 동안 나는 서튼 부인이 좁은 검사대에 눕는 것을 도왔다. CAT 스캔을 실시하면 검사대가 중앙에 짧은 터널 같은 구멍이 뚫린 커다란 상자 같은 기계를 드나든다. 일단 검사대에 누운 서튼 부인이 기계 안으로 들어가자 X-선 조사기와 서로 마주 보는 X-선 전자 탐지기 두 대가 사진을 여러 장 찍었다. 그동안 통제실에서는 의사가 컴퓨터를 다루면서 검사 과정을 감독하고 기계를 드나드는 서튼 부인과 이야기를 주고받았다.

이런 과정은 뇌 스캔을 위해 MRI 기계에 들어갈 때와 비슷하다. 다만 이 경우에는 전신을 스캔한다. 이전처럼 서튼 부인은 이것을 재미있는 경험으로 취급하려고 애썼다. 검사대가 서서히 움직이면서 기계 안으로 들어가자 "우와! 즐거운 놀이 기구를 타는 것 같네요"라고 외치며 웃었다.

그러나 웃을 일이 아니었다. CAT 스캔 영상에는 기관 오른쪽에 아주 큰 덩어리가 있는 것이 보였다. 기관은 주요 호흡 통로이다.

이 검사 결과를 알리면서 나는 "아주 심각한 상태입니다. 이 종양 때문에 금세 숨이 드나드는 기관이 막힐 거예요. 그래서 지난 몇 주 간 기침이 멈추지 않았던 겁니다"라고 말했다.

나는 서둘러 서튼 부인을 암센터로 이송하는 절차를 밟았고 그로부터 나흘 뒤 서튼 부인은 암센터에 입원했다. 나는 암센터 의료진에게 필요한 모든 검사 결과를 제공했다. 가슴 CAT 스캔 외에도 PET 스캔 결과도 보냈다. PET 스캔은 양전자 방출 단층 촬영 positron emission tomography 의 약자로 CAT 스캔 장비로 실시한다. 다만 PET 스캔은 혈류, 산소 사용량, 혈당 대사 등 주요 신체 기능도 함께 측정한다. 그런 기록은 장기와 조직이 얼마나 기능을 잘 수행하고 있는지를 판단하는 근거가 된다. 더 나아가 PET 스캔은 건강한 조직과 암 조직을 구별하는 데 도움이 된다.

"생사가 갈릴 수도 있는 위기 상황입니다. 그러나 아직 포기하기에는 일러요. 다만 다시 건강해지고 싶다면 치료를 하는 의료진의 지시를 잘 따르셔야 합니다."

"물론이에요"라고 서튼 부인은 답했다. 이번에는 농담을 하지 않았다. 대신 매우 진지하고 심각해 보였다.

그러나 서튼 부인이 정말 지시 사항을 잘 따를까? 그리고 그

것과는 별개로 추가 방사선 요법과 수술로 암을 제거할 수 있을까? 당뇨가 다시 잘 조절될까?

마치 의학 살인 사건을 마주한 것 같았다. 이 사건에서 좋은 결과가 나오려면 환자는 단서를 쫓듯 의사의 지시를 따라야 한다. 그러나 서튼 부인이 그렇게 할 수 있을까? 지시를 잘 따르더라도 정말 나을 수 있을까? 좋은 결과를 기대할 수 없다고 생각하면서도 나는 아직 서튼 부인이 말기에 들어섰다고 속단하고 싶지 않았다.

2주 뒤에 서튼 부인은 객혈로 다시 응급실을 찾았다. 객혈은 기침을 할 때 피가 나오거나 기관지, 후두, 기관, 폐에서 혈액이 섞인 점액이 나오는 것이다. 서튼 부인은 인두와 기관에 생긴 암 치료를 위해 정기적으로 방사선 치료를 받고 있었는데 객혈을 시작한 것이다.

나는 서튼 부인이 있는 응급실로 급히 갔지만 서튼 부인의 상태는 상당히 나빠 보였다. 호흡이 매우 얕았고 가슴 오른쪽은 전혀 움직이지 않는 것처럼 보였다. 아마도 종양이 기관지를 막고 있으리라. 기관지는 기관에서 갈라져 폐로 이어진 가느다란 통로이다. 또한 서튼 부인의 목정맥은 팽창된 상태였으며 보라색을 띠고 있었다. 암이 커져서 혈액이 심장으로 되돌아가는 것을 막고 있는 것으로 추정되었다.

그나마 서튼 부인은 아직 의식이 있었으므로 나는 이런 상황을 그녀에게 설명했다.

"경과가 매우 나쁩니다. 하지만 확인을 위해 가슴 CAT 스캔을 한 번 더 찍고 싶습니다. 종양이 얼마나 커졌는지 알려면 입체 영상이 필요합니다."

"연명 의료 계획은 어떻게 할까요?"

"그것도 다시 검토하실 수 있습니다."

"그렇다면 심폐소생술을 받는 것으로 해 주세요. 이제까지 선생님의 지시를 제대로 따르지 않았다는 거 알아요. 하지만 이번에는 달라요. 정신이 번쩍 들었어요."

나는 잠시 망설였다. 이미 되돌리기에는 늦었다는 말을 해야 하는 것이 마음 아팠다. 앞으로 생활을 개선하기에는 너무 늦어 버렸다. 적어도 내 진단으로는 이미 사망 선고가 내려진 거나 마찬가지였다. 이제는 임종까지 정말로 며칠 남지 않았다.

나는 마침내 입을 열었다. "안타깝지만 이미 너무 늦었습니다. 여기저기 아픈 곳이 너무 많습니다. 심폐소생술을 받겠다는 결정을 존중하겠지만 심정지나 호흡 정지가 왔을 때는 치료를 중단하도록 지시하시라고 권하고 싶습니다."

서튼 부인이 고민하는 동안 나는 응급실 밖에서 불안에 떨며 기다리는 서튼 부인의 자녀들을 불렀다. 자녀들이 응급실로 들어

왔을 때 나는 서튼 부인의 상태를 간략하게 설명했다.

"보통 사람과는 달리 환자분은 심정지를 일으키면 훨씬 더 불리한 상황에 놓입니다. 이미 종양이 기도를 막고 있으니까요. 그래서 환자분이 심정지를 일으켰을 때 심폐소생술을 받는 것은 권하지 않습니다. 심정지가 오는 순간 이미 회생은 불가능할 테고 환자분도 그걸 원하지는 않을 겁니다."

자녀들은 잠시 자기들끼리 논의를 했다. 마침내 아들이 말했다. "알았습니다. 저희도 그러는 게 좋을 것 같습니다."

그래서 나는 자녀들을 서튼 부인에게로 데리고 갔고 가족이 함께 있는 마지막 순간이 될지도 모르므로 잠시 자리를 비켜 주었다.

서튼 부인의 상태가 워낙 나빴기 때문에 나는 '그래도 혹시' 하는, 일어날리 없는 의학적 가능성을 언급해서 서튼 부인이 가족과 보내는 마지막 시간을 낭비하는 일이 없길 바랐다. 서튼 부인이 가족과 보내는 마지막 순간이 행복한 기억으로 마무리되는 것이 낫다고 생각했다. 그래야 서튼 부인도 편안한 마음으로 눈을 감을 수 있을 것이고 가족 또한 그나마 편안한 마음으로 서튼 부인을 보낼 수 있을 것이다.

응급 상황 그리고 심경 변화

생과 사의 경계를 오가는 응급 상황에서 환자가 심경에 변화를 일으켜서 무조건 연명 의료 시술을 해달라고 하면 어떻게 해야 할까? 더 큰 문제는 환자가 이미 의학적인 권유에 따라 평안하게 죽음을 맞이할 수 있다는 연명 의료 거부 의사를 표시한 서류에 서명을 한 경우에 이런 일이 벌어지면 어떻게 해야 하는가이다. 응급 상황이 닥치면 모든 것이 변하고 갑자기 환자가 "살려 주세요, 살려 달라고요"라고 외치며 매달린다. 〈그레이 아나토미〉나 〈ER〉 같은 TV 드라마에 결코 뒤지지 않는 극적인 장면이 연출되는 것이다. 모두가 수술실을 분주하게 드나드는 철저한 혼돈 속에서 모두들 어떻게 해야 할지 몰라 쩔쩔맨다. 의료진은 서류에 적힌 대로 해야 할까, 아니면 이미 환자가 회복 불가능한 상태에 빠져 있으므로 결국 사망하게 될 텐데도 기적을 기대하며 적극적인 처치를 해야 할까?

92세 남성 랄프 톰슨 씨가 그런 사례였다. 그는 10년 넘게 요양원에서 지내다가 폐렴에 걸려 호흡 곤란 증세가 나타났다. 이즈음에는 가족과도 연락이 끊어진 지 오래였다. 형제자매도 이미 예전에 다 세상을 떠났고 아들과 딸도 이미 70대 노인이었으며 손주들은 여기저기 흩어져 각자의 삶을 사느라 바빴다. 안타깝게도 그는 정신은 꽤 맑았지만 혈혈단신이나 마찬가지였다. 몇몇 사람과 브릿지와 카드 게임을 즐겼고 요양원 정원의 꽃과 나무를 가꾸었으며 비가 오지 않는 날에는 매일 보행 보조기의 도움을 받아 요양원 부지를 산책했다. 그러다 폐렴에 걸렸고 심신이 모두 약해진 상태였다.

그는 회복할 것처럼 보였지만 나는 그가 병실에서 휴식을 취하는 동안 연명 의료에 관한 상담을 진행했다. 그는 순순히 연명 의료 거부에 동의했다.

"저도 그걸 원해요. 그렇게 빨리, 편안하게 죽고 싶어요."

그러나 그날 밤 톰슨 씨는 상태가 악화되어서 숨을 잘 쉴 수 없다 보니 밤새 뒤척이다 깨기를 반복했다.

다음날 아침 병원으로부터 톰슨 씨가 나를 찾는다는 전화를 받았다. 그는 침상에서 일어나 앉아 나를 맞이했다. "밤새 숨이 잘 쉬어지지 않아서 고생했어요." 그는 멈춰서 몇 번 숨을 거칠게 내쉬면서 "제발, 제발 도와주세요"라고 애걸했다.

"방법을 찾아보겠습니다."

근무 중인 간호사에게 상황을 설명한 뒤 응급 상황 전담팀을 호출했다. 몇 분 지나지 않아 중환자실에서 간호사 두세 명이 간호 과장과 함께 왔고 해당 병동에서 근무하는 간호사와 호흡 요법사도 왔다. 모두 신속히 그의 병실로 출동했고 얼마 뒤 간호사 한 명이 호흡을 돕는 약물을 투여했다.

그러나 그는 여전히 숨을 거칠게 몰아쉬었고 호흡 간 간격도 더 넓어졌다. 확실히 상태가 악화되고 있었다.

나는 마취과에 전화를 걸었다. "호흡 곤란 환자가 있습니다. 기관내삽관을 실시할 사람을 보내주세요."

몇 분 뒤 마취과 의사와 보조사가 인공호흡기를 가지고 왔다.

인공호흡기를 서둘러 설치하는 동안 톰슨 씨는 컥컥거리면서 소리를 질렀다. "서둘러요. 숨을 못 쉬겠어요. 도와주세요."

그 와중에 지나가 나타났다. 지나는 톰슨 씨의 아들과 이혼한 전 며느리였다. 혼란에 빠진 병실에 들어온 지나는 설명했다. "저는 아버님의 대리인이에요. 병원에서 제게 전화해서 상황을 알렸어요."

지나가 의사 결정 대리인이었고 톰슨 씨는 더 이상 의사 전달 능력이 없었으므로 의료진은 지나의 결정을 기다렸다.

"기관내삽관은 중단해 주세요. 원래 안 하고 싶다고 말씀하셨어요. 아버님의 나이와 상태가 악화된 걸 고려하면 그게 맞아요."

그러나 톰슨 씨는 병실에서 계속 소리를 질러댔다. "제발, 제발. 숨을 쉬게 해 주세요. 살려주세요."

마치 영화의 한 장면 같다고 생각하겠지만 이 장면은 서류상으로는 연명 의료 거부를 선택했지만 실제로 생사가 오가는 순간이 오자 살려달라고 외치는 환자에게 어떤 조치를 취해야 하는지를 두고 의료진이 빠진 딜레마를 극명하게 보여준다. 게다가 전 며느리이자 대리인이 개입했다. 그전날까지만 해도 톰슨 씨는 임종기에 있지 않았다. 그러나 밤새 증상이 악화되면서 임종 과정이 시작된 것은 분명했고 톰슨 씨의 대리인과 의료진은 톰슨 씨가 마지막 순간을 편안하게 맞이할 수 있도록 생명을 연장하는 조치를 중단할 것인가 하는 중대한 기로에 서게 되었다.

지나는 조언을 구하고자 현재 남편에게 전화를 걸었다. 그러나 신호가 잘 잡히지 않아서 자꾸 전화가 끊겼다. 그런 와중에도 시간은 계속 흘러가고 있었고 마취과 의사는 자신을 호출한 처음 지시에 따라 톰슨 씨에게 삽관을 하고 인공호흡기를 부착하는 조치를 진행하고 있었다.

마침내 지나는 현재 남편의 의견을 듣기를 포기했다.

"됐어요. 이제 모든 것을 중지해 주세요. 아버님의 대리인으로서 내린 결정이에요. 더 나아질 가능성이 없잖아요. 고통만 받을 거예요. 멈추세요."

지나가 결정을 내리자 나는 병실로 서둘러 가서 마취과 의사에게 중단하라고 말했다. "지금 당장 멈추세요. 환자에게 기관내삽관을 하지 않기로 했어요."

다행히도 톰슨 씨는 이제 의식이 거의 없어서 비명을 지르지 않았고, 나는 시술을 멈추는 것이 덜 미안해졌다. 그래도 의료진은 랄프의 생명을 유지하는 다른 조치들은 취했다. 하나는 BiPAP 장치로 랄프의 폐에 공기를 넣고 빼는 것이었다. 또한 모르핀 수액을 투여하고 진정제인 아티반도 투여했다. 호흡 경로인 기관지의 근육을 이완하는 기관지 확장제도 투여해서 기관지를 넓혀 더 많은 공기가 폐로 유입될 수 있게 했다.

그 결과 톰슨 씨는 다시 숨을 쉬게 되었다. 따라서 우리는 기관내삽관, 가슴 압박, 전기 충격, 기타 연명 의료 시술을 하지 않은 것이 다행이라는 결론을 내렸다. 그런 조치를 취했다면 톰슨 씨는 더 고통을 받았을 것이다.

연명 의료 시술을 실시했다 하더라도 톰슨 씨가 하룻밤 사이에 상태가 악화되어 더 이상 손 쓸 수 없는 상태가 되었으리라는 사실에는 변함이 없었을 것이다. 며칠 뒤 톰슨 씨는 세상을 떠났다. 어느 순간 그의 숨이 멎었고 이번에는 소생시킬 방법이 없었다.

암 진단을 받은 뒤 준비할 것들

암 진단을 받은 환자와 말기 의료 계획을 세우는 것이 어려운 이유는 암이 말기 단계에 들어섰는지 잘 알아볼 수 있어야 하기 때문이다. 암이 혼란을 야기하는 데는 암의 종류와 관계없이 암 진단이 불러일으키는 두려움도 한몫한다. 아주 흔하고 완치도 가능한 암인 피부암 진단을 받는다 해도 이 사실은 변하지 않는다. 다만 흑색종은 피부암이면서도 가장 치명적인 암이다. 일반적으로 태양빛이나 태닝 머신에서 자외선을 쐬는 동안 피부 세포의 DNA가 입은 손상이 복구되지 않은 상태에서 피부 세포에 돌연변이가 일어나 급속도로 증식해서 암성癌性 종양을 형성한다. 대개 점처럼 보이거나 점에서 자란다. 보통 검은색이나 갈색이지만 살구색, 분홍색, 빨간색, 보라색, 파란색, 하얀색을 띠기도 한다. 흑색종을 조기에 발견해서 치료하면 대부분의 경우 완치 가능하지만 치료가 늦어져서 암이 자란 뒤 신체의 다른 부위로 전이되면 치료가 거의 불가능해져 치명적이다.

피부암과는 대조적으로 가장 위험한 암은 대장암, 폐암, 유방암 등 신체 내부의 큰 장기에 생긴 암이다. 이런 암은 종종 간, 폐, 뼈로 전이되고 그 외의 장기로도 퍼져나가서 그 장기의 기능에 문제를 일으키거나 그 장기를 밀어낸다. 그래서 정상적인 생리학적 활동을 방해한다. 예컨대 식도에 압력을 가해서 음식을 섭취하기가 힘들어지거나 척추에 압력을 가해서 움직이기가 힘들어지기도 한다. 또는 복부를 비좁게 만들고 정상적인 소화를 방해하는 과도한 수분을 배출한다.

그런데 암이 진행성 질환이다 보니 언제 말기 단계에 들어섰는지 알기 어려울 때가 있다. 말기 판정을 받기 전에는 거의 어느 단계에서나 치료가 효과를 발휘해서 환자가 회복기에 들어설 가능성이 늘 있기 때문이다. 게다가 심지어 말기 판정을 받은 환자가 회복되기도 한다. 반면에 치료 효과가 없어서 암이 계속 자랄 수도 있다.

모든 암은 어떻게 진행될지 알 수 없기 때문에 심정지나 호흡 정지에 대비해 환자의 연명 의료 계획에 관한 논의를 일찌감치 시작해야 한다. 물론 이야기를 꺼내는 것이 쉽지는 않다. 이런 주제에 대해 이야기하고 싶어 하는 환자는 별로 없기 때문이다. 자신의 죽음에 대해 생각하기를 꺼리거나 암이 나을 거라는 희망을 가지고 있다 보니 그런 이야기가 불필요하다고 느낀다. 더 나아가 암이 상당히 진행되기 전까지는 암이 말기 단계에 들어섰을 때 어떻게 해야 할지를 이야기할 시기가 되었다는 것을 자각할 만한 특별한 계기도 생기지 않는다.

그래서 많은 암 환자들이 자신이 얼마나 심각한 상태인지를 부정하는 동안 암이 진행되는 고통스런 과정을 밟는다. 그러다 말기라는 것이 분명해지지만 안타깝게도 그 무렵에는 자신이 심정지나 호흡 정지를 일으켰을 때 어떻게 해야 할지 더는 스스로 결정할 수 없는 상태일 수도 있다. 그렇게 되면 가족이나 의사가 대신 결정을 내려야 하며 이 결정은 환자가 미리 결정했다면 했을 선택과 같을 수도, 다를 수도 있다.

또 다른 문제는 환자와 가족이 종종 자신의 선택을 바꾸기도 하므로 환자의 연명 의료 관련 결정이 유동적이라는 점이다. 즉 환자는 언제든 연명 의료 거부를 선택할 수도 있고, 마찬가지로 언제든 연명 의료 거부 결정을 철회할 수도 있다. 환자의 의사가 가장 중요하지만 환자가 의사 결정 능력이 없을 때는 왕이 죽거나 무기력해졌을 때 후계자가 왕위를 계승하듯 대리인으로 지정된 가족이 대신 결정한다.

이런 점을 잘 보여주는 사례가 배리다. 배리는 70대 후반이었으며 스타트업을 창업해서 성공적으로 키운 CEO로 일하다가 은퇴한 뒤 두둑한 현금, 주식, 채권, 투자 수익으로 노후를 즐기고 있었다. 마침내 여유로운 남자의 삶을 살게 되었고 그는 그런 삶을 최대한 누렸다. 전 세계를 돌아다니면서 세계적으로 유명한 골프장을 찾아다니고 미술 전시관과 경매장을 드나들었다. 진정 훌륭한 삶이었고 그는 이런 삶을 마감하고 싶지 않았다.

그래서 처음 암의 징후가 눈에 띄었을 때 무시해 버렸다. 자외선에 노출되어 생긴 갈색 반점, 즉 흑색종이었다. 어깨에 난 그 반점은 아프지 않았기 때문에 가리고 다녔고 반점이 좀 커진 뒤에는 피부 변색을 치료하는 연고를 발랐다. 그러나 세계 전역을 돌면서 여행하는 생활 방식은 바꾸지 않았다.

아마도 그때 치료를 받았다면 흑색종이 더 커지는 것을 막을 수 있었을지도 모른다. 국부 수술로 제거할 수도 있었을 것이다. 그러나 무시해 버렸기 때문에 흑색종은 계속 자랐다. 그러다 점차 암이 다른 장기로 전이했고 일상생활을 방해하기 시작했다. 골프 코스를 돌아다니면 심해지는 호흡 곤란 증세, 만찬 뒤 소화 불량, 전시회 첫날 작가를 칭송하는 개회사를 할 때 나오는 기침 등 새로운 증상들이 나타났다. 다만 처음에는 이들 증상이 어깨에 난 아직은 작지만 점점 커지는 반점과 연관이 있다는 것을 모른 채 문제의 원인을 다른 데서 찾았다. 너무 무리하게 움직였다든가, 과식했다든가, 감기 기운이 있다든가.

한 달간 이런 증상들이 사라지지 않고 점점 심해지자 그는 검진을 받으려고 병원을 찾았고 나와 만났다. 내가 연명 의료 계획에 대한 이야기를 꺼내자 그는 현재 질환을 치료할 방법에 대해서만 말하고 싶다고 단언했다.

"치료에만 집중해 주세요. 은퇴한 뒤로는 꽤 활동적으로 살았고 그런 삶으로 다시 돌아갈 겁니다. 미래에 어떤 일이 벌어질지는 아무도 몰라요. 저는 지금 이 순간에 충실하고 싶습니다."

그래서 나는 연명 의료 상담은 포기하고 병원의 암 전문의를 만나 현재 배리를 어떻게 치료해야 하는지를 알아봤다. 그러나 배리가 회복된다고 해도 일시적일 것이리라는 것을 알고 있었다. 이미 되돌리기에는 암이 너무 많이 퍼져 있었다.

그러나 한동안은 상태가 호전되는 듯했고 배리는 주머니가 두둑한 은퇴한 신사의 삶으로 돌아갔다. 골프를 치고 리조트를 돌아다니고 미술 전시회와 경매장을 드나들었다. 또한 경기장을 직접 찾아가 VIP석에서 경마와 폴로 등의 경기를 관람했다. 그는 자신이 다 나았다고 믿었다.

그러나 증상이 다시 나타났고 이전보다 훨씬 더 심했다. 그는 숨을 제대로 쉴 수 없었고 부자들만 초대받는 자선 행사장 화장실에서 숨을 내쉴 때마다 피도 함께 뱉어냈다. 결국 그는 응급실로 실려 왔고 응급 수술을 받게 되자 사태의 심각성을 깨달았다.

"선생님, 이제 죽을 때가 온 것 같습니다."

"확실하지는 않아요. 그럴 가능성이 높은 것은 사실이지만요."

"어쨌든, 선생님이 요전에 말한 연명 의료 계획에 대해 이야기할 때가 온 것 같아요."

그래서 나는 의료진이 수술의를 돕기 위해 근처 수술실로 들어가는 동안 심폐소생술 거부/인공호흡기 거부와 연명 의료 무제한 실시에 대해 설명했다. 그는 서둘러 연명 의료 거부를 선택했다.

"저는 제 삶에 정말 만족합니다. 특히 은퇴한 뒤 몇 년은 정말 좋았어요. 하지만 이제 모든 것이 끝날 때가 왔다는 것을 알겠어요.

더 이상 예전처럼 살기에는 너무 약해졌어요. 생명은 건진다 해도 그 뒤의 삶은 집에 갇혀 지내거나 요양원이나 호스피스 병동에서 보내야 하겠죠. 그런 삶은 싫습니다. 그러니 선생님, 그런 일을 막도록 서류에 서명해야 한다면 그럴 준비가 됐어요."

그렇게 수술 전에 배리는 생명을 연장하는 적극적인 조치나 연명 의료를 거부하기로 결정했다. 그는 자신의 마음이 이끄는 대로 최선을 다해 적극적으로 살았다. 그리고 이제는 자신의 마음이 이끄는 대로 삶을 마감하고 싶어 했다.

그리고 그가 바라는 대로 되었다. 수술을 받고 2~3일간 그는 병실에서 지냈다. 의식이 완전히 돌아오지 않은 채 회복하던 중에 호흡과 심장이 멈췄다. 병동의 간호사는 그가 연명 의료 거부를 선택했다는 것을 알았기 때문에 아무 조치도 취하지 않았고 몇 분 뒤 배리는 사망했다. 자신이 원하던 대로 되었다.

배리의 사례는 암 같은 진행성 질환에 걸렸다면 완치가 불가능하다는 것이 명확해졌을 때 어떻게 할지 되도록 일찍 연명 의료 계획을 세워야 한다는 것을 보여준다. 회복 가능성이 다소 있더라도 미리 연명 의료 관련 결정을 하는 편이 낫다. 질환이라는 것은 늘 예측 불가능하기 때문이다. 게다가 암 말기에는 감염, 폐나 다리의 색전증 등 생명을 위협하는 합병증이 생길 가능성이 높아진다. 따라서 자신의 연명 의료 관련 결정을 서류로 남겨서 생명이 위중한 상황이 닥치면 어떤 조치를 취해야 하는지 의료진이 확실히 알 수 있도록 해야 한다.

배리의 경우 다행히도 여전히 정신이 또렷하고 의식이 있었기 때문에 갑자기 치명적인 증상이 나타나서 응급 수술을 받으러 병원에 왔을 때 내가 연명 의료 계획서를 작성할 수 있었다. 그러나 이런 식으로 병원에 오는 환자는 의식이 없을 때가 많다. 그런 환자가 미리 서류를 작성해 두지 않았다면 분초를 다투는 상황에서 어떤 조치를 취해야 하는지가 불확실해진다. 그런 상황에서 의학적으로 보수적인 대처는 앞서 살펴봤듯이 환자에게 필요한 연명 의료를 모두 실시하는 것이다.

그러나 환자가 겨우 목숨만 부지하면서 고통에 시달려가며 마지막 순간을 보내길 원하는 경우는 없을 것이다. 따라서 되도록 빨리, 미리 서류를 작성하는 것이 중요하다. 응급 상황이 발생하기 전에는 환자가 배리처럼 연명 의료에 관해 이야기하고 싶어 하지 않겠지만 그런 이야기를 계속 꺼내서 말기 환자에게 연명 의료 거부를 선택하도록 설득하는 것이 가장 바람직하다. 암 등 진행성 질환의 문제는 언제 말기에 들어섰는지 쉽게 판단하기 어렵다는 점이다. 아무리 작더라도 회복과 치유 가능성이 늘 존재하기 때문이다. 그러나 연명 의료 계획 상담은 되도록 일찍 하는 것이 좋다. 그래야 환자가 연명 의료가 무엇을 의미하는지 이해하고서 치명적인 사건으로 자신이 심정지나 호흡 정지를 일으켰을 때, 즉 의료진이 환자에게 가능한 모든 연명 의료 조치를 실시하거나 환자가 평화롭게 숨을 거둘 수 있게 놔둬야 하는 상황이 닥쳤을 때 환자 본인이 어떤 조치를 받을지 미리 선택할 수 있다.

14

환자의 선택과
의료진의 결정

의사나 의료진이 환자에게 말기 판정을 내렸는데 환자나 다른 의사가 이런 진단에 이의를 제기할 수도 있다. 환자는 자신의 생명이 다했다는 것을 부정하고 싶어서, 그리고 진단이 잘못되었거나 바뀔 수 있다는 희망에서 말기 판정을 받아들이지 못하는 경우가 있다. 또한 환자나 이의를 제기한 다른 의사는 환자의 회복 가능성이 더 크다고 믿는 것일 수도 있다. 환자가 말기 판정을 순순히 받아들이더라도 말기에 어떤 처치를 받을지 결정하는 데 어려움을 겪을 수도 있고 이전에 한 결정을 바꾸고 싶어 할 수도 있다. 말기 환자를 치료할 때 고려해야 할 또 다른 사항은 뜻하지 않은 응급 상황이 발생했을 때 어떻게 대처해야 하느냐이다. 이 장에서는 이런 다양한 쟁점을 다루겠다.

믿고 싶지 않은 죽음

환자에 따라서는 자신이 말기라는 사실을 부정한다. 말기라는 증거를 대도 믿지 않는다. 그래서 가능한 한 모든 치료를 받고자 한다. 말기 판정을 뒤집을 수 있으리라고 믿는 것이다. 그러나 임박한 죽음을 지연하려는 이런 시도는 오래가지 못하고 결국 실패로 끝난다.

모스코비츠 부인도 그런 환자였다. 60대 여성이었는데, 고급 주택가에서 살았고 보석 편집숍을 운영했다. 언제나 자신의 뜻을 관철하는 데 성공했으며 자신의 명령에 복종하는 여섯 명의 직원을 두었다. 또 매트와 케빈이라는 40대 아들이 두 명 있었다. 아들들은 어머니 집 근처에서 살았고, 속으로는 어떻게 생각했는지 몰라도 뭐든 어머니가 시키는 대로 했다. 예를 들어 며느리는 집에 두고 아들만 가족 모임에 참석하라고 하면 그렇게 했다. 어머니와 싸워서 아내와 함께 오는 대신 혼자 오는 것이다.

모스코비츠 부인은 2년 동안 입원과 퇴원을 두 번 반복한 폐암 말기 환자였다. 매번 약물부터 폐의 일부를 절제하는 수술까지 최고의 치료를 받았다. 퇴원할 때 의사가 금연을 지시했지만 무시했다. 자연의 법칙이 자신에게는 적용되지 않는다는 양. 사업에서 성공했듯이 자연의 법칙도 정복할 수 있다고 생각했는지도 모르겠다. 성공한 사업가였으니 돈은 차고 넘쳤으므로 자신이 원하는 치료는 뭐든지 받을 수 있다고 믿었으리라. 의사가 상태가 워낙 위중해서 더 이상 치료가 소용이 없다고 해도 귀담아 듣지 않았다. 어쨌든 모스코비츠 부인은 이번에는 수술의가 남은 암을 폐에서 제거하면 될 것이라는 생각으로 자신의 주장을 밀고 나갔다. 그러나 이미 늦었다. 수술의가 호흡에 필수적인 부위를 제거하지 않고는 암만을 제거할 수는 없는 지경에 이른 것이다. 게다가 세 번째로 병원에 입원했을 무렵 이미 암이 신체의 다른 부위로 전이한 상태였다. 따라서 죽음은 시간문제였다. 몇 주가 남았느냐 혹은 몇 달이 남았느냐의 차이였다.

이런 나쁜 예후에도 불구하고 모스코비츠 부인은 아들 둘을 대동하고 병원에 돌아와 내게 치료를 더 해 줄 것을 요구했다. 모스코비츠 부인은 허리를 꼿꼿하게 세우고 이야기했지만 기운이 없고 피곤하고 불편해 보였다. 자신이 지휘관이라는 사실을 각인시키기 위해 애써 그런 자세를 취하고 있는 듯했다.

"수술을 다시 하면 문제가 되는 조직을 제거할 수 있을 거예요. 그러면 다시 나을 거고요."

그러나 나는 더 이상은 회복이 불가능하다고 말했다. 모스코비츠 부인은 믿고 싶어 하지 않았지만 모든 징후를 고려할 때 모스코비츠 부인이 죽어가고 있다는 것은 확실했다. 그런데도 계속 치료를 받겠다고 고집을 부렸다.

"저희가 해드릴 수 있는 것이 없습니다." 나는 단호하게 말했다.

"어떻게 그럴 수가 있죠? 그냥 내 폐랑 다른 데 있는 암세포를 떼어내면 되는 거잖아요? 방사선 요법으로 세포를 죽일 수도 있고요."

"암이 너무 깊이 퍼졌습니다. 수술을 하거나 방사선 요법을 받으면 장기가 더 이상 기능을 할 수 없게 됩니다. 그러면 확실히 죽겠지요. 그러니 그런 시술을 할 수가 없습니다. 약물은 더 이상 암에게 아무 영향을 미치지 못합니다. 이전에 약물 요법을 시도했지만 효과가 없었어요."

"이제는 그런 요법이 효과가 있을 거예요. 요즘은 식단에도 신경 쓰고 있어요. 휴식도 취하면서 스트레스도 조절하고 있답니다."

그러나 모스코비츠 부인이 무슨 수를 쓰더라도 검사실 결과를 바꿀 수는 없었다.

나는 모스코비츠 부인의 혈액 검사 결과지를 꺼내 보였다.

"보이시죠? 골수가 거의 사라졌어요. 회복에 필요한 새로운 혈액 세포를 생성하지 못하고 있습니다. 골수에서 혈액 응고를 돕는 작고 동그란 혈소판도 만드는 데 그 혈소판도 거의 없어요. 정상인이라면 혈액에 약 15만 개의 혈소판이 있어야 하는데 모스코비츠 부인은 3만 개밖에 없습니다. 정말 낮은 수치죠. 아주 작은 출혈이 생겨도 이 정도로는 딱지를 형성하지 못합니다. 피부나 신체의 어떤 장기에 상처가 나면 혈관이 그 상처나 장기로 엄청난 피를 흘리게 될 것이라는 의미입니다. 혈우병 환자가 부상을 당했을 때와 마찬가지인데 그보다 훨씬 심각합니다."

"수혈을 받으면 되잖아요?"라고 모스코비츠 부인이 제안했다.

"수혈은 효과가 없습니다. 이렇게 수치가 낮을 때는 이 수치를 보충할 만큼 혈액을 충분히 공급할 수가 없어서요. 지금 모스코비츠 부인은 체중도 감소했고 쇠약한데다가 혈압도 낮아요. 혈소판이 빠르게 감소하고 있기도 하고요. 혈소판을 생성하는 골수의 기능이 멈췄다는 증거입니다."

모스코비츠 부인은 생각에 잠겼다. 모스코비츠 부인이 말기이며 더 이상 치료를 해도 소용이 없다는 것을 설득하기 위해 의학전문 용어를 많이 사용해서 당황했을 것이다.

그런 나쁜 소식을 직설적으로 전달하는 것이 미안했지만 모스코비츠 부인과 두 아들이 임종에 적절히 준비할 수 있도록 나는 계속 말기 진단에 대해 설명했다.

"이제는 어떤 치료를 받아도 의학적으로 아무런 소용이 없다는 것을 아셔야 합니다. 수혈 등 그 어떤 시술도 며칠은 벌어 줄 지모르지만 그게 전부입니다. 그러니 치료를 중단하고 자연스럽게 마지막 순간을 보내시길 권합니다."

"하지만 저는 계속 치료를 받고 싶어요." 모스코비츠 부인은 주장을 굽히지 않았다. "목숨이 붙어 있는 한 희망이 있는 거잖아요."

아들들은 어머니를 설득하려고 노력했다.

"어머니 이제 그만 하고 현실을 받아들이시면 어떨까요?"

그러나 모스코비츠 부인은 단호하게 말했다. "아니, 수혈을 받을 거야."

"알았습니다. 원하시는 대로 준비하죠"라고 나는 어쩔 수 없이 동의했다.

모스코비츠 부인과 아들들이 나간 뒤 나는 모스코비츠 부인을 담당한 간호사 두 명, 그리고 완화 의료진과 사회 복지사 두 명을 만나 모스코비츠 부인의 상황에 대해 상의했다.

"병원에 요청해서 윤리 위원회를 열면 어떨까요?"라고 완화 의료진 중 한 명이 제안했다. "이미 죽음이 코앞에 다가온 확실한 말기 환자를 치료하는 것은 아무 의미가 없다는 것을 '보증'하는 데 도움이 될 겁니다."

그러나 그날 당장 윤리 위원회를 소집하기는 불가능했다. 그래서 모스코비츠 부인에게 출혈이 있으면 곧장 응급 상황이 발생할 거라는 우려에도 불구하고 수혈을 실시해야만 했다. 혈소판 수치가 워낙 낮아서 지혈이 불가능할 수도 있었다.

그런데도 모스코비츠 부인은 수혈을 받고 싶다고 고집을 부렸다. 게다가 모스코비츠 부인은 연명 의료 실시 환자로 등록된 상태였다. 심정지를 일으키면 심박을 되살리기 위해 온갖 수단과 방법을 다 동원해야 하는 것이다.

그 주가 끝나갈 무렵 모스코비츠 부인과 아들들이 병원을 다시 찾았고 모스코비츠 부인의 혈액 검사 결과 수치가 워낙 낮았으므로 나는 혈액과 혈소판 모두를 수혈했다. 모스코비츠 부인에게는 수혈이 별 효과가 없는 시술이었지만 수혈 자체는 비교적 간단한 시술이다. 간호사가 모스코비츠 부인의 팔 정맥에 관을 꽂고 그관을 혈액 주머니에 연결한다. 수혈은 2시간 뒤에 끝났다.

"고맙습니다." 집으로 돌아가기 전 모스코비츠 부인은 두 아들과 함께 내 진찰실에서 휴식을 취했다. "이제 좀 편안해졌어요."

그렇게 모스코비츠 부인의 상태는 잠시 안정되었다. 그런 시술이 장기적으로는 전혀 도움이 되지 않았지만 말이다. 모스코비츠 부인은 여전히 말기 환자였다. 사망 시기를 아주 조금 늦춘 것에 불과했다. 모스코비츠 부인의 아들이 전화를 했다. 어머니가 그날 돌아가셨다는 내용이었다. 적어도 고통은 거의 없이 편안하게 숨을 거두었다. 호흡이 갑자기 멈췄고 호흡을 되살릴 기회가 없었다. 간호사가 정해진 근무 시간에 방문했을 때는 이미 사망한 지 좀 지난 뒤였다고 한다.

모스코비츠 부인이 아들들과 함께 내 진찰실을 찾아왔을 때 말기 판정에 대한 모스코비츠 부인의 입장이 이미 확고하게 정해져 있었다. 그전에 입원했을 때 내가 그녀를 만났다면 말기라는 진단을 조금 더 일찍 내릴 수 있었을지도 모른다. 그러나 정확하게 언제 말기라고 판단할 수 있었을지는 분명하지 않다. 그동안 모스코비츠 부인은 임종기를 몇 주 내지 며칠 늘렸다. 그러나 말기가 아닌 단계에서 말기 단계로 바뀐 구체적인 날짜와 상관없이 기본적인 사실은 변하지 않았다. 모스코비츠 부인은 회복 불가능했기 때문에 말기였다. 그리고 그런 진단을 받은 지 몇 주 안에 사망했다.

이제 뭘 해주실 수 있나요?

안타깝게도 상당수의 환자가 불가피한 죽음을 외면하려고 애쓴다. 때로는 이런 현실 부정이 모스코비츠 부인과 달리 의사가 권유하는 치료를 거부하는 형태로 나타나기도 한다. 자신의 병세가 의사가 말하는 것만큼 심각하지 않다고 믿고 싶은 것이다. 로버츠 부인이 그런 사례였다. 71세 여성으로 말기 신장 질환 환자였고 다발 골수종이라는 골수에 생기는 일종의 혈액암을 앓고 있었다. 골수종에 걸리면 정상 형질 세포가 악성 세포로 탈바꿈하면서 '단클론 단백질monoclomal protein' 즉 'M 단백질'이라는 비정상적인 면역 글로불린을 다량 생성한다. 그래서 뼈에 통증이 느껴지고 빈혈, 쇠약 등이 나타나며 다른 질환에 맞서 싸울 수 없게 된다.

병에 걸리기 전에 로버츠 부인은 실버타운에서 꽤 활동적인 삶을 살았다. 그리고 가족과는 거의 연락을 안 하고 지냈다. 자녀들은 전부 미국 전역에 뿔뿔이 흩어져 있었고 각자 본인의 문제만으로도 벅찬 처지들이었다. 딸 한 명은 암 환자, 다른 딸 한 명은 조울증 환자, 아들 한 명은 조현병 환자였다. 나머지 아들 한 명은 나름 경영 전문가로 일했지만 명절 때만 가끔 만나 아들 가족과 함께 저녁 한 끼를 먹는 것이 다였다. 따라서 큰 회사의 경리 직원으로 일하다가 은퇴한 뒤로는 실버타운 거주민들이 로버츠 부인의 가족이나 마찬가지였다. 영화 감상이나 게임 등 실버타운에서 운영하는 프로그램에서 만난 여자들 몇몇과는 꽤 탄탄한 우정도 나누고 있었다.

나는 3개월 전 로버츠 부인이 허리 통증을 호소하며 병원을 찾았을 때 처음 만났다. 로버츠 부인을 진찰하고 혈액 검사를 한 뒤 나는 로버츠 부인이 신장 질환이 있으며 골수종 초기라는 진단을 내렸다. 그래서 두 명의 종양학 전문의에게 로버츠 부인을 진찰하게 하고 혈액 검사 결과를 보여주었다. 내 진단을 확인하기 위해서였다. 종양학 전문의들도 내 진단에 동의했으므로 나는 로버츠 부인에게 다음과 같이 권했다.

"지금은 집에 가셔도 좋습니다. 하지만 치료가 필요하니 꼭 다시 오세요. 특히 화학 요법을 받아야 합니다. 그리고 암 뿌리를 지속적으로 세심히 관찰해야 합니다. 그래야 경과를 지켜볼 수 있으니까요. 혹시 문제가 생기면 병원 입원을 위한 소견서를 쓰겠습니다. 현재로서는 그 외의 치료는 통원 치료가 불가능하니까요."

그런데 로버츠 부인은 치료를 받으러 오지 않았다. 검사를 더 받고 골수종 치료를 위한 화학 요법을 받고 경과를 지켜봐야 한다는 내 조언을 듣지 않은 것이다.

결국 직장에 생긴 커다란 치핵이 출혈을 일으키는 바람에 로버츠 부인이 다시 병원에 왔을 때는 두 가지 질환이 이전보다 더 심해진 상태였다. 신장 질환은 신부전으로 발전했고 골수종도 더 악화되었다. 처음 병원에 왔을 당시만 해도 적절한 치료를 받으면 신장 질환을 치료할 수 있었고 다발성 골수종도 회복기에 들어섰을 것이다. 그러나 이제 두 질환 모두 훨씬 더 심해져서 말기라고 판단했다.

"이제 뭘 해주실 수 있나요?" 로버츠 부인이 물었다. "수혈을 해서 혈액 수치를 높이면 어떨까요? 그리고 제 심장도 한 번 봐 주세요. 갑자기 빨리 뛰기도 하고 평소와 다르게 뛰기도 해요. 그리고

나면 어지럽고 피곤하고 몸에 힘이 빠져요. 때로는 한동안 숨도 쉴
수 없어요."

　　나는 로버츠 부인이 묘사하는 증상이 심방 잔떨림이라는 것
을 알아챘다. 빠르고 불규칙적인 심박은 심방 잔떨림의 대표적인
증상이다. 이전에 이 문제에 대처하기 위한 약을 처방해 주었지만
로버츠 부인은 그 약을 꾸준히 복용하지 않았다. 문제가 심각해진
것도 당연했다. 이제는 되돌릴 수 없게 되었다.

　　나는 로버츠 부인에게 가능한 한 부드럽게 그녀의 상태를 설
명하려고 노력했다.

　　"현재 로버츠 부인을 치료할 수 있는 방법은 없습니다. 여러
질환이 너무 많이 진행되었어요. 최선은 말기 의료 계획을 세우고
준비하는 것입니다."

　　로버츠 부인은 잠시 머뭇거렸다. 상태가 심각하다는 사실을
더는 부정할 수 없게 되었으니 마침내 이를 받아들이는 것 같았다.
로버츠 부인이 병원에 오게 된 이유인 출혈, 그리고 잦은 호흡 곤
란 증세, 쇠약, 어지럼증, 현기증 등의 증상을 경험하면서 자신이
더 이상 피할 수 없는 지점까지 도달했음을 깨닫게 된 것이다.

　　로버츠 부인이 마음을 못 정하고 있는 듯 보여서 나는 "근처에
사는 아드님에게 의료 관련 결정 과정에 함께해 달라고 부탁할까
요?"라고 물었다.

그 말에 로버츠 부인은 정신을 차렸다. "아니에요. 제 운명은 제가 결정해야죠. 선생님의 조언 대로 하는 것이 좋을 것 같아요."

나는 말기 의료 준비를 했고 통증을 줄이는 모르핀과 불안을 가라앉히는 아티반을 처방했다. 로버츠 부인의 마음을 차분하고 편안하게 해 줄 것이다. 다행히도 로버츠 부인은 아직은 자신이 원하는 음식으로 구성된 식단을 규칙적으로 먹을 수 있었다. 따라서 최소한 마지막 순간에도 식사는 즐겁게 할 수 있었다.

로버츠 부인과 로버츠 부인을 돕기 위해 온 아들이 내 진찰실을 나섰다. 둘 다 담담하고 편안해 보였다. 이것이 마지막이라는 것을 받아들인 듯 했다. 로버츠 부인에게 현실을 받아들이도록 설득하는 과정은 쉽지 않았다. 그리고 어찌 보면 로버츠 부인이 3개월 전에 자신의 상태가 심각하다는 사실을 외면하는 바람에 말기 상태까지 가게 된 것도 있다. 그때까지만 해도 로버츠 부인의 경과는 좋을 수도, 나쁠 수도 있었다. 즉 치유될 수도 있었고 지금처럼 말기로 진행될 수도 있었다. 그러나 이제는 더 이상 임박한 죽음을 외면할 수 없게 되었다. 로버츠 부인은 마침내 그 사실을 받아들였고 로버츠 부인의 아들도 마찬가지였다. 환자에게 말기 판정을 내리는 일은 결코 유쾌하지 않지만 로버츠 부인의 마지막 순간을 가능한 한 편안하게 해드렸다는 점에서 나는 보람을 느꼈다. 또한 로버츠 부인의 마지막 시간에 긍정적인 측면도 있었다는 점도 기뻤다.

로버츠 부인은 죽는 순간까지 자신이 좋아하는 음식을 마음껏 먹을 수 있었다.

심경의 변화

환자가 언제 의료 관련 결정을 할 수 있는가, 혹은 할 수 없는가라는 문제는 환자가 치료를 받는 과정에서 마음을 바꿀 때 제기된다. 스스로 결정을 할 능력이 있을 때도 있고, 더 이상 스스로 결정을 할 능력이 없어서 가족이나 의료진이 대리인이 되어 무엇을 할지 결정하기도 한다. 별다른 지시 사항이 명시되어 있지 않는 한 의료진의 기본 지침은 통증이나 고통은 고려하지 않고 다른 측면에서 환자에게 해가 되지 않는다면 모든 수단을 동원해서 치료하는 것이다.

환자는 언제든 마음을 바꿀 수 있다. 아직 말기 판정을 받기 전이라면 상황에 따라 마음이 바뀌는 것은 당연하다. 하지만 때로는 환자가 너무 쇠약해져서 회복 불가능한 임종기라는 것이 분명한데도 선택을 바꾸겠다고 나서기도 한다. 갑자기 회복 가능성에 대한 희망을 품게 되어 마음을 바꾸는 것이다.

미리엄 자파타가 그런 사례였다. 미리엄은 57세의 히스패닉 여성으로 이런저런 마약을 오남용한 경력이 있었다. 50대 초반에 메타돈^{methadone}◀ 진료소에 등록한 뒤로는 다른 약물 오남용자들과 함께 메타돈을 합법적으로 입수했다. 그래서 마약을 끊거나 거리에서 불법 약물을 구하는 대신 평범한 일상을 유지할 수 있었다. 미리엄에게 일상이란 최소한의 기준에도 못 미치는, 쥐가 득실거리는 호텔에 작은 방을 얻어 살면서 로비에서 다른 호텔 거주민 및 직원, 그리고 호텔 로비를 드나드는 부랑자와 수다 떨기, 거리를 지나가는 사람들 관찰하기, 로비나 방에서 TV 보기 등을 의미했다. 때때로 교외에 사는 자녀들이나 나이든 부모님을 만나러 가기도 했다. 가족들은 미리엄이 직업 훈련을 받고 접수원, 서류 정리원, 사무 보조원 등 평범한 일자리에 취직해서 제대로 된 삶을 살도록 돕고 싶어 했다. 그러나 미리엄은 스스로의 삶을 바꾸기 위해 꾸준히 노력하거나 교육 프로그램을 충실히 이행하는 것을 힘들어했다. 그래서 직업 없이, 돈 없이 지내다 다시 거리로 나가곤 했다. 적어도 메타돈 프로그램 덕분에 헤로인이나 필로폰 주사는 사용하지 않았으므로 재활의 첫 단계는 밟고 있는 셈이었다.

나는 미리엄이 복통을 호소하며 지역 사회 병원에 왔을 때 그

◀ 헤로인 중독 치료에 쓰이는 약물

녀를 처음 만났다.

"너무 아파서 아무것도 먹지를 못하겠어요."

나는 진찰에 앞서 미리엄의 병력이 담긴 진료 기록부를 먼저 살펴보았다. 미리엄은 기록부 내용을 간략하게 정리해서 내게 말해 주었다.

"최근에 갑자기 배가 아파서 보스턴에서 의사를 만났어요. 그때 의사가 췌장에 종양이나 암이 있다고 했어요. 하지만 확실하지 않다고 했어요. 시키는 대로 근처 의료 시설에서 생체 검사까지 받았는데도요. 그래서 저한테 아마 암이 있을 거라고 말하고는 집으로 돌려보내더라고요."

"약을 처방하지는 않았나요?"

"진통제만 좀 줬어요. 아스피린이나 타이레놀 같은 거요. 기억이 잘 안 나요. 하루인가 이틀 뒤에 더는 아프지 않았거든요. 그래서 잊고 지냈죠. 다시 아프기 전까지는요."

아직은 미리엄의 상태가 얼마나 심각한지 알 수가 없었다. 다만 미리엄이 여전히 자신의 상태에 대해 이성적으로 맑은 정신으로 이해할 수 있을 때 연명 의료에 관해 이야기하고 싶었다. 미리엄은 그 자리에서 상황이 안 좋아졌을 때는 '심폐소생술 거부 / 인공호흡기 거부'를 선택하겠다고 말했다.

"그냥 빨리, 조용하게 끝내고 싶어요." 미리엄은 확고하게 말했다. 그런데 일주일도 안 돼서 마음을 바꿨다.

진통제로 당장의 통증은 가라앉은 것처럼 보였기 때문에 일단 집으로 돌려보냈다. 그리고 나는 위장병 전문의에게 미리엄의 예후를 진단해 달라고 부탁했다.

"췌두에 3인치 정도 되는 종양이 있어요. 신부전도 있네요. 아마도 한동안 먹지 못해서일 겁니다. 간에도 이상이 있어요. 그래서 급성 황달이 나타났을 거예요. 간경화와 C형 간염 모두 있어요. 알코올 중독과 여러 약물을 오남용한 경력이 있는 환자에게 흔히 볼 수 있는 질병이죠."

내가 첫 진료에서 관찰한 것 이외에도 미리엄이 다발성 장기부전도 앓고 있다는 것을 알게 되었다. 예후는 확실히 나빴다. 우리 몸은 회사와도 같다. 시스템이 둘 이상 무너지면 복구하기가 점점 더 어려워진다. 특히 복구에 시간이 걸리는 경우에는 더 그렇다. 그리고 마침내 회사가 망한다.

며칠 뒤 미리엄을 만나서 위장병 전문의와 상담한 결과를 알렸을 때 그녀는 차분해 보였다. 내가 그 자리에서 알려야겠다고 생각한 이야기를 모두 이해하고 잘 받아들이는 듯했다.

"네, 예후가 매우 안 좋군요. 선생님이 권하시는 대로 연명 의료 거부를 선택할게요. 만약 회복할 가능성이 없다면 그냥 편안하게 지내고 싶어요."

나는 그렇게 하는 것이 좋겠다고 말했다. "현재 환자분의 몸에는 문제가 너무 많습니다. 이런 상태를 다발성 장기부전이라고 합니다."

"젊을 때 마약과 술을 좀 덜했으면 좋았을 걸 그랬어요." 미리엄이 후회하며 말했다. "그러면 이런 일이 일어나지 않았겠죠."

나는 고개만 끄덕했다. 후회와 함께 어느 정도 상황을 받아들이고 있는 것이 느껴졌으므로 더 이상 할 말이 없었다.

그러나 나와 상담을 마치고 자신이 머무는 호텔로 돌아가는 길에 미리엄은 가벼운 공황 발작을 일으켰다. 아주 잠시 호흡 곤란 증세도 나타났다. 미리엄은 비틀거리면서 타고 있던 버스에서 내렸고 자신이 머무는 호텔에서 조금 떨어진 또 다른 싸구려 호텔 입구에 서 있는 동안 환각에 시달렸다. 하얀 긴 가운을 입은 사람이 자신에게 다가와 다음과 같이 말했다. "아직 삶을 되찾을 수 있다. 시간이 아직 있다." 그 사람은 하얀 빛을 내며 사라졌다. 미리엄은 이 환각을 하나님이 아직 희망을 잃지 말라고 보낸 메시지로 해석했다. 미리엄은 앞으로 더 잘 살겠다고 마음만 먹으면 되는 것이었다. 그러면 치유될 수 있다.

미리엄은 내게 전화를 걸었다. "연명 의료 거부 결정을 철회하겠어요. 이제 다시 나을 수 있다는 확신이 생겼어요. 가족과 만나 이 이야기를 전하겠어요."

그러나 모순적이게도 이 환상은 미리엄의 상태가 더 악화되었다는 징후였다. 그녀는 더 나아가 췌장암, 신부전, 간경화에다가 심한 감기에까지 걸렸다.

다음날 미리엄과 미리엄이 한동안 연락하지 않고 지낸 가족을 만나서 상담을 진행했다. 미리엄의 부모, 아들, 그리고 두 명의 딸이 함께 왔다. 나는 사회복지과 대변인과 교회 대변인도 초대했다. 또한 지역 돌봄 센터 회원 두 명도 불렀다. 앞으로 진행될 미리엄의 완화 의료 계획을 검토하기 위해서다. 나는 미리엄이 다발성 장기부전을 앓고 있다는 설명을 마치고 연명 치료에 관한 기존 선택에 대해 말했다.

"미리엄은 자신이 말기이며 치료 가능성이 없다는 이야기를 듣자 편안하게 돌봄을 받고 싶다고 말했습니다."

"맞습니다." 미리엄의 아버지가 가족을 대표해 말했다.

사회 복지사와 목사도 동의했다.

그러나 미리엄은 그 결정을 철회하겠다는 뜻을 굽히지 않았다. "저는 살고 싶어요. 그리고 전부 다 치료받고 싶어요. 저도 이제 바뀔 수 있다는걸 아니까요. 이제 괜찮을 거예요."

그러나 미리엄이 자신이 회복될 거라는 계시를 아무리 믿고 싶어 해도 의학적으로는 다 부질 없는 일이었다. 다른 장기의 기능 부전도 마찬가지지만 주요 장기를 공격한 암을 더 이상 치료할 방법이 없었다. 뉴스나 영화에서는 기적적인 회복 사례가 가끔 등장하다 보니 현대 의학은 어떤 것이든 치료할 수 있다는 오해를 부추긴다. 어쨌든 이런 매우 드문 예외들은(아마도 백만 분의 1의 확률일 것이다) 다른 사람에게도 자신이 영적인, 종교적인, 혹은 다른 어떤 힘에 의해 혁신적인 현대 의학의 수혜자가 될 것이라는 확신을 심는다. 말기 환자는 환상에 불과한 치료에 대한 희망으로 고통스러운 치료 과정을 거치기보다는 마지막 순간을 되도록 편안하고 통증 없이 보내는 것을 최우선 과제로 삼아야 한다.

그러나 미리엄에게는 이런 말이 들리지 않았다. 미리엄은 이미 마음을 정했고 암 전문의가 간경화 환자에게 흔히 생기는 복수를 미리엄의 복부에서 뽑아서 실시한 검사 결과가 나왔는데도 결심은 변함없었다.

검사 결과 미리엄이 간염을 앓고 있다는 것이 입증되었다. 더 나아가 폐렴 진단 결과에는 폐가 감염되어 염증이 생겼다는 것을 알 수 있었다. 결국 미리엄이 병원에 입원해야 한다는 결론이 나왔다.

이런 확실한 예후에도 미리엄은 자신이 말기라는 사실을 받아들이지 않았다. 병원 침상에 누워서도 미리엄은 여전히 자신이 곧 나을 거라고 믿고 있었다. 그래서 우리는 그 후로 며칠 동안 미리엄의 상태를 지속적으로 점검했다. 그럴수록 모든 질환이 말기에 이르렀으며 어떤 의학적인 치료도 의미가 없을 것이라는 점만 확인했다. 그러나 기적적인 치유의 비전에 매달린 미리엄은 오랫 동안 고민한 끝에 결정한 '어떻게 임종을 맞을 것인가'에 관한 자신 의 선택을 뒤집었다.

의료진은 이제 어떻게 해야 할까? 미리엄은 자신의 연명 의료 거부 결정을 철회했다. 평화롭고 조용한 죽음 대신 적극적인 치료 를 원했다. 반면에 가족들은 미리엄이 원래 선택했던 편안하고 존 엄한 죽음을 지지했다. 처음에 의료진은 환자의 새로운 선택대로 진행하기로 했다. 그것이 법적으로, 윤리적으로 옳은 일이라고 생 각했다. 그래서 미리엄의 심장이나 호흡이 정지하면 의료진은 모 든 조치를 다할 것이다. 의학적으로 무의미하다는 것을 알면서도 사망 선고가 내려지기까지는 그렇게 할 수밖에 없다. 일단 사망 선 고가 내려지면 의료 조치를 멈출 것이다.

이율배반적이게도 미리엄은 심정지를 일으켰다. 그리고 전기 충격, 심장 주사, 가슴 압박 끝에 첫 심폐소생술과 연명 처치로 목 숨을 건지기는 했다. 그러나 그 뒤로 미리엄은 훨씬 더 쇠약해졌다. 그래서 기능을 상실한 장기 대신 심장을 뛰게 하고 호흡을 가능하 게 하는 인공호흡기에 연결된 채 지냈다. 살아 있다고는 해도 겨우 목숨을 부지하는 정도였다. 반혼수상태였지만 아마도 통증과 고통 을 느꼈을 것이다. 비록 어떤 뇌 손상이 있었고 얼마나 영구적인 손상이었는지 알 길은 없었지만 말이다.

미리엄의 심경 변화, 의료진과 가족의 설득 실패가 최악의 결과로 이어졌다. 그러나 미리엄이 마음을 바꿀 당시에는 의사 결정 능력이 충분했으므로 법적으로, 윤리적으로 미리엄의 바뀐 의사를 존중해야 한다고 생각했다. 의학적으로는 어떤 조치도 소용이 없었으므로 미리엄이 엄청난 실수를 저지른다는 것을 알고 있었지만 어쩔 수 없었다. 이제 미리엄은 반만 살아 있는 흡사 좀비 같은 상태가 되었다. 공포 영화에서나 등장할 법한 살아 있는 죽은 자가 된 것이다.

어떻게 해야 할지 확신할 수 없었으므로 병원 윤리 위원회 소집을 요청했고 미리엄의 현재 상태에 대해 설명했다. 나와 간호사의 돌봄을 받고 있는 미리엄의 병실로 위원회 회원을 데리고 갔다. 그런 다음 미리엄에게 "예" "아니오"로 답할 수 있는 질문을 몇 가지 했다. 미리엄은 아무 대답도 하지 않았다. 위원회 회원은 미리엄이 자신의 상태에 대해 이해하거나 결정할 수 있는 정신 능력이 없음을 쉽게 확인할 수 있었다.

병원 윤리 위원회는 그 후로 1시간에 걸쳐 회의실에 모여 어떻게 해야 할지에 관해 다각도로 논의했다. 나는 미리엄이 바란 대로 연명 의료를 실시한 후 어떤 일이 벌어졌는지 설명했다. 상황에 대한 내 판단도 덧붙였다.

"현재로서는 심장 및 호흡 정지로 미리엄의 정신 능력이 상당히 저하된 상태입니다. 따라서 본인의 건강을 비롯해 그 무엇에 관해서도 아무런 결정을 할 능력이 없습니다."

"그렇다면 대리인이 대신 결정하게 해야겠네요. 환자 본인이 스스로 결정할 수 없으니까요. 또한 더 이상 적극적으로 개입한다 해도 의학적으로 무의미하며 미리엄의 가족은 우리가 최대한 보수적으로 접근해서 환자가 마지막 순간을 인간답게 맞이하길 바라는 것이 분명해 보입니다. 그러니 이런 선택에 분쟁이 일어날 가능성은 없어 보입니다"라고 위원회 회장은 결론을 내렸다.

나는 미리엄의 선택이 더 이상 의료진의 행위와 치료 계획을 통제하지 않는다는 위원회의 판단을 듣고는 안도했다. 미리엄은 더 이상 의사 결정 능력이 없었고 우리가 경험과 지식에 근거해 이미 예상하고 있었던 그런 상황을 맞이했다. 이제 미리엄의 대리인이 미리엄을 대신해 결정을 하게 되었다. 나도 이것이 최선이라고 생각했다. 미리엄은 그동안 가족과 소원하게 지냈지만 가족들은 미리엄을 여전히 사랑하고 아꼈다. 따라서 가족은 미리엄을 대신해서 결정할 자격이 충분했다.

회의가 끝나자마자 나는 미리엄의 부모에게 전화를 걸었다. 마침 미리엄의 부모는 미리엄의 상태에 대한 소식을 전해주길 기다리면서 미리엄의 아들딸과 가족 회의를 하는 중이었다. 미리엄의 아버지가 전화를 받았고 나는 앞으로 어떻게 진행될지 알렸다.

"앞으로 아버님이 미리엄의 대리인이 되어 결정하면 됩니다. 미리엄이 연명 의료 실시를 요청했으므로 병원에서는 기관내삽관을 하고 집중 치료실에서 인공호흡기에 연결하는 의학 조치를 취해야만 했습니다. 이제 문제는 관을 빼고 호흡기를 중단시킬 것인가 아니면 이대로 놔둘 것인가입니다. 어떤 선택을 하든지 죽음을 막을 수는 없습니다. 회복할 가능성이 없으니까요. 이미 완전한 뇌사 상태이고, 신체 기능만 조금 남아 있을 뿐입니다. 따라서 며칠밖에 남지 않았습니다. 혹 그보다 더 산다고 해도 별반 차이가 나지 않을 겁니다."

미리엄의 아버지는 아무 답을 하지 않았다. 전화선 너머에 있는 가족들에게 내 이야기를 전하고 있었다. 그런 다음 그는 다시 돌아와서 내가 기다리던 답을 했다.

"모두 동의했습니다. 처음에 미리엄이 선택했던 대로 연명 의료를 거부하겠습니다. 중단해 주세요."

나는 그 지시를 서둘러 기록했고 몇 분 뒤 미리엄의 가족이 병원에 도착했다. 미리엄의 병실에서 마지막 작별 인사를 나누기 위해서다. 가족들이 복도를 따라 병실에 가는 동안 미리엄의 아버지가 내 진찰실에 들러 연명 의료 계획서에 서명을 했다.

나는 미리엄의 아버지에게 말했다. "미리엄에게 완화 의료 단계를 적용하겠습니다. 지금부터는 미리엄이 편안하도록 통증 관리에 주력하면서 최소한의 조치만 취할 것입니다."

나는 미리엄의 가족이 모인 병실에 가서 앞으로의 계획을 설명했다. 간호사는 미리엄의 팔 정맥을 통해 몸에 일반 약물을 주입하는 주머니를 제거하고 모르핀 수액을 달았다. 미리엄은 아무것도 느끼지 못할 것이다. 통증조차도.

미리엄의 가족들은 눈물을 보였지만 모두 차분하고 평화로워 보였다. 이렇게 마무리할 수 있어서 안도하는 것 같았다. 몇 분 뒤 미리엄은 평안하게 세상을 떠났다. 연명 의료 조치가 의학적으로 의미가 없다는 의학 전문가의 조언과 가족들의 반대에도 불구하고 미리엄이 마음을 바꾸었지만 다시 원래대로 돌아갔다. 덕분에 미리엄은 가족들에 둘러싸인 채 돌봄과 사랑 속에서 평화롭게 죽음을 맞이할 수 있었다.

계획의 수정

말기 환자를 돌보다 보면 말기 의료 계획을 바꿔야 하는 경우가 종종 생긴다. 상황 자체가 변해서일 수도 있고 상황이 바뀔 때마다 환자가 자꾸 마음을 바꿔서일 수도 있다. 예를 들어 병이 재발하는 응급 상황이 발생하는 등 각기 다른 상황을 염두에 둔 여러 시나리오가 마련되어 있다면 도움이 될 것이다. 그러나 많은 환자들이 그런 계획을 미리미리 세워 두지 않는다. 그러다 보니 마지막 순간에 무엇을 해야 할지 정하느라 허둥댄다. 때로는 환자가 더 이상 의사 결정 능력이 없어져서 가족, 의사, 의료진이 환자를 대신해 말기 의료 관련 결정을 떠맡게 된다.

몽고메리 씨도 그런 상황에 빠졌다. 한때는 버스 운전사로 일했고 지금은 60대 후반이었다. 계획이라는 것을 모르는 사람이었다. 지시를 받은 다음 그 지시대로 하는 데 익숙했다. 그런 지시를 결정할 권한을 가져본 적이 없었고 가족들은 연락이 끊어져 모두 다른 주에 뿔뿔이 흩어져 있었다. 2~3년간 사귀는 사람이 있었지만 1년 전에 헤어졌으므로 혼자 살고 있었다. 대부분의 시간을 혼자 할 수 있는 일들을 하며 보냈다. 농구와 미식축구 시합을 보러 다니고 돈을 아끼려고 DVD 자판기인 레드박스에서 영화 DVD를 대여해 감상했다.

그러다 폐암에 걸렸고 방사선 요법을 받기로 했고 실제로 효과가 있어서 잠시나마 암을 극복한 것 같았다. 몽고메리 씨는 방사선 치료를 받으러 갈 때면 기침을 하고 숨을 거칠게 몰아쉬었지만 방사선 치료를 받은 뒤 며칠이 지나면 기침이 사라졌고 숨도 잘 쉬게 되었다. 그러나 몇 주가 지나면 기침이 다시 시작되었고 호흡도 거칠어졌다. 그래서 방사선 치료를 다시 받았다. 한동안 그는 자신의 암을 치료할 방법을 찾았다는 희망을 품었다. 그리고 그에 따라 치료를 받고 있었다. 그래서 자신이 '말기'에 해당하지 않는다고 생각했다.

그런데 방사선 요법을 실시한 지 약 4개월 정도가 지났을 때 방사선 치료를 받기로 한 날 병원에 왔다가 말기 판정을 받았다. 간호사가 몽고메리 씨의 체중을 재는데 몽고메리 씨가 왼쪽 엉덩이에 '찌르는 듯한 날카로운 통증'이 느껴진다고 불평했다. 간호사는 이것을 기록했고 몽고메리 씨가 치료대에 등을 대고 눕는 동안 영상의학과 의사에게 그를 잘 살펴봐 달라고 요청했다. 몽고메리 씨의 X-선 영상을 보고 그의 왼쪽 엉덩이를 이리저리 살피고 찔러본 영상의학과 의사는 몽고메리 씨의 폐에 있던 암이 엉덩이로 전이한 병터를 발견했다. 몽고메리 씨는 엉덩이 통증이 너무 심해서 발걸음을 내디딜 때마다 불에 타는 듯한 통증을 느꼈고 제대로 걸을 수가 없었다.

몽고메리 씨의 암이 말기가 되었으므로 내가 그를 담당하게 되었다. 나는 일단 간호사에게 몽고메리 씨에게 정맥 주사로 마약성 진정제를 다량 투여하라고 지시했다. 몽고메리 씨의 진료 기록부를 살펴본 나는 그가 병원에 오기 전에 이미 말기암이었지만 진단이 되지 않았을 뿐이라고 생각했다. 방사선 치료는 폐에 집중되었기 때문에 그 외의 부위에 생긴 암은 치료되지 않았고 아무도 암이 신체의 다른 부위로 전이되었을 가능성은 고려하지 않았다. 그래서 몽고메리 씨는 한동안 자신이 회복되었다는 듯이 행동했다. 매주 방사선 치료를 받으러 다니는 것 외에는 평소와 같은 삶을 살았다. 그러다 엉덩이에 급성 통증을 느꼈고 모든 것이 변해 버렸다. 이제는 통증 때문에 걷는 것조차 힘들었다. 내가 통증을 완화하기 위해 처방한 다량의 마약성 진통제가 필요하게 된 것이다.

몽고메리 씨의 통증이 어느 정도 가라앉자 나는 물었다. "이제 어떻게 하고 싶으세요. 혹시 세워둔 계획이 있으신가요?"

몽고메리 씨는 멍하니 나를 바라봤다. 내가 무슨 소리를 하는지 영 모르겠다는 표정이었다.

"말기 의료 계획을 말하는 겁니다. 치료에 관한 의학적인 선택 외에도 미리 명시하고 싶은 법적인 결정, 재산 정리 등이 포함됩니다."

나는 치료 계획에만 관여하지만 미리 계획을 세워 두지 않은 다른 환자에게 권하듯이 몽고메리 씨에게도 아직 정신이 또렷할 때 그런 계획을 세우는 것이 좋겠다고 말했다. 그러나 몽고메리 씨의 의식은 통증을 가라앉히기 위한 약물로 조금 흐릿한 상태였다. 나는 그가 그런 계획을 세울 수 있을지 확신할 수 없었다.

"무슨 소리인지 모르겠어요." 몽고메리 씨가 마침내 입을 열었다.

"지금 당장 생각하기에는 어려운 문제라는 것 압니다. 그러나 변호사와 가족과 함께 재산을 어떻게 처분하고 싶은지, 장례 절차는 어떻게 진행하고 싶은지 이야기를 나누셔야 합니다. 그래야 미리 준비할 수 있으니까요. 치료 계획에 대해서도 이야기할 수 있습니다. 본인이 혼자 결정하기 힘들다면 가까운 가족을 불러서 함께 고민하는 것도 고려해 보세요."

"네, 그렇게 해 주세요." 몽고메리 씨가 통증을 완화하는 마약성 진통제에 취해서 말했다. 나는 몽고메리 씨가 더는 스스로 계획을 세울 수 없다는 것을 알았다. 그는 병원에 방사선 치료를 받으려고 왔다가 예기치 않은 급성 통증 때문에 이런 상황에 빠졌다.

나는 의료진, 영상의학과 의사와 논의한 끝에 방사선 치료를 시작하기로 했고 몽고메리 씨가 의식을 잃지 않으면서도 통증을 거의 느끼지 않도록 마약성 진통제 투여량을 늘렸다. 그러나 얼마 지나서 방사선 치료가 아무 효과가 없다는 것이 분명해졌다. 폐와 엉덩이의 암이 이미 너무 많이 진행되어서 손을 쓸 수 없는 상태였다. 방사선 치료는 몽고메리 씨를 지치고 쇠약하게 만들 뿐이었다. 우리는 마약성 진통제 투여량을 시간당 30mg으로 늘리기에 이르렀다. 내가 접한 사례 중 가장 많은 양이었다. 그런데 이 진통제가 몽고메리 씨의 통증은 줄였을지 몰라도 그녀의 의식을 주변이 어떻게 돌아가는지 점점 인식하지 못하도록 만들었다. 반혼수상태가 어느새 완전한 혼수상태가 되었다. 그동안 통증을 없애기 위해 간호사는 모르핀 수액을 투여하며 그 양을 시간당 30mg에서 50mg으로 늘렸고 결국 병원에 비치된 모르핀 수액을 다 써버렸다. 그래서 우리는 딜라우디드^{Dilaudid}라는 약물로 대체했다. 이 약의 mg당 진통 효과는 모르핀보다 7배나 더 강하다. 마침내 몽고메리 씨는 숨을 거뒀다.

진단 오류와 의견 불일치

말기인지 여부가 불분명한 환자나 말기 판정을 부정하는 환자보다 드물기는 하지만 어쨌든 가끔 접하게 되는 환자는 '말기' 판정이 너무 일찍 적용된 사례다. 환자가 '말기' 판정을 받고도 병과 맞서 싸운 것으로 보아 진단을 받을 당시에 말기가 아니었을 수도 있는 경우이다. 만약 환자가 실제로도 말기가 아니었다면 이것은 환자가 갑자기 말기 상태에서 회복한 사례가 아니라 진단 오류 사례다.

환자와 일찌감치 말기 의료 계획을 세우는 것이 딱히 환자에게 해가 되지 않는다고 생각할 수도 있다. 그러나 환자가 자신이 겪는 의학적 문제가 치료 가능한 상태여서 말기가 아닌데도 말기 징후라고 믿어 버리고 나면 심리학적으로 불안정해질 수 있다. 그런 추정 진단 때문에 말기가 아닌 환자가 자신이 말기 환자라고 생각해서 일련의 부정적인 사건을 겪거나 부정적인 경험을 하게 될 가능성도 있다. 따라서 환자의 상태가 얼마나 심각한지를 보여주는 검사 결과와 그런 결과가 무엇을 의미하는지 환자에게 설명할 때는 정확성과 세심함이 필요하다. 말기 판정을 받은 환자는 그 내용이 무엇이든 언제나 깊은 당혹감에 빠진다. 따라서 의사 등 의료인은 환자에게 이런 소식을 전달하고 어떻게 해야 할지 조언을 할 때 연민을 가지고 신중하게 접근해야 한다.

물론 모든 진단 오류는 문제를 일으킨다. 다만 말기 환자가 잘못된 진단(즉, 말기가 아니라는 진단)을 받았다면 잠시나마 안도하고 심지어는 몸 상태가 괜찮다면 즐거운 활동을 하며 시간을 보낼 수도 있을 것이다. 그런데 말기가 아닌 환자에게 말기 판정을 내리면 매우 심각한 문제가 발생할 수 있다. 틀린 진단이 바로잡히기 전까지 어떤 환자는 이것이 내 운명인가 보다 하며 그저 슬퍼할 뿐이지만 어떤 환자는 우울증이나 다른 부정적인 정서와 행동에 빠져서 나락으로 떨어지기도 한다. 일반적으로는 이런 오류의 가능성 때문에 의료진이나 의사는 환자에게 말기라는 사실을 직접적으로 알리지 않는다. 대신 질환 자체가 환자에게 그 사실을 알리도록 놔둔다. 요컨대 환자가 자신의 상태가 말기라는 사실을 스스로 깨닫도록 두는 것이다. 그러나 나는 환자가 그런 소식을 받아들일 수 있다고 판단되면 환자가 법적 서류 작성 등 말기 의료 계획을 세울 수 있도록 준비시킨다.

환자나 가족에게 말기 판정을 알릴 때 문제가 생기는 한 가지 이유는 '말기' 판정이 무엇을 의미하는지 불분명하기 때문이다. 어떤 조건에서는 말기처럼 보이는 상태가 다른 조건에서는 말기가 아닌 것처럼 보인다. 즉 어떤 환자는 다른 치료법으로 회복기에 들어서거나 치료가 가능할 수도 있다. 예를 들어 환자가 암 4기라는 말을 들었을 때 이것은 암이 원발原發 부위에서 멀리 떨어진 신체 부위인 뼈, 뇌, 간 등으로 전이되었다는 뜻이므로 일반적으로 말기 판정에 해당한다. 기적이 일어나서 환자가 회복하지 않는 한 환자는 임종기에 있는 것이다. 이런 환자는 대개 며칠 내지는 몇 주 안에 사망한다.

그런데 이런 상태가 말기가 아니라고 판단될 수도 있다. 예를 들어 환자가 미국국립보건원에서 실시하는 새로운 암치료법의 대상자가 되는 등 대체 요법을 구한다면 아직은 말기 환자가 아니다. 환자에게 여전히 회복 가능성에 대한 희망이 있기 때문이다. 그리고 아주 드물지만 최신 치료법을 찾아내서 그 치료법으로 아주 건강하게 지낼 수도 있다. 다만 치료법의 효과는 대개 일시적이고 환자 중 소수에게만 나타난다. 이런 환자는 진단 당시에 그런 치료의 효과가 불확실했다 하더라도 그런 조건의 변화로 말기가 아닌 것으로 볼 수도 있다. 그래서 같은 상황에 있더라도 어떤 환자는 말기이지만 어떤 환자는 말기가 아닌 것이다.

이런 조건들을 따져볼 때 진짜 말기는 환자가 더 이상 회복이 불가능한 지점에 이르렀고 의료진이 그에 동의할 때이다. 이때가 환자나 가족이 연명 의료 거부를 선택해서 되도록 환자의 고통을 줄이고 마지막 순간을 편안하게 보낼 수 있도록 하는 시점이다. 대개 의료진이나 의사가 호스피스팀에게 알리면 호스피스팀은 환자가 호스피스, 요양원, 병원에서 죽을지, 혹은 방문 간호사나 방문 의사의 돌봄을 받으며 집에서 죽을지 결정하고 그 결정에 맞춰 준비하는 과정을 돕는다. 이런 결정 과정은 되도록 신속하게 진행하는 것이 보통이다. 환자에게 남은 시간이 얼마 없기 때문이다. 이것은 말기 판정이 내려졌지만 실제 임종하기까지는 몇 주 내지 몇 달이 남아 있어서 말기 판정이 뒤집어질 가능성이 있는 경우와는 확연히 다르다.

의학적 확정성을 전제로 한 이런 단기 시나리오 하에서는 환자가 대체로 말기 판정을 순순히 받아들인다. 자신과 같은 환자를 수백 명은 대하면서 오랜 기간 관련 지식과 전문성을 쌓은 일차 진료의와 의료진을 신뢰하기 때문이다. 이런 말기 판정을 받은 환자라도 심폐소생술, 가슴 압박, 구조 화학 요법 등 적극적인 조치로 생사의 갈림길에서 돌아와 단기간은 목숨을 부지할 가능성이 있다. 그러나 그런 조치를 받은 환자는 대개 비싼 대가를 치러야 한다. 예를 들어 이미 잘 알려진 화학 요법의 끔찍한 부작용인 탈모, 심각한 구역, 구토 등을 견뎌내야 한다. 또한 폐암 말기 환자는 회생되면 거의 끊임없이 피를 토하거나 기침을 한다. 위장관이 극도로 손상된 환자는 배변 기능에 이상이 생겨 스스로 용변을 보지 못하게 되고 마지막 순간까지 간호사가 씻겨 줘야 한다. 어떤 환자는 종양이 서서히 자라면서 기도를 막는다. 그래서 계속해서 숨이 막히고 익사하는 느낌을 받는다. 피도 계속 토한다. 이런 예들은 환자와 가족이 회복 불가능하다는 말기 판정을 듣고도 환자의 생명을 연장하려 할 때 환자가 겪는 통증이나 환자의 존엄성이 훼손되는 사례의 일부에 불과하다. 그런데 때로는 이런 경험을 하면서 환자와 가족이 치료를 중단해 줄 것을 요청하는 일도 있다. 그제야 불가피한 죽음을 받아들이고 오직 환자의 고통스런 임종 과정을 얼른 끝내는 데 집중하게 되는 것이다.

얼마나 적극적으로 치료할 것인가?

공격적으로 진행되는 암 등 진행성 질환 환자의 경우 병세가 점점 깊어짐에 따라 환자를 얼마나 적극적으로 치료해야 하는지가 점점 더 중요한 문제가 된다. 약물, 방사선 요법, 식단 관리 등 환자에게 실시 가능한 치료 목록에서 각 요법을 선택할 때 좀 더 보수적으로 접근해야 할까? 어차피 모든 요법을 차례로 시도하기에는 시간이 별로 없으니 그중 적어도 하나는 효과가 있을 거라는 기대로 가능한 한 모든 요법을 한꺼번에 적용해야 할까? 어떤 환자에게는 하나의 치료법이 효과가 있는 반면 어떤 환자에게는 여러 치료의 조합이 가장 효과가 좋을 수도 있다. 혹은 그 조합에 포함된 한 가지 치료법이 효과를 내는 것일 수도 있다. 또는 환자에 따라서는 한 번에 너무 많은 치료법을 적용하면 오히려 역효과가 날 수도 있다. 따라서 치료가 치료 효과에 비해 해롭게 비칠 수도 있다. 암에 가하는 폭격이 암만 파괴하는 것이 아니라 주변의 정상 세포도 손상시키는 것처럼 말이다. 그러나 이렇게 해로워 보이는 치료도 질병의 근원을 제거할 수 있으므로 장기적으로 볼 때는 최선일 수 있다.

그런데 의학을 '의술art of medicine'이라고도 부르는 데는 다 이유가 있다. 각 치료법의 조합은 환자에 따라 다른 효과를 내기 때문이다. 그리고 질환이 진행되는 동안 적용 시기에 따라 다른 효과를 내기 때문에 같은 조합이 내내 효과가 없다가 어느 순간 효과가 나타나서 환자의 상태가 호전되기도 한다. 혹은 그대로 계속 효과가 없는 채로 환자가 결국 사망한다. 따라서 그때그때 각기 다른 환자를 어떻게 치료하는 것이 최선인지 확실하지 않을 때가 있다. 다만 의학계에 축적된 경험과 지식이 더 정확한 진단을 내리고 더 효과적인 치료를 적용하는 데 도움이 된다.

어쨌거나 의학은 언제나 확률에 의존하며 그런 면에서 자연 과학이나 사회 과학 실험과도 유사하다. 그래서 특정 오차 범위 내에서 일반적인 예측은 할 수 있다. 일반적으로는 오차 범위 5퍼센트를 적용해 결론을 도출한다. 그보다 더 높은 오차 범위를 허용하기도 한다. 환자를 위한 치료 계획을 세우고 선택한다는 작업은 이런 확률에 근거해서 이루어진다. 100퍼센트란 없다. 다만 선택한 치료법이 효과가 있을지 없을지에 대한 확률이 있을 뿐이다. 특정 유형의 암에서 회복할 확률이 50퍼센트, 60퍼센트, 70 퍼센트라는 식으로 완치율을 설명할 때는 이런 확률을 인용한 것이다. 그런데 각기 다른 치료법이 적용되었을 때 질환이 어느 단계에 있었는지는 이런 확률에 반영되어 있지 않다. 의사마다 질환의 단계를 다른 방식으로 규정하기 때문에 여러 다른 환자의 질환 단계를 비교하면서 확률을 도출하기는 힘들다.

아이다 월시의 경우 어떤 치료 조합을 적용해야 하는가라는 문제가 제기되었다. 아이다 월시는 60대 중반의 여성으로 폐렴과 기관지염 외에도 폐암을 앓고 있었다. 아이다는 또한 피부암이 원발 부위에서 재발한 상태였다. 처음에 피부암이 발견되었을 때는 수술과 방사선 요법으로 치료했고 암이 제거된 것처럼 보였지만 재발했고 폐로 전이했다.

얼마나 공격적으로 치료해야 하는가를 판단할 때 나는 종교적·정서적·사회적·문화적 요인과 환자 개인의 조건을 살핀다. 그런 요인과 조건은 환자마다 다르며 그래서 치료 전략도 달라진다. 예를 들어 환자가 10대나 청년일 때는, 그리고 무엇보다 암 같은 질환이 아직 초기 단계에 있다면, 나는 더 공격적인 치료 전략을 세운다. 암을 제거해서 치유될 확률이 높기 때문이다. 더 나아가 젊은 환자는 앞날이 창창하며 노인 환자에 비해 치료의 부작용을 더 잘 극복한다. 반면 60대 이상 노인 환자는, 특히 질환이 꽤 진행된 상태라면, 좀 더 소극적인 치료를 권한다. 치유될 확률이 낮기 때문이다. 따라서 치료 전략은 환자가 최대한 오래 삶을 영위하면서도 질환에 의해 더 쇠약해짐에 따라 편안히 보살핌을 받도록 하는 방향으로 세운다.

아이다의 경우 상황은 더 복잡했다. 비록 지금은 침대에서 지내지만 그녀는 아프기 전까지는 매우 활동적인 사람이었다. 아이다는 교육 행정직에서 은퇴한 지 얼마 되지 않았다. 은퇴 후에는 장애인과 노숙자를 돌봄 시설과 연결해 주고 그런 돌봄 비용을 댈 기부금을 모으는 지역 단체에서 자원봉사를 했다. 또한 골프, 테니스 등 몇 가지 스포츠를 즐기는 등 운동도 열심히 했다. 아이다의 딸과 아들은 각자 다른 주에서 가정을 꾸리고 있었지만 가족끼리 매주 전화로 연락을 하면서 자신들의 소식을 서로에게 전했다. 따라서 아이다는 싸워보지도 않고 포기하고 싶지는 않았다. 나도 우리가 아이다의 여러 질환을 최대한 공격적으로 치료해야 한다고 생각했다. 실제로 아이다는 우리가 그런 제안을 하기 전에 먼저 모든 치료법을 동원해 달라고 요청했다.

"필요한 치료는 뭐든지 다 해 주세요. 실험 단계에 있는 치료라도 괜찮아요. 제 몸의 병을 이길 가능성이 조금이라도 있다면 시도하고 싶어요. 아직은 포기하고 싶지 않습니다."

그래서 아이다가 치료가 실패했을 경우에 연명 의료 거부 적용에 선뜻 동의했지만 우리는 아직은 완화 의료는 적용하지 않기로 했다. 아이다의 상태를 고려하면 완화 의료가 환자를 편안하게 해 주는 합리적이며 인간다운 선택이었다. 그러나 아이다와 나는 치유나 회복을 위해 싸우는 몇몇 상당히 공격적인 치료법을 시도할 가치가 있다는 데 동의했다. 아이다가 잠시나마 불편을 감수해야 하겠지만 나는 장기적으로는 질환을 극복할 가능성이 있다고 봤다. 일단 아이다의 병력을 보면 갑자기 여러 질환이 한꺼번에 나타나기 전까지는 활동적이고 건강한 생활 습관을 유지하면서 건강하게 지내왔다.

따라서 의료진과 논의 끝에 적절한 항생제를 투여해서 폐렴을 치료하고 정맥 주사로 수액을 주입해서 탈수를 방지하고 전해질 균형을 잡기로 했다. 전해질 균형을 유지하는 조치는 꼭 필요하다. 혈액과 체액 속에 있는 무기질이 전하를 띤 이온을 운반하는데, 환자가 여러 다른 질환 때문에 다양한 약물을 복용하면 무기질의 균형이 깨지면서 전해질 균형도 깨지기 쉽다. 또한 우리는 아이다의 기관 근육을 이완해서 공기가 폐로 더 잘 드나들 수 있도록 호흡 경로를 넓히는 기관지 확장제를 투여했다. 기관 근육이 만성 폐질환 때문에 좁아진 상태였기 때문이다. 마지막으로 우리는 혈전 형성을 예방하는 약물을 투여했다. 아이다가 침대에서 지낸 시간이 길다 보니 혈전이 생기기 쉽기 때문이다. 우리는 어떤 결과가 나올지 확신할 수는 없었지만 우리가 아이다에게 투여한 치료제의 조합이 효과가 있어서 아이다가 질환에 맞서 싸우면서 스스로를 치유할 가능성을 높였다고 생각했다.

그런 다음 아이다의 상태를 지켜보면서 기다렸다. 우리는 아이다가 맞서 싸우려면 '모 아니면 도'라는 각오로 치료 전략을 세웠다. 이 모든 치료법 중 하나만 빼도 아이다가 살 수 없을 거라고 판단했다. 그러나 우리는 아이다가 이런 치료법에 어떻게 반응할지 미리 알 수도 없었고, 그래서 어떤 치료법이 아이다의 치유에 결정적인 역할을 할지도 알 수 없었다.

다행히도 나나 다른 의사가 아이다가 잘 견뎌내고 있는지 확인하려고 들를 때마다 아이다는 우리의 치료 전략에 전적으로 동의한다고 말했다. 아이다는 우리에게 자신의 상태에 대해 보고했고 그런 내용은 이미 모니터에 표시되는 그래프와 수치로 알 수 있는 것들이었지만 아이다에게 그런 보고를 들으면 기분이 좋아졌다. 아이다의 치료가 좀 더 인간적인 행위가 된 듯한 느낌이 들었기 때문이다. 의학 기술의 발전으로 환자를 모니터에 경과 기록을 남기는 대상으로 취급하는 경향이 강해지고 있다. 그러나 환자는 치료의 경과에 대해 어떻게 느끼는지를 설명할 수 있을 뿐 아니라 환자의 태도는 치료가 계속 효과가 있을지를 좌우하는 중요한 요인이다. 긍정적인 태도는 치유에 도움이 되고 부정적인 태도는 치유 과정에 방해가 되거나 속도를 늦춘다. 환자에게 이런 피드백을 받는 것은 환자를 치료에 참여시키고 의학이 하는 일을 인간답게 만드는 데 도움이 될 수 있다. 또한 아이다처럼 긍정적이고 활기찬 환자는 의료진의 하루를 한결 밝게 만든다.

예를 들어 공격적인 치료를 시작한 지 며칠이 지난 어느 날 아이다는 쾌활한 목소리로 나를 불렀다. 나는 아이다의 침상으로 가서 아이다의 경과를 확인하고 아이다와 기계에서 정보를 얻었다.

"선생님, 벌써 좀 나은 것 같아요. 좋은 소식이죠? 이제 숨 쉬기가 더 쉬워졌어요. 폐렴이랑 기관지염이 나아서 폐가 좋아지고 있다는 증거겠죠?"

침상 옆에 앉아서 모니터를 보자 호흡 그래프가 더 규칙적으로 움직이는 것이 보였다. 그전에는 아이다가 숨을 거칠게 몰아쉬면서 공기가 급하게 들어올 때면 갑자기 치솟는 등 불규칙적인 선을 그렸다.

"잘 됐네요. 모니터의 기록도 그렇게 말하고 있어요. 폐렴과 기관지염이 낫고 있다면 좋은 징후입니다. 저희가 투여하는 약물이 잘 듣고 있고 그래서 기도가 깨끗해졌다는 의미죠. 그래도 암의 뿌리를 뽑는 일이 남았어요. 그건 치료하기가 좀 힘들 수도 있습니다."

"희망을 잃지 않을게요. 그러면 도움이 될지도요."

그런데 폐에 가해진 공격을 되돌릴 수 있을 것처럼 보였던 반면 암은 여전히 사라지지 않았다. 폐의 일부를 압박하고 있었고 원발 피부암의 병터도 사라지지 않았다.

"피부의 병터는 수술로 제거해야 할지도 모르겠습니다. 방사선 요법은 효과가 없네요. 암 주위의 세포는 죽였지만 암은 여전히 자라고 있어요."

"그래야 한다면 그렇게 하세요, 선생님."

다음날 국부 마취 후 수술의가 아이다의 위쪽 팔에서 커다란 암성 살을 도려냈다. 그날 오후에 아이다를 만나러 가니 팔이 붕대로 칭칭 감겨 있었다. 아이다는 전투에서 승리하고 쟁취한 트로피를 들어 올리듯이 붕대에 감긴 팔을 들어 보였다. 암에 대해 묻자 아이다는 내 예측을 확인해 주었다.

"네, 팔에 통증이 퍼지는 게 느껴져요."

아이다의 답에는 이런 공격적인 치료법의 잠재적 부작용이 반영되어 있었다. 어느 정도 모르핀 등 진통제로 완화할 수는 있지만 시술로 인한 통증이 상당히 오래 지속될 수 있기 때문이다. 그런데 그런 진통제를 쓰면 환자가 의식이 맑은 채로 지내는 데 방해가 된다. 아이다 같은 환자는 의식이 맑은 채로 의료인 및 방문객과 소통하기를 원한다.

공격적인 치료법의 또 다른 문제는 결과를 예측하거나 장담할 수 없다는 점이다. 그러나 환자나 환자의 경과를 지켜보는 가족과 함께 치료 경과에 시한을 부여하는 것이 도움이 될 수 있다. 이런 시한은 정해진 기간이 지났는데도 환자가 회복되고 있다는 충분한 징후가 보이지 않으면, 여전히 통증을 자주 느낀다면, 그리고 환자가 말기에 이르렀다고 판단되면 미리 정한 대로 (환자가 연명 의료 거부를 선택했다면) 연명 의료 거부 결정을 적용하도록 합의할 수 있다. 그러고 나면 환자는 오직 완화 의료만을 적용받고 질병을 극복하기 위한 치료는 중단된다.

"부디 그렇게 해 주세요." 아이다도 그렇게 하기로 했다. "싸움이 끝나서 이길 방법이 사라지면 짧고 편안하게 끝내고 싶어요.

충분히 좋은 인생이었어요. 하지만 가야할 때가 되었다면 급행 출구로 나가고 싶어요. 오래 끌고 싶지 않아요."

나는 아이다를 되도록 편안하게 해 줄 약물에 대해 간호사와 논의했다. 환자의 특징, 즉 체중, 체질량, 질환의 종류, 기타 요인 등에 근거해서 환자를 되도록 편안하게 해 주려면 어떤 약물을 쓰고, 얼마나 주입하고, 어떤 순서로 투여해야 하는지를 결정해야 한다. 일반적으로 사용하는 약물은 모르핀이며 나는 수간호사에게 투여량을 지시했다. 모르핀 투여로 환자가 여전히 숨을 쉬는 동안 혼수상태에 빠지는 것의 장단점에 대해 이야기를 나누었다. 그런데 혼수상태가 얼마나 지속될까? 혹은 얼마나 지속되어야 할까? 나는 간호사에게 설명했다.

"아이다 씨는 의료진이 마지막 며칠 동안 자신에게 완화 의료를 적용할 것이라는 것을 알고 있습니다. 먼저 시간당 모르핀 수액을 2mg 투여하는 걸로 시작하죠. 하지만 언제든 투여량을 10mg으로 올려도 좋습니다. 그녀가 편안한 상태를 유지하도록요. 만약 아이다 씨가 불편해 보이면 투여량을 늘려도 됩니다."

"환자가 혼수상태에 빠지면요?"

"그러면 환자가 혼수상태에 있더라도 투여량을 높여서 충분히 편안하도록 하는 것이 좋아요. 스스로 호흡하고 혈류가 안정적으로 순환하는 동안에는요. 일반적으로 환자가 자연스럽게 숨을 거둘 때까지 혼수상태로 며칠을 지내고 때로는 이 상태가 7~10일까지도 갈 수 있으니까요."

마침내 나는 간호사에게 아이다의 가족에게 연락을 해 달라고 부탁했다. 아이다의 가족들은 다른 주에 살면서 몇 년간 매주 한번 전화로만 소식을 주고받았지만 나는 아이다가 세상을 떠나기 전에 한 번 정도는 와 주리라고 생각했다. 또한 가족들이 모인다면 애도 과정을 함께 하며 서로에게 힘이 되어 줄 수 있을 것이다.

때로는 가족들이 환자가 어떻게 임종을 맞이해야 할지에 대한 생각이 서로 달라서 가족 모임이 분쟁의 씨앗이 되기도 한다. 혹은 의사의 진단이나 임종을 질질 끌고 싶지 않다는 환자의 의사에도 불구하고 치료를 고집하기도 한다. 그러나 이런 서로 다른 입장이 밖으로 드러나서 해결되는 것이 중요하다. 그래야 가족은 더 끈끈하게 연결되고 이렇게 슬픈 시기에 서로를 위로할 수 있다.

아이다의 경우 나는 앞으로 논쟁거리가 될 분쟁이 생길 여지가 없다고 보았다. 아이다의 아들과 딸이 아이다의 손주들을 데리고 병원에 왔을 때 모든 것이 순조롭게 진행되었다. 손주 한 명이 모두에게 물었다.

"이제 할머니를 보러 가도 돼요? 왜 지금 할머니를 보러 갈 수 없는 거예요?"

아이의 엄마는 이렇게 답했다.

"할머니는 지금 쉬고 있단다. 이따가 할머니가 깨면 만날 수 있어. 아니면 할머니를 기억하고 기념하는 장례식에서 만날 수도 있겠지."

이 말을 들은 나는 아이다의 여정을 잘 표현한 다정다감한 답변이라고 생각했다. 그동안 의료진과 아이다는 아이다의 여러 질환을 치유하려고 최선을 다했다. 그중 둘은 실제로 효과적이었다. 그러나 세 번째인 암은 결국 치료할 수 없었다. 너무 멀리까지, 깊숙이 침투해 있었기 때문이다. 아이다가 완치될 수 없으며 말기에 이르렀다는 것을 깨달았을 때 아이다와 나는 빠르고 편안한 임종을 받아들일 때가 왔다는 데에 합의했다. 그리고 이제 아이다가 마침내 평화롭게 떠날 준비가 된 마지막 순간에 그녀의 가족이 피날레를 장식하듯 모여 있었다.

참고문헌

들어가며

1. Catherine E. Shoichet, "Brittany Maynard, Advocate for 'Death with Dignity' Dies," CNN.com, November 3, 2014, http://www.cnn.com/2014/11/02/health/oregon-brittany-maynard.

2. "The California End of Life Option Act and Death with Dignity," *Death with Dignity*, January 22, 2016, http://www.deathwithdiginity.org/news/2016/01/california-end-of-life-option-act; Sounmya Karla-mangla, "How California's Aid-in-Dying Law Will Work," *Los Angeles Times*, May 12, 2016.

2 말기 의료에 거는 기대와 오해

1. Josh Hafner, "Jahi McMath, Pronounced Dead Years Ago, Is 'Healthy,' New Photo Claims," *USA Today*, March 21, 2016, http://www.usatoday.com/story/news/nation-now/2016/03/21/jahi-mcmath-pronounced-dead-years-ago-healthy-new-photo-claims/82082798/.

2. Faith Karimi and Jason Hanna, "Drugs, Near-Drowning Led to Bobbi

Kristen's Death," CNN.com, March 4, 2016, http://www.cnn.com/2016/03/04/us/bobbi-kristina-autopsy-unsealed.

3. David McNamee, "Heart Attack Survival Rates Influenced by Time of Arrival in Hospital," *Medical News Today*, July 30, 2014, http://www.medicalnewstoday.com/articles/280292.php.

4. "Sudden Cardiac Arrest: A Health-Care Crisis," Sudden Cardiac Arrest Foundation, About Sudden Cardiac Arrest, http://www.sca-aware.org/about-sca.

5. "Heart Disease and Lowering Cholesterol," WebMD.com, http://www.webmd.com/heart-disease/guide/heart-disease-lower-cholesterol-risk.

6. Ali S. Raja, MD, "Survival from Out-of-Hospital Cardiac Arrest: Good News," *NEJM Journal Watch*, December 4, 2014, http://www.jwatch.org/na36298/2014/12/04/survival-out-hospital-cardiac-arrest-good-news.

7. "King County Has World's Highest Survival Rate for Cardiac Arrest," *Public Health News*, Seattle and King County, May 19, 2014, http://www.kingcounty.gov/depts/health/news/2014/May/19-cardiac-survival.aspx.

8. Resuscitation Central, "Early Defibrillation Programs," Resuscitation Central.com, http://www.resuscitationcentral.com/defibrillation/early-defibrillation-sca-chain-of-survival/.

9. Peter Meaney et al., "Cardiopulmonary Resuscitation Quality: Improving Cardiac Resuscitation Both Inside and Outside the Hospital," *Circulation*, July 13, 2014, http://circ.ahajournals.org/content/128/4/417.

10. Z. D. Goldberger et al., "Duration of Resuscitation Efforts and Survival After In-Hospital Cardiac Arrest: An Observational Study," Lancet 380, no. 9852 (October 27, 2012): 1473-81, http://www.ncbi.nlm.nih.gov/pubmed/22958912.

9 치매 환자

1. Richard Glatzer and Wash Westmoreland, *Still Alice*, Directed by Richard Glatzer, Sony Pictures Classics, December 5, 2014.

12 법적 문제

1. Patrick McGreevy, "Aid-in-Dying Bill to Take Effect June 9 in California," *Los Angeles Times*, March 10, 2016, http://www.latimes.com/politics/la-pol-sac-assisted-suicide-law-can-take-effect-20160310-story.html.
2. Ibid
3. Death with Dignity, August 7, 2016, http://www.deathwithdignity.org/take-action/.